AF891790

Bericht über die Algorithmische Sprache

ALGOL 68

ELEKTRONISCHES RECHNEN UND REGELN

Herausgegeben von

Prof. Dr. HANS FRÜHAUF · Prof. Dr. WILHELM KÄMMERER
Prof. Dr. KURT SCHRÖDER · Prof. Dr. HELMUT THIELE
Prof. Dr. HORST VÖLZ

Sonderband 15

BERICHT ÜBER DIE ALGORITHMISCHE SPRACHE ALGOL 68

AKADEMIE-VERLAG · BERLIN
1972

BERICHT ÜBER DIE ALGORITHMISCHE SPRACHE

ALGOL 68

von

A. van Wijngaarden (Editor), B. J. Mailloux,
J. E. L. Peck, C. H. A. Koster

In deutscher Fassung herausgegeben
von

Dr. Immo O. Kerner
Universität Rostock · Rechenzentrum

AKADEMIE-VERLAG · BERLIN
1972

Deutsche Version zur Algorithmischen Sprache
ALGOL 68

von

I. O. Kerner (Herausgeber)
S. Adomßent, H.-J. Bartsch, S. von Weber

Bearbeitet nach:

Report on the Algorithmic Language ALGOL 68
A. van Wijngaarden (Editor)
B. J. Mailloux, J. E. L. Peck, C. H. A. Koster

Erschienen im Akademie-Verlag GmbH, 108 Berlin, Leipziger Str. 3-4
Lizenznummer: 202 · 100/409/72
Gesamtherstellung: VEB Druckerei „Thomas Müntzer", 582 Bad Langensalza
Bestellnummer: 761 440 5 (5852) · ES 20 K 3
Printed in German Democratic Republic

Vorwort zur deutschen Version von ALGOL 68

Ursprünglich bestand die Absicht, eine Übersetzung des Originalberichtes über ALGOL 68 herauszubringen. Dies sollte in ähnlicher Weise geschehen, wie es 1960/61 von einer kleinen Gruppe junger Wissenschaftler in Jena für ALGOL 60 durchgeführt wurde. Das damalige Vorhaben wurde trotz negativer Einschätzungen, die zum Teil sogar aus den Kreisen der Autoren des ALGOL 60-Berichtes kamen, verwirklicht. Es führte zu Veröffentlichungen [28, 29], die sogar mehrfach erschienen, weil der Bedarf an einer deutschen Fassung sehr groß war. Die ebenfalls erarbeiteten Übersetzungen in die russische, französische, schwedische, tschechische Sprache und vielleicht noch andere, bestätigten in der Folgezeit die Ansicht, daß einer neuen formalen Sprache für Programmierung in den verschiedenen Ländern besonders dann eine gute Breitenwirkung verschafft werden kann, wenn eine Fassung des definierenden Berichtes in der Landessprache vorliegt.

Eine Übersetzung des ALGOL 68-Berichtes ist ungleich schwieriger, ja wie sich schließlich herausstellte — letztlich unmöglich. Die Definition der Sprache ist so eng mit der englischen Sprache verbunden, daß eine Übersetzung die Substanz der Definition angreift. Das gilt natürlich nicht nur für die deutsche Sprache, sondern auch für Übertragungen in viele andere. Das gleiche Problem ergibt sich z. B. bei einer Umsetzung in die russische Sprache. Die sowjetischen Wissenschaftler, die sich mit dieser Aufgabe befaßten, entschlossen sich deshalb, nicht eine Übersetzung, sondern eine „Russische Version von ALGOL 68" herauszugeben. Nach Diskussionen mit Prof. Dr. Jerschow/Nowosibirsk und Prof. Dr. Lawrow/Moskau entschlossen wir uns, ebenfalls diesen Weg zu beschreiten. Obwohl also keine echte vollständige Übersetzung des definierenden Berichts hier angeboten wird, soll doch die Sprache ALGOL 68 beschrieben werden. Das hat zur Folge, daß weite Strecken der deutschen Version doch den Charakter einer Übersetzung tragen. Der sehr diffizile und feinfühlige Stil der Originalfassung bedingt, daß bereits geringfügige Übersetzungsungenauigkeiten und sogar schon stilistische Bearbeitungen Abweichungen vom zu definierenden Objekt zur Folge haben können. (Das ist eines der Argumente, die von Gegnern einer Übersetzung vorgebracht werden.) Deshalb ist für den Leser der Originaltext Seite für Seite der deutschen Version gegenübergestellt worden. Der Leser kann im Zweifelsfalle also stets überprüfen, ob er Verständnisschwierigkeiten hat oder ob der deutsche Text vom englischen inhaltlich abweicht.

Die Übersetzung wurde ferner von der Lektorin für englische Sprache Frau Dr. Elsa Jockisch, von der Abt. Sprachunterricht der Universität Rostock, mit großer Sorgfalt und viel Mühe überprüft. Wir verdanken ihr manch wertvollen Ratschlag. Sie hat mit Liebe auch deutsche Wiedergaben der als Motto verwendeten Zitate aus der englischen Literatur angefertigt.

Bei ALGOL 60 haben wir seinerzeit die syntaktischen Begriffe ohne zu zögern mit übersetzt und damit sogar in manchen Fällen einen bescheidenen Beitrag zur Fachsprache der Programmierung geleistet. Allerdings konnten wir uns auf eine erste Vorlage stützen, die von Prof. Dr. HEINZ ZEMANEK/Wien erarbeitet wurde [41].

Eine Fachsprache für ein Wissensgebiet, das sich in solch stürmischer Entwicklung befindet, wie das der Informationsverarbeitung, prägt ständig neue Wörter, definiert neu terminierte Spezialbedeutungen bekannter Wörter und rekrutiert auf neue Weise bereits vorhandene Termini. In der Daten- bzw. Informationsverarbeitung treten sehr viele Begriffe zuerst im angloamerikanischen Sprachraum auf.

Übersetzer von Fachliteratur übersetzen zwar oft die Satzstruktur, finden Fachwörter aber nicht im Lexikon oder nur mit anderer unpassender Bedeutung. Die einfache Übernahme englischer Wörter als Fachtermini ist dann die Folge. Dadurch tritt ein Informationsverlust ein, da dem deutschen Leser oft die im inhaltlich tragenden Fachausdruck eingebettete Information im Dunkeln bleibt. Viele Fachwörter aus dem Angloamerikanischen sind mit Hilfe von mnemonischen Kodes geprägt, und eine erklärende verbale Umschreibung würde die Kongruenz zwischen Terminus und mnemonischen Kode aufheben. In der anglo-amerikanischen Fachsprache der Datenverarbeitung ist die mehr als im deutschen vorhandene Möglichkeit der Kompositumbildung im Extrem angewandt und geht über die Verwendung in der Normalsprache hinaus. Das geht in dem gleichen Umfang in der deutschen Fachsprache eigentlich nicht. Löst man solche Kettenkomposita wie üblich in eine Nominalphrase auf, die aus abhängigen genitivischen und präpositionalen Fügungen besteht, so geht die lexikalische Einheit verloren. Wählt man eine Kurzform als deutsche Entsprechung, so nimmt man durch diese Verstümmelung einen Verlust an Information in Kauf. Das Übersetzungsergebnis wäre dann nur ein Symbol der ursprünglich „sprechenden“ Wortbedeutung.

Ferner gibt es in der angloamerikanischen Fachsprache viele grammatische Homographen der Verb-Substantivklasse, für die in der Normalsprache keine vergleichbare Parallelentwicklung existiert. So treten neben bzw. anstelle von Ableitungen der üblichen Art Deverbative ohne die charakteristischen substantivischen Endungen auf. Andererseits werden aus Substantiven neue Verben als Denominativa gebildet, die graphisch identisch mit den Nomen sind, von denen sie sich ableiten. Das alles wird erlaubt, da die Syntax einen Teil der grammatischen Funktion übernimmt. Das bedeutet für die Fachsprache, daß bei der Kompositumbildung nicht mehr Rücksicht auf die Wortmorphologie genommen zu werden braucht. Das Amerikanische ist also recht wenig konventionell, und wir können es im Deutschen nur beschränkt nachahmen, wenn man sich innerhalb der Fachsprache nicht doch zu einschneidenden Konsequenzen entschließt. Fachsprachen sind nicht in erster Linie Sprachkunstwerke, sondern Werkzeuge, die eine präzise Verständigung ermöglichen sollen" [9].

Bei ALGOL 68 ist nun die Frage der Übersetzung der syntaktischen Begriffe auf noch andere Weise ein wirkliches Problem. Die Konstruktion des definierenden Berichtes sieht nämlich an vielen Stellen zunächst einmal das Erzeugen der syntaktischen Begriffe als Fachtermini vor. Die dafür angegebenen Regeln sind für Begriffe aus der englischen Sprache geschaffen. Das ist die Stelle, an der jede echte Übersetzung des Berichtes anstoßen muß. Man könnte auf eine Übertragung der erwähnten Begriffe verzichten. Wir haben uns — auch hier nach vielen Diskussionen, Skrupeln und Bedenken — entschlossen, doch die syntaktischen Bezeichnungen mit zu übersetzen. Natürlich gibt es dabei sofort einen Berg von Problemen und Widersprüchen. Jedoch kann man argumentieren:

1. Unterlassung der Übersetzung syntaktischer Begriffe erzeugt im semantischen Textteil ein Sprachkonglomerat.
2. Die verbale englische Bezeichnung der Metavariablen sollte das Verständnis des Lesers erleichtern. Deshalb wurden Wörter gewählt, die den Inhalt der Metabegriffe etwa widerspiegeln. Unterlassung der Übersetzung beseitigt diesen Vorteil für deutsche Leser. Also könnte man auch ebenso abstrakte Bezeichnungen wählen, z. B. S001 bis S1000 oder ähnlich.
3. Bei Verwendung abstrakter Bezeichnungen oder auch bei einer Übersetzung wird die Syntax in ihrer Substanz nicht geändert. Sie ist lediglich anders kodiert. Wenn man will: Es ist eine isomorphe Syntax.

Allerdings türmten sich sogleich weitere Schwierigkeiten auf, wenn man wie beschrieben vorgeht. Eine Umkodierung ins Deutsche ergibt keine grammatisch richtigen deutschen Bezeichnungen (Probleme der Geschlechter, der Konjugation und Deklination, insbesondere des Plurals, Adjektive und Adverbien, Groß- und Kleinschreibung). Nach langen Überlegungen und Diskussionen entschlossen wir uns, von den beiden Seiten

a) echte Isomorphie für Theoretiker
b) besseres Verständnis für Lernende und Anwender

doch der zweiten in konsequenter Durchführung des einmal gefaßten Übersetzungsbeschlusses den Vorzug zu geben.
Demzufolge sind also "starker, starke, starkes" zulässige Gegenstücke für "strong" u.s.w.

Es bleibt schließlich der Nachteil bestehen, daß die entstehenden und entstandenen deutschen syntaktischen Begriffe nicht immer der deutschen Grammatik genügen. Die deutschen Sprachlehrer und Ästheten der deutschen Sprache werden sie mit großem Mißvergnügen lesen. Das betrifft insbesondere die Wortstellung. Wir versichern, daß es uns im höchsten Maße leid tut. Vielleicht kann man später bei sorgfältiger und aufwendiger Bearbeitung noch so manches ausbügeln.

Ein anderes Problem waren die im Originaltext auftretenden Kunstfachwörter, wie z. B. **lowper**, das aus **lower** und **upper** zusammengezogen wurde. Wir haben, sicher nicht immer glücklich, im Deutschen ähnliche Bildungen geschaffen, also **unbere** aus **untere** und **obere**. Dabei sind manche „Übersetzungen“ entstanden, die wohl auch den Lachmuskel reizen könnten. Das deutsche Gegenstück zu **gomma** (aus **go on** und **comma**), das man eher aus Leipzig als aus Amsterdam stammend vermutet, heißt **weima** (aus **weiter** und **Komma**). Wir haben aber lediglich einen Weg konsequent verfolgt, den wir als den richtigen ansehen. In der Vergangenheit haben mehrere Lehrbücher für ALGOL 60 dem deutschen Leser auch empfohlen, das Symbol := mit „ergibt sich aus“, das Symbol ***else*** mit „sonst“, das Symbol ***step*** mit „Schritt“ zu lesen. Wir haben deshalb auch solche Syntaxbegriffe wie **sub-symbol** und **bus-symbol** dann mit **tief-Symbol** und **fiet-Symbol** wiedergegeben. Das hat uns bereits in der Vorbereitung Kritik eingebracht. Möge die Gemeinschaft der deutschsprachigen Leser weiter entscheiden. Wir sind für alle Hinweise und Ratschläge dankbar.

Es wird betont, daß ALGOL 68 keine Weiterentwicklung von ALGOL 60 in dem Sinne ist, daß ALGOL 60 eine Untersprache von ALGOL 68 ist. Es ist deshalb nicht zwingend notwendig, diejenigen Begriffe, die in ALGOL 60 für gewisse Objekte verwendet werden, auch in ALGOL 68 weiterzuverwenden — auch dann nicht, wenn zufällig dasselbe oder ein ähnliches Objekt in ALGOL 68 vorkommt. Das haben die Verfasser des Originalberichtes nicht getan, und wir hatten als Übersetzer keine Veranlassung, hier eine Korrektur vorzunehmen. So entspricht dem ALGOL 60-array der ALGOL 68-multiple value, außerdem gibt es ein ALGOL 68-field. Wir haben also im Deutschen ein ALGOL 60-Feld und einen ALGOL 68-mehrfachen Wert, und außerdem ein ALGOL 68-Feld, das mit dem von ALGOL 60 nichts mehr zu tun hat.

Es muß noch ein Wort zur Bearbeitung der Kapitel 10 und 11 gesagt werden. Es sind dort zur Bezeichnung von Prozeduren und Variablen Namen bzw. Identifikatoren eingesetzt worden, die sozusagen „sprechend“ sind. Wir hätten also für den deutschen Anwender ebensolche „sprechenden“ Bezeichnungen wählen müssen. Gerade aber für das doch sehr wesentliche Kapitel 10, welches den Standard-Rahmen beschreibt, in den jedes ALGOL 68-Programm eingebettet ist, war uns doch die gegenseitige Verständigung der Implementatoren über Sprachgrenzen hinweg wichtiger, und so beließen wir es bei den vorgeschlagenen Bezeichnungen. Außerdem nehmen diese in einem Programm etwa die gleiche Stellung ein wie die Bezeichnungen *sin* oder *cos* u. a. für die Standardfunktionen. Wir behielten diese Verfahrensweise dann auch für solche Bezeichnungen bei, für die der eben angeführte Grund nicht gilt, weil sie in einem Programm bei Verwendung automatisch vom Compiler geändert werden. Es sind dies die Bezeichnungen aus Kapitel 10, die ein vorangestelltes %-Zeichen zur Kennzeichnung dieser Eigenheit erhalten haben.

Die Wortwahlen für die technischen Begriffe und Parabegriffe, die im Kapitel 12 zusammengestellt sind, haben uns manche Mühe gekostet. Die Diskussion ist keineswegs abgeschlossen. Ich habe angestrebt, möglichst eine Abstimmung im deutschen Sprachraum zu erzielen. Gelungen ist das jedoch noch nicht. Deshalb stehen in Kapitel 12 manchmal mehrere deutsche Begriffe für einen englischen, zum Teil auch eingeklammert, wenn wir vom Gebrauch absehen mußten, weil sich Überschneidungen ergaben oder weil der Begriff unseren Arbeitsprinzipien nicht entsprach. Diese an zweiter und folgender Stelle angeführten Begriffe stammen von einer Arbeitsgruppe der TH München, die aus Frl. Dr. Hill und den Herren Prof. Dr. Goos, Dr. Scheidig und Dr. Wössner besteht. Die Liste der Begriffe wurde mir dankenswerterweise von Herrn Prof. Dr. F. L. Bauer übermittelt. Manche unserer Wortauswahl haben wir an dieser Liste verbessert und ausgetauscht. Wir danken herzlich für die Unterstützung. Ferner muß Herr Dipl.-Math. S. Körting vom Großforschungszentrum Kombinat ROBOTRON/Dresden in diesem Zusammenhang dankend erwähnt werden.

Für die saubere und mühevolle Anfertigung des Manuskriptes sei den Schreibkräften des Prorektorats für Prognose und Wissenschaftsentwicklung der Universität Rostock gedankt, sowie dem Verlag für das Besorgen der guten Druckwiedergabe, mußten doch vier verschiedene Schriftzeichensätze verwendet werden. Der normale Satz wird im erläuternden Text und zur Beschreibung der Semantik verwendet, eine halbfette Typenform zur Beschreibung der Syntax und auch für syntaktische Begriffe, die in der Semantik erwähnt werden, der Satz der kursiven Typen dient zur Darstellung der Grundsymbole und wird also in Beispielen für ALGOL 68-Texte eingesetzt, schließlich werden mit Hilfe eines vierten Typensatzes die Werte von Programmgrößen angegeben, z. B. ist wahr der Wert einer logischen Größe ***bool a* := *true***.

Es ist mein und unser aller Anliegen, mit der Herausgabe dieser „Deutschen Version von ALGOL 68" zur Verbreitung von ALGOL 68, d. h. durch Lehre und Anwendung, im deutschen Sprachgebiet ein Stückchen mit beizutragen.

Rostock, im April 1970 I. O. Kerner

{Kroklokwafzi ? Sem̄emem̄i!
Seiokrontro – prafriplo:
Bifzi, bafzi ; hulalem̄i:
quasti basti bo...
Das große Lalulā, Ch. Morgenstern.}

Literatur

Über die am Ende des Vorworts (S. 15) im Bericht bereits angeführte Literatur hinausgehend können noch folgende Arbeiten genannt werden:

(1) ANDREWS, M. P., Practical considerations in the storage of modes, enthalten in (31), S. 78–84.

(2) BAECKER, H. D., The use of ALGOL 68 for trees, Computer Journal Feb. 1970.

(3) BAECKER, H. D., Implementing the ALGOL 68 heap, Comm. ACM.

(4) BOUSSARD, J. C., PAIR, C., Introduction à ALGOL 68, Revue francaise d'Informatique et de Recherche Opérationelle, März 1970.

(5) BOWLDEN, H. J., A Comparative Introduction to ALGOL 68, Westinghouse Research. Labs. no. 69-1C4-COMPS-P2.

(6) BOWLDEN, H. J., Environmental factors in computer language design and implementation, enthalten in (31), S. 97–109.

(7) BRANQUART, P., LEWI, J., On object language and storage allocation in ALGOL 68 compilers, enthalten in (31), S. 25–35.

(8) BROWN, W. E., The cross-referencing of ALGOL 68 syntax, Thesis, University of Calgary (Canada), Juni 1969.

(9) FINCH, P. M., Defining and applied occurrences of identifiers, enthalten in (31), S. 110–117.

(10) FITES, P., Storage organisation and garbage collection in ALGOL 68, enthalten in (31), S. 85–96.

(11) GOOS, G., Einige Eigenschaften von ALGOL 68, elektronische datenverarbeitung (1969) 9, S. 437–442.

(12) GOOS, G., Die Implementierung von ALGOL 68, Rechenzentrum der TH München, Bericht Nr. 6906, 1969.

(13) GOOS, G., SCHEIDIG, H., WÖSSNER, H., Mode representation and operator identification in ALGOL 68, enthalten in (31), S. 36–41.

(14) HERZOG, R., Technologien und Terminologien, IBM-Nachrichten 17 (1967) 185, S. 660–664.

(15) HILL, U., Automatische rekursive Adressenberechnung für höhere Programmiersprachen, insbesondere ALGOL 68, Thesis, TH München, Feb. 1969.

(16) HODGSON, G. S., ALGOL 68 extended Syntax, Department of Computer Science, The University. Manchester, M 13 9PL, 1970.

(17) KERNER, I. O., ALGOL 68, Mitteilungen der MGdDDR (1969) 1–2, S. 142–157, sowie Rechentechnik Datenverarbeitung 6 (1969) 8, S. 21–28.

(18) KOCH, F., The recognition of ranges in ALGOL 68, Thesis, University of Calgary (Canada), Sept. 1969.

(19) KOSTER, C. H. A., On infinite modes, ALGOL Bulletin AB 30.3.3.

(20) KOSTER, C. H. A., Syntax-directed parsing of ALGOL 68 programs, enthalten in (31), S. 61–69.

(21) Landelle, A., Playber, J., A definition of the translation of ALGOL 60 to ALGOL 68, enthalten in (31), S. 49–60.

(22) Lindsey, C. H., An ISO-code representation for ALGOL 68, enthalten in (31), S. 1–24.

(23) Lindsey, C. H., ALGOL 68 with fewer tears, ALGOL Bulletin AB 28.

(24) Mailloux, B. J., The implementation of ALGOL 68, Thesis, Mathematisch Centrum (Amsterdam) 1967.

(25) Mailloux, B. J., Peck, J. E. L., ALGOL 68 as a self-extending language, SIPLAN Notices, August 1969.

(26) Marshall, S., Preliminary report on an ALGOL 68 implementation, enthalten in (31), S. 42–48.

(27) Meertens, L., On the generation of ALGOL 68 programs involving infinite modes, Algol Bulletin AB 30.3.4.

(28) Naur, P. (Hrsg.), Revidierter Bericht über die algorithmische Sprache ALGOL 60, Akademie-Verlag, Berlin 1965.

(29) Naur, P. (Hrsg.), Bericht über die algorithmische Sprache ALGOL 60, Akademie-Verlag, Berlin 1962, sowie elektronische datenverarbeitung Beiheft 2, Vieweg-Verlag Braunschweig 1962.

(30) Pair, C., Concerning the syntax of ALGOL 68, Algol Bulletin AB 31.3.2.

(31) Peck, J. E. L. (Hrsg.), Proceedings of an Informal Conference on ALGOL 68 Implementation, Dep. of Comp. Sc. University of Brit. Columbia, Canada, 1969 (119 Seiten).

(32) Peck, J. E. L., On storage of modes and some context conditions, enthalten in (31), S. 70–77.

(33) Simonet, M., Une grammaire context – free d'ALGOL 68, Rapport I.M.A.G., Grenoble, Juni 1969.

(34) Sintzoff, M., Existence of a van Wijngaarden syntax for every recursively enumerable set, Annales Soc. Scientifique de Bruxelles, 1967.

(35) Sintzoff, M. (Hrsg.), Branquart, P., Lewi, J., Wodon, P., Remarks on the Draft Reports on ALGOL 68, MBLE Research Laboratory, report R 96, Brüssel, Januar 1969.

(36) Sintzoff, M., Introduction a la description d'ALGOL 68, Revue Francaise d'Informatique et de Recherche Operationnelle, März 1970.

(37) van der Meulen, S. G., Lindsey, C. H., Informal introduction to ALGOL 68, Mathematisch Centrum, Amsterdam, August 1969.

(38) Westland, J., An ALGOL 68 syntax and parser, Thesis, University of Calgary, Sept. 1969.

(39) Woodward, P. M., A narrative preview of ALGOL 68, Royal Radar Establishment Malvern, Worcs., U.K.

(40) Yoneda, N., Die neue algorithmische Sprache ALGOL 68, Surikagadu 1969, vols. 5 – (in Japanisch).

(41) Zemanek, H., Die algorithmische Formelsprache „ALGOL", Elektronische Rechenanlagen 1 (1959), S. 72–79, 140–143.

Vorbemerkung

Dieser Bericht wurde vom Technical Committee 2 für Programmiersprachen geprüft und zur Veröffentlichung durch die Generalversammlung der International Federation for Information Processing freigegeben. Die Wiedergabe des Berichtes ist ausdrücklich zu jedem Zweck ohne weitere Formalität erlaubt, jedoch stets nur der ganze Text zusammen mit der Vorbemerkung.

Bericht des IFIP TC2 an die Generalversammlung der IFIP in Angelegenheit der Algorithmischen Sprache ALGOL 68

In der Anlage wird der erste Bericht über die Algorithmische Sprache ALGOL 68 vorgelegt und zwar mit einer Empfehlung des Technical Committee 2 zur Veröffentlichung unter dem Schutz der IFIP, alles als Reaktion auf eine Anforderung der Working Group 2.1 (ALGOL). Diese Working Group wurde durch das TC 2 einige Jahre lang auf die Entwicklung allgemeiner Programmiersprachen gelenkt. Während dieser Zeit hat das TC 2 die Größe und die Schwierigkeit dieser Aufgabe erkannt.

Gemäß der ihr übertragenen Verantwortlichkeit hat die WG 2.1 die Arbeit der vier genannten Autoren am beigefügten Bericht unterstützt und gelenkt und hat ihren Wunsch ausgedrückt, den beträchtlichen Arbeitsaufwand anzuerkennen, den diese vier ihrer Aufgabe widmeten. Es muß jedoch dieser Bericht als Ergebnis der Arbeit von mehr als einfach vier Autoren betrachtet werden. Sein Inhalt ist durchweg durch die Diskussionen in der Working Group beeinflußt, und die Resultate sind in der Hauptsache eine Konsequenz derselben.

Der Bericht wird somit vom TC 2 als Darstellung des gegenwärtig festgelegten Ergebnisses der Tätigkeit der WG 2.1 übermittelt. Das bedeutet weder, daß jedes Mitglied der Working Group notwendig jedem Aspekt des Unternehmens zustimmt, noch ist es eine Garantie dafür, daß alle wichtigen Aspekte des Problems betrachtet worden sind. Tatsächlich wurde in der Form eines Minority Report der Working Group an das TC 2 die Besorgnis ausgedrückt, daß die in dem beigefügten Bericht eingeschlagene Richtung nicht zu dem Ziel der Bereitstellung geeigneter Programmierhilfsmittel für die Zukunft führen könnte. Jedoch wurde durch die Working Group entschieden, daß diese Arbeit einen geeigneten Status zur Übergabe an die entscheidenden Teste der Implementierung und die anschließende Benutzung durch die rechnende Öffentlichkeit erreicht hat. Dieser Ansicht stimmt das TC 2 zu. Demzufolge wird dieser Bericht zur Veröffentlichung übermittelt und zwar mehr als Darstellung einer der möglichen Näherungen an das Ziel als im Sinne einer endgültigen Lösung.

Die WG 2.1 wird gehalten sein, ständig die Erfahrung unter Beobachtung zu halten, die als Folge dieser Veröffentlichung erhalten wird, so daß sie die nötig werdenden Korrekturen und Revisionen des Berichtes vornehmen kann. Zu diesem Zweck gibt das TC 2 seine Bestätigung zu der Aufforderung der WG 2.1

an alle, die zu dieser Arbeit beitragen wollen, dies über das bereits vorhandene Medium ALGOL-Bulletin tun sollen.

In Übereinstimmung mit diesen erklärten Zielen stellt das TC 2 den Antrag, daß die IFIP Generalversamlmung solche Maßnahmen ergreift, die notwendig und geeignet sind, eine schnelle und weit wirksame Veröffentlichung dieses Berichtes über die Algorithmische Sprache ALGOL 68 zu sichern, und zwar zusammen mit dieser Seite als Vorbemerkung.

Vorwort

{Habent sua fata libelli.
De litteris, Terrentianus Maurus} *Bücher haben ihre Schicksale.*

Die Working Group 2.1 on ALGOL der International Federation for Information Processing diskutiert seit 1963 die Entwicklung von „ALGOL X", eines Nachfolgers von ALGOL 60 [3]. Auf ihrem Treffen in Princeton im Mai 1965 forderte die WG 2.1 schriftliche Beschreibungen der Sprache an, die auf den vorhergegangenen Diskussionen basierte. Zum Treffen im Oktober 1965 in St. Pierre de Chartreuse in der Nähe von Grenoble lagen unter den Beiträgen drei Berichte von Niklaus Wirth [8], Gerhard Seegmüller [6] und Aad van Wijngaarden [9] vor, die mehr oder weniger vollständige Sprachen beschrieben. In [6] und [8] wurde die Beschreibungstechnik von [3] benutzt, während [9] eine neue Technik für Sprachentwurf und -definition beinhaltete. Weitere bedeutungsvolle Beiträge waren Arbeiten von Tony Hoare [2] und von Peter Naur [4, 5].

Bei den Treffen in Kootwijk in der Nähe von Amsterdam im April 1966, Warschau im Oktober 1966, Zandvoort in der Nähe Amsterdams im Mai 1967, Tirrenia in der Nähe von Pisa im Juni 1968, North Berwick in der Nähe von Edinburgh im Juli 1968 und München im Dezember 1968 wurde von einer Arbeitsgruppe eine Anzahl immer besserer Annäherungen an einen endgültigen Bericht vorgelegt. Die Arbeitsgruppe arbeitete in Amsterdam. Sie bestand zunächst aus A. van Wijngaarden und Barry Mailloux [10], nahm später John Peck [11, 12] und schließlich Kees Koster [13, 14, 15, 16] auf. Bei Kursen über die Sprache, die in Amsterdam [12], Bakuriani [13], Grenoble [13], Kopenhagen [14], Estergom [14], Calgary [14] und Chikago [16] stattfanden, wurden verschiedene Versionen benutzt. Diese Kurse dienten als Testfälle, und die beim Erläutern der Sprache vor Fachpublikum gewonnene Erfahrung wie auch die Reaktionen der Studenten beeinflußten die nachfolgenden Versionen.

Die Autoren erkennen mit Freude und Dank die aufrichtige Zusammenarbeit, die Förderung, das Interesse, die Kritik und heftigen Einwände von Mitgliedern der WG 2.1 und vielen anderen an, die sich für ALGOL interessieren. Trotz der Gefahr peinlicher Unterlassungen sollen Jan Garwick, Jack Merner, Peter Ingermann, und Manfred Paul für [1], die aus M. Sintzoff, P. Branquart, J. Lewi und P. Wodon bestehende Brüssel-Gruppe wegen ihrer zahlreichen Inspirationen, A. J. M. van Gils aus Apeldoorn, G. Goos und seine Gruppe aus München, ebenso wie G. S. Zeitin aus Leningrad und G. L. T. Meertens und J. W. de Bakker aus Amsterdam besonders erwähnt werden. Die zufällige Auswahl ohne tiefere Bedeutung einer Angabe in dieser Folge möge kompensieren, daß nicht mehr Namen in diesem Abschnitt erwähnt wurden.

[1] J. V. Garwick, J. M. Merner, P. Z. Ingerman und M. Paul, Report on the ALGOL-X-I-O Subcommittee, WG 2.1 Working Paper, Juli 1966.
[2] C. A. R. Hoare, Record Handling, WG 2.1 Working Paper, Oktober 1965; auch in AB.21.3.6, November 1965.
[3] P. Naur (Editor), Revised Report on the Algorithmic Language ALGOL 60, Regnecentralen, Kopenhagen, 1962.
[4] P. Naur, Proposals for a new Language, AB.18.3.9, Oktober 1964.
[5] P. Naur, Proposal for introduction on aims. WG 2.1 Working Paper, Oktober 1965.
[6] G. Seegmüller, A Proposal for a Basis for a Report on a Successor to ALGOL 60, Bayerische Akad. Wiss., München, Oktober 1965.
[7] G. Goos, H. Scheidig, G. Seegmüller und H. Walther, Another proposal for ALGOL 67, Bayerische Akad. Wiss., München, Mai 1967.
[8] N. Wirth, A Proposal for a Report on a Successor of ALGOL 60, Mathematisch Centrum, Amsterdam, MR 75, Oktober 1965.
[9] A. van Wijngaarden, Orthogonal Design and Description of a Formal Language, Mathematisch Centrum, Amsterdam, MR 76, Oktober 1965.
[10] A. van Wijngaarden and B. J. Mailloux, A Draft Proposal for the Algorithmic Language ALGOL X, WG 2.1 Working Paper, Oktober 1966.
[11] A. van Wijngaarden, B. J. Mailloux and J. E. L. Peck, A Draft Proposal for the Algorithmic Language ALGOL 67, Mathematrisch Centrum, Amsterdam MR 88, Mai 1967.
[12] A. van Wijngaarden, B. J. Mailloux and J. E. L. Peck, A Draft Proposal for the Algorithmic Language ALGOL 68, Mathematisch Centrum, Amsterdam, MR 92, November 1967.
[13] A. van Wijngaarden (Editor), B. J. Mailloux, J. E. L. Peck and C. H. A. Koster, Draft Report on the Algorithmic Language ALGOL 68, Mathematisch Centrum, Amsterdam, MR 93, Januar 1968.
[14] A. van Wijngaarden, B. J. Mailloux, J. E. L. Peck and C. H. A. Koster, Working Document on the Algorithmic Language ALGOL 68, Mathematisch Centrum, Amsterdam, MR 95, Juli 1968.
[15] A. van Wijngaarden, B. J. Mailloux, J. E. L. Peck and C. H. A. Koster, Penultimate Draft Report on the Algorithmic Language ALGOL 68, Mathematisch Centrum, Amsterdam, MR 99, Oktober 1968.
[16] A. van Wijngaarden (Editor), B. J. Mailloux, J. E. L. Peck and C. A. H. Koster, Final Draft Report on the Algorithmic Language ALGOL 68, Mathematisch Centrum, Amsterdam, MR 100, Dezember 1968.

Inhaltsverzeichnis

Contents

0. Einführung

0.1. Ziele und Prinzipien des Entwurfes

a) Durch das Entwerfen der Algorithmischen Sprache ALGOL 68 drückt die Working Group 2.1 der International Federation for Information Processing ihren Glauben an den Wert einer allgemeinen Programmiersprache aus, die vielen Fachleuten in vielen Ländern dient.
b) ALGOL 68 ist entworfen worden, um Algorithmen zu verbreiten, um diese effektiv auf einer Vielzahl unterschiedlicher Rechenanlagen auszuführen und um zu helfen, sie Studenten zu lehren.
c) Die Mitglieder der Gruppe haben, beeinflußt durch mehrere Jahre der Erfahrung mit ALGOL 60 und anderen Programmierungssprachen, folgendes als ihre Ziele angenommen:

0.1.1. Vollständigkeit und Klarheit der Beschreibung

Die Gruppe wünscht zur Lösung des Problems beizutragen, eine Sprache klar und vollständig zu beschreiben. Die in diesem Bericht angewandte Methode baut auf einer Grundsprache auf, die einen Sprachkern umfaßt, dessen Beschreibung minimiert ist. Der Rest der Sprache wird in Ausdrücken dieses Kerns beschrieben. Dadurch reduziert sich der Umfang der semantischen Beschreibung auf Kosten einer größeren Last für die Syntax. Man ist sich jedoch bewußt, daß diese Methode für den uneingeweihten Leser schwierig sein kann. Deshalb wurde auf Anforderung der Gruppe von C. H. Lindsey und S. G. van der Meulen ein Begleitband mit dem Titel „Informal Introduction to ALGOL 68" vorbereitet. Weitere Ergänzungsbände zu spezifischen Aspekten der Sprache können durchaus folgen.

0.1.2. Orthogonalität des Entwurfes

Die Anzahl unabhängiger primitiver Konzepte wurde klein gehalten, damit die Sprache leicht zu beschreiben, zu lernen und zu implementieren sei. Andererseits wurden diese Konzepte „orthogonal" angewandt, um die Ausdruckskraft der Sprache möglichst groß zu machen, und dies sogar ohne Einführung schädlicher Auswüchse.

0.1.3. Sicherheit

ALGOL 68 ist auf eine derartige Weise entworfen worden, daß nahehezu alle syntaktischen und viele andere Fehler leicht entdeckt werden können, bevor sie zu katastrophalen Ergebnissen führen. Darüberhinaus sind die Möglichkeiten zum Begehen solcher Fehler stark eingeschränkt.

0. Introduction

0.1 Aims and principles of design

a) In designing the Algorithmic Language ALGOL 68, Working Group 2.1 on ALGOL of the International Federation for Information Processing expresses its belief in the value of a common programming language serving many people in many countries.
b) ALGOL 68 is designed to communicate algorithms, to execute them efficiently on a variety of different computers, and to aid in teaching them to students.
c) The members of the Group, influenced by several years of experience with ALGOL 60 and other programming languages, accepted the following as their aims:

0.1.1. Completeness and clarity of description

The Group wishes to contribute to the solution of the problems of describing a language clearly and completely. The method adopted in this Report is based upon a strict language comprizing a language core, whose description is minimized. The remainder of the language is described in terms of this core, thereby reducing the amount of semantic description at the cost of a heavier burden of the syntax. It is recognized, however, that this method may be difficult for the uninitiated reader. Therefore, a companion volume, entitled "Informal Introduction to ALGOL 68", has been prepared at the request of the Group by C. H. Lindsey and S. G. van der Meulen, and further companion volumes on specific aspects of the language may well follow.

0.1.2. Orthogonal design

The number of independent primitive concepts was minimized in order that the language be easy to describe, to learn, and to implement. On the other hand, these concepts have been applied "orthogonally" in order to maximize the expressive power of the language, and yet without introducing deleterious superfluities.

0.1.3. Security

ALGOL 68 has been designed in such a way that nearly all syntactical and many other errors can be detected easily before they lead to calamitous results. Furthermore, the opportunities for making such errors are greatly restricted.

0.1.4. Effektivität

ALGOL 68 gestattet dem Programmierer, Programme anzugeben, die effektvoll auf gegenwärtigen Rechenanlagen zum Laufen gebracht werden können und dazu nicht einmal komplizierte und zeitaufwendige Optimierungsmaßnahmen eines Kompilers erfordern. Vgl. z. B. 11.8.

0.1.4.1. Statische Modusprüfung

Die Syntax von ALGOL 68 ist so beschaffen, daß keinerlei Modusprüfung während der Laufzeit nötig ist. Die einzige Ausnahme ist die Abarbeitung von Konformitätsvergleichen, deren Gebrauch nur in den Fällen erforderlich ist, in denen der Programmierer ausdrücklich die Flexibilität anwendet, die durch die Besonderheit des vereinten Modus geboten wird.

0.1.4.2. Statische Prüfung des Gültigkeitsbereichs

Die Syntax von ALGOL 68 ist so beschaffen, daß keinerlei Prüfung des Gültigkeitsbereichs während der Laufzeit nötig ist. Einige Ausnahmen gibt es in den Fällen, in denen der Programmierer ausdrücklich die Flexibilität anwendet, die durch das Fehlen syntaktischer Gültigkeitsbereichbeschränkungen geboten wird.

0.1.4.3. Vom Modus unabhängige syntaktische Zerlegung

Die Syntax von ALGOL 68 ist so beschaffen, daß das syntaktische Zerlegen eines Programms unabhängig von den Modi seiner Bestandteile durchgeführt werden kann. Darüberhinaus gibt es einen Algorithmus, der in einer endlichen Anzahl von Schritten bestimmt, ob eine beliebige gegebene Folge von Symbolen ein eigentliches Programm ist.

0.1.4.4. Unabhängige Kompilation

Die Syntax von ALGOL 68 ist so beschaffen, daß Hauptprogramme und Prozeduren unabhängig voneinander kompiliert werden können, und zwar unter der Voraussetzung, daß während jeder derartigen unabhängigen Kompilation eine Spezifikation des Modus aller nichtlokalen Größen vorgesehen ist. Dies erfolgt ohne Verlust an Effektivität des Objektprogramms. Vgl. die Anmerkungen nach 2.3.c.

0.1.4.5. Schleifenoptimierung

Iterative Prozesse werden in ALGOL 68 in einer solchen Weise formuliert, daß die direkte Anwendung bekannter Optimierungstechniken zu großen Einsparungen an Laufzeit führt ohne besonderes Anwachsen der Kompilationszeit.

0.1.4.6. Darstellungen

Die Darstellungen der ALGOL 68-Symbole sind so gewählt, daß die Sprache auf Rechenanlagen mit einer minimalen Zeichenmenge implementiert werden

0.1.4. Efficiency

ALGOL 68 allows the programmer to specify programs which can be run efficiently on present-day computers and yet do not require sophisticated and time-consuming optimization features of a compiler; see, e.g., 11.8.

0.1.4.1. Static mode checking

The syntax of ALGOL 68 is such that no mode checking during run time is necessary except during the elaboration of conformity relations, the use of which is required only in those cases in which the programmer explicitly makes use of the flexibility offered by the united mode feature.

0.1.4.2. Static scope checking

The syntax of ALGOL 68 is such that no scope checking during run time is necessary except in some cases in which the programmer explicitly makes use of the flexibility offered by the absence of syntactical scope restrictions.

0.1.4.3. Mode-independent parsing

The syntax of ALGOL 68 is such that the parsing of a program can be performed indepedently of the modes of its constituents. Moreover, there is an algorithm which determines in a finite number of steps whether an arbitrary given sequence of symbols is a proper program.

0.1.4.4. Independent compilation

The syntax of ALGOL 68 is such that the main line programs and procedures can be compiled independently of one another without loss of object-program efficiency, provided that during each such independent compilation, specification of the mode of all nonlocal quantities is provided; see the remarks after 2.3.c.

0.1.4.5. Loop optimization

Iterative processes are formulated in ALGOL 68 in such a way that straightforward application of well-known optimization techniques yields large gains during run time without excessive increase of compilation time.

0.1.4.6. Representations

Representations of ALGOL 68 symbols have been chosen so that the language may be implemented on computers with a minimal character set. At the same kann. Zugleich können die Hersteller von Implementationen Gebrauch von einer größeren Zeichenmenge machen, wenn diese verfügbar ist.

0.2. Vergleich mit ALGOL 60

a) ALGOL 68 ist eine Sprache umfassenderer Anwendbarkeit und größerer Leistung als ALGOL 60. Obwohl ALGOL 68 von den Lehren beeinflußt wurde, die ALGOL 60 bot, wurde es nicht als eine Erweiterung von ALGOL 60 entworfen, sondern vielmehr als eine vollständig neue Sprache auf der Grundlage neuer Erkenntnisse über die wesentlichen, fundamentalen Konzepte des Rechnens und einer neuen Beschreibungstechnik.
b) Das Ergebnis ist, daß die erfolgreichen Eigenheiten von ALGOL 60 in ALGOL 68 nur als Spezialfälle allgemeinerer Konstruktionen mit völlig neuen Eigenschaften zusammen erscheinen. Daher ist es schwierig, Unterschiede zwischen den beiden Sprachen zu isolieren. Die folgenden Abschnitte sind jedoch in der Absicht geschrieben, einen Einblick in einige der auffallenderen Unterschiede zu geben.

0.2.1. Werte in ALGOL 68

a) Während ALGOL 60 Werte der Typen ***integer***, ***real*** und ***Boolean*** hat, bringt ALGOL 68 als Besonderheit eine Unendlichkeit von "Modi", d. h. Verallgemeinerungen des Konzeptes "Typ".
b) Jeder einfache Wert ist entweder arithmetisch, d. h. von ganzzahligem oder realzahligem Modus — und dann ist er von einer unter verschiedenen Längen, oder er ist von booleschem oder Zeichen-Modus.
c) In ALGOL 60 ist das Zusammensetzen von Werten zu Feldern möglich. In ALGOL 68 werden zusätzlich zu solchen "mehrfachen" Werten noch "strukturierte" Werte definiert und gehandhabt, die aus Werten von möglicherweise unterschiedlichen Modi zusammengesetzt sind. Ein Beispiel eines mehrfachen Wertes ist das Zeichenfeld, welches näherungsweise der ALGOL-60-Zeichenkette entspricht. Beispiele strukturierter Werte sind komplexe Zahlen, Maschinenwörter — als Folgen von Bits oder Bytes betrachtet — und symbolische Formeln.
d) In ALGOL 68 wird das Konzept eines "Namens" eingeführt, d. h. eines Wertes, von dem man sagt, daß er zu einem anderen Wert "referiert". Solch ein Name-Wert-Paar entspricht der ALGOL-60-Variablen. Es kann jedoch jeder beliebige Name die Wertposition in einem Name-Wert-Paar einnehmen. Auf diese Weise können Ketten indirekter Adressen aufgebaut werden.
e) Das ALGOL-60-Konzept des Prozedurkörpers ist in ALGOL 68 zum Konzept der "Routine" verallgemeinert. Diese schließt auch die formalen Parameter ein. Da sie selbst ein Wert ist, kann sie wie irgendein anderer Wert gehandhabt werden. Das ALGOL-68-Konzept des "Formats" hat in ALGOL 60 kein Gegenstück.

time implementers may take advantage of a larger character set, if it is available.

0.2. Comparison with ALGOL 60

a) ALGOL 68 is a language of wider applicability and power than ALGOL 60. Although influenced by the lessons learned from ALGOL 60, ALGOL 68 has not been designed as an expansion of ALGOL 60 but rather as a completely new language based on new insights into the essential, fundamental concepts of computing and a new description technique.

b) The result is that the succesfsul features of ALGOL 60 reappear in ALGOL 68 but as special cases of more general constructions, along with completely new features. It is, therefore, difficult to isolate differences between the two languages; however, the following sections are intended to give insight into some of the more striking differences.

0.2.1. Values in ALGOL 68

a) Whereas ALGOL 60 has values of the types ***integer***, ***real*** and ***Boolean***, ALGOL 68 features an infinity of "modes", i.e. generalizations of the concept "type".

b) Each plain value is either arithmetic, i.e., of integral or real mode and then it is of one of several lengths, or it is of boolean or character mode.

c) In ALGOL 60, composition of values is possible into arrays, whereas in ALGOL 68, in addition to such "multiple" values, also "structured" values, composed of values of possibly different modes, are defined and manipulated. An example of a multiple value is the character array, which corresponds approximately to the ALGOL 60 string; examples of structured values are complex numbers, machine words considered as sequences of bits or of bytes, and symbolic formulae.

d) In ALGOL 68, the concept of a "name" is introduced, i.e. a value which is said to "refer to" another value; such a name-value pair corresponds to the ALGOL 60 variable. However, any name may take the value position in a name-value pair and thus chains of indirect addresses can be built up.

e) The ALGOL 60 concept of procedure body is generalized in ALGOL 68 to the concept of "routine", which includes also the formal parameters, and which is itself a value and therefore can be manipulated like any other value; the ALGOL 68 concept "format" has no ALGOL 60 counterpart.

f) Im Gegensatz zu einfachen Werten sowie mehrfachen und strukturierten Werten, die nur aus einfachen Werten zusammengesetzt sind, ist die Bedeutung eines Namens, einer Routine oder eines Formates oder eines mehrfachen oder strukturierten Wertes, der aus Namen, Routinen oder Formaten neben möglicherweise anderen Werten zusammengesetzt ist, im allgemeinen von der Umgebung abhängig, in der er, sie oder es erscheint. Demzufolge ist der Gebrauch von Namen, Routinen und Formaten Gegenstand gewisser natürlicher Einschränkungen, die sich auf ihren "Gültigkeitsbereich" beziehen.

0.2.2. Deklarationen in ALGOL 68

a) Während ALGOL 60 Typvereinbarungen, Feldvereinbarungen, Verteilervereinbarungen und Prozedurvereinbarungen hat, bringt ALGOL 68 die Besonderheit der "Identitätsdeklaration", deren Ausdruckskraft alle diese und mehr einschließt. Tatsächlich deklariert die Identitätsdeklaration nicht nur Variable, sondern auch Konstanten eines jeden Modus und bildet darüber hinaus die Grundlage eines hoch effektiven und wirkungsvollen Parametermechanismusses.
b) Darüber hinaus gestattet in ALGOL 68 eine "Modusdeklaration" die Konstruktion neuer Modi aus bereits existierenden. Insbesondere können die Modi mehrfacher Werte und strukturierter Werte auf diese Weise definiert werden. Weiterhin kann eine Vereinigung von Modi definiert werden. Ihr Gebrauch in einer Identitätsdeklaration erlaubt jedem einzelnen Wert, auf den sich der gegebene Name bezieht, von irgendeinem der vereinigten Modi zu sein.
c) Schließlich erlauben in ALGOL 68 eine "Prioritätsdeklaration" und eine "Operationsdeklaration" die Einführung neuer Operatoren, die Definition ihrer Operation und die Erweiterung oder Revision der Klasse von Operanden, auf die bereits aufgestellte Operatoren anwendbar sind.

0.2.3. Dynamische Speicherzuordnung in ALGOL 68

Während ALGOL 60 (abgesehen von den sogenannten "dynamischen own-Feldern") ein Regime von "Keller"-orientierter Speicherzuordnung impliziert, das geeignet ist, mit einer statisch (d. h. zur Kompilierzeit) festgelegten Anzahl von Werten fertig zu werden, sieht ALGOL 68 zusätzlich die Möglichkeit vor, eine dynamisch (d. h. zur Laufzeit) festgelegte Anzahl von Werten zu erzeugen. Diese Fähigkeit impliziert den Einsatz zusätzlicher Techniken der Speicherzuordnung.

0.2.4. Kollaterale Abarbeitung in ALGOL 68

Während in ALGOL 60 Anweisungen "nacheinander ausgeführt" werden, werden in ALGOL 68 "Phrasen" "seriell" oder "kollateral abgearbeitet". Die letztere Möglichkeit führt unter vielen Umständen zu effektiveren Objektprogrammen und steigert die Ausdruckskraft der Sprache. Es wurden Vorrich-

f) In contrast with plain values and multiple and structured values composed of plain values only, the significance of a name, routine or format or of a multiple of structured value composed of names, routines or formats, possibly amongst other values, is, in general, dependent on the context in which it appears. Therefore, the use of names, routines and formats is subject to some natural restrictions related to their "scope".

0.2.2. Declarations in ALGOL 68

a) Whereas ALGOL 60 has type declarations, array declarations, switch declarations and procedure declarations, ALGOL 68 features the "identity declaration" whose expressive power includes all of these, and more. In fact, the identity declaration declares not only variables, but also constants, of any mode, and, moreover, forms the basis of a highly efficient and powerful parameter mechanism.

b) Moreover, in ALGOL 68, a "mode declaration" permits the construction of new modes from already existing ones. In particular, the modes of multiple values and of structured values may be defined this way; in addition, a union of modes may be defined for use in an identity declaration allowing each value referred to by a given name to be of any one of the uniting modes.

c) Finally, in ALGOL 68, a "priority declaration" and an "operation declaration" permit the introduction of new operators, the definition of their operation and the extension or revision of the class of operands applicable to already established operators.

0.2.3. Dynamic storage allocation in ALGOL 68

Whereas ALGOL 60 (apart from the so-called "own dynamic arrays") implies a "stack"-oriented storage-allocation regime, sufficient to cope with a statically (i.e., at compile time) determined number of single or multiple values, ALGOL 68 provides, in addition, the ability to generate a dynamically (i.e., at run time) determined number of values, which ability implies the use of additional storage-allocation techniques.

0.2.4. Collateral elaboration in ALGOL 68

Whereas, in ALGOL 60, statements are "executed consecutively", in ALGOL 68, "phrases" are "elaborated serially" or "collaterally". This last facility is conducive to more efficient object programs under many circumstances, and increases the expressive power of the language. Facilities for parallel protungen zur Parallelprogrammierung eingeführt, obwohl sie im Hinblick auf den noch nicht sehr fortgeschrittenen Stand dieser Technik auf das Wesentliche beschränkt sind.

0.2.5. Standarddeklarationen in ALGOL 68

Die ALGOL-60-Standardfunktionen sind alle zusammen mit vielen anderen Standarddeklarationen in ALGOL 68 eingeschlossen. Unter diesen sind "Gerätekenngrößen", die es ermöglichen, gewisse Eigenschaften einer Implementation festzulegen und "Transgabe"-Deklarationen, die es während der Laufzeit ermöglichen, Daten von externen Medien zu erhalten und Resultate an diese zu liefern.

0.2.6. Einige besondere Konstruktionen in ALGOL 68

a) Die ALGOL-60-Konzepte des Blockes, der Verbundanweisung und der geklammerten Ausdrücke sind in ALGOL 68 in der "abgeschlossenen Klausel" vereinigt. Eine abgeschlossene Klausel kann ein Ausdruck sein und einen Wert besitzen. In ähnlicher Weise kann die ALGOL-68-"Zuordnung", die eine Verallgemeinerung der ALGOL-60-Ergibtanweisung ist, ein Ausdruck sein und als solcher ebenfalls einen Wert besitzen.

b) Das ALGOL-60-Konzept des Indizierens ist zum ALGOL-68-Konzept des "Indizierens" verallgemeinert worden. Letzteres gestattet nicht nur die Selektion eines einzelnen Elementes aus einem Feld, sondern auch die von Teilfeldern derselben oder irgendeiner kleineren Dimension und mit möglicherweise geänderten Grenzen.

c) ALGOL 68 sieht nicht nur die in 0.2.1.c erwähnten mehrfachen Werte vor, sondern auch "kollaterale Ausdrücke", die dazu dienen, diese Werte oder strukturierte Werte aus anderen einfacheren Werten zusammenzusetzen.

d) Die ALGOL-60-Laufanweisung ist zu einer knapperen und effektiveren "Laufanweisung" modifiziert worden.

e) Der bedingte Ausdruck und die bedingte Anweisung in ALGOL 60, die zu einer "bedingten Klausel" vereint wurden, sind dadurch verbessert worden, daß sie mit einem Schließungssymbol enden müssen. Somit lassen die beiden Alternativklauseln die gleichen syntaktischen Möglichkeiten zu. Darüberhinaus ist die bedingte Klausel zu einer "Fallklausel" verallgemeinert worden, welche die wirkungsvolle Selektion aus einer beliebigen Anzahl von Klauseln in Abhängigkeit vom Wert eines ganzzahligen Ausdruckes oder eines Konformitätsvergleiches gestattet.

f) Einige weniger erfolgreiche ALGOL-60-Konzepte, wie own-Größen und ganzzahlige Marken wurden nicht in ALGOL 68 übernommen. Einige Konzepte, wie Zielausdrücke und Verteiler, erscheinen nicht als solche in ALGOL 68, sondern ihre Ausdruckskraft ist in anderen allgemeineren Konstruktionen enthalten.

{Die Klugheit weiß, sie kann entbehren den Unsinn nicht,
damit sich kehren die Narren auch an ihre Lehren.
Grooks, Piet Hein.}

gramming, though restricted to the essentials in view of the none-too-advanced state of the art, have been introduced.

0.2.5. Standard declarations in ALGOL 68

The ALGOL 60 standard functions are all included in ALGOL 68 along with many other standard declarations. Amongst these are "environment enquiries", which make it possible to determine certain properties of an implementation, and "transput" declarations, which make it possible, at run time, to obtain data from and to deliver results to external media.

0.2.6. Some particular constructions in ALGOL 68

a) The ALGOL 60 concepts of block, compound statement and parenthesized expressions are unified in ALGOL 68 into "closed clause". A closed clause may be an expression and possess a value. Similarly, the ALGOL 68 "assignation", which is a generalization of the ALGOL 60 assignment statement, may be an expression and, as such, also possess a value.
b) The ALGOL 60 concept of subscription is generalized to the ALGOL 68 concept of "indexing", which allows the selection not only of a single element of an array but also of subarrays with the same or any smaller dimensionality and with possibly altered bounds.
c) ALGOL 68 provides not only the multiple values mentioned in 0.2.1.c, but also "collateral expressions" which serve to compose these values or structured values from other, simpler values.
d) The ALGOL 60 for statement is modified into a more concise and efficient "repetitive statement".
e) The ALGOL 60 conditional expression and conditional statement, unified into a "conditional clause", are improved by requiring them to end with a closing symbol whereby the two alternative clauses admit the same syntactic possibilities. Moreover, the conditional clause is generalized into a "case clause" which allows the efficient selection from an arbitrary number of clauses depending on the value of an integral expression or of a conformity relation.
f) Some less successful ALGOL 60 concepts, such as own quantities and integer labels, have not been included in ALGOL 68, and some concepts like designational expressions and switches do not appear as such in ALGOL 68, but their expressive power is included in other, more general, constructions.

{True wisdom knows it must comprise some nonsense as a compromise, lest fools should fail to find it wise. Grooks, Piet Hein.}

1. Sprache und Metasprache

1.1. Die Methode der Beschreibung

1.1.1. Die Grundsprache, die erweiterte Sprache und die Darstellungssprache

a) ALGOL 68 ist eine Sprache, in der "Programme" für "Rechner", d. h. für "Automaten" oder "Menschen", formuliert werden können. Sie ist in drei Stufen definiert, der "Grundsprache", der "erweiterten Sprache" und der "Darstellungssprache".

b) In der Definition werden die "deutsche Sprache" und eine "formale Sprache" benutzt. Für diese beiden Sprachen wie auch für die Grundsprache und die erweiterte Sprache werden typographische und syntaktische Lettern benutzt, die keine unmittelbare Beziehung zu jenen haben, die für die Darstellungssprache benutzt werden.

1.1.2. Die Syntax der Grundsprache

a) Die Grundsprache ist mit Hilfe einer "Syntax" und einer "Semantik" definiert. Diese Syntax ist eine Menge von "Erzeugungsregeln" für "Begriffe". Sie wird mit

"kleinen syntaktischen Lettern" ausgedrückt, in diesem Bericht
"a", "b", "c", "d", "e", "f", "g", "h", "i", "j", "k", "l", "m", "n", "o", "p", "q", "r", "s", "t", "u", "v", "w", "x", "y", "z", "ä", "ö", "ü" und "ß"; mit

"großen syntaktischen Lettern", in diesem Bericht
"A", "B", "C", "D", "E", "F", "G", "H", "I", "J", "K", "L", "M", "N", "O", "P", "Q", "R", "S", "T", "U", "V", "W", "X", "Y", "Z", "Ä", "Ö" und "Ü"; und mit

"anderen syntaktischen Lettern", in diesem Bericht
"." ("Punkt"), "," ("Komma"), ":" ("Doppelpunkt"), ";" ("Semikolon") "*" ("Sternchen").

{Man beachte, daß diese Lettern zu einem anderen Typensatz gehören, als die Lettern in diesem Satz.}

b) Ein "Protobegriff" ist eine nicht leere, möglicherweise unendliche Folge von kleinen syntaktischen Lettern, möglicherweise kommen einzelne große Lettern vor. Ein Begriff ist ein Protobegriff, für den eine Erzeugungsregel existiert. Ein "Symbol" ist ein Protobegriff, der auf 'Symbol' endet.

c) Eine Erzeugungsregel für einen gegebenen Begriff besteht aus eben jenem Begriff, möglicherweise mit einem vorangehenden Sternchen, gefolgt von einem Doppelpunkt, einer "Liste von Begriffen" {siehe d}, und einem Punkt, alles in der angegebenen Reihenfolge. Die Liste der Begriffe wird eine "direkte Erzeugung" des gegebenen Begriffes genannt.

1. Language and metalanguage

1.1. The method of description

1.1.1. The strict, extended and representation languages

a) ALGOL 68 is a language in which "programs" can be formulated for "computers", i. e., "automata" or "human beings". It is defined in three stages, the "strict language", the "extended language" and the "representation language".

b) In the definition, the "English language" and a "formal language" are used. For both of these languages, as also for the strict language and the extended language, typographical and syntactic marks are used which bear no immediate relation to those used for the representation language.

1.1.2. The syntax of the strict language

a) The strict language is defined by means of a "syntax" and "semantics". This syntax is a set of "production rules" for "notions"; it it expressed in

"small syntactic marks", in this Report

"a", "b", "c", "d", "e", "f", "g", "h", "i", "j", "k", "l", "m", "n", "o", "p", "q", "r", "s", "t", "u", "v", "w", "x", "y", and "z";

"large syntactic marks", in this Report

"A", "B", "C", "D", "E", "F", "G", "H", "I", "J", "K", "L", "M", "N", "O", "P", "Q", "R", "S", "T", "U", "V", "W", "X", "Y" and "Z";

"other syntactic marks", in this Report

"." ("point"), "," (comma"), ":" ("colon"), ";" ("semicolon) and "*" ("asterisk").

{Note that these marks are in another type font than the marks in this sentence.}

b) A "protonotion" is a nonempty, possible infinite, sequence of small syntactic marks; a notion is a protonotion for which there is a production rule; a "symbol" is a protonotion ending with 'symbol'.

c) A production rule for a given notion consists of that notion, possibly preceded by an asterisk, followed by a colon, a "list of notions" {see d}, and a point, in that order. The list of notions is said to be a "direct production" of the given notion.

d) Eine Liste von Begriffen ist eine nicht leere Folge von "Gliedern", die durch Kommata getrennt sind. Ein Glied ist entweder ein Begriff und wird dann "erzeugend" {oder nicht beendend} genannt, oder es ist ein Symbol {, welches beendend ist, } oder es ist leer, oder es ist ein anderer Protobegriff {, und dann wird die Erzeugungsregel, aus deren Liste von Begriffen er ein Glied ist, eine "Sackgasse" genannt}.
e) Eine "Erzeugung" eines gegebenen Begriffes ist entweder eine direkte Erzeugung jenes gegebenen Begriffes, oder sie ist eine Liste von Begriffen, die durch das Ersetzen eines erzeugenden Gliedes in einer Erzeugung des gegebenen Begriffes durch eine direkte Erzeugung jenes erzeugenden Gliedes erhalten wird.
f) Eine "Enderzeugung" eines Begriffes ist eine Erzeugung jenes Begriffes, bei der jedes Glied entweder ein Symbol oder leer ist.

{In der Erzeugungsregel

'**Festpunktnumeral : ganzzahliger Teil Möglichkeit, gebrochener Teil.**'

(5.1.2.1.b) der Grundsprache ist die Liste der Begriffe

'**ganzzahliger Teil Möglichkeit, gebrochener Teil**'

eine direkte Erzeugung des Begriffes '**Festpunktnumeral**'. Sie enthält zwei Glieder, von denen beide erzeugend sind. Eine Enderzeugung dieses selben Begriffes ist

'**Ziffer null Symbol, Punktsymbol, Ziffer eins Symbol**'.

Das Glied '**Ziffer null Symbol**' ist ein Beispiel für ein Symbol und ist beendend. Der Protobegriff '**twas brillig and the slithy toves**' ist weder ein Symbol noch ein Begriff im Sinne dieses Berichts, da er nicht mit '**Symbol**' endet und keine Erzeugungsregel für ihn gegeben ist (1.1.5.b,c).

1.1.3. Die Syntax der Metasprache

a) Einige Erzeugungsregeln für die Grundsprache werden explizit angegeben, andere werden mit Hilfe einer "Metasprache" erhalten, deren Syntax eine Menge von Erzeugungsregeln für "Metabegriffe" ist.
b) Ein Metabegriff ist eine nicht leere Folge von großen syntaktischen Lettern.
c) Eine Erzeugungsregel für einen gegebenen Metabegriff besteht aus dem Metabegriff gefolgt von einem Doppelpunkt, einer "Liste von Metabegriffen" {siehe d} und einem Punkt, alles in der angegebenen Reihenfolge. Die Liste der Metabegriffe wird eine direkte Erzeugung des gegebenen Metabegriffes genannt.
d) Eine Liste von Metabegriffen ist eine nichtleere Folge von "Metagliedern", die durch Leerzeichen getrennt sind. Ein Metaglied ist entweder ein Metabegriff und wird dann erzeugend genannt, oder es ist eine möglicherweise leere Folge von kleinen syntaktischen Lettern, in der auch einzelne große syntaktische Lettern auftreten können.
e) Eine Erzeugung eines gegebenen Metabegriffes ist entweder eine direkte Erzeugung des gegebenen Metabegriffes, oder sie ist eine Liste von Metabe-

d) A list of notions is a nonempty sequence of "members" separated by commas; a member is either a notion and is then said to be "productive" {, or nonterminal,} or is a symbol {, which is terminal,} or is empty, or is some other protonotion {and then the production rule of whose list of notions it is a member is said to be a "blind alley"}.

e) A "production" of a given notion is either a direct production of that given notion or a list of notions obtained by replacing a productive member in some production of the given notion by a direct production of that productive member.

f) A "terminal production" of a notion is a production of that notion each of whose members is either a symbol or empty.

{In the production rule

'variable point numeral : integral part option, fractional part.'

(5.1.2.1.b) of the strict language, the list of notions

'integral part option, fractional part'

is a direct production of the notion 'variable point numeral', and contains two members, both of which are productive. A terminal production of this same notion is

'digit zero symbol, point symbol, digit one symbol'.

The member 'digit zero symbol' is an example of a symbol, and is terminal. The protonotion 'twas brillig and the slithy toves' is neither a symbol nor a notion in the sense of this Report, in that it does not end with 'symbol' and no production rule for it is given (1.1.5.b,c).}

1.1.3. The syntax of the metalanguage

a) Some production rules of the strict language are given explicitly and others are obtained with the aid of a "metalanguage" whose syntax is a set of production rules for "metanotions".

b) A metanotion is a nonempty sequence of large syntactic marks.

c) A production rule for a given metanotion consists of that metanotion followed by a colon, a "list of metanotions" {see d}, and a point, in that order. The list of metanotions is said to be a direct production of the given metanotion.

d) A list of metanotions is a nonempty sequence of "metamembers" separated by blanks; a metamember is either a metanotion and is then said to be productive, or a, possibly empty, sequence of small syntactic marks.

e) A production of a given metanotion is either a direct production of that given metanotion or a list of metanotions obtained by replacing a productive griffen, die durch das Ersetzen eines erzeugenden Metagliedes in einer Erzeugung des gegebenen Metabegriffes durch eine direkte Erzeugung des erzeugenden Metagliedes erhalten wird.

f) Eine Enderzeugung eines Metabegriffes ist eine Erzeugung jenes Metabegriffes, bei der keines ihrer Glieder erzeugend ist.

{In der Erzeugungsregel '**ANHANG : BUCHSTABE .**', die aus 1.2.1.r erhalten wurde, ist '**BUCHSTABE**' eine direkte Erzeugung des Metabegriffes '**ANHANG**' und besteht aus einem Metaglied, das erzeugend ist. Eine spezielle Enderzeugung des Metabegriffes '**ANHANG**' ist '**Buchstabe x**' (siehe 1.2.1.s,t). In der Erzeugungsregel '**LEER:.**' (1.2.1.i) hat der Metabegriff '**LEER**' eine direkte Erzeugung, die aus einem leeren Metaglied besteht.}

1.1.4. Die Erzeugungsregeln der Metasprache

Die Erzeugungsregeln der Metasprache sind die Regeln, die aus den Regeln in Absatz 1.2 in den folgenden Schritten gewonnen werden:

Schritt 1: Wenn eine Regel ein oder mehrere Semikolon enthält, dann wird sie durch zwei neue Regeln ersetzt. Die erste der beiden besteht aus dem Teil jener Regel bis einschließlich des ersten Semikolon, wobei dieses Semikolon durch einen Punkt ersetzt wird. Die zweite der beiden besteht aus einer Kopie jenes Teils der Regel bis einschließlich des Doppelpunkts, gefolgt von dem Teil der ursprünglichen Regel, der ihrem ersten Semikolon folgt. Hierauf wird Schritt 1 wiederholt.

Schritt 2: Eine Anzahl von Erzeugungsregeln für den Metabegriff '**ALPHA**' {1.2.1.t}, von dem jede direkte Erzeugung eine andere kleine syntaktische Letter ist, kann hinzugefügt werden.

{Zum Beispiel wird die Regel
'**ANHANG : BUCHSTABE; ANHANG BUCHSTABE; ANHANG ZIFFER.**'
von 1.2.1.r durch die Regeln
'**ANHANG : BUCHSRTABE.**' und
'**ANHANG : ANHANG BUCHSTABE; ANHANG ZIFFER.**'
ersetzt. Die zweite dieser Regeln wird durch
'**ANHANG : ANHANG BUCHSTABE.**' und '**ANHANG : ANHANG ZIFFER.**'
ersetzt. Auf diese Weise entstehen drei Regeln aus der einen ursprünglichen Regel. Der Leser wird es nützlich finden, für ":" die Worte "kann sein ein", für "," die Worte "gefolgt von einem" und für ";" die Worte "oder ein" zu lesen.
Der Plural eines Metabegriffes wird, wenn er nicht nach den Regeln der deutschen Grammatik gebildet wird, durch ein angehängtes "S" gekennzeichnet.}

1.1.5. Die Erzeugungsregeln der Grundsprache

a) Eine Erzeugungsregel der Grundsprache ist jede Regel, die in den folgenden Schritten aus den Regeln erhalten wird, die in den Kapiteln 2 bis einschließlich 8 metamember in some production of the given metanotion by a direct production of that productive metamember.

f) A terminal production of a metanotion is a production of that metanotion none of whose metamembers is productive.

{In the production rule 'TAG : LETTER.', derived from 1.2.1.r, 'LETTER' is a direct production of the metanotion 'TAG', and consists of one metamember which is productive. A particular terminal production of the metanotion 'TAG' is 'letter x' (see 1.2.1.s,t). In the production rule 'EMPTY :.' (1.2.1.i), the metanotion 'EMPTY' has a direct production which consists of one empty metamember.}

1.1.4. The production rules of the metalanguage

The production rules of the metalanguage are the rules obtained from the rules in Section 1.2 in the following steps:

Step 1: If some rule contains one or more semicolons, then it is replaced by two new rules, the first of which consists of the part of that rule up to and including the first semicolon with that semicolon replaced by a point, and the second of which consists of a copy of that part of the rule up to and including the colon, followed by the part of the original rule following its first semicolon, whereupon Step 1 is taken again;

Step 2: A number of production rules for the metanotion 'ALPHA' {1.2.1.t}, each of whose direct productions is another small syntactic mark, may be added.

{For instance, the rule

'TAG : LETTER; TAG LETTER; TAG DIGIT.',

from 1.2.1.r, is replaced by the rules

'TAG : LETTER.' and 'TAG : TAG LETTER; TAG DIGIT.',

and the second of these is replaced by

'TAG : TAG LETTER.' and 'TAG : TAG DIGIT.',

thus resulting in three rules from the original one.
The reader might find it helpful to read ":" as "may be a", "," as "followed by a", and ";" as "or a".}

1.1.5. The production rules of the strict language

a) A production rule of the strict language is any rule obtained in the following steps from the rules given in Chapters 2 up to 8 inclusive in the sections whose in den Absätzen aufgeführt sind, deren Überschrift "Syntax" ist oder damit beginnt:

Schritt 1: Identisch mit Schritt 1 von 1.1.4.

Schritt 2: Eine der erhaltenen Regeln wird betrachtet.

Schritt 3: Enthält die betrachtete Regel einen oder mehrere Metabegriffe, dann wird für irgend eine Enderzeugung eines solchen Metabegriffes eine neue Regel dadurch erhalten, daß in einer Kopie der betrachteten Regel jedes Auftreten dieses Metabegriffes durch jene Enderzeugung ersetzt wird. Hierauf wird diese neue Regel betrachtet und auf sie Schritt 3 angewendet. Enthält die betrachtete Regel keinen Metabegriff, so werden alle Leerzeichen in der betrachteten Regel entfernt und die so erhaltene Regel ist eine Erzeugungsregel der Grundsprache.

b) Es kann eine Anzahl von Erzeugungsregeln für '**Indikant**', '**dyadischer Indikant**' und '**monadischer Indikant**' {4.2.1.b,e,f} hinzugefügt werden, wobei jede ihrer direkten Erzeugungen ein Symbol ist, das sich von allen Symbolen in diesem Bericht mit der Einschränkung unterscheidet, daß keine Enderzeugung von '**Indikant**' gleichzeitig eine Enderzeugung von '**monadischer Indikant**' ist.

c) Es kann eine Anzahl von Erzeugungsregeln für '**anderer Bemerkungsposten**' {3.0.9.c} und '**anderer Zeichenkettenposten**' {5.1.4.1.b} hinzugefügt werden, wobei jede ihrer direkten Erzeugungen ein Symbol ist, das sich von jeder Enderzeugung von '**Zeichentype**' mit der Einschränkung unterscheidet, daß keine Enderzeugung von '**anderer Zeichenkettenposten**' das '**Bemerkungssymbol**' und keine Enderzeugung von '**anderer Zeichenkettenposten**' das '**Anführungsstrichsymbol**' ist.

{Die Regel

'**aktuelle UNBERE Grenze : strenge UNBERE Grenze, Flexibelsymbol Möglichkeit.**',

die durch Schritt 1 aus 7.1.1.t erhalten wurde und in Schritt 2 betrachtet wurde, wird in Schritt 3 benutzt, um entweder die eine oder die andere der folgenden zwei Erzeugungsregeln der Grundsprache herzustellen:

'**aktuelleuntereGrenze : strengeuntereGrenze, FlexibelsymbolMöglichkeit.**' und
'**aktuelleobereGrenze : strengeobereGrenze, FlexibelsymbolMöglichkeit.**'

Jedoch werden, um dem Leser die Sache zu erleichtern, der selber die Leerzeichen leichter ignorieren kann, einige Leerzeichen in den Symbolen und Erzeugungsregeln in den folgenden Teilen dieses Berichtes belassen. Ferner sollen Symbole, Begriffe und Erzeugungsregeln, die nach den Regeln der deutschen Grammatik bzw. der Groß- und Kleinschreibung modifiziert wurden, als identisch betrachtet werden. Sind Symbole oder Begriffe Enderzeugungen eines Metabegriffes mit einem kleinen angehängten "s", so sind sie der grammatikalischen Pluralbildung zu unterwerfen. Ein an einem Metabegriff angehängtes "lich" kennzeichnet ein Adverb.

Damit werden die Regeln in der lesbaren Form

'**aktuelle untere Grenze : strenge untere Grenze, Flexibelsymbol Möglichkeit.**' und
'**aktuelle obere Grenze : strenge obere Grenze, Flexibelsymbol Möglichkeit.**'

heading is, or begins with, "Syntax":

Step 1: Identical with Step 1 of 1.1.4;

Step 2: One of the rules obtained is considered;

Step 3: If the considered rule contains one or more metanotions, then for some terminal production of such a metanotion, a new rule is obtained by replacing that metanotion, throughout a copy of the considered rule, by that terminal production, whereupon this new rule is considered instead and Step 3 is taken; otherwise, all blanks in the considered rule are removed and the rule so obtained is a production rule of the strict language.

b) A number of production rules may be added for 'indicant', 'dyadic indicant' and 'monadic indicant' {4.2.1.b,e,f}, each of whose direct productions is a symbol different from any symbol given in this Report, with the restriction that no terminal production of 'indicant' is also a terminal production of 'monadic indicant'.

c) A number of production rules may be added for 'other comment item' {3.0.9.c} and 'other string item' {5.1.4.1.b} each of whose direct productions is a symbol different from any terminal production of 'character token' with the restrictions that no terminal production of 'other comment item' is 'comment symbol' and no terminal production of 'other string item' is 'quote symbol'.

{The rule

'actual LOWPER bound : strict LOWPER bound, flexible symbol option.'

derived from 7.1.1.t by Step 1 and considered in Step 2 is used in Step 3 to provide either one of the following two production rules of the strict language:

'actuallowerbound : strictlowerbound, flexiblesymboloption.' and
'actualupperbound : strictupperbound, flexiblesymboloption.';

however, to ease the burden on the reader, who may more easily ignore blanks himself, some blanks will be retained in the symbols, notions and production rules in the rest of this Report. Thus, the rules will be written in the more readable form

'actual lower bound : strict lower bound, flexible symbol option.' and
'actual upper bound : strict upper bound, flexible symbol option.'.

geschrieben. Beachte, daß

'**aktuelle untere Grenze : strenge obere Grenze, Flexibelsymbol Möglichkeit.**'

keine Erzeugungsregel der Grundsprache ist, da die Ersetzung des Metabegriffes 'UNBERE' durch eine seiner Erzeugungen durchgehend ausgeführt werden muß. Da einige Metabegriffe eine unendliche Zahl von Enderzeugungen haben, ist die Zahl der Begriffe in der Grundsprache unendlich, und so kann die Zahl der Erzeugungsregeln für einen gegebenen Begriff unendlich sein. Da darüber hinaus einige Metabegriffe Enderzeugungen unendlicher Länge haben, sind einige Begriffe unendlich lang. Siehe z. B. 4.1.1. und 8.5.2.2. Diese Unendlichkeiten sollten den Leser nicht stören. Aus dem weiteren Text folgt, daß für jedes **Programm** nur eine endliche Zahl von Begriffen und Erzeugungsregeln verwendet wird, und daß, obgleich Begriffe unendlicher Länge verwendet werden können, deren Aufbau immer durch einen einfachen Substitutionsprozeß bestimmt wird, der durch eine endliche Anzahl von Symbolen, nämlich durch das **Programm**, definiert ist. Es ist mehr dieser Prozeß, der interessiert, als sein hypothetisches Ergebnis.

Einige Erzeugungsregeln, die von einer einen Metabegriff enthaltenden Regel erhalten werden, können in dem Sinne eine Sackgasse sein, daß für ein Glied rechts vom Doppelpunkt keine Erzeugungsregel gegeben ist, auch wenn dieses kein Symbol ist.}

1.1.6. Die Semantik der Grundsprache

a) Eine Enderzeugung eines Begriffes wird als eine linear angeordnete Folge von Symbolen betrachtet. Diese Anordnung wird die "textliche Reihenfolge" genannt, und "folgend" ("vorangehend") steht im weiteren Teil dieses Berichts für "textlich unmittelbar folgend" ("textlich unmittelbar vorangehend"). Typographische Maßnahmen, wie der leere Zwischenraum, der Übergang zu einer neuen Zeile und der Übergang zu einer neuen Seite haben keinen Einfluß auf diese Reihenfolge {vgl. jedoch 3.1.2.b}.

b) Eine Folge von Symbolen, die aus einer zweiten Folge von Symbolen besteht, der eine oder mehrere nicht leere Folgen von Symbolen vorausgehen und/oder folgen, "enthält" diese zweite Folge von Symbolen. Ein Protobegriff, der aus einem zweiten Protobegriff besteht, dem eine oder mehrere nicht leere Folgen von kleinen syntaktischen Lettern, in denen auch einzelne große syntaktische Lettern auftreten können, vorausgehen und/oder folgen, "enthält" diesen zweiten Protobegriff.

c) Ein "Parabegriff", der nicht in einem Absatz steht, dessen Überschrift "Syntax" ist oder damit beginnt, der nicht zwischen "Apostrophen" ("' '") steht und der in keinem anderen Parabegriff enthalten ist, "bezeichnet" eine Anzahl von Protobegriffen, seine "Originale". Ein Parabegriff ist entweder

I) ein Symbol, und bezeichnet sich dann selbst {, z. B. "**Beginnsymbol**" bezeichnet "**Beginnsymbol**"}, oder

Note that

'actual lower bound : strict upper bound, flexible symbol option.'

is not a production rule of the strict language, since the replacement of the metanotion 'LOWPER' by one of its productions must be consistent throughout.

Since some metanotions have an infinite number of terminal productions, the number of notions in the strict language is infinite and the number of production rules for a given notion may be infinite; moreover, since some metanotions have terminal productions of infinite length, some notions are infinitely long. For examples see 4.1.1 and 8.5.2.2. These infinities should not worry the reader. From the sequel it follows that in any program only a finite number of notions and production rules are involved, and that although notions of infinite length may be involved, their constitution is always determined by a simple substitution process defined by a finite number of symbols, viz., the program; it is this process rather than its hypothetical outcome that matters.

Some production rules obtained from a rule containing a metanotion may be blind alleys in the sense that no production rule is given for some member to the right of the colon even though it is not a symbol.}

1.1.6. The semantics of the strict language

a) A terminal production of a notion is considered as a linearly ordered sequence of symbols. This order is termed the "textual order", and "following" ("preceding") stands for "textually immediately following" ("textually immediately preceding") in the rest of this Report. Typographical display features, such as blank space, change to a new line, and change to a new page do not influence this order {but see 3.1.2.b}.

b) A sequence of symbols (A protonotion) consisting of a second sequence of symbols (a second protonotion) preceded and/or followed by (a) nonempty sequence(s) of symbols (of small syntactic marks) "contains" that second sequence of symbols (second protonotion).

c) A "paranotion" when not in a section whose heading is, or begins with, "Syntax", not between "apostrophe"s ("' ") and not contained in another paranotion "denotes" some number of protonotions, its "originals". A paranotion is either

i) a symbol and then it denotes itself {, e.g., "begin symbol" denotes "begin symbol"}, or

II) ein Begriff, dessen Erzeugungsregel oder -regeln nicht mit einem Sternchen beginnen, in diesem Falle bezeichnet er sich selbst {, z. B. "**plusminus**" bezeichnet "**plusminus**"}, oder

III) ein Begriff, dessen Erzeugungsregel oder -regeln mit einem Sternchen beginnen, in welchem Falle er jede seiner direkten Erzeugungen bezeichnet {, die in diesem Bericht immer Begriffe oder Symbole sind, z. B. "**Trimex**" (8.6.1.1.j) bezeichnet "**Trimmer**" oder "**Index**"}, oder

IV) ein Parabegriff, in den ein oder mehrere "Bindestriche" ("-") eingefügt wurden, und bezeichnet dann die Originale jenes Parabegriffes vor der oder den Einfügungen {, z. B. "**Beginn-Symbol**" bezeichnet das, was "**Beginnsymbol**" bezeichnet}, oder

V) ein Parabegriff mit Deklinationsendungen (des Singulars und) des Plurals, und bezeichnet dann eine Anzahl der Originale jenes Parabegriffs vor der Modifikation {, z. B. "**Trimizes**" bezeichnet eine Anzahl von "**Trimmer**"n und/oder "**Indiz**"es und "**Primäre**" bezeichnet eine gewisse Anzahl der Begriffe, die durch "**Primäres**" bezeichnet werden}, oder

VI) ein Parabegriff, dessen erste kleine syntaktische Letter durch die korrespondierende große syntaktische Letter ersetzt wurde, in welchem Falle er die Originale jenes Parabegriffes vor der Modifikation bezeichnet {, z. B. "**Und-Symbol**" bezeichnet den Begriff, der durch "**und-Symbol**" bezeichnet wird}, oder

VII) ein Parabegriff, in dem eine Enderzeugung von '**SORTE**' und/oder von '**EINIGE**' und/oder von '**MOSCH**' ausgelassen wurde, und bezeichnet dann die Originale eines jeden anderen Parabegriffes, von dem der gegebene Parabegriff durch Auslassen einer Enderzeugung von '**SORTE**' und/oder '**EINIGE**' und/oder '**MOSCH**' erhalten werden konnte {, z. B. "**Sprung**" bezeichnet die Begriffe, die durch "**MOSCH Sprung**" (8.2.6.1.c) bezeichnet werden, "**Deklaration**" bezeichnet die Begriffe, die durch "**EINIGE Deklaration**" (6.2.1.a, 7.0.1.a) bezeichnet werden und "**Klausel** bezeichnet die Begriffe, die durch "**SORTELE EINIGE MOSCH** "**Klausel**" (6.1.1.a, 6.2.1.b,c,d,f, 6.3.1.a, 6.4.1.a,c,d,e, 8.1.1.a) bezeichnet werden, wobei "**SORTELE**" ("**EINIGE**", "**MOSCH**") für jede Enderzeugung des Metabegriffes '**SORTELE**' ('**EINIGE**', '**MOSCH**') steht.}

{Parabegriffe, die nicht unter Syntax oder zwischen Apostrophen stehen, werden als Hilfe für den Leser da mit Bindestrichen versehen, wo sonst die Leerzeichen stehen. Regeln, die mit einem Sternchen beginnen, sind eingeschoben worden, um die Semantik zu verkürzen.}

d) Wenn nicht anders festgelegt {f, g}, dann steht ein Parabegriff für jedes "Auftreten" eines jeden Symbols, das durch ihn bezeichnet wird, und/oder für jedes Auftreten einer jeden Enderzeugung eines jeden Begriffs, der durch ihn bezeichnet wird. Dabei wird die Enderzeugung als eine Enderzeugung speziell dieses Begriffes betrachtet.

ii) a notion whose production rule does (rules do) not begin with an asterisk, and then it denotes itself {, e.g., "plusminus" denotes "plusminus"}, or

iii) a notion whose production rule does (rules do) begin with an asterisk, and then it denotes any of its direct productions {, which, in this Report, always is a notion or a symbol, e.g., "trimscript" (8.6.1.1.j) denotes "trimmer" or "subscript"}, or

iv) a paranotion in which one or more "hyphen"s ("-") have been inserted and then it denotes the originals of that paranotion before the inserting {, e.g., "begin-symbol" denotes what "begin symbol" denotes}, or

v) a paranotion followed by "s" or a paranotion ending with "y" in which that "y" has been replaced by "ies" and then it denotes some number of the originals of that paranotion before the modification {, e.g., "trimscripts" denotes some number of "trimmer"s and/or "subscript"s and "primaries" denotes some number of the notions denoted by "primary"}, or

vi) a paranotion whose first small syntactic mark has been replaced by the corresponding large syntactic mark, and then it denotes the originals of that paranotion before the modification {, e.g., "Identifiers" denotes the notions denoted by "identifiers"}, or

vii) a paranotion in which a terminal production of 'SORT' and/or of 'SOME' and/or of 'MOID' has been omitted, and then it denotes the originals of any other paranotion from which the given paranotion could be obtained by omitting a terminal production of 'SORT' and/or of 'SOME' and/or of 'MOID' {, e.g., "jump" denotes the notions denoted by "MOID jump" (8.2.7.1.c), "declaration" denotes the notions denoted by "SOME declaration" (6.2.1.a, 7.0.1.a) and "clause" denotes the notions denoted by SORTETY SOME MOID clause", (6.1.1.a 6.2.1.b,c,d,f, 6.3.1.a, 6.4.1.a,c,d,e, 8.1.1.a), where "SORTETY" ("SOME", "MOID") stands for any terminal production of the metanotion 'SORTETY' ('SOME', 'MOID')}.

{As an aid to the reader, paranotion, when not under Syntax or between apostrophes, are provided with hyphens where, otherwise, they are provided with blanks. Rules beginning with an asterisk have been included in order to shorten the semantics.}

d) Except as otherwise specified {f, g}, a paranotion stands for any "occurrence" of any symbol denoted by it and/or of any terminal production of any notion denoted by it considered as a terminal production of, specifically, that notion.

e) Ein Auftreten *A* einer Enderzeugung eines Begriffes *B* wird von einem Baum spezifischer Erzeugungen erzeugt. Für diesen "Erzeugungsbaum" sind definiert:

ein "direkter Nachkomme" von *B*, d. h. ein Glied der direkten Erzeugung von *B*;

ein "Nachkomme" von *B*, d. h., ein direkter Nachkomme entweder von *B* oder eines Nachkommen von *B*;

der "Abkomme" eines Nachkommen *N* von *B*, d. h., wenn *N* ein Begriff (Symbol) ist, dann ist er das Auftreten der Enderzeugung von (das Auftreten von) *N*, die (das) *A* ist oder in *A* enthalten ist; und

ein "direkter Bestandteil" von *A*, d. h. der Abkomme eines direkten Nachkommen von *B*.

f) Ein Parabegriff *P*, von dem gesagt werden kann, daß er ein direkter Bestandteil eines Parabegriffes *Q* ist, steht für alle Auftreten der Symbole, die durch *P* bezeichnet werden oder der Enderzeugungen von Begriffen, die durch *P* bezeichnet werden, die direkte Bestandteile von Auftreten der Enderzeugungen von Begriffen sind, für die *Q* stand.

Ein Parabegriff *P* ist ein Nachkomme eines Parabegriffes *Q*, wenn er ein direkter Bestandteil eines Nachkommen von *Q* ist.

Ein Parabegriff *P* ist ein "Bestandteil" eines Parabegriffes *Q*, wenn er zwar ein Nachkomme von *Q* ist aber kein Nachkomme eines Nachkommen *R* von *Q*, wobei *R* derselbe Protobegriff wie *P* oder *Q* ist.

{Somit ist *1* : *2* ein *Bestandteil bildender* **aktueller-Reihe-von-Anreiher** des **aktuellen-Deklarierers** [*1* : *2*] ***struct*** *(*[*3* : *4*] ***real*** *a)*. Jedoch *3* : *4* ist kein solcher Bestandteil, da dies ein Nachkomme des Nachkommen **aktueller-Deklarierer** [*3* : *4*] ***real*** ist. Ebenso ist *j* := *1* eine *Bestandteil bildende* **Zuordnung** (8.3.1.1.a) der **Zuordnung** *i* := *j* := *1*, aber nicht der **seriellen-Klausel** (6.1.1.a) *i* := *j* := *1*; *k* := *2* noch der **Zuordnungen** *j* := *1* und *k* := *i* := *j* :=*1*. Die **Zuordnung** *j* := *1* ist kein direkter Bestandteil der **Zuordnung** *i* := *j* := *1*, aber die **Quelle** *j* := *1* ist es (8.3.1.1.a).}

g) Ein Parabegriff, der ein direkter Bestandteil eines zweiten Parabegriffes ist, ist ein Parabegriff jenes zweiten Parabegriffes.

{Das erlaubt die Abkürzung von "direkter Bestandteil von", das häufig unter Semantik auftreten würde, zu "von", "sein" oder sogar "der". In der **Zuordnung** (8.3.1.1.a) *i* := *1* z. B. ist *i* ihre **Bestimmung** oder *i* ist eine *Bestandteil bildende* **Bestimmung**, aber nicht einfach eine **Bestimmung** der **seriellen-Klausel** *i* := *1*; *j* := *2*.}

h) In den Abschnitten 2 bis 8 ist unter "Semantik" mit den Auftreten bestimmter Folgen von Symbolen durch Sätze der deutschen Sprache eine Bedeutung verbunden. Diese Bedeutung besteht in einer Reihe von Prozessen (der "Abarbeitung" jener Auftreten von Folgen von Symbolen als Enderzeugungen gegebener Begriffe), von denen jeder einen spezifischen Effekt verursacht. Jeder dieser Prozesse kann durch jeden Prozeß ersetzt werden, der den gleichen Effekt verursacht.

e) An occurrence *O* of a terminal production of a notion *N* is produced by a tree of specific productions; for this "production tree" are defined:

a "direct descendent" of *N*, i.e., a member of the direct production of *N*;
a "descendent" of *N*, i.e., a direct descendent of either *N* or a descendent of *N*;
the "offspring" of a descendent *D* of *N*, i.e., if *D* is a notion (symbol), then the occurence of the terminal production of (the occurrence of) *D* {which is, or is contained in, *O*}; and
a "direct constituent" of *O*, i.e., the offspring of a direct descendent of *N*.

f) A paranotion *P* which is said to be a direct constituent of a paranotion *Q*, stands for all occurrences of symbols denoted by *P* or of terminal productions of notions denoted by *P* which are direct constituents of occurrences of terminal productions of notions stood for by *Q*.

A paranotion *P* is a descendent of a paranotion *Q* if it is a direct constituent of *Q* or if it is a direct constituent of a descendent of *Q*.

A paranotion *P* is a "constituent" of a paranotion *Q* if it is a descendent of *Q* but not a descendent of a descendent *R* of *Q* where *R* is the same protonotion as either *P* or *Q*.

{Hence, *1 : 2* is a constituent actual-row-of-rower of the actual-declarer *[1 : 2] struct ([3 : 4] real a)*, but *3 : 4* is not, since it is a descendent of the descendent actual-declarer *[3 : 4] real*. Also, *j := 1* is a constituent assignation (8.3.1.1.a) of the assignation *i := j := 1*, but not of the serial-clause *i := j := 1; k := 2* nor of the assignations *j := 1* and *k := i := j := 1*. The assignation *j := 1* is not a direct constituent of the assignation *i := j := 1*, but the source *j := 1* is (8.3.1.1.a).}

g) A paranotion which is a direct constituent of a second paranotion is a paranotion of that second paranotion.

{This permits the abbreviation of "direct constituent of", which would appear frequently under semantics, to "of", "its" or even "the", e.g., in the assignation (8.3.1.1.a) *i := 1*, *i* is its destination or *i* is the, or a, destination of the assignation *i := 1*, whereas *i* is a constituent, but not simply a, destination of the serial-clause *i := 1; j := 2*.}

h) In sections 2 up to 8 under "semantics", a meaning is associated with occurrences of certain sequences of symbols by means of sentences in the English language, as a series of processes (the "elaboration" of those occurrences of sequences of symbols as terminal productions of given notions), each causing a specific effect. Any of these processes may be replaced by any process which causes the same effect.

i) Wenn ein Auftreten einer Folge von Symbolen der Abkomme eines direkten Nachkommen *N* eines Begriffes *B*, welcher das einzige Glied einer direkten Erzeugung von *B* ist, dann ist seine "Vorabarbeitung", die möglicherweise einen "Vorwert" mit einem "Vormodus" und einem "Vorgültigkeitsbereich" liefert, als Enderzeugung von *B* seine Abarbeitung, die möglicherweise einen "Wert" mit einem "Modus" und einem "Gültigkeitsbereich" liefert, als Enderzeugung von *N*. Falls es nicht anders festgelegt wurde {8.2}, ist die Abarbeitung des obigen Auftretens mit Wert, Modus und Gültigkeitsbereich als Enderzeugung von *B* seine Vorabarbeitung mit Vorwert, Vormodus und Vorgültigkeitsbereich als Enderzeugung von *B*.

{Die Abarbeitung mit Wert, Modus und Gültigkeitsbereich der **Referenz-zu-real-Konfrontation** (8.3.0.1.a) *x* := *3.14* ist ihre Vorabarbeitung mit Vorwert, Vormodus und Vorgültigkeitsbereich, die ihre Abarbeitung mit Wert, Modus und Gültigkeitsbereich als **Referenz-zu-real-Zuordnung** ist. Die Syntax der Grundsprache wurde in einer solchen Weise aufgestellt, daß eine gegebene Folge von Symbolen, die eine Enderzeugung von '**Programm**' ist, auf eine eindeutige Menge von Erzeugungen zurückgeht, ausgenommen möglicherweise bei Erzeugungsregeln, die höchstens Vorabarbeitung induzieren, z. B. solchen, die von den Regeln 6.1.1.g, 6.2.1.e und 6.4.1.d (Balance von Modi) und von der Regel 7.1.1.cc in Verbindung mit 7.2.1.a und 7.4.1.a (Anordnung von Enderzeugungen von '**MOOD**' in einer Enderzeugung von '**VEREINT**') abgeleitet sind. Siehe auch 2.3.a.}

j) Eine Enderzeugung eines Metabegriffes *M* wird von einem Begriff *B* "umfaßt", wenn sie zwar in *B* enthalten ist, aber nicht in einer anderen Enderzeugung von *M*, die in *B* enthalten ist.

{So wird '**Referenz zu real**' als Enderzeugung von '**MODUS**' durch '**Referenz zu real Modus Identifikator**' umfaßt, nicht aber '**real**'.

k) Wenn etwas "undefiniert" gelassen wird oder es wird als undefiniert bezeichnet, dann bedeutet das, daß es nicht durch diesen Bericht allein definiert ist und daß für seine Definition zusätzliche Information zu diesem Bericht hinzugezogen werden muß.

1.1.7. Die erweiterte Sprache

Die erweiterte Sprache umgibt die Grundsprache. D. h., ein **Programm** in der Grundsprache, das möglicherweise einer Anzahl von Veränderungen der Schreibart gemäß den "Erweiterungen" von Kapitel 9 unterworfen ist, ist ein **Programm** in der erweiterten Sprache und hat dieselbe Bedeutung.

{So ist ***real*** *x* eine Darstellung einer **Identitätsdeklaration** in der erweiterten Sprache, die dasselbe bedeutet wie ***ref real*** *x* = ***loc real***, was eine Darstellung jener **Identitätsdeklaration** in der Grundsprache ist. (Siehe 9.2.c.)}

1.1.8. Die Darstellungssprache

a) Die Darstellungssprache stellt die erweiterte Sprache dar. Das heißt, ein **Programm** in der erweiterten Sprache, in dem alle Symbole durch gewisse

i) If an occurrence of a sequence of symbols is the offspring of a direct descendent D of a notion N which is the only member of a direct production of N, then its "preelaboration", possibly yielding a "prevalue" with a "premode" and a "prescope", as terminal production of N is its elaboration, possibly yielding a "value" with a "mode" and a "scope", as terminal production of D and, except as otherwise specified {8.2}, its elaboration with value, mode and scope as terminal production of N is its preelaboration with prevalue, premode and prescope as terminal production of N.

{The elaboration with value, mode and scope of the **reference-to-real-confrontation** (8.3.0.1.a) x := *3.14* is its preelaboration with prevalue, premode and prescope which is its elaboration with value, mode and scope as a **reference-to-real-assignation**.

The syntax of the strict language has been chosen in such a way that a given sequence of symbols which is a terminal production of '**program**' is so by means of a unique set of productions, except, possibly, for production rules inducing at most preelaboration, e.g., derived from rules 6.1.1.g, 6.2.1.e and 6.4.1.d (balancing of modes) and from rule 7.1.1.cc in combination with 7.2.1.a and 7.4.1.a (order of terminal productions of '**MOOD**' in a terminal production of '**UNITED**'); see also 2.3.a.}

j) A terminal production of a metanotion M is "enveloped" by a notion N if it is contained once in N but not in another terminal production of M contained in N.

"Thus, '**reference to real**' is enveloped as terminal production of '**MODE**' by '**reference to real mode identifier**', but '**real**' is not.}

k) If something is left "undefined" or is said to be undefined, then this means that it is not defined by this Report alone, and that, for its definition, information from outside this Report has to be taken into account.

1.1.7. The extended language

The extended language encompasses the strict language; i.e., a **program** in the strict language, possibly subjected to a number of notational changes by virtue of "extensions" given in Chapter 9, is a **program** in the extended language and has the same meaning.

{Thus, ***real*** x is a representation of an **identity-declaration** in the extended language which means the same as ***ref real*** x = ***loc real*** which is a representation of that **identity-declaration** in the strict language; see 9.2.a.}

1.1.8. The representation language

a) The representation language represents the extended language; i.e., a **program** in the extended language, in which all symbols are replaced by certain typographische Lettern gemäß der "Darstellungen" aus Absatz 3.1.1. ersetzt wurden und in dem alle Kommatas {nicht **Kommasymbole**} gestrichen wurden, ist ein **Programm** in der Darstellungssprache und hat dieselbe Bedeutung.

b) Jede Version der Sprache, in der Darstellungen benutzt werden, die den gegebenen Darstellungen hinreichend ähnlich sind, so daß sie ohne weitere Erläuterungen erkannt werden können, ist auch eine Darstellungssprache. Eine Version der Sprache, in der Schreibweisen oder Darstellungen benutzt werden, die nicht offensichtlich mit den hier definierten übereinstimmen, ist eine Veröffentlichungssprache" oder "Maschinensprache" {, d. h. eine Version der Sprache, die den vorausgesetzten Vorzügen des menschlichen oder mechanischen Interpreten angepaßt ist}.

{Zum Beispiel sind ***begin***, begin, 'BEGIN und 'BEGIN' (3.1.2.b) alles Darstellungen des **Beginnsymbols** (3.1.1.e) in der Darstellungssprache, und irgendeine Kombination von Löchern in einer Lochkarte kann eine Darstellung davon in einer Maschinensprache sein.}

1.2. Die Metaerzeugungsregeln

1.2.1. Die Metaerzeugungsregeln der Modi

a) **MODUS: MOOD; VEREINT.**
b) **MOOD: TYP; STEID.**
c) **TYP: EINFACH; Format; PROZEDUR; Referenz zu MODUS.**
d) **EINFACH: GANZREAL; boolesch; Zeichen.**
e) **GANZREAL: GANZZAHLIG; REAL.**
f) **GANZZAHLIG: LANGELE ganzzahlig.**
g) **REAL: LANGELE real.**
h) **LANGELE: lang LANGELE; LEER.**
i) **LEER: .**
j) **PROZEDUR: Prozedur PARAMETELE MOSCH.**
k) **PARAMETELE: mit PARAMETERS; LEER.**
l) **PARAMETERS: PARAMETER; PARAMETERS und PARAMETER.**
m) **PARAMETER: MODUS Parameter.**
n) **MOSCH: MODUS; Lösch.**
o) **STEID: strukturiert mit FELDER; Reihe von MODUS.**
p) **FELDER: FELD; FELDER und FELD.**
q) **FELD: MODUS Feld ANHANG.**
r) **ANHANG: BUCHSTABE; ANHANG BUCHSTABE; ANHANG ZIFFER.**
s) **BUCHSTABE: Buchstabe ALPHA; Buchstabe aleph.**
t) **ALPHA: a; b; c; d; e; f; g; h; i; j; k; l; m; n; o; p; q; r; s; t; u; v; w; x; y; z; ä; ö; ü; ß.**
u) **ZIFFER: Ziffer FIGUR.**
v) **FIGUR: null; eins; zwei; drei; vier; fünf; sechs; sieben; acht; neun.**

typographical marks by virtue of "representations", given in section 3.1.1, and in which all commas {not **comma-symbols**} are deleted, is a **program** in the representation language and has the same meaning.

b) Each version of the language in which representations are used which are sufficiently close to the given representations to be recognized without further elucidation is also a representation language. A version of the language in which notations or representations are used which are not obviously associated with those defined here, is a "publication language" or "hardware language" {, i.e. a version of the language suited to the supposed preference of the human or mechanical interpreter of the language}.

{e.g., ***begin***, begin, 'BEGIN and 'BEGIN' (3.1.2.b) are all representations of the **begin-symbol** (3.1.1.e) in the representation language and some combination of holes in a punched card may be a representation of it in some hardware language.}

1.2. The metaproduction rules

1.2.1. Metaproduction rules of modes

a) **MODE: MOOD; UNITED.**
b) **MOOD: TYPE; STOWED.**
c) **TYPE: PLAIN; format; PROCEDURE; reference to MODE.**
d) **PLAIN: INTREAL; boolean; character.**
e) **INTREAL: INTEGRAL; REAL.**
f) **INTEGRAL: LONGSETY integral.**
g) **REAL: LONGSETY real.**
h) **LONGSETY: long LONGSETY; EMPTY.**
i) **EMPTY: .**
j) **PROCEDURE: procedure PARAMETY MOID.**
k) **PARAMETY: with PARAMETERS; EMPTY.**
l) **PARAMETERS: PARAMETER; PARAMETERS and PARAMETER.**
m) **PARAMETER: MODE parameter.**
n) **MOID: MODE; void.**
o) **STOWED: structured with FIELDS; row of MODE.**
p) **FIELDS: FIELD; FIELDS and FIELD.**
q) **FIELD: MODE field TAG.**
r) **TAG: LETTER; TAG LETTER; TAG DIGIT.**
s) **LETTER: letter ALPHA; letter aleph.**
t) **ALPHA: a; b; c; d; e; f; g; h; i; j; k; l; m; n; o; p; q; r; s; t; u; v; w; x; y; z.**
u) **DIGIT: digit FIGURE.**
v) **FIGURE: zero; one; two; three; four; five; six; seven; eight; nine.**

w) **VEREINT: Vereinigung von LMOODS MOOD Modus.**
x) **LMOODS: LMOOD; LMOODS LMOOD.**
y) **LMOOD: MOOD und.**

{Der Leser wird den Hinweis nützlich finden, daß ein Metabegriff, der auf 'ElE' endet, immer 'LEER' als eine Erzeugung hat.}

1.2.2. Mit Modi zusammenhängende Metaerzeugungsregeln

a) **PRIMITIV: ganzzahlig; real; boolesch; Zeichen; Format.**
b) **REIHEN: Reihe von; REIHEN Reihe von.**
c) **REIHELE: REIHEN; LEER.**
d) **REIHEHELE: REIHELE.**
e) **NICHTREIHE: NICHTSTEID; strukturiert mit Felder.**
f) **NICHTSTEID: TYP; VEREINT.**
g) **REFELE: Referenz zu; LEER.**
h) **NICHTPROZ: EINFACH; Format; Prozedur mit PARAMETERS MOSCH; Referenz zu NICHTPROZ; strukturiert mit FELDER; Reihe von NICHTPROZ; VEREINT.**
i) **PRAM: Prozedur mit LMODUS Parameter und RMODUS Parameter MOSCH; Prozedur mit RMODUS Parameter MOSCH.**
j) **LMODUS: MODUS.**
k) **RMODUS: MODUS.**
l) **LMOOT: MOOD und.**
m) **LMOODELE: MOOD und LMOODELE; LEER.**
n) **RMOODELE: RMOODELE und MOOD; LEER.**
o) **LODELE: LMOODELE.**
p) **BOX: LMOODELE Box.**
q) **LFELDERELE: FELDER und; LEER.**
r) **RFELDERELE: und FELDER; LEER.**
s) **KOMPLEX: strukturiert mit real Feld Buchstabe r Buchstabe e und real Feld Buchstabe i Buchstabe m.**
t) **BITS: strukturiert mit Reihe von boolesch Feld LÄNGELE Buchstabe aleph.**
u) **LÄNGELE: LÄNGE LÄNGELE; LEER.**
v) **LÄNGE: Buchstabe l Buchstabe a Buchstabe n Buchstabe g.**
w) **BYTES: strukturiert mit Reihe von Zeichen Feld LÄNGELE Buchstabe aleph.**
x) **ZEICHENKETTE: Reihe von Zeichen; Zeichen.**
y) **MORKE: MODUS Modus; Marke.**

1.2.3. Mit Phrasen und Anpassungen zusammenhängende Metaerzeugungsregeln

a) **PHRASE: Deklaration; KLAUSEL.**
b) **KLAUSEL: MOSCH Klausel.**

w) **UNITED: union of LMOODS MOOD mode.**
x) **LMOODS: LMOOD; LMOODS LMOOD.**
y) **LMOOD: MOOD and.**

{The reader might find it helpful to note that a metanotion ending with 'ETY' always has 'EMPTY' as a production.}

1.2.2. Metaproduction rules associated with modes

a) **PRIMITIVE: integral; real; boolean; character; format.**
b) **ROWS: row of; ROWS row of.**
c) **ROWSETY: ROWS; EMPTY.**
d) **ROWWSETY: ROWSETY.**
e) **NONROW: NONSTOWED; structured with FIELDS.**
f) **NONSTOWED: TYPE; UNITED.**
g) **REFETY: reference to; EMPTY.**
h) **NONPROC: PLAIN; format; procedure with PARAMETERS MOID; reference to NONPROC; structured with FIELDS; row of NONPROC; UNITED.**
i) **PRAM: procedure with LMODE parameter and RMODE parameter MOID; procedure with RMODE parameter MOID.**
j) **LMODE: MODE.**
k) **RMODE: MODE.**
l) **LMOOT: MOOD and.**
m) **LMOODSETY: MOOD and LMOODSETY; EMPTY.**
n) **RMOODSETY: RMOODSETY and MOOD; EMPTY.**
o) **LOSETY: LMOODSETY.**
p) **BOX: LMOODSETY box.**
q) **LFIELDSETY: FIELDS and; EMPTY.**
r) **RFIELDSETY: and FIELDS; EMPTY.**
s) **COMPLEX: structured with real field letter r letter e and real field letter i letter m.**
t) **BITS: structured with row of boolean field LENGTHETY letter aleph.**
u) **LENGTHETY: LENGTH LENGTHETY; EMPTY.**
v) **LENGTH: letter l letter o letter n letter g.**
w) **BYTES: structured with row of character field LENGTHETY letter aleph.**
x) **STRING: row of character; character.**
y) **MABEL: MODE mode; label.**

1.2.3. Metaproduction rules associated with phrases and coercion

a) **PHRASE: declaration; CLAUSE.**
b) **CLAUSE: MOID clause.**

c) **EINIGE: seriell; Einzel; ABGESCHLOSSEN; Auswahl; DONST.**
d) **ABGESCHLOSSEN: abgeschlossen; kollateral; bedingt.**
e) **DONST: dann; sonst.**
f) **SORTELE: SORTE; LEER.**
g) **SORTE: stark; FEIT.**
h) **FEIT: fest; weich; sanft.**
i) **STARKELE: stark; LEER.**
j) **STEST: stark; fest.**
k) **ADAPTIERT: ADJUSTIERT; erweitert; gereiht; ausgelassen; gelöscht.**
l) **ADJUSTIERT: ANGEGLICHEN; prozeduriert; vereint.**
m) **ANGEGLICHEN: entreferenziert; entprozeduriert.**

1.2.4. Mit Anzupassenden zusammenhängende Metaerzeugungsregeln

a) **ANZUPASSENDES: MOSCH FORM.**
b) **FORM: Konfrontation; FORBINSIS.**
c) **FORBINSIS: ADISCH Formel; Bindung; Basis.**
d) **ADISCH: PRIORITÄT; monadisch.**
e) **PRIORITÄT: Priorität ZAHL.**
f) **ZAHL: eins; ZWEI; DREI; VIER; FÜNF; SECHS; SIEBEN; ACHT; NEUN.**
g) **ZWEI: eins plus eins.**
h) **DREI: ZWEI plus eins.**
i) **VIER: DREI plus eins.**
j) **FÜNF: VIER plus eins.**
k) **SECHS: FÜNF plus eins.**
l) **SIEBEN: SECHS plus eins.**
m) **ACHT: SIEBEN plus eins.**
n) **NEUN: ACHT plus eins.**

1.2.5. Andere Metaerzeugungsregeln

a) **VIKTAL: VIRAKT; formal.**
b) **VIRAKT: virtuell; aktuell.**
c) **UNBERE: untere; obere.**
d) **JEDER: ART; unterdrückbare ART; wiederholbare ART; wiederholbare unterdrückbare ART.**
e) **ART: Vorzeichen; null; Ziffer; Punkt; Exponent; komplex; Zeichenkette; Zeichen.**
f) **BEGRIFF: ALPHA; BEGRIFF ALPHA.**
g) **TRENNER: LISTE Trenner; weiter Symbol; Komplettierer; Folger.**
h) **LISTE: Liste; Folge.**
i) **PACKEN: Packen; Packung.**

c) **SOME: serial; unitary; CLOSED; choice; THELSE.**
d) **CLOSED: closed; collateral; conditional.**
e) **THELSE: then; else.**
f) **SORTETY: SORT; EMPTY.**
g) **SORT: strong; FEAT.**
h) **FEAT: firm; weak; soft.**
i) **STRONGETY: strong; EMPTY.**
j) **STIRM: strong; firm.**
k) **ADAPTED: ADJUSTED; widened; rowed; hipped; voided.**
l) **ADJUSTED: FITTED; procedured; united.**
m) **FITTED: dereferenced; deprocedured.**

1.2.4. Metaproduction rules associated with coercends

a) **COERCEND: MOID FORM.**
b) **FORM: confrontation; FORESE.**
c) **FORESE: ADIC formula; cohesion; base.**
d) **ADIC: PRIORITY; monadic.**
e) **PRIORITY: priority NUMBER.**
f) **NUMBER: one; TWO; THREE; FOUR; FIVE; SIX; SEVEN; EIGHT; NINE.**
g) **TWO: one plus one.**
h) **THREE: TWO plus one.**
i) **FOUR: THREE plus one.**
j) **FIVE: FOUR plus one.**
k) **SIX: FIVE plus one.**
l) **SEVEN: SIX plus one.**
m) **EIGHT: SEVEN plus one.**
n) **NINE: EIGHT plus one.**

1.2.5. Other metaproduction rules

a) **VICTAL: VIRACT; formal.**
b) **VIRACT: virtual; actual.**
c) **LOWPER: lower; upper.**
d) **ANY: KIND; suppressible KIND; replicatable KIND; replicatable suppressible KIND.**
e) **KIND: sign; zero; digit; point; exponent; complex; string; character.**
f) **NOTION: ALPHA; NOTION ALPHA.**
g) **SEPARATOR: LIST separator; go on symbol; completer; sequencer.**
h) **LIST: list; sequence.**
i) **PACK: pack; package.**

{Regel f bewirkt, daß alle Protobegriffe (1.1.2.b) Erzeugungen (1.1.3.e) des Metabegriffes (1.1.3.b) '**BEGRIFF**' sind. Zum Gebrauch dieses Metabegriffes siehe 3.0.1.b,c,d,g,h,i.}

{*"Nun gut, 'geschladig' bedeutet 'geschmeidig und schlammig'.... Du siehst, es ist so ein Schachtelwort - zwei Bedeutungen sind in einem Wort zussammengefaßt."*
Im Spiegel, *Lewis Caroll.*}

1.3. Pragmatisches

In diesen Bericht sind "pragmatische" Anmerkungen eingestreut, die in die Klammern { und } eingeschlossen sind. Sie gehören nicht zur Definition der Sprache, sondern sollen dem Leser das Verständnis der Zusammenhänge der Definitionen erleichtern und ihm helfen, entsprechende Abschnitte oder Regeln zu finden.

{Die Regeln unter Syntax sind mit Quer-Referenzen versehen, die folgendermaßen zu interpretieren sind. Es sei ein "Hyperbegriff" entweder ein Protobegriff oder eine Folge eines oder mehrerer Metabegriffe, denen möglicherweise Protobegriffe vorausgehen und/oder die möglicherweise durch Protobegriffe getrennt werden und/oder denen möglicherweise Protobegriffe folgen. Dann besteht jede Regel aus einem Hyperbegriff, gefolgt von einem Doppelpunkt und gefolgt von einem oder mehreren Hyperbegriffen, die durch Kommata oder Semikolon getrennt sind. Jede Regel wird durch einen Punkt abgeschlossen. Gemäß 1.1.5.a. Schritt 3 liefert jeder Hyperbegriff eventuell einen oder mehrere Protobegriffe. In jeder Regel folgen einem Hyperbegriff, der vor (nach) dem Doppelpunkt steht, Hinweise auf die Regeln, in denen ein Hyperbegriff, der einen oder mehrere Protobegriffe liefert, die gleichermaßen durch den ersten Hyperbegriff geliefert werden, nach (vor) dem Doppelpunkt auftritt; oder es folgen Hinweise auf die Darstellungen der Symbole in Absatz 3.1.1., die von dem ersten Hyperbegriff geliefert werden. Ein Hinweis besteht hier im Prinzip aus der Abschnittsnummer gefolgt von dem Buchstaben, der die Zeile angibt, in der die Regel oder die Darstellung auftritt. Dabei gelten folgende Übereinkünfte:

I) Die Hinweise, deren Abschnittsnummer diejenige des Abschnittes ist, in dem die Hinweise auftreten, werden zuerst angegeben, und ihre Abschnittsnummer wird weggelassen, z. B. "3.0.3.b" erscheint in Absatz "3.0.3" als "b".
II) Alle Punkte werden weggelassen, und 10 erscheint als A, z. B. "3.0.3.a" erscheint als "303a" und "3.0.10.a" erscheint als "30Aa".
III) Eine 1 am Ende wird weggelassen, z. B. "811a" erscheint als "81a".
IV) Eine Abschnittsnummer, die dieselbe ist, wie die im vorhergehenden Hinweis, wird weggelassen, z. B. "821a, 821b" erscheint als "821a, b".

{Rule f implies that all protonotions (1.1.2.b) are productions (1.1.3.e) of the metanotion (1.1.3.b) 'NOTION'; for the use of this metanotion see 3.0.1.b,c,d,g, h,i.}

{"Well, 'slithy' means 'lithe and slimy'....
You see it's like a portmanteau – there are
two meanings packed up into one word."
Through the Looking-glass, Lewis Caroll.}

1.3. Pragmatics

Scattered throughout this Report are "pragmatic" remarks included between the braces { and }. These do not form part of the definition of the language but are intended to help the reader to understand the implications of the definitions and to find corresponding sections or rules.

{The rules under Syntax are provided with cross-references to be interpreted as follows. Let a "hypernotion" be either a protonotion or a sequence of one or more metanotions, possibly preceded and/or separated and/or followed by protonotions; then each rule consists of a hypernotion followed by a colon followed by one or more hypernotions separated by commas or semicolons, and is closed by a point. By virtue of 1.1.5.a. Step 3, each hypernotion eventually yields one or more protonotions. In each rule, a hypernotion before (after) the colon is followed by indicators of the rules in which a hypernotion yielding one or more protonotions also yielded by the first hypernotion appears after (before) the colon, or by indicators of the representations in section 3.1.1. of the symbols yielded by the first hypernotion. Here, an indicator is, in principle, the section number followed by the letter indicating the line where the rule or representation appears, with the following conventions:

i) the indicators whose section number is that of the section in which they appear, are given first and their section number is omitted; e.g., "3.0.3.b" appears as "b" in section "3.0.3";

ii) all points are omitted and 10 appears as A; e.g., "3.0.3a" appears as "303a" elsewhere and "3.0.10.a" appears as "30Aa";

iii) a final 1 is omitted; e.g., "811a" appears as "81a";

iv) a section number which is the same as in the preceding indicator is omitted; e.g., "821a,821b" appears as "821a,b";

V) Zahlreiche Hinweise auf die Regeln 3.0.1.b bis i wurden durch nützlichere Hinweise ersetzt, z. B. in 6.1.1.c erscheint "**Kette von starken Lösch Einheiten getrennt durch weiter Symbole** {30c} "als" **Kette von starken Lösch Einheiten** {e} **getrennt durch weiter Symbole** {31f}". Auch die Hinweise in Absatz 3.0.1 sind auf ein erträgliches Minimum reduziert.

VI) Das Fehlen einer Erzeugungsregel für einen oder mehrere Protobegriffe, die keine Symbole sind und von einem Hyperbegriff geliefert werden, der nach dem Doppelpunkt steht, wird durch "–" angezeigt, z. B. in 8.3.0.1.a erscheint 832a,– nach "**MODUS Konformitätsvergleich**", da 8.3.2.1.a nur Erzeugungsregeln für "**boolescher Konformitätsvergleich**" liefert und keine andere Regel die fehlenden Erzeugungen angibt.}

{Einige der pragmatischen Anmerkungen sind Beispiele in der Darstellungssprache. In diesen Beispielen treten **Identifikatoren** ohne den Kontext ihrer definierenden Auftreten auf. Wenn nicht anders spezifiziert, identifizieren diese Auftreten jene definierenden Auftreten im **Standard-Vorspiel** (2.1.b und Kapitel 10) (z. B. siehe 10.3.k für *random* und 10.3.a für *pi*), jenes im **Ausgang** (2.1.e) (nämlich *exit*), oder jene in:

***int** i, j, k, m, n; **real** a, b, x, y; **bool** p, q, Überlauf; **char** c; **format** f; **bytes** r; **string** s; **bits** t; **compl** w, z; **ref real** xx, yy; [1 : n] **real** x 1, y 1; [1 : m, 1 : n] **real** x 2; [1 : n, 1 : n] **real** y 2; [1 : n] **int** i 1; [1 : m, 1 : n] **int** i 2;*
***proc ref real** x or y = **ref real** : (random < .5 | x | y);*
***proc** ncos = (**int** i) **real** : cos (2 × pi × i / n);*
***proc** nsin = (**int** i) **real** : sin (2 × pi × i / n);*
***proc** g = (**real** u) **real** : (arctan (u) – a + u – 1);*
***proc** stop = **go to** exit;*
Princeton: Grenoble: St. Pierre de Chartreuse: Kootwijk: Warschau: Zandvoort: Amsterdam: Tirrenia: North Berwick: München: stop.}

{Lediglich bestätigende Einzelheiten, um einer sonst dürftigen und wenig überzeugenden Geschichte den Anstrich einer gewissen Wahrscheinlichkeit zu geben.
Mikado, W. S. Gilbert.}

v) numerous indicators of the rules 3.0.1.b up to i are replaced by more helpful indicators; e.g., in 6.1.1.c, "chain of strong void units separated by go on symbols {30c}" appears as "chain of strong void units{e} separated by go on symbols {31f}"; also, indicators in section 3.0.1 are restricted to a bare minimum;

vi) the absence of a production rule for one or more protonotions which are not symbols and are yielded by the hypernotion appearing after the colon, is indicated by "—"; e.g., in 8.3.0.1.a after "MODE conformity relation" appears {832a,—} since 8.3.2.1.a yields only production rules for "boolean conformity relation", and no other rule provides the absent productions.}

{Some of the pragmatic remarks are examples in the representation language. In these examples, **identifiers** occur out of context from their defining occurrences. Unless otherwise specified, these occurrences identify those in the **standard-prelude** (2.1.b and Chapter 10) (e.g., see 10.3.k for *random* and 10.3.a for *pi*), that in the exit (2.1.e) (viz., *exit*), or those in:

int *i, j, k, m, n;* ***real*** *a, b, x, y;* ***bool*** *p, q, overflow;* ***char*** *c;* ***format*** *f;* ***bytes*** *r;* ***string*** *s;* ***bits*** *t;* ***compl*** *w, z;* ***ref real*** *xx, yy;* [*1* : *n*] ***real*** *x 1, y 1;* [*1* : *m*, *1* : *n*] ***real*** *x 2;* [*1* : *n*, *1* : *n*] ***real*** *y 2;* [*1* ; *n*] ***int*** *i 1;* [*1* : *m*, *1* : *n*] ***int*** *i 2;*
proc ref real *x or y* = ***ref real*** : (*random* < .5 | *x* | *y*);
proc *ncos* = (***int*** *i*) ***real*** : *cos* (*2* × *pi* × *i* / *n*);
proc *nsin* = (***int*** *i*) ***real*** : *sin* (*2* × *pi* × *i* / *n*);
proc *g* = (***real*** *u*) ***real*** : (*arctan* (*u*) − *a* + *u* − *1*);
proc *stop* = ***go to*** *exit;*

princeton: grenoble: st. pierre de chartreuse: kootwijk: warsaw: zandvoort: amsterdam: tirrenia: north berwick: munich: stop.}

{*Merely corroborative detail, intended to give artistic verisimilitude to an otherwise bald and unconvincing narrative.*
Mikado, *W. S. Gilbert.*}

2. Der Rechner und das Programm

{Der Programmierer hat mit **Teilprogrammen** (2.1.d) zu tun. Sie sind stets in einem **Programm** (2.1.a) enthalten, das außerdem enthält: a) das **Standardvorspiel**, d. h. ein immer gleiches (siehe Kapitel 10) **Deklarationsvorspiel**, b) möglicherweise ein **Bibliotheksvorspiel**, d. h. ein **Deklarationsvorspiel**, das von der Implementation abhängen kann, c) den **Ausgang**, d. h. *;exit:* , der den Programmierer befähigt, die Abarbeitung eines **Programms** an irgend einer Stelle durch einen **Sprung** nach *exit* zu beenden, d) möglicherweise ein **Bibliotheksnachspiel** und e) das **Standardnachspiel** (10.6).}

2.1. Syntax

a) **Programm : Öffnungssymbol** {31e}, **Standardvorspiel** {b}, **Bibliotheksvorspiel** {c} **Möglichkeit, Teilprogramm** {d}, **Ausgang** {e}, **Bibliotheksnachspiel** {f} **Möglichkeit, Standardnachspiel** {g}, **Abschließungssymbol** {31e}.
b) **Standardvorspiel** {a} **: Deklarationsvorspiel** {61 b} **Folge.**
c) **Bibliotheksvorspiel** {a} **: Deklarationsvorspiel** {61b} **Folge.**
d) **Teilprogramm** {a} **: Marken** {61k} **Folge Möglichkeit, starke ABGESCHLOSSEN Löschklausel** {62b, 63a, 64a}.
e) **Ausgang** {a} **: weiter Symbol** {31e}, **Buchstabe e Buchstabe x Buchstabe i Buchstabe t** {41c}, **Markierungssymbol** {31e}.
f) **Bibliotheksnachspiel** {a} **: Anweisungszwischenspiel** {61i}.
g) **Standardnachspiel** {a} **: starker Löschklauselzug** {61h}.

2.2. Terminologie

{*"Wenn ich ein Wort gebrauche," sagte Humpty Dumpty in ziemlich verächtlichem Ton, "so hat es gerade die Bedeutung, die ich ihm geben will – nicht mehr und nicht weniger."*
Im Spiegel, *Lewis Carroll.*}

Die Bedeutung eines **Programms** wird in Ausdrücken eines hypothetischen Rechners erklärt, der eine Menge von "Aktionen" {2.2.5} ausführt, eben die Abarbeitung des **Programms** {2.3.a}. Der Rechner arbeitet mit einer Anzahl von "Objekten" {2.2.1}, zwischen denen zu jedem gegebenen Zeitpunkt gewisse "Beziehungen" {2.2.2} "gelten" können.

2.2.1. Objekte

Ein Objekt kann nur "extern" oder "intern" sein. Auftreten von Symbolen oder Enderzeugungen {1.1.2.f} von Begriffen sind externe Objekte. Interne Objekte sind "Fälle" von Werten {2.2.3}.

2. The computer and the program

{The programmer is concerned with **particular-programms** (2.1.d). These are always contained in a **program** (2.1.a) ,which also contains the **standard-prelude**, i.e., a **declaration-prelude** which is always the same (see Chapter 10), possibly a **library-prelude**, i.e., a **declaration-prelude** which may depend upon the implementation, the exit, i.e., *; exit:*, which enables the programmer to end the elaboration of a **program** anywhere by that of the **jump** *exit*, possibly a **library-postlude**, and the **standard-postlude** (10.6).}

2.1. Syntax

a) program : open symbol {31e}, standard prelude {b},
library prelude {c} option, particular program {d}, exit {e},
library postlude {f} option, standard postlude {g}, close symbol {31e}.
b) standard prelude {a} : declaration prelude {61b} sequence.
c) library prelude {a} : declaration prelude {61b} sequence.
d) particular program {a} :
label {61k} sequence option, strong CLOSED void clause {62b, 63a, 64a}.
e) exit {a} : go on symbol {31f},
letter e letter x letter i letter t {41c}, label symbol {31e}.
f) library postlude {a} : statement interlude {61i}.
g) standard postlude {a} : strong void clause train {61h}.

2.2. Terminology

{"When I use a word," Humpty Dumpty said, in rather a scornful tone," it means just what I choose it to mean – neither more nor less."
Through the Looking-glass, Lewis Carroll.}

The meaning of a **program** is explained in terms of a hypothetical computer which performs a set of "actions" {2.2.5}, the elaboration of the **program** {2.3.a}. The computer deals with a set of "objects" {2.2.1} between which, at any given time, certain "relationships" {2.2.2} may "hold".

2.2.1. Objects

Each object is either "external" or "internal". External objects are occurrences of symbols or of terminal productions {1.1.2 f} of notions. Internal objects are "instances" of values {2 2.3}.

2.2.2. Beziehungen

a) Beziehungen sind entweder "permanent", d. h. unabhängig vom **Programm** und seiner Abarbeitung, oder aber Aktionen können verursachen, daß sie gelten oder nicht mehr gelten.
Jede Beziehung besteht entweder zwischen externen Objekten oder zwischen einem externen Objekt und einem internen Objekt oder zwischen internen Objekten.

b) Die möglichen Beziehungen zwischen externen Objekten sind: enthalten {1.1.6.b}, Bestandteil oder direkter Bestandteil sein von {1.1.6.e} und "identifizieren" {c}.

c) Ein gegebenes Auftreten einer Enderzeugung von '**MORKE Identifikator**' {4.1.1.b} ('**MODUS Modus Indikation**' {4.2.1.b} oder '**PRIORITÄT Indikation**' {4.2.1.e}, '**PRAM ADISCH Operator**' {4.3.1.b,c}), wobei "**MORKE**" ("**MODUS**", "**PRIORITÄT**", "**PRAM**", "**ADISCH**") für jede Enderzeugung des Metabegriffes '**MORKE**' ('**MODUS**', '**PRIORITÄT**', '**PRAM**', '**ADISCH**') steht, kann ein "definierendes Auftreten" ("indikationsdefinierendes Auftreten", "operatordefinierendes Auftreten") derselben Enderzeugung definieren.

d) Die Beziehung zwischen einem externen Objekt und einem internen Objekt heißt: "besitzen".

e) Ein externes Objekt, das als ein Auftreten einer Enderzeugung eines gegebenen Begriffs betrachtet wird, kann einen Fall eines Wertes besitzen, der "der" Wert des externen Objektes genannt wird, wenn es klar ist, welcher Begriff gemeint ist. Mitunter ist im folgenden "ein (der) Fall eines (des) Wertes" zu der Formulierung "ein (der) Fall" verkürzt, wenn es klar ist, welcher Fall gemeint ist.

f) Ein **Modusidentifikator** (**Operator**) kann einen Wert besitzen ({spezieller} eine "Routine" {2.2.3.4}). Die Beziehung beginnt zu gelten durch die Abarbeitung einer **Identitätsdeklaration** {7.4.1.a} (**Operationsdeklaration** {7.5.1.a}) und hört auf zu gelten mit dem Ende der Abarbeitung der kleinsten **seriellen-Klausel** {6.1.1.a}, die jene **Deklaration** enthält.

g) Ein externes Objekt, außer **Identifikator** oder **Operator,** {z. B. **serielle-Klausel** (6.1.1.a)}, das als Enderzeugung eines gegebenen Begriffes betrachtet wird, kann durch seine Abarbeitung als Enderzeugung jenes Begriffes veranlaßt werden, einen Wert zu besitzen. Es besitzt dann diesen Wert, bis die nächste Abarbeitung jenes externen Objektes "initiiert" ist, sofern sie überhaupt stattfindet, woraufhin das externe Objekt jenen Wert nicht mehr besitzt.

h) Die Beziehungen zwischen internen Objekten heißen: "vom selben Modus sein wie", "äquivalent sein zu", "kleiner sein als", "eine Komponente sein von" und "referieren zu". Eine Beziehung, von der man sagt, sie gelte zwischen einem gegebenen Wert und einem zweiten Wert (einem Fall eines zweiten Wertes), gilt auch zwischen jedem Fall des gegebenen Wertes und jedem (jenem erwähnten) Fall des zweiten Wertes.

2.2.2. Relationships

a) Relationships either are "permanent", i.e., independent of the program and its elaboration, or actions may cause them to hold or cease to hold. Each relationship is either between external objects or between an external object and an internal object or between internal objects.

b) The relationships between external objects are: to contain {1.1.6.b}, to be a direct constituent of {1.1.6.e} and "to identify" {c}.

c) A given occurrence of a terminal production of 'MABEL identifier' {4.1.1.b} ('MODE mode indication' {4.2.1.b} or 'PRIORITY indication' {4.2.1.e}, 'PRAM ADIC operator' {4.3.1.b,c}) where "MABEL" ("MODE", "PRIORITY", "PRAM", "ADIC") stands for any terminal production of the metanotion 'MABEL' ('MODE', 'PRIORITY', 'PRAM', 'ADIC') may identify a "defining occurrence" ("indication-defining occurrence", "operator-defining occurrence") of the same terminal production.

d) The relationship between an external object and an internal object is: "to possess".

e) An external object considered as an occurrence of a terminal production of a given notion may possess an instance of a value, termed "the" value of the external object when it is clear which notion is meant; in general, "an (the) instance of a (the) value" is sometimes shortened in the sequel to "a (the)value" when it is clear which instance is meant.

f) A mode-identifier (operator) may posses a value ({more specifically} a "routine" {2.2.3.4}). This relationship is caused to hold by the elaboration of an identity-declaration {7.4.1.a} (operation-declaration {7.5.1.a}) and ceases to hold upon the end of the elaboration of the smallest serial-clause {6.1.1.a} containing that declaration.

g) An external object other than an identifier or operator {e.g., serial-clause (6.1.1.a)} considered as a terminal production of a given notion may be caused to possess a value by its elaboration as terminal production of that notion, and continues to possess that value until the next elaboration, if any, of that external object is "initiated", whereupon it ceases to possess that value.

h) The relationships between internal objects are: "to be of the same mode as", "to be equivalent to", "to be smaller than", "to be a component of " and "to refer to". A relationship said to hold between a given value and a (an instance of a) second value holds between any instance of the given value and any (that) instance of the second value.

i) Ein Fall eines Wertes kann vom selben Modus wie ein anderer Fall sein. Diese Beziehung ist permanent {2.2.4.1.a}.
j) Ein Wert kann einem anderen Wert äquivalent sein {2.2.3.1.d,f}, und ein Wert kann kleiner als ein anderer Wert sein {2.2.3.1.c}. Wenn eine dieser Beziehungen für ein gegebenes Paar von Werten überhaupt definiert ist, dann gilt sie entweder nicht oder aber sie gilt und ist dann permanent.
k) Ein Fall eines gegebenen Wertes ist eine Komponente eines anderen Wertes, wenn er ein "Feld" {2.2.3.2.}, ein "Element" {2.2.3.3.a} oder ein "Unterwert" {2.2.3.3.c} jenes anderen Wertes oder einer seiner Komponenten ist.
l) Jeder "Name" {2.2.3.5} außer "nil" {2.2.3.5.a} referiert zu einem einzigen Fall eines anderen Wertes. Diese Beziehung {kann veranlaßt werden zu gelten durch eine "Zuordnung" (8.3.1.2.c) dieses Falles des Wertes zu diesem Namen und} bleibt gültig, bis ein anderer Fall eines Wertes veranlaßt wird, durch diesen Namen referiert zu werden. Die Worte "referiert zu einem Fall von" werden im folgenden oft verkürzt zu "referiert zu".

2.2.3. Werte

Als Werte kommen in Frage "einfache Werte" {2.2.3.1}, "strukturierte Werte" {2.2.3.2}, "mehrfache Werte" {2.2.3.3}, Routinen {2.2.3.4}, "Formate" {2.2.3.4} und Namen {2.2.2.1, 2.2.3.5}.

2.2.3.1. Einfache Werte

a) Ein einfacher Wert ist entweder ein "arithmetischer Wert", d. h. eine "ganze" oder eine "reelle Zahl", oder ein "Wahrheitswert" oder ein "Zeichen".
b) Ein arithmetischer Wert hat eine "Längenzahl", d. h. eine positive ganze Zahl, die den Grad der Unterscheidbarkeit charakterisiert, mit welchem der Wert im Rechner aufbewahrt wird. Die Anzahl der unterscheidbaren ganzen Zahlen (reelle Zahlen) einer vorgegebenen Längenzahl wächst mit der Längenzahl. Dieses Anwachsen gilt nur bis zu einer bestimmten Längenzahl, nämlich der Anzahl unterschiedlicher Längen von ganzen Zahlen (reellen Zahlen) {10.1.a,c}; danach ist die Anzahl der Zahlen konstant.
c) Für jedes Paar ganzer (reeller) Zahlen derselben Längenzahl ist die Beziehung "kleiner sein als" definiert {10.2.3.a, 10.2.4.a}. Für jedes Paar von Ganzzahlen derselben Längenzahl möge eine dritte Ganzzahl jener Längenzahl existieren, und zwar die erste Ganzzahl "minus" die andere {10.2.3.g}. Schließlich mögen für jedes Paar von Realzahlen derselben Längenzahl drei Realzahlen jener Längenzahl existieren, und zwar die erste Realzahl "minus", "mal" bzw. "geteilt durch" die andere {2.4.g,l,m}. Diese Realzahlen werden im "Sinne der numerischen Analysis" erhalten, d. h. durch Ausführung der in der Mathematik durch diese Ausdrücke bekannten Operationen mit Realzahlen; allerdings können sie leicht von den oben gegebenen abweichen {, wobei diese Abweichungen in diesem Bericht nicht definiert werden}.
d) Jede Ganzzahl gegebener Längenzahl ist einer Realzahl der gleichen Längenzahl äquivalent. Ebenso ist jede Ganzzahl gegebener Längenzahl einer Ganzzahl

i) An instance of a value may be of the same mode as another one; this relationship is permanent {2.2.4.1.a}.

j) A value may be equivalent to another value {2.2.3.1.d,f} and a value may be smaller than another value {2.2.3.1.c}. If one of these relationships is defined at all for a given pair of values, then either it does not hold, or it does hold and is permanent.

k) An instance of a given value is a component of another one if it is a "field" {2.2.3.2}, "element" {2.2.3.3.a} or "subvalue" {2.2.3.3.c} of that other one or of one of its components.

jl) Any "name" {2.2.3.5}, except "nil" {2.2.3.5.a}, refers to one instance of another value. This relationship {may be caused to hold by an "assignment" (8.3.1.2.c) of that instance of that value to that name and} continues to hold until another instance of a value is caused to be referred to by that name. The words "refers to an instance of " are often shortened in the sequel to "refers to".

2.2.3. Values

Values are "plain values" {2.2.3.1}, "structured values" {2.2.3.2}, "multiple values" {2.2.3.3}, routines {2.2.3.4}, "formats" {2.2.3.4}, and names {2.2.2.1, 2.2.3.5}.

2.2.3.1. Plain values

a) A plain value is either an "arithmetic value", i.e., an "integer" or a "real number", or is a "truth value" or a "character".

b) An arithmetic value has a "length number", i.e., a positive integer characterizing the degree of discrimination with which the value is kept in the computer. The number of integers (real numbers) of given length number that can be distinguished increases with the length number up to a certain length number, the number of different lengths of integers (real numbers) {10.1.a,c}, after which it is constant.

c) For each pair of integers (real numbers) of the same length number, the relationship "to be smaller than" is defined {10.2.3.a, 10.2.4.a}. For each pair of integers of the same length number, a third integer of that length number may exist, the first integer "minus" the other one {10.2.3.g}. Finally, for each pair of real numbers of the same length number, three real numbers of that length number may exist, the first real number "minus" ("times", "divided by") the other one {10.2.4.g,l,m}; these real numbers are obtained "in the sense of numerical analysis", i.e., by performing the operations known in mathematics by these terms on real numbers which may deviate slightly from the given ones {; this deviation is left undefined in this Report}.

d) Each integer of given length number is equivalent to a real number of that length number. Also, each integer (real number) of given length number is mit einer um eins größeren Längenzahl äquivalent, entsprechendes gilt für Realzahlen. Diese Äquivalenzen erlauben das "Erweitern" {8.2.5} einer Ganzzahl in eine Realzahl und das Erhöhen der Längenzahl einer ganzen oder einer reellen Zahl {10.2.3.q, 10.2.4.n}.

Die inversen Transformationen sind nur bei solchen Realzahlen möglich, die einer Ganzzahl äquivalent sind {10.2.4.p} bzw. nur bei solchen arithmetischen Werten, die einem Wert kleinerer Längenzahl äquivalent sind {10.2.3.r, {10.2.4.o}.

e) Ein Wahrheitswert ist entweder "wahr" oder "falsch".

f) Jedes Zeichen hat ein "Ganzzahl-Äquivalent" {10.1.j}, d. h. eine nichtnegative ganze Zahl der Längenzahl eins. Diese Beziehung ist lediglich in dem Umfang definiert, daß unterschiedliche Zeichen auch unterschiedliche Ganzzahl-Äquivalente besitzen.

2.2.3.2. Strukturierte Werte

Ein strukturierter Wert ist aus einer Anzahl anderer Werte, seinen Feldern, in gegebener Anordnung zusammengesetzt. Jedes dieser Felder, wird durch einen spezifischen **Feldselektor** {7.1.1.i} "selektiert" {8.5.2.2 Schritt 2}.

2.2.3.3. Mehrfache Werte

a) Ein mehrfacher Wert ist aus einem "Deskriptor" und einer Anzahl anderer Werte, seinen Elementen, zusammengesetzt, wovon jedes durch eine spezifische ganze Zahl, seinen "Index", selektiert wird {8.6.1.2 Schritt 7}.

b) Jeder Deskriptor besteht aus einem "Anfang" c und einer Anzahl $n > 0$ von "Quintupeln" $(u_i, o_i, w_i, s_i, t_i)$ aus ganzen Zahlen mit $i = 1, \ldots, n$. Dabei ist u_i die i-te "untere Grenze", o_i die i-te "obere Grenze", w_i die i-te "Weite", s_i der i-te "untere Status" und t_i der i-te "obere Status". Gilt für irgendein i $i = 1, \ldots, n$ die Beziehung $o_i < u_i$, so ist die Anzahl der Elemente im mehrfachen Wert gleich null, anderenfalls ist sie $(o_1 - u_1 + 1) \times \cdots \times (o_n - u_n + 1)$. Der Deskriptor "beschreibt" jedes Element, das durch $c + (r_1 - u_1) \times w_1 + \cdots + (r_n - u_n) \times w_n$ selektiert wird, wobei für jedes i aus $i = 1, \ldots, n$ gilt $u_i \leq r_i \leq o_i$.

{Dem Namen, der zu einem gegebenen mehrfachen Wert mit einem Status vom Wert 1 referiert, kann kein solcher mehrfacher Wert zugewiesen werden (8.3.2.1.c. Schritt 4), in welchem sich die zum erwähnten Status korrespondierende Grenze von der entsprechenden Grenze im gegebenen mehrfachen Wert unterscheidet.}

c) Ein Unterwert eines gegebenen mehrfachen Wertes ist ein mehrfacher Wert, der vom Wert eines **Schnittes** {8.6.1.1.a} referiert wird. Der Wert des **Primären** des **Schnittes** referiert zu dem gegebenen mehrfachen Wert.

d) Wenn jedes Element eines Falles I eines mehrfachen Wertes M derselbe Fall eines Wertes wie das korrespondierende Element eines Falles J von M ist, dann sind I und J ein und derselbe Fall von M.

equivalent to an integer (real number) whose length number is greater by one. These equivalences permit the "widening" {8.2.5} of an integer into a real number and the increase of the length number of an integer or real number {10.2.3.q, 10.2.4.n}. The inverse transformations are only possible on those real numbers (arithmetic values) which are equivalent to an integer {10.2.4.p} (a value of smaller length number {10.2.3.r, 10.2.4.o}).

e) A truth value is either "true" or "false".

f) Each character is equivalent to a nonnegative integer of length number one, its "integral equivalent" {10.1.j}; this relationship is defined only to the extent that different characters have different integral equivalents.

2.2.3.2. Structured values

A structured value is composed of a number of other values, its fields, in a given order, each of which is "selected" {8.5.2.2. Step 2} by a specific field-selector {7.1.1.i}.

2.2.3.3. Multiple values

a) A multiple value is composed of a "descriptor" and a number of other values, its elements, each of which is selected {8.6.1.2. Step 7} by a specific integer, its "index".

b) The descriptor consists of an "offset", c, and some number, $n > 0$, of "quintuples" $(l_i, u_i, d_i, s_i, t_i)$ of integers, $i = 1, \ldots, n$; l_i is the i-th "lower bound", u_i the i-th "upper bound", d_i the i-th "stride", s_i the i-th "lower state" and t_i the i-th "upper state". If for any i, $i = 1, \ldots, n$, $u_i < l_i$, then the number of elements in the multiple value is zero; otherwise, it is $(u_1 - l_1 + 1) \times \cdots \times (u_n - l_n + 1)$. The descriptor "describes" each element selected by $c + (r_1 - l_1) \times d_1 + \cdots + (r_n - l_n) \times d_n$ where $l_i \leq r_i \leq u_i$ for each $i = 1, \ldots, n$.

{To the name referring to a given multiple value a state of which is 1, no multiple value can be assigned (8.3.1.2.c.Step 4) in which the bound corresponding to that state differs from that in the given value.}

c) A subvalue of a given multiple value is a multiple value which is referred to by the value of a slice {8.6.1.1.a} the value of whose **primary** refers to the given multiple value.

d) If each element of an instance I of a multiple value M is the same instance of a value as the corresponding element of an instance J of M, then I and J are one same instance of M.

2.2.3.4. Routinen und Formate

Eine Routine ist eine Folge von Symbolen, die das gleiche wie eine bestimmte **abgeschlossene Klausel** {6.3.1.a} beinhaltet; ein Format ist eine Folge von Symbolen, die das gleiche wie eine bestimmte **Formatgestalt** {5.5.1.a} beinhaltet.

2.2.3.5. Namen

a) Es gibt einen Namen, nil, dessen Gültigkeitsbereich {2.2.4.2} das **Programm** ist und der zu keinerlei Wert referiert. Jeder andere Name wird durch Abarbeitung eines **aktuellen Deklarierers** {7.1.2.d.Schritt 8}, eines **gereihten Anzupassenden** {8.2.6.2.Schritt 7} oder einer **Lücke** {8.2.7.2.a} eingeführt {und referiert zu genau einem Fall eines Wertes}.
b) Wenn ein gegebener Name N zu einem strukturierten Wert {2.2.3.2} referiert, dann referiert zu jedem seiner Felder ein Name, der eindeutig durch N und den **Feldselektor**, der dieses Feld selektiert, festgelegt ist und dessen Gültigkeitsbereich der von N ist.
c) Wenn ein gegebener Name N zu einem mehrfachen Wert M {2.2.3.3} referiert, dann referiert zu jedem Element von M ein Name, der eindeutig durch N und den Index dieses Elementes festgelegt ist; sein Gültigkeitsbereich ist der von N. Ebenso gilt:
Wenn ein gegebener Name N zu einem mehrfachen Wert M {2.2.3.3} referiert, dann referiert zu jedem mehrfachen Wert, der entweder aus einem Deskriptor und Elementen zusammengesetzt ist, die eine echte Untermenge der Elemente von M sind, oder der aus einem Deskriptor, verschieden von jenem für M, und den Elementen von M zusammengesetzt ist, ein Name, der eindeutig durch N und jenen Deskriptor und jene Elemente festgelegt ist; sein Gültigkeitsbereich ist der von N.
d) Wenn ein Fall eines Namens und ein Fall eines zweiten Namens zu demselben Fall eines Wertes referieren, dann sind sie Fälle ein und desselben Namens.

2.2.4. Modi und Gültigkeitsbereiche

2.2.4.1. Modi

a) Ein Modus ist jede Enderzeugung von '**MODUS**' {1.2.1.a}. Jeder Fall eines Wertes hat einen spezifischen Modus, der eine Enderzeugung von '**MOOD**' {1.2.1.b} ist. Ferner sind alle Fälle eines gegebenen Wertes W außer nil {2.2.3.5.a} von ein und demselben Modus und zwar vom Modus von W. Und auch eine "Kopie" eines gegebenen Falles F eines Wertes W ist ein neuer Fall von W, der von demselben Modus wie F ist.
b) Der Modus eines Wahrheitswertes ist '**boolesch**', der eines Zeichens ist '**Zeichen**' und der eines Formates ist '**Format**'.
c) Der Modus einer ganzen Zahl der Längenzahl n ist (n — 1) mal '**lang**' gefolgt von '**ganz**'; für den Modus der reellen Zahl gilt entsprechendes mit '**real**'.
d) Der Modus eines strukturierten Wertes ist '**strukturiert mit**' gefolgt von einem oder mehreren durch '**und**' getrennten "Porträts", von denen jedes zu

2.2.3.4. Routines and Formats

A routine (format) is a sequence of symbols which is the same as some **closed-clause** {6.3.1.a} (**format-denotation** {5.5.1.a}).

2.2.3.5. Names

a) There is one name, nil, whose scope {2.2.4.2} is the **program** and which does not refer to any value; any other name is created by the elaboration of an **actual-declarer** {7.1.2.d.Step 8}, a **rowed-coercend** {8.2.6.2.Step 7} or a **skip** {8.2.7.2.a} {, and refers to presicely one instance of a value}.

b) If a given name N refers to a structured value {2.2.3.2}, then to each of its fields there refers a name uniquely determined by N and the **field-selector** selecting that field, and whose scope is that of N.

c) If a given name N refers to a multiple value M {2.2.3.3}, then to each element of M (each multiple value composed of a descriptor and elements which are a proper subset of the elements of M or composed of a descriptor different from that of M and the elements of M) there refers a name uniquely determined by N and the index of that element (and that descriptor and those elements), and whose scope is that of N.

d) If an instance of a name and an instance of a second name refer to one same instance of a value, then they are instances of one same name.

2.2.4. Modes and scopes

2.2.4.1. Modes

a) A mode is any terminal production of '**MODE**' {1.2.1.a}. Each instance of a value is of one specific mode which is a terminal production of '**MOOD**' {1.2.1.b}; furthermore, all instances of a given value V other than nil {2.2.3.5.a} are of one same mode, the mode of V, and a "copy" of a given instance I of a value V is a new instance of V which is of the same mode as I.

b) The mode of a truth value (character, format) is '**boolean**' ('**character**', '**format**').

c) The mode of an integer (a real number) of length number n is (n — 1) times '**long**' followed by '**integral**' (by '**real**').

d) The mode of a structured value is '**structured with**' followed by one or more "portrayals" separated by '**and**', one corresponding to each field taken in the dem jeweils in der gleichen Reihenfolge genommenen Feld korrespondiert. Jedes Porträt besteht aus dem Modus dieses Feldes gefolgt von **'Feld'** gefolgt von einer Enderzeugung von **'ANHANG'** {1.2.1.r}, deren Enderzeugung {**Feldselektor**} jenes Feld selektiert {2.2.3.2}. Der Modus eines strukturierten Wertes ist "strukturiert aus" einem zweiten Modus, wenn der Modus in einem seiner Porträts der zweite Modus ist oder aus ihm strukturiert ist.

e) Der Modus eines mehrfachen Wertes ist eine Enderzeugung von **'NICHT-REIHE'** {1.2.2.e}, dem so viele Male **'Reihe von'** vorangeht, wie es Quintupel im Deskriptor dieses Wertes gibt.

f) Der Modus einer Routine ist eine Enderzeugung von **'PROZEDUR'** {1.2.1.j}.

g) Der Modus eines Namens ist **'Referenz zu'** gefolgt von einem anderen Modus. Wenn der Name nicht nil ist, dann ist dieser andere Modus entweder der Modus des Wertes, zu dem dieser Name referiert, oder er ist aus ihm vereint {4.4.3.a}. {Siehe 7.1.2.d. Schritt 8}.

2.2.4.2. Gültigkeitsbereiche

a) Jeder Wert hat einen spezifischen Gültigkeitsbereich.

b) Der Gültigkeitsbereich eines einfachen Wertes ist das **Programm**.

Der Gültigkeitsbereich eines strukturierten Wertes ist der kleinste der Gültigkeitsbereiche seiner Felder. Der Gültigkeitsbereich eines mehrfachen Wertes ist der kleinste der Gültigkeitsbereiche seiner Elemente, wenn es solche gibt, sonst ist er das **Programm**.

Der Gültigkeitsbereich einer Routine oder eines Formates, die von einer gegebenen **Gestalt** G {5.4.1.a, 5.5.1.a} bessesen werden (einer Routine, die dieselbe Folge von Symbolen ist wie ein gegebener **Zuschnitt-Packen** G oder **Lösch-Zuschnitt-Packen-Packen** G {8.3.4.1.a}), ist der kleinste **Bereich** {4.1.1.e}, der ein definierendes Auftreten {4.1.2.a} (Indikationsdefinierendes Auftreten {4.2.2.a}, Operator-definierendes Auftreten {4.3.2.a}) einer Enderzeugung eines Begriffes enthält, der mit **'Identifikator'** (**'Indikation'**, **'Operator'**) endet, wenn es ein solches Auftreten außerhalb G gibt, das durch ein gewisses angewandtes (Indikations-angewandtes, Operator-angewandtes) Auftreten dieser Enderzeugung innerhalb G identifiziert {4.1.2.b (4.2.2.b, 4.3.2.b)} wird — anderenfalls ist der Gültigkeitsbereich das **Programm**.

Der Gültigkeitsbereich eines Namens ist ein gewisser {2.2.3.5, 8.5.1.2.b} **Bereich**.

2.2.5. Aktionen

{*Passe die Aktion dem Wort, das Wort der Aktion an.*
Hamlet, William Shakespeare.}

a) Eine Aktion ist "nicht separierbar", "seriell" oder "kollateral". Eine serielle Aktion besteht aus Aktionen, die eine nach der anderen ausgeführt werden.

same order, each portrayal being the mode of that field followed by 'field' followed by a terminal production of 'TAG' {1.2.1.r} whose terminal production {**field-selector**} selects {2.2.3.2} that field; it is "structured from" a second mode if the mode in one of its portrayals is, or is structured from, it.

e) The mode of a multiple value is a terminal production of 'NONROW' {1.2.2.e} preceded by as many times 'row of' as there are quintuples in the descriptor of that value.

f) The mode of a routine is a terminal production of 'PROCEDURE' {1.2.1.j}.

g) The mode of a name is 'reference to' followed by another mode; if the name is not nil, then that other mode is either the mode of the value to which the name refers, or is united from {4.4.3.a} it. {See 7.1.2.d.Step 8.}

2.2.4.2. Scopes

a) Each value has one specific scope.

b) The scope of a plain value is the **program**, that of a structured (multiple) value is the smallest of the scopes of its fields (elements, if any, and, otherwise, the **program**),

that of a routine or format possessed by a given **denotation** D {5.4.1.a, 5.5.1.a} (of a routine which is the same sequence of symbols as a given **cast-pack** D or **void-cast-pack-pack** D {8.3.4.1.a}) is the smallest **range** {4.1.1.e} containing a defining occurrence {4.1.2.a} (indication-defining occurrence {4.2.2.a}, operator-defining occurrence {4.3.2.a}) of a terminal production of a notion ending with 'identiier' ('indication', 'operator'), if any, not contained in D but identified {4.1.2.b (4.2.2.b, 4.3.2.b)} by some applied (indication-applied, operator-applied) occurrence of that terminal production contained in D, and, otherwise, the **program**, and

that of a name is some {2.2.3.5, 8.5.1.2.b} **range**.

2.2.5. Actions

{*Suit the action to the word, the word to the action.*
Hamlet, *William Shakespeare.*}

a) An action is "inseparable", "serial" or "collateral". A serial action consists of actions which take place one after the other.

b) Eine kollaterale Aktion besteht aus Aktionen, die zeitlich gemischt werden. Das heißt, sie besteht aus nicht separierbaren Aktionen, deren jede auf eine Weise, die in diesem Bericht undefiniert gelassen wird, aus den ersten der nicht separierbaren Aktionen heraus ausgewählt wird, welche zu jenem Zeitpunkt entsprechend diesem Bericht die Fortsetzung irgendeiner der Bestandteil bildenden Aktionen sein würde.

c) Die Abarbeitung (der **abgeschlossenen Klausel,** die dem **tue-Symbol** {3.1.1.h} in) jeder **abgeschlossenen Klausel** {6.3.1.a} (folgt), die eine modifizierte Kopie {8.4.2} des **aktuellen Parameters** der **Operationsdeklaration** {7.5.1.a} 10.4.d (10.4.c) darstellt, ist eine nicht separierbare Aktion.

{Welche anderen Aktionen nicht separierbar sind, wird in diesem Bericht undefiniert gelassen.}

2.3. Semantik

{"*Ich kann alle Gedichte erläutern, die jemals ersonnen wurden - und sogar sehr viele, die bisher noch nicht erdacht worden sind.*"
Im Spiegel, *Lewis Carroll*.}

a) Die Abarbeitung eines **Programms** ist die Abarbeitung der **starken abgeschlossenen Löschklausel** {6.3.1.a}, die aus derselben Folge von Symbolen besteht.

{In diesem Bericht erläutert die Syntax, welche Folgen von Symbolen **Programme** sind, und die Semantik, welche Aktionen durch den Rechner ausgeführt werden, wenn der Rechner ein **Programm** abarbeitet. Syntax und Semantik sind beide rekursiv.
Obwohl gewisse Folgen von Symbolen auf mehr als eine Weise (1.1.6.i) Enderzeugungen von '**Programm**' sein können, führt diese syntaktische Mehrdeutigkeit doch nicht zu einer semantischen Mehrdeutigkeit.}

b) In ALGOL 68 wird eine spezifische Schreibweise für externe Objekte benutzt, die es gemeinsam mit ihrer rekursiven Definition ermöglicht, zwischen beliebig langen Folgen von Symbolen zu unterscheiden und diese zu behandeln, zwischen beliebig vielen unterschiedlichen Werten eines gegebenen Modus (ausgenommen ist der Modus '**boolesch**') zu unterscheiden und zwischen beliebig vielen Modi zu unterscheiden.
Diese Möglichkeiten gestatten einerseits, daß beliebig viele Objekte innerhalb des Rechners existieren, und andererseits, daß die Abarbeitung eines **Programms** eine beliebig große, nicht notwendig endliche Anzahl von Aktionen einschließt. Dabei ist nicht etwa gemeint, daß die innerhalb des Rechners benutzte Schreibweise (Codierung) der Objekte die in ALGOL 68 benutzte Schreibweise ist und auch nicht, daß sie dieselben Möglichkeiten besitzt. Es wird im Gegenteil nicht angenommen, daß der Rechner eine beliebige Menge angebotener Informationen behandeln kann. Es wird weiterhin nicht angenommen, daß diese zwei Schreibweisen identisch sind oder gar, daß eine eineindeutige Korrespondenz zwischen ihnen besteht. Praktisch kann die Menge der unterschiedlichen Schreibweisen

b) A collateral action consists of actions merged in time; i.e., it consists of inseparable actions each of which is chosen, in a way which is left undefined in this Report, from amongst the first of the inseparable actions which, at that moment, according to this Report, would be the continuation of any of the constituting actions.

c) The elaboration of any (of the **closed-clause** following the **do-symbol** {3.1.1.h} in any) **closed-clause** {6.3.1.a} which is a modified copy {8.4.2} of the **actual-parameter** of the **operation-declaration** {7.5.1.a} 10.4.d (10.4.c) is an inseparable action.

{What other actions are inseparable is left undefined in this Report.}

2.3. Semantics

{*"I can explain all the poems that ever were invented—and a good many that haven't been invented just yet."*
Through the Looking-glass, *Lewis Carroll.*}

a) The elaboration of a **program** is the elaboration of the **strong-closed-void-clause** {6.3.1.a} consisting of the same sequence of symbols.

{In this Report, the syntax says which sequences of symbols are **programs** and the semantics which actions are performed by the computer when elaborating a **program**. Both syntax and semantics are recursive. Though certain sequences of symbols may be terminal productions of '**program**' in more than one way (1.1.6.i), this syntactic ambiguity does not lead to a semantic ambiguity.}

b) In ALGOL 68, a specific notation for external objects is used which, together with its recursive definition, makes it possible to handle and to distinguish between arbitrarily long sequences of symbols, to distinguish between arbitrarily many different values of a given mode (except '**boolean**') and to distinguish between arbitrarily many modes, which allows arbitrarily many objects to exist within the computer and which allows the elaboration of a **program** to involve an arbitrarily large, not necessarily finite, number of actions. This is not meant to imply that the notation of the objects in the computer is that used in ALGOL 68 nor that it has the same possibilities. It is, on the contrary, not assumed that the computer can handle arbitrary amounts of presented information. It is not assumed that these two notations are the same or even that a one-der Objekte einer gegebenen Kategorie endlich sein. Es wird nicht angenommen, daß die Arbeitsgeschwindigkeit des Rechners ausreichend hoch ist, um ein gegebenes **Programm** innerhalb einer vorgeschriebenen Zeit abzuarbeiten, und auch nicht, daß die Anzahl der Objekte und Beziehungen, die eingerichtet werden können, ausreicht, das **Programm** überhaupt abzuarbeiten.

c) Ein Modell des hypothetischen Rechners, der eine wirkliche Maschine benutzt, wird dann eine "Implementation" von ALGOL 68 genannt, wenn es den Gebrauch der Sprache nicht in anderer als in der oben erwähnten Art einschränkt. Weiter, wenn eine Sprache definiert wird, deren **Teilprogramme** auch **Teilprogramme** von ALGOL 68 sind und dieselbe Bedeutung haben, so wird diese Sprache eine Untersprache von ALGOL 68 genannt. Ein Modell wird eine Implementation einer Untersprache genannt, wenn es den Gebrauch der Untersprache nicht in anderer als in der oben erwähnten Art einschränkt.

{Eine Folge von Symbolen, die kein **Programm** ist, die aber durch Streichen bzw. Einsetzen einer gewissen Mindestanzahl von Symbolen in ein **Programm** verwandelt werden kann, kann als ein **Programm** mit dieser Anzahl syntaktischer Fehler betrachtet werden. Jedes **Programm,** das durch Streichen bzw. Einsetzen jener Anzahl von Symbolen erhalten werden kann, kann als ein "möglicherweise beabsichtigtes" **Programm** bezeichnet werden. Ob ein **Programm** oder eines der möglicherweise beabsichtigten **Programme** die Wirkung hat, die sein Autor tatsächlich beabsichtigte, ist eine Frage, die aus dem Rahmen dieses Berichtes fällt.}

{In einer Implementation kann ein **Teilprogramm** "kompiliert" werden, d. h., es wird in ein "Objektprogramm" im Kode der wirklichen Maschine übersetzt. Unter Umständen kann es vorteilhaft sein, Abschnitte des **Teilprogramms** unabhängig zu kompilieren, z. B. Abschnitte, die zu mehreren **Teilprogrammen** gemeinsam gehören. Wenn ein derartiger Abschnitt **Modusidentifikatoren** (**Indikationen, Operatoren**) enthält, deren definierendes (Indikationsdefinierendes, Operatordefinierendes) Auftreten (Kapitel 4) gerade nicht in diesem Abschnitt enthalten ist, so kann die Kompilation in ein wirksames Objektprogramm dadurch gesichert werden, daß jenem Abschnitt eine Kette von **formalen Parametern** (5.4.1.e) (**Modusdeklarationen** (7.2.1.a) oder **Prioritätsdeklarationen** (7.3.1.a), **Titeln** (7.5.1.b)) vorangestellt wird, die jene definierenden (Indikationsdefinierenden, Operations-definierenden) Auftreten enthält.}

{Die Definition spezifischer Untersprachen und auch die Spezifikation von Aktionen, die durch kein **Programm** definiert werden können (z. B. Kompilation oder Initiieren der Abarbeitung) werden nicht in diesem Bericht behandelt. Die Definition der Sprache erlaubt jedoch zum Beispiel, daß eine spezielle Darstellung des **Bemerkungssymbols,** vorzugsweise ***pr*** oder ***pragmat***, die sich von den in 3.1.1.i gegebenen Darstellungen, nämlich ***c***, #, ***co*** oder ***comment***, unterscheidet, die Wirkung hat, daß der Rechner durch eine **Bemerkung** (3.0.9.b), die mit dieser speziellen Darstellung beginnt und endet, aufgefordert wird, eine derartige Untersprache oder auch ALGOL 68 selbst zu implemento-one correspondence exists between them; in fact, the set of different notations of objects of a given category may be finite. It is not assumed that the speed of the computer is sufficient to elaborate a given **program** within a prescribed lapse of time, nor that the number of objects and relationships that can be established is sufficient to elaborate it at all.

c) A model of the hypothetical computer, using a physical machine, is said to be an "implementation" of ALGOL 68, if it does not restrict the use of the language in other respects than those mentioned above. Furthermore, if a language is defined whose **particular-programs** are **particular-programs** of ALGOL 68 and have the same meaning, then that language is said to be a sublanguage of ALGOL 68. A model is said to be an implementation of a sublanguage if it does not restrict the use of the sublanguage in other respects than those mentioned above.

{A sequence of symbols which is not a **program** but can be turned into one by deleting or inserting a certain number of symbols and not a smaller number could be regarded as a **program** with that number of syntactical errors. Any **program** that can be obtained by deleting or inserting that number of symbols may be termed a "possibly intended" **program**. Whether a **program** or one of the possibly intended **programs** has the effect its author in fact intended it to have, is a matter which falls outside this Report.}

{In an implementation, the **particular-program** may be "compiled", i.e., translated into an "object program" in the code of the physical machine. Under certain circumstances, it may be advantageous to compile parts of the **particular-program** independently, e.g., parts which are common to several **particular-programs**. If such a part contains **mode-identifiers** (**indications**, **operators**) whose defining (indication-defining, operator-defining) occurrences (Chapter 4) are not contained in that part, then compilation into an efficient object program may be assured by preceding the part by a chain of **formal-parameters** (5.4.1.e) (**mode-declarations** (7.2.1.a) or **priority-declarations** (7.3.1.a), **captions** (7.5.1.b)) containing those defining (indication-defining, operator-defining) occurrences.}

{The definition of specific sublanguages and also the specification of actions not definable by any **program** (e.g., compilation or initiation of the elaboration), is not given in this Report. However, the definition of the language allows, for instance, to let a special representation of the **comment-symbol** different from the ones given in 3.1.1.i, viz., ***c***, #, ***co*** or ***comment***, preferably ***pr*** or ***pragmat***, have the effect that by a **comment** (3.0.9.b) beginning and ending with this special representation, the computer is invited to implement some such sublantieren oder aber eine derartige nicht definierbare Aktion auszulösen, die durch die **Bemerkung** spezifiziert sein kann (z. B. ***pr** algol 68 **pr***, ***pr** run **pr*** oder ***pr** dump **pr***).}

```
{pr algol 68 pr
begin
   proc pr nonrec pr p = (: p);
   p
end
pr run pr pr ? pr
```

Bericht über die Algorithmische Sprache ALGOL 68}

guage or ALGOL 68 itself or to take some such undefinable action, as may be specified by the **comment** (e.g., ***pr** algol 68 **pr**, **pr** run **pr** or **pr** dump **pr***).}

```
{pr algol 68 pr
begin
   proc pr nonrec pr p: = ( p);
   p
end
pr run pr pr ? pr
```

Report on the Algorithmic Language ALGOL 68}

3. Basistypen und allgemeine Konstruktionen

3.0. Syntax

3.0.1. Einführung

a)* **Basistype: Buchstabentype {302a}; Gestalttype {303a}; Aktionstype {304a}; Deklarationstype {305a}; syntaktische Type {306a}; Folgetype {307a}; Auslassungstype {308a}; Sondertype {309a}; Spezialtype {30Aa}.**
b) **BEGRIFF Möglichkeit: BEGRIFF; LEER.**
c) **Kette von BEGRIFFs getrennt durch TRENNERs {c, d} : BEGRIFF; BEGRIFF, TRENNER {e, f, 31f, 61,j, l}, Kette von BEGRIFFs getrennt durch TRENNERs {c}.**
d) **BEGRIFF LISTE {g} : Kette von BEGRIFFs getrennt durch LISTE Trenner {c, e, f}.**
e) **Listentrenner {c, d, g} : Kommasymbol {31e}.**
f) **Folgentrenner {c, d, g} : LEER.**
g) **echte BEGRIFF LISTE : BEGRIFF, LISTE Trenner{e,f}, BEGRIFF LISTE{d}.**
h) **BEGRIFF Packen: Öffnungssymbol {31e}, BEGRIFF, Schließungssymbol {31e}.**
i) **BEGRIFF Packung: Beginnsymbol {31e}, BEGRIFF, Endesymbol {31e}.**
{Beispiele:
a) *a*; *0*; +; ***int***; ***if***; .; ***nil***; ***for***; ″;
b) *0*; ; (**ganzzahliger-Teil-Möglichkeiten**)
c) *0*, *1*, *2*; (eine **Kette-von-starken-Ganzzahl-Einheiten-getrennt-durch-Listen Trenner**)
d) *0*; *0*, *1*, *2*; (**starke-Ganzzahl-Einheit-Listen**)
e) , ;
g) *1*, *2*, *3*; (eine echte **starke-Ganzzahl-Einheit-Liste**)
h) (*1*, *2*, *3*); (ein **echte-starke-Ganzzahl-Einheit-Liste-Packen**)
i) ***begin*** *x* := *3.14*; *y* := *2.72* ***end*** (eine **starke-serielle Lösch-Klausel-Packung**)}

3.0.2. Buchstabentypen

a)* **Buchstabentype: BUCHSTABE {b}.**
b) **BUCHSTABE {309d, 41b,c,d, 512h, 55h,i,o,q, 552b,e,f, 553f, 554a, 555b, 556c, 557c, 71j} : BUCHSTABE Symbol {31a}.**
{Beispiele:
a) *a*; (siehe 1.1.4, Schritt 2)
{**Buchstabentypen** sind entweder selbst Identifikatoren (4.1.1.a), **Feldselektoren** (7.1.1.i), **Realgestalten** (5.1.2.1.a), **Formatgestalten** (5.5.1.a) und **Zeichenkettenposten** (5.3.1.d) oder sie sind Bestandteile davon.}

3. Basic tokens and general constructions

3.0. Syntax

3.0.1. Introduction

a) *basic token: letter token {302a}; denotation token {303a};
action token {304a}; declaration token {305a};
syntactic token {306a}; sequencing token {307a};
hip token {308a}; extra token {309a}; special token {30Aa}.
b) NOTION option: NOTION; EMPTY.
c) chain of NOTIONs separated by SEPARATORSs {c, d}: NOTION;
NOTION, SEPARATOR {e,f,31f,61j,l},
chain of NOTIONs separated by SEPARATORs {c}.
d) NOTION LIST {g}: chain of NOTIONS separated by LIST separators {c,e,f}.
e) list separator {c,d,g}: comma symbol {31e}.
f) sequence separator {c,d,g}: EMPTY.
g) NOTION LIST proper: NOTION, LIST separator {e, f}, NOTION LIST {d}.
h) NOTION pack: open symbol {31e}, NOTION, close symbol {31e}.
i) NOTION package: begin symbol {31e}, NOTION, end symbol {31e}.

{Examples:

a) *a*; *0*; +; ***int***; ***if***; .; ***nil***; ***for***; ″;
b) *0*; ; (integral-part-options)
c) *0, 1, 2*; (a chain-of-strong-integral-units-separated-by-list-separators)
d) *0*; *0, 1, 2*; (strong-integral-unit-lists)
e) ,;
g) *1, 2, 3*; (a strong-integral-unit-list-proper)
h) *(1, 2, 3)*; (a strong-integral-unit-list-proper-pack)
i) ***begin*** *x := 3.14; y := 2.72* ***end*** (a strong-serial-void-clause-package)}

3.0.2. Letter tokens

a) *letter token: LETTER {b}.
b) LETTER {309d, 41b,c,d, 512h, 55h,i,o,q, 552b,e,f, 553f, 554a, 555b, 556c, 557c, 71j}: LETTER symbol {31a}.

{Examples:

a) *a*; (see 1.1.4.Step 2)}

{Letter-tokens either are, or are constituents of, identifiers (4.1.1.a), field-selectors (7.1.1.i), real-denotations (5.1.2.1.a), format-denotations (5.5.1.a) and string-items (5.3.1.d).

3.0.3. Gestalttypen

a)* **Gestalttype: Zahltype** {b}; **wahr Symbol** {31b}; **falsch Symbol** {31b}; **Formatbegrenzungssymbol** {31b}; **Flipflop** {e}; **Zwischenraumsymbol** {31b}.
b) **Zahltype** {309d}: **Zifferntype** {c}; **Punktsymbol** {31b}; **Basissymbol** {31b}.
c) **Zifferntype** {b, 511a} : **ZIFFER** {d}.
d) **ZIFFER** {c, 41d, 552c} : **ZIFFER Symbol** {31b}.
e) **Flipflop** {309d, 52c} : **flip Symbol** {31b}; **flop Symbol** {31b}.
{Beispiele:
a) *1*; ***true***; ***false***; *$*; *1*; .;
b) *1*; .; $_{10}$;
c) *1*;
d) *1*;
e) ***1***; ***0***}

{**Gestalttypen** sind entweder selbst **Gestalten** (5.0.1.a) oder sind Bestandteile davon. Einige **Gestalttypen** können selbst **Gestalten** sein, z. B. **die Zifferntype** *1*, während andere z. B., das **Formatbegrenzungssymbol** *$* nur zur Konstruktion von **Gestalten** dienen.}

3.0.4. Aktionstypen

a)* **Aktionstype: Operatortype** {b}; **Gleichheitssymbol** {31c}; **mal-Symbol** {31c}; **Konfrontationstype** {d}.

b) **Operatortype** {42e,f} : **minus und wird Symbol** {31c}; **plus und wird Symbol** {31c}; **mal und wird Symbol** {31c}; **dividiert durch und wird Symbol** {31c}; **durch und wird Symbol** {31c}; **modulo und wird Symbol** {31c}; **prus und wird Symbol** {31c}; **oder Symbol** {31c}; **und Symbol** {31c}; **Ungleichheitssymbol** {31c}; **kleiner als Symbol** {31c}; **kleiner gleich Symbol** {31c}; **größer gleich Symbol** {31c}; **größer als Symbol** {31c}; **plusminus** {c}; **dividiert durch Symbol** {31c}; **durch Symbol** {31c}; **modulo Symbol** {31c}; **Elementnumerierungssymbol** {31c}; **untere Grenze Symbol** {31c}; **unterer Status Symbol** {31c}; **oberer Status Symbol** {31c}; **plus i mal Symbol** {31c}; **nicht Symbol** {31c}; **nieder Symbol** {31c}; **auf Symbol** {31c}; **Absolutwertsymbol** {31c}; **Binalsymbol** {31c}; **Darstellungssymbol** {31c}; **länger Symbol** {31c}; **kürzer Symbol** {31c}; **ungerade Symbol** {31c}; **Vorzeichensymbol** {31c}; **Rundungssymbol** {31c}; **Realteilsymbol** {31c}; **Imaginärteilsymbol** {31c}; **Konjugationssymbol** {31c}; **Boolesche zu Bits Symbol** {31c}; **Zeichen zu Bytes Symbol** {31c};

c) **plusminus** {b, 512i, 55p} : **plus Symbol** {31c}; **minus Symbol** {31c}.

d)* **Konfrontationstype: wird Symbol** {31c}; **konform zu Symbol** {31c; **konform zu und wird Symbol** {31c}; **gleich Symbol** {31c}; **ungleich Symbol** {31c}; **Zuschnittssymbol** {31c};

3.0.3. Denotation tokens

a) ***denotation token: number token** {b}; **true symbol** {31b}; **false symbol** {31b}; **formatter symbol** {31b}; **flipflop** {e}; **space symbol** {31b}.
b) **number token** {309d}: **digit token** {c}; **point symbol** {31b}; **times ten to the power symbol** {31b}.
c) **digit token** {b, 511a}: **DIGIT** {d}.
d) **DIGIT** {c, 41d, 552c}: **DIGIT symbol** {31b}.
e) **flipflop** {309d, 52c}: **flip symbol** {31b}; **flop symbol** {31b}.
{Examples:
a) *1*; ***true***; ***false***; *$*; *1*; .;
b) *1*; .; $_{10}$;
c) *1*;
d) *1*;
e) ***1***; ***0***}

{**Denotation-tokens** are, or are constituents of, **denotations** (5.0.1.a). Some **denotation-tokens** may, by themselves, be **denotations**, e.g., the **digit-token** *1*, whereas others, e.g., the **formatter-symbol** *$*, serve only to construct **denotations**.}

3.0.4. Action tokens

a) ***action token: operator token** {b}; **equals symbol** {31c}; **times symbol** {31c}; **confrontation token** {d}.
b) **operator token** {42e,f}: **minus and becomes symbol** {31c}; **plus and becomes symbol** {31c}; **times and becomes symbol** {31c}; **divided by and becomes symbol** {31c}; **over and becomes symbol** {31c}; **modulo and becomes symbol** {31c}; **prus and becomes symbol** {31c}; **or symbol** {31c}; **and symbol** {31c}; **differs from symbol** {31c}; **is less than symbol** {31c}; **is at most symbol** {31c}; **is at least symbol** {31c}; **is greater than symbol** {31c}; **plusminus** {c}; **divided by symbol** {31c}; **over symbol** {31c}; **modulo symbol** {31c}; **the element of symbol** {31c}; **lower bound of symbol** {31c}; **upper bound of symbol** {31c}; **lower state of symbol** {31c}; **upper state of symbol** {31c}; **plus i times symbol** {31c}; **not symbol** {31c}; **down symbol** {31c}; **up symbol** {31c}; **absolute value of symbol** {31c}; **binal symbol** {31c}; **representation of symbol** {31c}; **lengthen symbol** {31c}; **shorten symbol** {31c}; **odd symbol** {31c}; **sign symbol** {31c}; **round symbol** {31c}; **real part of symbol** {31c}; **imaginary part of symbol** {31c}; **conjugate of symbol** {31c}; **booleans to bits symbol** {31c}; **characters to bytes symbol** {31c}.
c) **plusminus** {b, 512i, 55p}: **plus symbol** {31c}; **minus symbol** {31c}.
d) ***confrontation token: becomes symbol** {31c}; **conforms to symbol** {31c}; **conforms to and becomes symbol** {31c}; **is symbol** {31c}; **is not symbol** {31c}; **cast of symbol** {31c}.

{Beispiele:

a) +; =; ×; :=;

b) −:=; +:=; ×:=; /:=; ÷:=; ÷::=; +=:; ∨; ∧; ≠; <; ≤; ≥; >; +; /; ÷; ÷:; □; ⌊; ⌈; ⎩; ⎧; ⊥; ¬; ↑; ↓; ***abs***; ***bin***; ***repr***; ***leng***; ***short***; ***odd***; ***sign***; ***round***; ***re***; ***im***; ***conj***; ***btb***; ***ctb***;

c) >; +; −;

d) :=; ::; ::=; :=:; :≠:; :}

{**Operatortypen** sind Bestandteile von **Formeln** (8.4.1.a). **Konfrontationstypen** sind Bestandteile von **Konfrontationen** (8.3.0.1.a).}

3.0.5. Deklarationstypen

a)* **Deklarationstype: PRIMITIV Symbol {31d}; lang Symbol {31d}; Struktursymbol {31d}; Referenzsymbol {31d}; flexibel Symbol {31d}; entweder Symbol {31d}; Prozedursymbol {31d}; Vereinigungssymbol {31d}; Modussymbol {31d}; Komplexsymbol {31d}; Bitssymbol {31d}; Bytessymbol {31d}; Zeichenkettensymbol {31d}; Signal Symbol {31d}; Dateisymbol {31d}; Prioritätssymbol {31d}; lokalsymbol {31d}; Haufensymbol {31d}; Operationssymbol {31d}.**

{Beispiele:

a) ***int***; ***long***; ***struct***; ***ref***; ***flex***; ***either***; ***proc***; ***union***; ***mode***; ***compl***; ***bits***; ***bytes***; ***string***; ***sema***; ***file***; ***priority***; ***loc***; ***heap***; ***op***}

{**Deklarationstypen** sind entweder selbst **Deklarierer** (7.1.1.a), die Modi (2.2.4) spezifizieren, oder Bestandteile von ihnen oder Bestandteile von **Deklarationen** (7.2.1.a, 7.3.1.a, 7.4.1.a, 7.5.1.a).}

3.0.6. Syntaktische Typen

a)* **Syntaktische Type: Öffnungssymbol {31e}; Abschließungssymbol {31e}; Beginnsymbol {31e}; Endesymbol {31e}; Kommasymbol {31e}; parallel Symbol {31e}; Tief Symbol {31e}; Fiet Symbol {31e}; bis zu Symbol {31e}; bei Symbol {31e}; wenn Symbol {31e}; DONST Symbol {31e}; new Symbol {31e}; des Symbol {31e}; Markierungssymbol {31e}.**

{Beispiele:

(;); ***begin***; ***end***; , ; ***par*** ; [;]; *.:*; ***c***; ***if***; ***then***; ***fi***; ***of***; *:*}

{**Syntaktische-Typen** trennen externe Objekte oder fassen sie zusammen.}

3.0.7. Folgetypen

a)* **Folgetype: weiter Symbol {31f}; Komplettierungssymbol {31f}; Sprungsymbol {31f}.**

{Beispiele:

a) ;; .; ***go to***}

{**Examples:**

a) +; =; ×; :=;

b) −:=; +:=; ×:=; /:=; ÷:=; ÷::=; +=:; ∨; ∧; ≠; <; ≤; ≥; >; +; /; ÷; ÷:; □; ⌊; ⌈; ⎩; ⎧; ⊥; ¬; ↓; ↑; ***abs***; ***bin***; ***repr***; ***leng***; ***short***; ***odd***; ***sign***; ***round***; ***re***; ***im***; ***conj***; ***btb***; ***ctb***;

c) +; −;

d) :=; ::; ::=; :=:; :≠:; :}

{**Operator-tokens** are constituents of **formulas** (8.4.1.a). **Confrontation-tokens** are constituents of **confrontations** (8.3.0.1.a).}

3.0.5. Declaration tokens

a)* **declaration token: PRIMITIVE symbol {31d}; long symbol {31d}; structure symbol {31d}; reference to symbol {31d}; flexible symbol {31d}; either symbol {31d}; procedure symbol {31d}; union of symbol {31d}; mode symbol {31d} ;complex symbol {31d}; bits symbol {31d}; bytes symbol {31d}; string symbol {31d}; sema symbol {31d}; file symbol {31d}; priority symbol {31d}; local symbol {31d}; heap symbol {31d}; operation symbol {31d}.**

Examples:

a) ***int***; ***long***; ***struct***; ***ref***; ***flex***; ***either***; ***proc***; ***union***; ***mode***; ***compl***; ***bits***; ***bytes***; ***string***; ***sema***; ***file***; ***priority***; ***loc***; ***heap***; ***op***}

{**Declaration-tokens** either are, or are constituents of, **declarers** (7.1.1.a), which specify modes (2.2.4), or of **declarations** (7.2.1.a, 7.3.1.a, 7.4.1.a, 7.5.1.a).}

3.0.6. Syntactic tokens

a)* **syntactic token: open symbol {31e}; close symbol {31e}; begin symbol {31e}; and symbol {31e}; comma symbol {31e}; parallel symbol {31e}; sub symbol {31e} ;bus symbol {31e}; up to symbol {31e}; at symbol {31e}; if symbol {31e}; THELSE symbol {31e}; fi symbol {31e}; of symbol {31e}; label symbol {31e}.**

{Examples:

(; *)*; ***begin***; ***end***; ,; ***par***; [;]; :; ***c***; ***if***; ***then***; ***fi***; ***of***; :}

{**Syntactic-tokens** separate external objects or group them together.}

3.0.7. Sequencing tokens

a)* **sequencing token: go on symbol {31f}; completion symbol {31f}; go to symbol {31f}.**

{Examples:

a) ;; .; ***go to***}

{**Folgetypen** sind Bestandteile von **Klauseln,** in denen sie die Reihenfolge der Abarbeitung (6.1.1.b.c.j.l, 8.2.7.1.c) spezifizieren.}

3.0.8. Auslassungstypen

a) ***Auslassungstype: Lücke Symbol {31g}; nil Symbol "{31g}.**

{Beispiele:

a) ***skip***; ***nil***}

{**Auslassungstypen** wirken als **Lücken** und **Nihils** (8.2.7.1.b.d).}

3.0.9. Sondertypen und Bemerkungen

a) ***Sondertype: für Symbol {31h}; von Symbol {31h}; mit Symbol {31h}; bis Symbol {31h}; solange Symbol {31h}; tue Symbol {31h}; DONST-wenn-Symbol {31h}.**

b) **Bemerkung {9.1}: Bemerkungssymbol {31i}, Bemerkungsposten {c} Folgemöglichkeit, Bemerkungssymbol {31i}.**

c) **Bemerkungsposten {b}: Zeichentype {d}; anderer Bemerkungsposten {1.1.5.c}.**

d) **Zeichentype {c, 514b}: BUCHSTABE {302b}; Zahltype {303b}; Flipflop {303e}; plus i mal Symbol {31c}; Öffnungssymbol {31e}; Abschließungssymbol {31e}; Kommasymbol {31e}; Zwischenraumsymbol {31b}.**

{Beispiele:

a) ***for***; ***from***; ***by***; ***to***; ***while***; ***do***; ***thef***;

b) ***c*** *mit Bezug auf* ***c***;

c) *w*; *?*;

d) *a*; *1*; ***1***; ***i***; *(*; *)*; ,; .}

3.0.10. Spezialtypen

a) ***Spezialtype: Anführungsstrichsymbol {31i}; Bemerkungssymbol {31i}; Indikant {1.1.5.b}; dyadischer Indikant {1.1.5.b}; monadischer Indikant {1.1.5.b}.**

{Beispiele:

a) "; ***c***; ***primitive***; *?*; *!*}

3.1. Symbole

3.1.1. Darstellungen

a) Buchstabentypen

Symbol	Darstellung
Buchstabe a Symbol {302b}	*a*
Buchstabe b Symbol {302b}	*b*

{Sequencing-tokens are constituents of clauses, in which they specify the order of elaboration (6.1.1.b,c,j,l, 8.2.7.1.c).}

3.0.8. Hip tokens

a) ***hip token: skip symbol {31g}; nil symbol {31g}.**

{Examples:

a) ***skip***; ***nil***}

{**Hip-tokens function as skips and nihils (8.2.7.1.b,d).**}

3.0.9. Extra tokens and comments

a) ***extra token: for symbol {31h}; from symbol {31h}; by symbol {31h}; to symbol {31h}; while symbol {31h}; do symbol {31h}; THELSE if symbol {31h}.**

b) **comment {9.1}: comment symbol {31i}, comment item {c} sequence option, comment symbol {31i}.**

c) **comment item {b}: character token {d}; other comment item {1.1.5.c}.**

d) **character token {c, 514b}: LETTER {302b}; number token {303b}; flipflop {303e}; plus i times symbol {31c}; open symbol {31e}; close symbol {31e}; comma symbol {31e}; space symbol {31b}.**

{Examples:

a) ***for***; ***from***; ***by***; ***to***; ***while***; ***do***; ***thef***;

b) **c** ***with respect to*** **c**;

c) *w*; *?*;

d) *a*; *1*; ***1***; ***i***; *(*; *)*; ,; .}

3.0.10. Special tokens

a) ***special token: quote symbol {31i}; comment symbol {31i}; indicant {1.1.5.b}; dyadic indicant {1.1.5.b}; monadic indicant {1.1.5.b}.**

{Examples:

a) ″; **c**; ***primitive***; *?*; *!*}

3.1. Symbols

3.1.1. Representations

a) Letter tokens

symbol	representation
letter a symbol {302b}	*a*
letter b symbol {302b}	*b*

Symbol	Darstellung
Buchstabe c Symbol {302b}	*c*
Buchstabe d Symbol {302b}	*d*
Buchstabe e Symbol {302b}	*e*
Buchstabe f Symbol {302b}	*f*
Buchstabe g Symbol {302b}	*g*
Buchstabe h Symbol {302b}	*h*
Buchstabe i Symbol {302b}	*i*
Buchstabe j Symbol {302b}	*j*
Buchstabe k Symbol {302b}	*k*
Buchstabe l Symbol {302b}	*l*
Buchstabe m Symbol {302b}	*m*
Buchstabe n Symbol {302b}	*n*
Buchstabe o Symbol {302b}	*o*
Buchstabe p Symbol {302b}	*p*
Buchstabe q Symbol {302b}	*q*
Buchstabe r Symbol {302b}	*r*
Buchstabe s Symbol {302b}	*s*
Buchstabe t Symbol {302b}	*t*
Buchstabe u Symbol {302b}	*u*
Buchstabe v Symbol {302b}	*v*
Buchstabe w Symbol {302b}	*w*
Buchstabe x Symbol {302b}	*x*
Buchstabe y Symbol {302b}	*y*
Buchstabe z Symbol {302b}	*z*
Buchstabe ß Symbol {302b}	*ß*
Buchstabe ä Symbol {302b}	*ä*
Buchstabe ö Symbol {302b}	*ö*
Buchstabe ü Symbol {302b}	*ü*

Neben den aufgeführten kleinen Buchstaben gelten ebenso (außer ß) die entsprechenden großen als Bestandteile (siehe auch 3.1.2.d).

Für das '**Buchstabe-aleph-Symbol**' ist keine Darstellung festgelegt worden, und auch der Programmierer kann keine von sich aus festsetzen; siehe 1.1.4 Schritt 2, (3.1.2.c).

b) Gestalttypen

Symbol	Darstellung
Ziffer null Symbol {303d}	*0*
Ziffer eins Symbol {303d, 73b}	*1*
Ziffer zwei Symbol {303d, 73c}	*2*
Ziffer drei Symbol {303d, 73d}	*3*
Ziffer vier Symbol {303d, 73e}	*4*
Ziffer fünf Symbol {303d, 73f}	*5*
Ziffer sechs Symbol {303d, 73g}	*6*

symbol	representation
letter c symbol {302b}	*c*
letter d symbol {302b}	*d*
letter e symbol {302b}	*e*
letter f symbol {302b}	*f*
letter g symbol {302b}	*g*
letter h symbol {302b}	*h*
letter i symbol {302b}	*i*
letter j symbol {302b}	*j*
letter k symbol {302b}	*k*
letter l symbol {302b}	*l*
letter m symbol {302b}	*m*
letter n symbol {302b}	*n*
letter o symbol {302b}	*o*
letter p symbol {302b}	*p*
letter q symbol {302b}	*q*
letter r symbol {302b}	*r*
letter s symbol {302b}	*s*
letter t symbol {302b}	*t*
letter u symbol {302b}	*u*
letter v symbol {302b}	*v*
letter w symbol {302b}	*w*
letter x symbol {302b}	*x*
letter y symbol {302b}	*y*
letter z symbol {302b}	*z*

{No representation for '**letter aleph symbol**' is provided and the programmer cannot provide one himself; see 1.1.4. Step 2, 3.1.2.c.}

b) Denotation tokens

symbol	representation
digit zero symbol {303d}	*0*
digit one symbol {303d, 73b}	*1*
digit two symbol {303d, 73c}	*2*
digit three symbol {303d, 73d}	*3*
digit four symbol {303d, 73e}	*4*
digit five symbol {303d, 73f}	*5*
digit six symbol {303d, 73g}	*6*

Symbol	Darstellung
Ziffer sieben Symbol {303d, 73h}	*7*
Ziffer acht Symbol {303d, 73i}	*8*
Ziffer neun Symbol {303d, 73j}	*9*
Punktsymbol {393b, 512d, 553c}	.
Basissymbol {303b, 512h}	$_{10}$
wahr Symbol {513a}	***true***
falsch Symbol {513a}	***false***
Formatbegrenzungssymbol {55a}	*$*
flip Symbol {303e}	***1***
flop Symbol {303e}	***0***
Zwischenraumsymbol {309d}	.

c) Aktionstypen

Symbol	Darstellung
minus und wird Symbol {304b}	−:= ***minus***
plus und wird Symbol {304b}	+:= ***plus***
mal und wird Symbol {304b}	×:= ***times***
dividiert durch und wird Symbol {304b}	/: = ***div***
durch und wird Symbol {304b}	÷:= ***overb***
modulo und wird Symbol {304b}	÷::= ***modb***
prus und wird Symbol {304b}	+=: ***prus***
oder Symbol {304b}	∨ ***or***
und Symbol {304b}	∧ & ***and***
Ungleichheitssymbol {304b}	≠ ¬= ***ne***
kleiner als Symbol {304b}	< ***lt***
kleiner gleich Symbol {304b}	≤ <= ***le***
größer gleich Symbol {304b}	≥ >= ***ge***
größer als Symbol {304b}	> ***gt***
dividiert durch Symbol {304b}	/
durch Symbol {304b}	÷ ***over***
modulo Symbol {304b}	÷: ***mod***
Elementnumerierungssymbol {304b}	□ ***elem***
untere Grenze Symbol {304b}	⌊ ***lwb entier***
obere Grenze Symbol {304b}	⌈ ***upb***
unterer Status Symbol {304b}	⎩ ***lws***
oberer Status Symbol {304b}	⎧ ***ups***
plus i mal Symbol {304b}	⊥ ! ***i***
nicht Symbol {304b}	¬ ~ ***not***
nieder Symbol {304b}	↓ ***down***
auf Symbol {304b}	↑ ** ∩ ***up***
Absolutwertsymbol {304b}	***abs***
Binalsymbol {304b}	***bin***
Darstellungssymbol {304b}	***repr***

symbol	representation
digit seven symbol {303d, 73h}	*7*
digit eight symbol {303d, 73i}	*8*
digit nine symbol {303d, 73j}	*9*
point symbol {303b, 512d, 553c}	.
times ten to the power symbol {303b, 512h}	$_{10}$
true symbol {513a}	***true***
false symbol {513a}	***false***
formatter symbol {55a}	*$*
flip symbol {303e}	*1*
flop symbol {303e}	*0*
space symbol {309d}	.

c) Action tokens

symbol	representation
minus and becomes symbol {304b}	−:= ***minus***
plus and becomes symbol {304b}	+:= ***plus***
times and becomes symbol {304b}	×:= ***times***
divided by and becomes symbol {304b}	/:= ***div***
over and becomes symbol {304b}	÷:= ***overb***
modulo and becomes symbol {304b}	÷::= ***modb***
prus and becomes symbol {304b}	+=: ***prus***
or symbol {304b}	∨ ***or***
and symbol {304b}	∧ & ***and***
differs from symbol {304b}	≠ ¬= ***ne***
is less than symbol {304b}	< ***lt***
is at most symbol {304b}	≤ <= ***le***
is at least symbol {304b}	≥ >= ***ge***
is greater than symbol {304b}	> ***gt***
divided by symbol {304b}	/
over symbol {304b}	÷ ***over***
modulo symbol {304b}	÷: ***mod***
the element of symbol {304b}	□ ***elem***
lower bound of symbol {304b}	⌊ ***lwb*** ***entier***
upper bound of symbol {304b}	⌈ ***upb***
lower state of symbol {304b}	⎩ ***lws***
upper state of symbol {304b}	⎧ ***ups***
plus i times symbol {304b, 309d}	⊥ ! ***i***
not symbol {304b}	~ ***not***
down symbol {304b}	↓ ***down***
up symbol {304b}	↑ ** ∩ ***up***
absolute value of symbol {304b}	***abs***
binal symbol {304b}	***bin***
representation of symbol {304b}	***repr***

Symbol	Darstellung
länger Symbol {304b}	***leng***
kürzer Symbol {304b}	***short***
ungerade Symbol {304b}	***odd***
Vorzeichensymbol {304b}	***sign***
Rundungsymbol {304b}	***round***
Realteilsymbol {304b}	***re***
Imaginärteilsymbol {304b}	***im***
Konjugiertsymbol {304b}	***conj***
Boolesche zu Bits Symbol {304b}	***btb***
Zeichen zu Bytes Symbol {304b}	***ctb***
plus Symbol {304c}	+
minus Symbol {304c}	−
Gleichheitssymbol {42e, 72a, 73a, 74a, 75a}	= ***eq***
mal Symbol {42e}	× *
wird Symbol {831a}	:= ..= .=
konform zu Symbol {832b}	:: ***ct***
konform zu und wird Symbol {832b}	::= ***ctab***
ist Symbol {833b}	:=: ***is***
ungleich Symbol {833b}	:≠: ***isnt***
Zuschnittssymbol {834a}	: ..

d) Deklarationstypen

Symbol	Darstellung
ganz Symbol {71c}	***int***
Realsymbol {71c}	***real***
Booleschsymbol {71c}	***bool***
Zeichensymbol {71c}	***char***
Formatsymbol {71c}	***format***
lang Symbol {42c, e, f, 510b, 52b, 71d}	***long***
Struktursymbol {71e}	***struct***
Referenz Symbol {71l, m, n}	***ref***
flexibel Symbol {71t, v}	***flex***
entweder Symbol {71v}	***either***
Prozedursymbol {71w}	***proc***
Vereinigungssymbol {71cc, ii}	***union***
Modussymbol {72a}	***mode***
Komplexsymbol {42c}	***compl***
Bitssymbol {42c}	***bits***
Bytessymbol {42c}	***bytes***
Zeichenkettensymbol {42c}	***string***
Signal Symbol {42c}	***sema***
Dateisymbol {42c}	***file***
Prioritätssymbol {73a}	***priority***

symbol	representation
lengthen symbol {304b}	***leng***
shorten symbol {304b}	***short***
odd symbol {304b}	***odd***
sign symbol {304b}	***sign***
round symbol {304b}	***round***
real part of symbol {304b}	***re***
imaginary part of symbol {304b}	***im***
conjugate of symbol {304b}	***conj***
booleans to bits symbol {304b}	***btb***
characters to bytes symbol {304b}	***ctb***
plus symbol {304c}	+
minus symbol {304c}	−
equals symbol {42e, 72a, 73a, 74a, 75a}	= ***eq***
times symbol {42e}	× *
becomes symbol {831a}	:= ..= .=
conforms to symbol {832b}	:: ***ct***
conforms to and becomes symbol {832b}	::= ***ctab***
is symbol {833b}	:=: ***is***
is not symbol {833b}	:≠: ***isnt***
cast of symbol {834a}	: ..

d) Declaration tokens

symbol	representation
integral symbol {71c}	***int***
real symbol {71c}	***real***
boolean symbol {71c}	***bool***
character symbol {71c}	***char***
format symbol {71c}	***format***
long symbol {42c,e,f, 510b, 52b, 71d}	***long***
structure symbol {71e}	***struct***
reference to symbol {71l,m,n}	***ref***
flexible symbol {71t,v}	***flex***
either symbol {71v}	***either***
procedure symbol {71w}	***proc***
union of symbol {71cc,ii}	***union***
mode symbol {72a}	***mode***
complex symbol {42c}	***compl***
bits symbol {42c}	***bits***
bytes symbol {42c}	***bytes***
string symbol {42c}	***string***
sema symbol {42c}	***sema***
file symbol {42c}	***file***
priority symbol {73a}	***priority***

Symbol	Darstellung
lokal Symbol {851b}	***loc***
Haufen Symbol {851c}	***heap***
Operationssymbol {75b}	***op***

e) Syntaktische Typen

Symbol	Darstellung
Öffnungssymbol {2a, 30h, 309d, 54b, 554b}	*(*
Abschließungssymbol {2a, 30h, 309d, 54b, 554b}	*)*
Beginnsymbol {30i}	***begin***
Endesymbol {30i}	***end***
Kommasymbol {30e,309d,54d,554b,62e,g,71f,q,gg,861b,c}	,
parallel Symbol {62b}	***par***
tief Symbol {710p, 861a}	[
fiet Symbol {710p, 861a}	]
bis zu Symbol {71r, 861f}	: ..
bei Symbol {861g}	å ***at***
wenn Symbol {64a}	(***if case***
dann Symbol {64e}	| ***then in***
sonst Symbol {64e}	| ***else out***
new Symbol {64a}	) ***fi esac***
des Symbol {852a}	→ ***of***
Markierungssymbol {2e, 61k}	: ..

f) Folgetypen

Symbol	Darstellung
weiter Symbol {2e, 30c, 54d, 61b, c, j}	; .,
Komplettierungssymbol {61l}	. ***exit***
Sprungsymbol {827c}	***goto go to***

g) Auslassungstypen

Symbol	Darstellung
Lücke Symbol {827b}	~ ***skip***
nil Symbol {827b}	○ ***nil***

h) Sondertypen

Symbol	Darstellung
für Symbol {9.3.a,b}	***for***
von Symbol {9.3.a,b,c}	***from***
mit Symbol {9.3.a,b,c}	***by***
bis Symbol {9.3.a,c}	***to***
solange Symbol {9.3.a,b,c}	***while***
tue Symbol {9.3.a,b,c}	***do***

symbol	representation
local symbol {851b}	***loc***
heap symbol {851c}	***heap***
operation symbol {75b}	***op***

e) Syntactic tokens

symbol	representation
open symbol {2a, 30h, 309d, 54b, 554b}	**(**
close symbol {2a, 30h, 54b, 309d, 54b, 554b}	**)**
begin symbol {30i}	***begin***
end symbol {30i}	***end***
comma symbol {30e, 309d, 54d, 554b, 62e,g, 71f,q,gg, 861b,c}	**,**
parallel symbol {62b}	***par***
sub symbol {710p, 861a}	**[**
bus symbol {710p, 861a}	**]**
up to symbol {71r, 861f}	**: ..**
at symbol {861g}	**à *at***
if symbol {64a}	**(*if case***
then symbol {64e}	**| *then in***
else symbol {64e}	**| *else out***
fi symbol {64a}	**) *fi esac***
of symbol {852a}	**→ *of***
label symbol {2e, 61k}	**: ..**

f) Sequencing tokens

symbol	representation
go on symbol {2e, 30c, 54d, 61b,c,j}	**; .,**
completion symbol {61l}	**. *exit***
go to symbol {827c}	***goto go to***

g) Hip tokens

symbol	representation
skip symbol {827b}	**~ *skip***
nil symbol {827b}	**○ *nil***

h) Extra tokens

symbol	representation
for symbol {9.3.a,b}	***for***
from symbol {9.3.a,b,c}	***from***
by symbol {9.3.a,b,c}	***by***
to symbol {9.3.a,c}	***to***
while symbol {9.3.a,b,c}	***while***
do symbol {9.3.a,b,c}	***do***

dann wenn Symbol {9.4.b}	|: ***thef***
sonst wenn Symbol {9.4.b,c}	|: ***elsf***

i) Spezialtypen

Symbol	Darstellung
Ausführungsstrichsymbol {514a,c, 53b}	" ***quote***
Bemerkungssymbol {309b}	***c*** # ***co comment***

3.1.2. Anmerkungen

a) Wenn für ein Symbol mehrere Darstellungen angegeben sind, so kann man eine davon auswählen.

{Man sollte jedoch Umsicht üben, da der Text

*(a > b **then** b | a **esac** ,*

zwar von einem Automaten angenommen wird, für einen Menschen aber in einer der beiden folgenden Darstellungen verständlicher ist

(a > b | b | a) oder
if *a > b* ***then*** *b* ***else*** *a* ***fi*** .

Weiterhin können vielleicht einige Darstellungen in einer gegebenen Implementation nicht verfügbar vorliegen.}

b) Eine Darstellung, die eine Folge von unterstrichenen oder fettgedruckten Zeichen ist, oder eine Folge von Zeichen, der eine "Fettdruckumschaltung" vorausgeht {z. B. Apostroph} und mit einer "Normaldruckumschaltung" endet {z. B. irgendein Zeichen, welches nicht zur Darstellung eines Buchstabens oder einer Zahl verwandt wird}, oder einer Folge von Zeichen, die zwischen Apostrophen steht, ist verschieden von der Folge der gleichen Zeichen, wenn sie nicht unterstrichen, fett gedruckt, durch Fettdruckumschaltung und Normaldruckumschaltung eingegrenzt werden oder zwischen Apostrophen stehen.

c) Darstellungen anderer Enderzeugungen von '**Buchstabentype**' {1.1.4 Schritt 2}, '**Indikant**', '**dyadischer Indikant**', '**monadischer Indikant**' {1.1.5.b}, '**anderer Bemerkungsposten**' und '**anderer Zeichenkettenposten**' {1.1.5.c} können hinzugefügt werden, sofern keine Folge der Darstellungen von Symbolen mit irgendeiner solchen Folge verwechselt werden kann.

{So sind beispielsweise ***do if*** die Darstellungen von einem **tue-Symbol** gefolgt von der eines **wenn-Symbols**, wohingegen ***doif*** die schlecht gewählte Darstellung eines **Indikant** sein könnte.}

d) Die Tatsache, daß die Darstellungen der Enderzeugungen von '**Buchstabentype**', wie sie in {3.1.1.a} gegeben sind, die sogenannten kleinen Buchstaben sind, bedeutet nicht, daß die korrespondierenden großen Buchstaben nicht ebensogut als Darstellungen dienen könnten. Wenn andererseits ein kleiner und der korrespondierende große Buchstabe auftreten, so ist einer von ihnen die Darstellung einer anderen Enderzeugung von '**Buchstabentype**' {1.1.4. Schritt 2}.

{Für gewisse verschiedene Symbole gilt ein und dieselbe oder nahezu dieselbe Darstellung, beispielsweise werden für das **Zuschnittssymbol**, das **bis-zu-Symbol**

then if symbol {9.4.b} |: ***thef***
else if symbol {9.4.b,c} |: ***elsf***

i) Special tokens

symbol	representation
quote symbol {514a,c, 53b}	" ***quote***
comment symbol {309b}	c # ***co comment***

3.1.2. Remarks

a) Where more than one representation of a symbol is given, any one of them may be chosen.

{However, discretion should be exercised, since the text

*(a > b **then** b | a **esac***,

though acceptable to an automaton, would be more intelligible to a human in either of the two representations

(a > b | b | a) or
if *a > b **then** b **else** a **fi***.

Also, some representations may not be available in a given implementation.}

b) A representation which is a sequence of underlined or bold-faced marks or a sequence of marks preceded by a "bold-face shift" {, e. g., apostrophe,} and ending on a "light-face shift" {, e. g., any mark different from the representation of a letter or digit,} or a sequence of marks between apostrophes is different from the sequence of those marks when not underlined, bold-faced, preceded by a bold-face shift and ending on a light-face shift or between apostrophes.

c) Representations of other terminal productions of '**letter token**' {1.1.4. Step 2}, '**indicant**', '**dyadic indicant**', '**monadic indicant**' {1.1.5.b}, '**other comment item**' and '**other string item**' {1.1.5.c} may be added, provided that no sequence of representations of symbols can be confused with any other such sequence.

{e.g., ***do if*** are representations of a **do-symbol** followed by an **if-symbol**, whereas ***doif*** might be an ill-chosen representation of an **indicant**.}

d) The fact that representations of the terminal productions of '**letter token**' as given in 3.1.1.a are usually spoken of as small letters is not meant to imply that the so-called corresponding capital letters could not serve equally well as representations. On the other hand, if both a small letter and the corresponding capital letter occur, then one of them is the representation of another terminal production of '**letter token**' {1.1.4. Step 2}.

{For certain different symbols, one same or nearly the same representation is given; e. g., for the **cast-of-symbol**, **up-to-symbol** and **label-symbol** respec-

und das **Markierungssymbol** entsprechende Darstellungen ":", ":" und ":" und darüberhinaus wird für alle die Darstellung ".." gegeben. Es folgt eindeutig aus der Syntax, welches der drei Symbole durch ein Auftreten irgendeines Zeichens ähnlich einem jener Darstellungen außerhalb von **Bemerkungen** und **Reihe-von-Zeichengestalten** dargestellt wird.

Desweiteren scheinen einige der gegebenen Darstellungen "zusammengesetzt" zu sein, z. B. scheint die Darstellung ":=" des **wird-Symbols** aus ":" — der Darstellung des **Zuschnittsymbols** usw. — und aus "=" — der Darstellung des **Gleichheitssymbols** — zu bestehen. Die Darstellung ".." des **Zuschnittssymbols** usw. scheint aus "." und "." zu bestehen, wobei beide die Darstellung sowohl des **Punktsymbols** als auch des **Komplettierungssymbols** sein könnten. Es folgt aus der Syntax, das ":=" außerhalb von **Bemerkungen** und **Reihe-von-Zeichen-Gestalten** nur als die Darstellung des **wird-Symbols** auftreten kann (da "=" nicht als Darstellung eines **monadischen-Operators** auftreten kann).
Genauso wenig verursachen die anderen angegebenen zusammengesetzten Darstellungen Zweifel an ihrer Eindeutigkeit.}

tively, the representations ":", ":" and ":", and, moreover, for all of them the representation ".." is given. It follows uniquely from the syntax which of these three symbols is represented by an occurrence of any mark similar to one of these representations outside **comments** and **row-of-character-denotations.** Also, some of the given representations appear to be "composite"; e. g., the representation ":=" of the **becomes-symbol** appears to consist of ":", the representation of the **cast-of-symbol**, etc., and "=", the representation of the **equals-symbol**, and the representation ".." of the **cast-of-symbol**, etc., appears to consist of "." and ".", each of which might by the representation of a **point-symbol** or **completion symbol.** It follows from the syntax that ":=" can occur outside **comments** and **row-of-character-denotations** as representation of the **becomes-symbol** only (since "=" cannot occur as representation of a **monadic-operator**). Similarly, the other given composite representations do not cause ambiguity.}

4. Identifikation und die Kontextbedingungen

{Ein eigentliches **Programm** ist ein **Programm**, das den Kontextbedingungen genügt. Wenn z. B. ***(real** x; x := 1)* in einem eigentlichen **Programm** enthalten ist, dann ist das zweite Auftreten von *x* ein **Referenz-zu-real-Modus-identifikator** nicht allein wegen irgendeiner Erzeugungsregel (obgleich dieses auch mit einer ausgefeilteren Syntax möglich sein könnte), sondern auch weil es das erste Auftreten gemäß einer der Kontextbedingungen identifiziert. Dieses Kapitel beschreibt die Methoden der Identifikation und enthält weitere Kontextbedingungen, die solchen unerwünschten Konstruktionen wie ***mode** a = a* vorbeugen.}

4.1. Identifikatoren

{**Identifikatoren** sind Folgen von **Buchstabentypen** und/oder **Zifferntypen**, in denen die erste Type eine **Buchstabentype** ist, z. B. *x 1*. **Modusidentifikatoren** sind so beschaffen, daß sie durch die Abarbeitung von **Identitätsdeklarationen** (7.4.1.a) Werte besitzen. Gewisse **Modusidentifikatoren,** die Werte besitzen, welche keine Namen sind, könnten in anderen Sprachen Konstante genannt werden, z. B. *m* in ***int** m = 4096*. **Modusidentifikatoren,** die Namen besitzen, welche zu derartigen Werten referieren, könnten Variable genannt werden und jene, die Namen besitzen, die wiederum zu Namen referieren, könnten Zeiger genannt werden. Eine derartige Terminologie wird in diesem Bericht nicht benutzt. Hier besitzen alle **Modusidentifikatoren** Werte, die Namen oder keine Namen sind.}

4.1.1. Syntax

a) ***Identifikator: MORKE Identifikator** {b}.
b) **MORKE Identifikator** {54e, 61k, 827c, 860a}**: ANHANG** {c, d, 302b}.
c) **ANHANG BUCHSTABE**{b,c,d,21e,71j}**:ANHANG**{c,d,302b}**,BUCHSTABE** {203b}.
d) **ANHANG ZIFFER** {b, c, d, 71j}**: ANHANG** {c, d, 302b}, **ZIFFER** {303d}.
e) ***Bereich: Programm** {2a}; **SORTELE serielle KLAUSEL** {61a}; **Prozedur mit PARAMETERS MOSCH Gestalt** {54b}.

{Beispiele:

b) *x*; *xx*; *x1*; *amsterdam*}

{Die Regel b ergibt zusammen mit 1.2.1.r und 1.2.2.y eine unendliche Vielfalt von Erzeugungsregeln der Grundsprache. Nämlich es wird jeweils eine

4. Identification and the context conditions

{A proper program is a program satisfying the context conditions, e.g., if *(real x; x := 1)* is contained in a proper program, then the second occurrence of *x* is a reference-to-real-mode-identifier not solely because of some production rule (though this might be possible with a more elaborate syntax) but also because it identifies the first occurrence according to one of the context conditions. This chapter describes the methods of identification and contains other context conditions which prevent such undesirable constructions as *mode a = a.*}

4.1. Identifiers

{Identifiers are sequences of letter-tokens and/or digit-tokens in which the first is a letter-token, e.g., *x1*. Mode-identifiers are made to possess values by the elaboration of identity-declarations (7.4.1.a). Some mode-identifiers possessing values which are not names might, in other languages, be termed constants, e.g., *m* in *int m = 4096*. Mode-identifiers possessing names which refer to such values might be termed variables and those possessing names which refer to names might be termed pointers. Such terminology is not used in this report. Here, all mode-identifiers possess values, which are, or are not, names.}

4.1.1. Syntax

a) *identifier: MABEL identifier {b}.
b) MABEL identifier {54e, 61k, 827c, 860a}: TAG {c,d, 302b}.
c) TAG LETTER {b,c,d, 21e, 71j}: TAG {c,d, 302b}, LETTER {302b}.
d) TAG DIGIT {b,c,d, 71j}: TAG {c,d, 302b}, DIGIT {303d}.
e) *range: program {2a}; SORTETY serial CLAUSE {61a}; procedure with PARAMETERS MOID denotation {54b}.

{Examples:

b) *x*; *xx*; *x1*; *amsterdam*}

{Rule b together with 1.2.1.r and 1.2.2.y gives rise to an infinity of production rules of the strict language, one for each pair of terminal pro-

Erzeugungsregel für jedes Paar von Enderzeugungen von '**MORKE**' und '**ANHANG**' erzeugt.

Zum Beispiel ist

'**real Modusidentifikator: Buchstabe a Buchstabe b.**' eine solche Erzeugungsregel. Aus Regel c und 3.0.2.b erhält man
'**Buchstabe a Buchstabe b: Buchstabe a, Buchstabe b.**',
'**Buchstabe a : Buchstabe a Symbol.**' und
'**Buchstabe b : Buchstabe b Symbol.**'
Das ergibt
'**Buchstabe a Symbol, Buchstabe b Symbol**'
als eine Enderzeugung von '***real* Modiusdentifikator**'. Zur tieferen Einsicht in die Funktion der Regeln c und d siehe 7.1.1.j und 8.5.2.1.a.}

4.1.2. Identifikation von Identifikatoren

{Die Methode der Identifikation von **Identifikatoren** dient erstens zur Unterscheidung zwischen definierenden und angewandten Auftreten und zweitens zur Entscheidung, welches definierende Auftreten durch ein gegebenes angewandtes Auftreten identifiziert wird.}
a) Ein gegebenes Auftreten einer Enderzeugung von '**MORKE Identifikator**', wobei "**MORKE**" für jede Enderzeugung des Metabegriffes '**MORKE**' steht, ist ein definierendes Auftreten, wenn es einem **formalen-Deklarierer** {7.1.1.b} folgt oder wenn es in einer **Marke** {6.1.1.k} enthalten ist. Anderenfalls ist es ein "angewandtes Auftreten".
b) Wenn ein gegebenes Auftreten einer Enderzeugung von '**MORKE Identifikator**' (siehe a) ein angewandtes Auftreten ist, dann kann es ein definierendes Auftreten derselben Enderzeugung identifizieren, das durch folgende Schritte gefunden wird:
Schritt 1: Das gegebene Auftreten wird als das "Haus" bezeichnet, und es folgt Übergang zu Schritt 2;
Schritt 2: Wenn ein kleinster **Bereich** existiert, der das Haus enthält, dann wird dieser **Bereich** mit dem Ausschluß aller in ihm enthaltenen **Bereiche** als Haus bezeichnet. Es folgt Übergang zu Schritt 3 {; andernfalls gibt es kein definierendes Auftreten, welches durch das gegebene Auftreten identifiziert wird; siehe 4.4.1.b};
Schritt 3: Wenn das Haus ein definierendes Auftreten derselben Enderzeugung von '**MORKE Identifikator**' enthält, dann wird dieses durch das gegebene Auftreten identifiziert. Anderenfalls folgt Übergang zu Schritt 2.

{In der **abgeschlossenen** — **Klausel** ***(string*** *s* := *"abc"*; *s* [*3*] ≠ *"d"*)* ist das erste Auftreten von *s* ein definierendes Auftreten einer Enderzeugung von '**Referenz zu Reihe von Zeichen Modusidentifikator**'. Das zweite Auftreten von *s* identifiziert das erste Auftreten, und um der Identifikations-Bedingung (4.4.1.a)

ductions of '**MABEL**' and '**TAG**'. For example,
'**real mode identifier: letter a letter b.**'
is one such a production rule. From rules c and 3.0.2.b, one obtains
'**letter a letter b : letter a, letter b.**',
'**letter a : letter a symbol.**' and
'**letter b : letter b symbol.**',
Yielding **letter a symbol, letter b symbol**'
as a terminal production of '**real mode identifier**'. For additional insight into the function of rules c and d, see 7.1.1.j and 8.5.2.1.a.}

4.1.2. Identification of identifiers

{The method of identification of **identifiers** is first to distinguish between defining and applied occurrences and then to discover which defining occurrence is identified by a given applied occurrence.}

a) A given occurrence of a terminal production of '**MABEL identifier**' where "**MABEL**" stands for any terminal production of the metanotion '**MABEL**' is a defining occurrence if it follows a **formal-declarer** {7.1.1.b}, or if it is contained in a **label** {6.1.1.k}; otherwise, it is an "applied occurrence".

b) If a given occurrence of a terminal production of '**MABEL identifier**' (see a) is an applied occurrence, then it may identify a defining occurrence of the same terminal production found by the following steps:
Step 1: The given occurrence is termed the "home" and Step 2 is taken;
Step 2: If there exists a smallest **range** containing the home, then this range, with the exclusion of all **ranges** contained within it, is termed the home and Step 3 ist taken {; otherwise, there is no defining occurrence which the given occurrence identifies; see 4.4.1.b};
Step 3: If the home contains a defining occurrence of the same terminal production of '**MABEL identifier**', then the given occurrence identifies it; otherwise, Step 2 is taken.

{In the **closed-clause** ***(string*** *s* := *"abc"*; *s* [*3*] ≠ *"d"*), the first occurrence of *s* is a defining occurrence of a terminal production of '**reference to row of charakter mode identifier**'. The second occurrence of *s* identifies the first and, in order to satisfy the identification condition (4.4.1.a), is also a terminal zu genügen, ist es auch eine Enderzeugung von '**Referenz zu Reihe von Zeichen Modusidentifikator**'. **Identifikatoren** haben von sich allein keine Bedeutung.}

4.2. Indikationen

{**Indikationen** werden für Modi, Prioritäten und **Operatoren** benutzt. Einige der in diesem Report gewählten Darstellungen von **Indikatoren** sind Folgen von fettgedruckten oder unterstrichenen kursiven Buchstaben, z.B. ***compl*** und ***plus***. Aber keine Erzeugungsregel legt diese Folge fest. Der Programmierer kann demnach nach eigenem Ermessen **Indikationen** bilden, vorausgesetzt, daß sie nicht mit einem anderen Symbol verwechselt werden können (1.1.5.b, 3.1.2.c).}

4.2.1. Syntax

a) ***Indikation: MODUS Modusindikation** {b}; **ADISCH Indikation** {e, f}.
b) **MODUS Modusindikation** {71b, ii, 72a}: **Standardmodus** {c}; **Indikant** {1.1.5.b}.
c) **Standardmodus** {b}: **Zeichenketten Symbol** {31d};
Signal Symbol {31d}; **Datei Symbol** {31d};
lang Symbol {31d} **Folgemöglichkeit, Komplex Symbol** {31d};
lang Symbol {31d} **Folgemöglichkeit, Bits Symbol** {31d};
lang Symbol {31d} **Folgemöglichkeit, Bytes Symbol** {31d}.
d) ***dyadische Indikation: PRIORITÄT Indikation** {e}.
e) **PRIORITÄT Indikation** {43b, 73a}: **dyadischer Indikant** {1.1.5.b};
lang Symbol {31d} **Folgemöglichkeit, Operatortype** {304b};
lang Symbol {31d} **Folgemöglichkeit, gleich Symbol** {31c};
lang Symbol {31d} **Folgemöglichkeit, mal Symbol** {31c}.
f) **monadische Indikation** {43c}: **monadischer Indikant** {1.1.5.b};
lang Symbol {31d} **Folgemöglichkeit, Operatortype** {304b}.
g) ***adische Indikation: ADISCH Indikation** {e, f}.

{Beispiele:
b) ***compl***; ***primitive***;
c) ***string***; ***sema; file; long compl; bits; long bytes;***
e) *?*; +; =; ×;
f) */*; +; ***long btb***}

4.2.2. Identifikation von Indikationen

{Die Identifikation von **Indikationen** ist ähnlich der von **Identifikatoren**.}

a) Ein gegebenes Auftreten einer Enderzeugung von '**Modus Modusindikation**' ('**PRIORITÄT Indikation**'), wobei "**MODUS**" ("**PRIORITÄT**") für jede Enderzeugung des Metabegriffes '**MODUS**' ('**PRIORITÄT**') steht, ist ein indikationsdefinierendes Auftreten, wenn es dem **gleich-Symbol** einer **Modusdeklaration**

production of 'reference to row of character mode identifier'. Identifiers have no inherent meaning.}

4.2. Indications

{Indications are used for modes, priorities and operators. Some representations of indicatons chosen in this Report are sequences of bold-faced or underlined letters, e.g., *compl* and *plus*, but no production rule determines this sequence. The programmer may also create his own indications, provided that they cannot be confused with another symbol (1.1.5.b, 3.1.2.c).}

4.2.1. Syntax

a) *indication: MODE mode indication {b}; ADIC indication {e,f}.
b) MODE mode indication {71b,ii, 72a}: mode standard {c}; indicant {1.1.5.b}.
c) mode standard {b}:
string symbol {31d}; sema symbol {31d}; file symbol {31d};
long symbol {31d} sequence option, complex symbol {31d};
long symbol {31d} sequence option, bits symbol {31d};
long symbol {31d} sequence option, bytes symbol {31d}.
d) *dyadic indication: PRIORITY indication {e}.
e) PRIORITY indication {43b, 73a}: dyadic indicant {1.1.5.b};
long symbol {31d} sequence option, operator token {304b};
long symbol {31d} sequence option, equals symbol {31c};
long symbol {31d} sequence option, times symbol {31c};
f) monadic indication {43c}: monadic indicant {1.1.5.b};
long symbol {31d} sequence option, operator token {304b}.
g) *adic indication: ADIC indication {e,f}.

{Examples:

b) ***compl***; ***primitive***;
c) ***string***; ***sema; file; long compl; bits; long bytes;***
e) ?; +; =; ×;
f) /; +; ***long btb***}

4.2.2. Identification of indications

{The identification of indications is similar to that of identifiers.}

a) A given occurrence of a terminal production of 'MODE mode indication' ('PRIORITY indication') where "MODE" ("PRIORITY") stands for any terminal production of the metanotion 'MODE' ('PRIORITY') is an indication-defining occurrence if it precedes the equals-symbol of a mode-declaration {7.2.1.a}

{7.2.1.a} (**Prioritätsdeklaration** {7.3.1.a}) vorangeht. Andernfalls ist es ein "indikationsangewandtes Auftreten".

b) Wenn ein gegebenes Auftreten einer Enderzeugung von '**MODUS Modusindikation**' ('**PRIORITÄT Indikation**') (siehe a) ein indikationsangewandtes Auftreten ist, dann kann es ein indikationsdefinierendes Auftreten derselben Enderzeugung identifizieren, das durch Anwendung der Schritte aus 4.1.2.b gefunden wird, wobei Schritt 3 zu ersetzen ist durch:

"Schritt 3: Wenn das Haus ein indikationsdefinierendes Auftreten der selben Enderzeugung von '**MODUS Modusindikation**' ('**PRIORITÄT Indikation**') enthält, dann wird dieses durch das gegebene Auftreten identifiziert. Anderenfalls erfolgt Übergang zu Schritt 2.

{**Indikationen** haben von sich allein keine Bedeutung. Eine Enderzeugung von '**monadische Indikation**' hat kein indikationsdefinierendes Auftreten.}

4.3. Operatoren

{**Operatoren** sind entweder **monadische-Operatoren**, d. h., sie erfordern nur einen rechten **Operanden** oder sie sind **dyadische-Operatoren**, d. h., sie erfordern sowohl einen linken als auch einen rechten **Operanden**, z. B. ***abs*** und / in ***abs*** x und x/y.
Operatoren sind so beschaffen, daß sie durch die Abarbeitung von **Operationsdeklarationen** (7.5.1.a) Routinen besitzen.
Operatoren werden identifiziert durch Beachten der Modi ihrer **Operanden**, z. B. enthalten $x + y$, $x + i$, $i + x$, $i + j$ alle verschiedene **Operatoren**, siehe 10.2.4.i, 10.2.5.b und 10.2.3.i.
Obgleich der durch das Orginal eines **Operators** umfaßte Modus den Modus des durch seine Routine gelieferten Wertes nthält — wenn überhaupt einer existiert —, ist doch dieser Modus nicht in den Identifikationsprozeß eingeschlossen.}

4.3.1. Syntax

a) ***Operator: PRAM ADISCH Operator** {b, c}.
b) **Prozedur mit LMODUS Parameter und RMODUS Parameter MOSCH PRIORITÄT Operator** {75b, 84b}: **PRIORITÄT Indikation** {42e}.
c) **Prozedur mit RMODUS Parameter MOSCH monadischer Operator** {75b, 84g}: **monadische Indikation** {42f}.
d) ***dyadischer Operator: Prozedur mit LMODUS Parameter und RMODUS Parameter MOSCH PRIORITÄT Operator** {b}.
e) ***monadischer Operator: Prozedur mit RMODUS Parameter MOSCH monadischer Operator** {c}.

{Beispiele:

b) +;
c) ***abs***}

(priority-declaration {7.3.1.a}); otherwise, it is an "indication-applied occurrence".

b) If a given occurrence of a terminal production of '**MODE mode indication**' ('**PRIORITY indication**') (see a) is an indication-applied occurrence, then it may identify an indication-defining occurrence of the same terminal production found by using the steps of 4.1.2.b with Step 3 replaced by:

"Step 3: If the home contains an indication-defining occurrence of the same terminal production of '**MODE mode indication**' ('**PRIORITY indication**'), then the given occurrence identifies it; otherwise, Step 2 is taken."

{Indications have no inherent meaning. A terminal production of '**monadic indication**' has no indication-defining occurrence.}

4.3. Operators

{**Operators** are either **monadic-operators**, i.e., require a right **operand** only, or are **dyadic-operators**, i.e., require both a left and a right **operand**, e.g., ***abs*** and / in ***abs*** x and x/y. **Operators** are made to possess routines by the elaboration of **operation-declarations** (7.5.1.a). **Operators** are identified by observing the modes of their **operands**, e. g., $x + y$, $x + i$, $i + x$, $i + j$ each involves a different **operator**, see 10.2.4.i, 10.2.5.a, 10.2.5.b and 10.2.3.i. Though the mode enveloped by the original of an **operator** contains the mode of the value, if any, delivered by its routine, this mode is not involved in the identification process.}

4.3.1. Syntax

a) *operator: PRAM ADIC operator {b,c}.

b) procedure with LMODE parameter and RMODE parameter MOID PRIORITY operator {75b, 84b}: PRIORITY indication {42e}.

c) procedure with RMODE parameter MOID monadic operator {75b, 84g}: monadic indication {42f}.

d) *dyadic operator: procedure with LMODE parameter and RMODE parameter MOID PRIORITY operator {b}.

e) *monadic operator: procedure with RMODE parameter MOID monadic operator {c}.

{Examples:

b) +;
c) ***abs***}

4.3.2. Identifikation von Operatoren

{Die Identifikation von **Operatoren** ist ähnlich der von **Identifikatoren** und **Indikationen**, ausgenommen daß unterschiedliche Auftreten derselben Enderzeugung von '**ADISCH Indikation**' Auftreten von mehr als einer Enderzeugung von '**PRAM ADISCH Operator**' sein können. Darum müssen die Modi der **Operanden** bei der Identifikation beachtet werden.}

a) Ein gegebenes Auftreten einer Enderzeugung von '**PRAM ADISCH Operator**', wobei "**PRAM**" ("**ADISCH**") für jede Enderzeugung des Metabegriffes '**PRAM**' ('**ADISCH**') steht, ist ein operatordefinierendes Auftreten, wenn es dem **gleich-Symbol** einer **Operationsdeklaration** vorangeht {7.5.1.a}. Andernfalls ist es ein "operatorangewandtes Auftreten".

b) Wenn ein gegebenes {operatorangewandtes} Auftreten einer Enderzeugung von '**PRAM ADISCH Operator**' (siehe a) der **Operator** einer **Formel** F {8.4.1.a} ist, dann kann es ein operatordefinierendes Auftreten derselben Enderzeugung identifizieren, das durch Anwendung der Schritte aus 4.1.2.b gefunden wird, wobei Schritt 3 zu ersetzen ist durch:

"Schritt 3: Wenn das Haus ein operatordefinierendes Auftreten A in einer **Operationsdeklaration** (7.5.1.a,b) einer Enderzeugung E von '**PRAM ADISCH Operator**' enthält, die dieselbe Enderzeugung von '**ADISCH Indikation**' ist wie das gegebene Auftreten, und welche {nachdem die Identifikationen aller Nachfolger-**Identifikatoren**, **Indikationen** und **Operatoren** des (der) **Operanden** von F ausgeführt wurden,} so beschaffen ist, daß eine gewisse **Formel** existiert, die aus derselben Folge von Symbolen wie F besteht, deren **Operator** ein Auftreten von E ist und die so beschaffen ist, daß das Original jedes Nachfolger-**Identifikators**, **Indikation** und **Operators** ihres (er) **Operanden** derselbe Begriff wie das Original des korrespondierenden **Identifikators**, **Indikation** und **Operators** ist, der in F enthalten ist{, und welcher eindeutig gemäß 4.4.1.a bestimmt ist, wenn das **Programm** ein eigentliches **Programm** ist}, dann identifiziert das gegebene Auftreten das Auftreten A. Andernfalls folgt Schritt 2."

{Die **Operatoren** haben von sich allein keine Bedeutung. Ein operatordefinierendes Auftreten ist so beschaffen, daß es durch die Abarbeitung einer **Operationsdeklaration** (7.5.1.a) eine Routine (2.2.3.4) besitzt.

Eine gegebene **Indikation** kann sowohl eine **dyadische-Indikation** als auch ein **dyadischer-Operator** sein. Als eine **dyadische-Indikation** identifiziert sie ihr indikationsdefinierendes Auftreten.

Als **dyadischer-Operator** kann es ein operatordefinierendes Auftreten identifizieren, das eine Routine besitzt. Da die **Indikation**, die dem **gleich-Symbol** einer **Operationsdeklaration** vorausgeht, eine Indikationsanwendung und eine Operatordefinition ist (aber keine Operatoranwendung), folgt, daß die Menge jener Auftreten, welche einen gegebenen **dyadischen-Operator** identifizieren, eine Untermenge jener Auftreten ist, welche die gleiche **dyadische-Indikation** identifizieren.

4.3.2. Identifikation of operators

(The identification of **operators** is similar to that of **identifiers** and **indications**, except that different occurrences of one same terminal production of 'ADIC indication' may be occurrences of more than one terminal production of 'PRAM ADIC operator' and, therefore, the modes of the **operands** must be considered.}

a) A given occurrence of a terminal production of 'PRAM ADIC operator' where "PRAM" ("ADIC") stands for any terminal production of the metanotion 'PRAM' ('ADIC') is an operator-defining occurrence if it precedes the **equals-symbol** of an **operation-declaration** {7.5.1.a}; otherwise, it is an "operator-applied occurrence".

b) If a given {operator-applied} occurrence of a terminal production of 'PRAM ADIC operator' (see a) is the **operator** of a **formula** F {8.4.1.a}, then it may identify an operator-defining occurrence of the same terminal production found by using the steps of 4.1.2.b, with Step 3 replaced by:

"Step 3: If the home contains an operator-defining occurrence O {, in an **operation-declaration** (7.5.1.a,b),} of a terminal production T of 'PRAM ADIC operator' which is the same terminal production of 'ADIC indication' as the given occurrence, and which {, the identifications of all descendent **identifiers**, **indications** and **operators** of the **operand(s)** of F having been made,} is such that some **formula** exists which is the same sequence of symbols as F, whose operator is an occurrence of T and which is such that the original of each descendent **identifier**, **indication** and **operator** of its **operand(s)** is the same notion as the original of the corresponding **identifier**, **indication** and **operator** contained in F {, which, if the **program** is a proper **program**, is uniquely determined by virtue of 4.4.1.a}, then the given occurrence identifies O; otherwise, Step 2 is taken."

{**Operators** have no inherent meaning; an operator-defining occurrence is made to possess a routine (2.2.3.4) by the elaboration of an **operation-declaration** (7.5.1.a).

A given **indication** may be both a **dyadic-indication** and a **dyadic-operator**. As a **dyadic-indication**, it identifies its indication-defining occurrence. As a **dyadic-operator**, it may identify an operator-defining occurrence, which possesses a routine. Since the **indication** preceding the **equals-symbol** of an **operation-declaration** is an indication-application and an operator-definition (but not an operator-application), it follows that the set of those occurrences which identify a given **dyadic-operator** is a subset of those occurrences which identify the same **dyadic-indication**.

In der **abgeschlossenen-Klausel**

begin real *x, y := 1.5;* ***priority min*** *= 6;* ***op min*** *=(****real*** *a, b)* ***real****; (a > b | b | a); x := y* ***min*** *pi / 2* ***end***,

ist das erste Auftreten von ***min*** eine indikationsdefinierende **Priorität-SECHS-Indikation**. Das zweite Auftreten von ***min*** ist indikationsangewandt und identifiziert das erste Auftreten (4.2.2). Ferner ist an der gleichen Textstelle ***min*** auch operatordefinierend als ein **[prrr]-Priorität-SECHS-Operator**. Dabei steht "**[prrr]**" für "**Prozedur-mit-real-Parameter-und-real-Parameter-real**". Das dritte Auftreten von ***min*** ist indikationsangewandt und identifiziert als solches das erste Auftreten, während an der gleichen Textstelle ***min*** auch operatorangewandt ist und als solches das zweite Auftreten identifiziert. Dieses führt wegen der Identifikationsbedingung (4.4.1.a) zu einem **[prrr]-Priorität-SECHS-Operator**. Diese Identifikation des **dyadischen-Operators** gilt, weil:

I. ***min*** in einer **Operationsdeklaration** auftritt

II. die **Basis** *y* fest an den Modus angepaßt werden kann, der durch ***real*** spezifiziert wird

III. die **Formel** *pi/2* a priori von dem Modus ist, der durch ***real*** spezifiziert wird,

IV. ***min*** somit wegen der Identifikationsbedingung ein **[prrr]-Priorität-SECHS-Operator** ist.

Wenn die ersten drei Bedingungen nicht erfüllt sind, dann müßte die Suche nach anderen definierenden Auftreten im gleichen **Bereich** fortgesetzt werden, oder wenn das zu keinem Ergebnis führt, in einem umfassenderen **Bereich**.}

4.4. Kontextbedingungen

Ein "eigentliches" **Programm** ist ein **Programm**, das die Kontextbedingungen befriedigt. Ein "bedeutungsvolles" **Programm** ist ein eigentliches **Programm**, dessen Abarbeitung durch diesen Bericht definiert ist. {Ob alle **Programme**, nur eigentliche **Programme** oder nur bedeutungsvolle **Programme** "Algol 68" **Programme** sind, ist eine Sache des persönlichen Geschmacks. Wenn man nur eigentliche **Programme** wählt, dann kann man die Kontextbedingungen als Syntax betrachten, welche nicht in Form von Erzeugungsregeln geschrieben wurde.}

4.4.1. Die Identifikationsbedingungen

a) In einem eigentlichen **Programm** sind ein definierendes (indikationsdefinierendes, operatordefinierendes) Auftreten einer Enderzeugung eines Begriffes, der mit '**Identifikator**' ('**Indikation**', '**Operator**') endet, und alle angewandten (indikationsangewandten, operatorangewandten) Auftreten, die es identifizieren, Auftreten ein und derselben Enderzeugung eines Begriffes, der mit '**Identifikator**' ('**Indikation**', '**Operator**') endet.

In the **closed-clause**

***begin real** x, y := 1.5; **priority** min = 6; **op** min = (**real** a, b) **real**: (a > b | b | a); x := y min pi / 2 **end**,*

the first occurrence of ***min*** is an indication-defining **priority-SIX-indication.** The second occurrence of ***min*** is indication-applied and identifies the first occurrence (4.2.2), whereas, at the same textual position, ***min*** is also operator-defined as a **[prrr]-priority-SIX-operator**, where "**[prrr]**" stands for "**procedure-with-real-parameter-and-real-parameter-real**". The third occurrence of ***min*** is indication-applied and, as such, identifies the first occurrence, whereas, at the same textual position, ***min*** is also operator-applied, and, as such, identifies the second occurrence; this makes it, because of the identification condition (4.4.1.a). a **[prrr]-priority-SIX-operator.** This identification of the **dyadic-operator** is made because:

i) ***min*** occurs in an **operation-declaration,**
ii) the base *y* can be firmly coerced to the mode specified by ***real,***
iii) the **formula** *pi/2* is a priori of the mode specified by ***real,***
iv) ***min*** is thus, because of the identification condition, a **[prrr]-priority-SIX-operator.**

If the first three conditions were not satisfied, then the search for an other defining occurrence would be continued in the same **range**, or failing that, in a surrounding **range.**}

4.4. Context conditions

A "proper" **program** is a **program** satisfying the context conditions; a "meaningful" **program** is a proper **program** whose elaboration is defined by this Report. {Whether all **programs**, only proper **programs**, or only meaningful **programs** are "ALGOL 68" **programs** is a matter for individual taste. If one chooses only proper **programs**, then one may consider the context conditions as syntax which is not written as production rules.}

4.4.1. The identification conditions

a) In a proper **program**, a defining (indication-defining, operator-defining) occurrence of a terminal production of a notion ending with **'identifier'** (**'indication'**, **'operator'**) and each applied (indication-applied, operator-applied) occurrence identifying it are occurrences of one same terminal production of a notion ending with **'identifier'** (**indication'**, **'operator'**).

b) Kein eigentliches **Programm** enthält ein angewandtes (indikationsangewandtes, operatorangewandtes) Auftreten einer Enderzeugung eines Begriffs, der mit '**Identifikator**' ('**Indikation**', '**Operator**') endet, welches nicht ein definierendes (indikationsdefinierendes, operatordefinierendes) Auftreten identifiziert.

c) Kein eigentliches **Programm** enthält eine **Indikation**, die als ein operatorangewandtes Auftreten ein operatordefinierendes Auftreten identifiziert, das seinerseits als ein indikationsangewandtes Auftreten ein indikationsdefinierendes Auftreten identifiziert, das sich von demjenigen unterscheidet, welches durch die gegebene **Indikation** in ihrer Eigenschhaft als ein indikationsangewandtes Auftreten identifiziert wurde.

{Die Bedingung c macht ein **Programm** unter gewissen Umständen uneigentlich, die unabhängig von seiner Abarbeitung sind.
Ohne die Bedingung c würde ein **Programm**, das

(priority *? = 2;* ***op*** *? =* ***(real*** *a, b) :* ***skip;*** *(random < 0.5 |* ***priority*** *? = 2; 0.1? 0.2))*

enthält, dann uneigentlich sein, wenn während der Abarbeitung dieser **Klausel** der Wert von ***random*** *< 0.5* wahr ist. Dann veranlaßt die Gegenwart eines indikationsdefinierenden Auftretens von *?* in der **seriellen-Klausel** ***priority*** *? = 2; 0.1? 0.2* ihren Schutz (6.4.2.a, 6.1.2.a, 6.0.2.d), nämlich beide Auftreten von *?* durch eine andere **Indikation** zu ersetzen. Dadurch beraubt es das letzte Auftreten seines operatordefinierenden Auftretens, was die Bedingung b verletzt. Die Bedingung c macht jedoch das **Programm** sofort uneigentlich, da das vierte Auftreten von *?* das dritte als sein indikationsdefinierendes Auftreten identifiziert und das zweite als sein operatordefinierendes Auftreten, während dieses selbst das erste Auftreten als sein indikationsdefinierendes Auftreten identifiziert.}

4.4.2. Die Eindeutigkeitsbestimmungen

a) Ein "Hauptbereich" ist ein **Bereich** {4.1.1.e} mit dem Ausschluß aller seiner **Bestandteilbereiche.**

b) Kein eigentliches **Programm** enthält einen Hauptbereich {a}, der zwei definierende (indikationsdefinierende) Auftreten einer gegebenen Enderzeugung eines Begriffs enthält, der mit '**Identifikator**' ('**Indikation**') endet.

{z. B. ist keine der **abgeschlossenen-Klauseln** (6.4.1.a)

(real *x;* ***real*** *x; sin (3.14)),*
(real *y;* ***int*** *y; sin (3.14)),*
(real *p; p;* ***go to*** *p; sin (3.14)),*
(mode *a =* ***real; mode*** *a =* ***real;*** *sin (3.14)),* oder
(priority *b = 5;* ***priority*** *b = 6; sin (3.14))*

in einem eigentlichen **Programm** enthalten.}

b) No proper **program** contains an applied (indication-applied, operator-applied) occurrence of a terminal production of a notion ending with **'identifier'** (**'indication'**, **'operator'**) which does not identify a defining (indication-defining, operator-defining) occurrence.

c) No proper **program** contains an **indication** which as an operator-applied occurrence identifies an operator-defining occurrence which as an indication-applied occurrence identifies an indication-defining occurrence different from the one identified by the given **indication** as an indication-applied occurrence.

{Condition c makes a **program** under certain circumstances improper independent of its elaboration. Without condition c, a **program** containing

> ***(priority? = 2;op? = (real a, b) : skip; (random < 0.5 | priority? = 2; 0.1? 0.2))***

would be improper if, during the elaboration of this **clause**, the value of ***random < 0.5*** turns out to be **true**. Then, the presence of an indication-defining occurrence of ***?*** in the **serial-clause** ***priority ? = 2; 0.1 ? 0.2*** causes its protection (6.4.2.a, 6.1.2.a, 6.0.2.d) to replace both occurrences of ***?*** by another **indication** and thereby deprives the last occurrence of its operator-defining occurrence, which violates condition b. However, condition c makes the **program** improper immediately since the fourth occurrence of ***?*** identifies the third as its indication-defining occurrence and the second as its operator-defining occurrence which itself identifies the first occurrence as its indication-defining occurence.}

4.4.2. The uniqueness conditions

a) A "reach" is a **range** {4.1.1.e} with the exclusion of all its constituent **ranges**.

b) No proper **program** contains a reach {a} containing two defining (indication-defining) occurrences of a given terminal production of a notion ending with **'identifier'** (**'indication'**).

{e. g., none of the **closed-clauses** (6.4.1.a)

> ***(real x; real x; sin (314)),***
> ***(real y; int y; sin (3.14)),***
> ***(real p; p; go to p; sin (3.14)),***
> ***(mode a = real; mode a = real; sin (3.14))***, or
> ***(priority b = 5; priority b = 6; sin (3.14))***

is contained in a proper **program**.}

c) Kein eigentliches **Programm** enthält einen Hauptbereich, der zwei **Operationsdeklarationen** enthält, deren in den **Titeln** enthaltene **Operatoren** die gleichen Enderzeugungen eines Begriffs endend mit '**Indikation**' sind, und deren korrespondierende Bestandteil bildende **virtuelle-Parameter** {7.5.1.b, 7.1.1.x, 5.4.1.c, 7.1.1.y} alle **virtuelle-Deklarierer** sind, die Modi spezifizieren, welche miteinander entfernt verwandt sind {4.4.3.c}.

{z. B. weder die **abgeschlossene-Klausel**

***(op max = (int a, int b) int** : (a > b|a|b);*
***op max = (int a, int b) real** : (a > b | a | b); **sin** (3.14))*
noch
***(op max = (int a, ref int b) int** : (a > b | a | b);*
***op max = (ref int a, int b) int** : (a > b | a | b);* sin *(3.14))*
ist in einem eigentlichen **Programm** enthalten, aber
***(op max = (int a, int b) real** : (a > b | a | b);*
***op max = (real a, real b) real** : (a > b | a | b);* sin *(3.14))*
kann enthalten sein.}

{In den praktischen Anmerkungen wird im Folgenden für "in einem Kontext, in dem alle Identifikationen zu einem Hauptbereich führen, der (die **Deklaration**) enthält," die Formulierung "im Hauptbereich der (**Deklaration**)" stehen.}

4.4.3. Die Modusbedingungen

a) Ein Modus M ist "stark angepaßt von" ("fest angepaßt von") einem Modus N, wenn der Begriff 'N **Basis**' eine Erzeugung des Begriffes '**starke** M **Basis**' ('**feste** M **Basis**') (siehe 8.2.) ist.

M ist "vereint aus" N, wenn M eine '**Vereinigung von LMOODELE** N **RMOODELE Modus**' ist, wobei "**LMOODELE**" ("**RMOODELE**") für jede Enderzeugung des Metabegriffes '**LMOODELE**' ('**RMOODELE**') steht.

{Z. B. der Modus, der durch ***real*** spezifiziert ist, ist fest angepaßt von dem Modus, der durch ***ref real*** spezifiziert ist, weil der Begriff '**Referenz zu real Basis**' eine Erzeugung von '**feste real Basis**' (8.2.0.1.e, 8.2.1.1.a) ist.

Der Modus, der durch ***union (int, real)*** spezifiziert ist, ist vereint aus denen, die durch ***int*** und ***real*** spezifiziert werden.}

b) Zwei Modi sind miteinander "verwandt", wenn sie beide fest von ein und demselben Modus angepaßt {a} sind. {Ein Modus ist mit sich selbst verwandt.}

c) Zwei Modi sind "entfernt verwandt", wenn sie entweder verwandt sind oder wenn sie fest angepaßt von '**Reihe von LMODUS**' und '**Reihe von RMODUS**' sind, wobei "**LMODUS**" und "**RMODUS**" für verschiedene entfernt verwandte Modi stehen.

{z. B. sind die Modi, die durch ***proc real*** und ***ref real*** spezifiziert sind, verwandt und demnach auch entfernt verwandt. Aber die Modi, die durch []***real*** und durch [] ***ref real*** spezifiziert sind, sind entfernt verwandt und nicht verwandt.}

c) No proper **program** contains a reach containing two **operation-declarations** the **operators** of whose **captions** are the same terminal productions of a notion ending with '**indication**' and all of whose correspondent constituent **virtual-parameters** {7.5.1.b, 7.1.1.x, 5.4.1.c, 7.1.1.y} are **virtual-declarers** specifying modes loosely related to one another {4.4.3.c}.

{e. g., neither the **closed-clause**

(op max = (int a, int b) int : (a > b | a | b);
op max = (int a, int b) real : (a > b | a | b); sin (3.14))

nor

(op max = (int a, ref int b) int : (a > b | a | b);
op max = (ref int a, int b) int : (a > b | a | b); sin ***(3.14))***

is contained in any proper **program**, but

(op max = (int a, int b) real : (a > b | a | b);
op max = (real a, real b) real : (a > b | a | b); sin ***(3.14))***

may be.}

{In the pragmatic remarks in the sequel, "in the reach of (the **declaration**)" stands for "in a context where all identifications are made as in a reach containing (the **declaration**)".}

4.4.3. The mode conditions

a) A mode M is "strongly coerced from" ("firmly coerced from") a mode N if the notion '**N base**' is a production of the notion '**strong M base**' ('**firm M base**') {see 8.2}; M is "united from" N if M is '**union of LMOODSETY N RMOODSETY mode**' where "**LMOODSETY**" ("**RMOODSETY**") stands for any terminal production of the metanotion '**LMOODSETY**' ('**RMOODSETY**').

{e.g., the mode specified by ***real*** is firmly coerced from the mode specified by ***ref real*** because the notion '**reference to real base**' is a production of '**firm real base**' (8.2.0.1.e, 8.2.1.1.a); the mode specified by ***union (int, real)*** is united from those specified by ***int*** and ***real***.}

b) Two modes are "related" to one another if they are both firmly coerced {a} from one same mode. {A mode is related to itself.}

c) Two modes are "loosely related" if they either are related or are firmly coerced from '**row of LMODE**' and '**row of RMODE**' where "**LMODE**" and "**RMODE**" stand for different loosely related modes.

{e.g., the modes specified by ***proc real*** and ***ref real*** are related and, hence, loosely related and those specified by [] ***real*** and by [] ***ref real*** are loosely related but not related.}

d) Kein eigentliches **Programm** enthält einen **Deklarierer** {7.1.1.a}, der einen Modus spezifiziert, welcher aus zwei miteinander verwandten {b} Modi vereint {a} ist, noch enthält es zwei **Deklarierer**, die Modi spezifizieren, welche aus zwei Modi P und Q vereint sind, in welchen P und Q in unterschiedlicher Reihenfolge auftreten.

{Z. B. ist der **Deklarierer** ***union (real, ref real)*** nicht in irgendeinem eigentlichen **Programm** enthalten. Aber ***union (int, real)*** und ***union (real, int)*** können enthalten sein und spezifizieren dann denselben Modus; siehe die Anmerkungen am Ende von 7.1.1.}

e) Kein eigentliches **Programm** enthält einen **Deklarierer** {7.1.1.a}, bei dem die **Feldselektoren** {7.1.1.i}, die aus zwei seiner Bestandteil bildenden **Felddeklaratoren** {7.1.1.g} stammen, dieselbe Folge von Symbolen sind.

{Z. B. ist der **Deklarierer** ***struct (int i, bool i)*** nicht in irgendeinem eigentlichen **Programm** enthalten. Aber ***struct (int i, struct (int i, bool j) j)*** kann enthalten sein.}

4.4.4. Die Deklarationsbedingung

a) Eine **Modusindikation** {4.2.1.b}, die in einem **Deklarierer** {7.1.1.a} enthalten ist, ist durch den **Deklarierer** "abgeschirmt", wenn

I) sie selbst ein **virtueller-Deklarierer** {7.1.1.b} ist, der einem **Referenz-zu-Symbol** {3.1.1.d} in einem **Felddeklarator** {7.1.1.g} folgt, oder aber in dem **virtuellen-Deklarierer** enthalten ist, oder

II) sie selbst ein **virtueller-Deklarierer** ist, der in einem **Felddeklarator** enthalten ist, der wiederum in einem **virtuellen-Deklarierer** enthalten ist, der einem **Referenz-zu-Symbol** folgt, oder aber in einem solchen **virtuellen-Deklarierer** enthalten ist, oder

III) sie selbst ein **virtueller-Parameter** {7.1.1.y} ist, oder aber in einem **virtuellen-Parameter** enthalten ist, oder

IV) sie selbst ein **virtueller-Deklarierer** ist, der einem **virtuellen-Parameter-Packen** {5.4.1.f} folgt, oder aber ein solcher **virtueller-Deklarierer** ist, oder

V) sie selbst ein indikationsdefinierendes Auftreten ist, das in dem **Deklarierer** enthalten ist, oder aber ein solches identifiziert.

{Z. B., ***person*** ist abgeschirmt in ***struct (int Alter, ref person Vater)***, aber nicht in ***struct (int Alter, person Onkel)*** und ***a*** ist abgeschirmt in ***proc (a) a***, aber nicht in ***union (int,*** [] ***a)***.}

b) Ein **aktueller -Deklarierer** D {7.1.1.b} kann eine **Modusindikation** M {4.2.1.b} "zeigen".

Diese wird in den folgenden Schritten bestimmt:

Schritt 1: Von D wird eine Kopie hergestellt. Die Kopie wird geschützt. Von jeder **Modusindikation** wird gesagt, daß sie nicht "betroffen" ist.

Schritt 2: Wenn die Kopie selbst eine **Modusindikation** ist, die dieselbe Enderzeugung wie M ist, oder wenn sie eine solche enthält und nicht abschirmt {a}, dann zeigt D auf M. Andernfalls folgt Schritt 3.

d) No proper **program** contains a **declarer** {7.1.1.a} specifying a mode united from {a} two modes related {b} to one another, nor does it contain two **declarers** specifying modes united from two modes P and Q in which P and Q are in a different order.

{e.g., the **declarer** ***union (real, ref real)*** is not contained in any proper **program**, and ***union (int, real)*** and ***union (real, int)*** may be, but then specify the same mode; see the remarks at the end of 7.1.1.}

e) No proper **program** contains a **declarer** {7.1.1.a} the **field-selectors** {7.1.1.i} of two of whose constituent **field-declarators** {7.1.1.g} are the same sequence of symbols.

{e.g., the **declarer** ***struct (int i, bool i)*** is not contained in any proper **program**, but ***struct (int i, struct (int i, bool j) j)*** may be.}

4.4.4. The declaration condition

a) A **mode-indication** {4.2.1.b} contained in a **declarer** {7.1.1.a} is "shielded" by that **declarer** if

i) it is, or is contained in, a **virtual-declarer** {7.1.1.b} following a **reference-to-symbol** {3.1.1.d} in a **field-declarator** {7.1.1.g}, or
ii) it is, or is contained in, a **virtual-declarer** contained in a **field-declarator** contained in a **virtual-declarer** following a **reference-to-symbol** or,
iii) it is, or is contained in, a **virtual-parameter** {7.1.1.y}, or
iv) it is, or is contained in, a **virtual-declarer** following a **virtual-parameters-pack** {5.4.1.f}, or
v) it is, or identifies, an indication-defining occurrence contained in that **declarer**.

{e.g., ***person*** is shielded in ***struct (int*** *age*, ***ref person*** *father*), but not in ***struct (int*** *age*, ***person*** *uncle*) and ***a*** is shielded in ***proc (a) a***, but not in ***union (int*** [] ***a)***.}

b) An **actual-declarer** D {7.1.1.b} may "show" a **mode-indication** M {4.2.1.b}; this is determined in the following steps:

Step 1: D is protected and a copy is made of it; each **mode-indication** is said not to have been "encountered";

Step 2: If the copy is, or contains and does not shield {a}, a **mode-indication** which is the same terminal production as M, then D shows M; otherwise, Step 3 is taken;

Schritt 3: Wenn die Kopie selbst eine noch nicht betroffene **Modusindikation** O ist, oder eine solche enthält und nicht abschirmt, dann wird von O und allen **Modusindikationen**, die aus derselben Folge von Symbolen bestehen, gesagt, daß sie betroffen sind. O wird durch eine Kopie des geschützten **aktuellen-Deklarierers** derjenigen **Modusdeklaration** ersetzt, deren **Modusindikation** das indikationsdefinierende Auftreten ist, das durch O identifiziert wird.

Es folgt Schritt 2.

Andernfalls zeigt D nicht auf M.

{Z. B. in der **Deklaration** ***mod a*** = [*1 : 2*], ***b***, ***b*** = ***union (ref d, ref real)***, ***d*** = ***struct (ref e*** *e*), ***e*** = ***proc (int) a*** sind ***b*** und ***d*** die **Modusindikationen,** die durch [*1 : 2*] ***b*** gezeigt werden.}

c) Kein eigentliches **Programm** enthält eine **Modusdeklaration** {7.2.1.a}, deren **Modusindikation** durch ihren **aktuellen-Deklarierer** gezeigt wird.

{Z. B. ein eigentliches **Programm** enthält keine der folgenden **Deklarationen**:

mode a = ***a***,
mode b = ***e***, ***e*** = [*1 : 10*] ***b***,
mode d = [*1 : 2*] ***ref union (proc (d) d, proc d)***,
mode parson = ***struct (int*** *Alter*, ***parson*** *Onkel*).}

Step 3: If the copy is, or contains and does not shield, a not yet encountered **mode-indication** O, then O an all **mode-indications** consisting of the same sequence of symbols are said to have been encountered, O is replaced by a copy of the protected **actual-declarer** of that **mode-declaration** whose **mode-indication** is the **indication-defining** occurrence identified by O, and Step 2 ist taken; otherwise, D does not show M.

{e. g., in the **declaration**
mode a = [*1*: *2*] ***b***, ***b*** = ***union (ref d***, ***ref real)***, ***d*** = ***struct (ref e e)***,
e = ***proc (int) a***,
the **mode-indications** shown by [*1* : *2*] ***b*** are ***b*** and ***d***.}

c) No proper **program** contains a **mode-declaration** {7.2.1.a} whose **mode-indication** is shown by its **actual-declarer**.
{e. g., none of the **declarations**
mode a = ***a***,
mode b = ***e***, ***e*** = [*1* : *10*] ***b***,
mode d = [*1* : *2*] ***ref union (proc (d) d***, ***proc d)***,
mode parson = ***struct (int*** *age*, ***parson*** *uncle*).}
is contained in any proper **program**.}

5. Gestalten

{**Gestalten**, z. B. *3.14* oder *"abc"* sind Enderzeugungen von Begriffen, deren Wert unabhängig von der Abarbeitung des Programms ist. In anderen Sprachen werden sie manchmal "Literale" oder "Konstanten" genannt.}

5.0.1. Syntax

a) ***Gestalt: EINFACH Gestalt** {510b, 511a, 512a, 513a, 514a};
BITS Gestalt {52b}; **Reihe von Zeichen Gestalt** {53b};
PROZEDUR mit PARAMETERS MOSCH Gestalt {54b};
Formatgestalt {55a}.
{Beispiele:
a) *3.14*; ***101***; *"Algol. Bericht"*; *((**bool** a) **int**: (a | 1 | 0))*; *$5d$*}

5.0.2. Semantik

Jede **Gestalt** besitzt einen neuen Fall von genau dem gleichen Wert, dessen Modus der ist, der durch sein Original {1.1.6.c} umfaßt wird {1.1.6.j}. Ihre Abarbeitung beinhaltet keine Aktion.

{z. B.: Der Wert von *"Algol. Bericht"*, welcher eine Erzeugung von '**Reihe von Zeichen Gestalt**' ist, hat den Modus '**Reihe von Zeichen**'.

5.1. Einfache Gestalten

Einfache Gestalten sind solche von arithmetischen Werten, Wahrheitswerten und von Zeichen, z. B. *1*, *3.14*, ***true*** und *"a"*.

5.1.0.1. Syntax

a) **einfache Gestalt: EINFACH Gestalt** {510b, 511a, 512a, 513a, 514a}.
b) **lang GANZREAL Gestalt** {860a} :
lang Symbol {31d}, **GANZREAL Gestalt** {511a, 512a}.
{Beispiele:
b) ***long** 0*; ***long long** 3.1415926535 8979323846 2643383279 5028841971 69399*}.

5.1.0.2. Semantik

a) Eine **einfache Gestalt** besitzt einen einfachen Wert {2.2.3.1}, aber einfache Werte, die von verschiedenen **einfachen Gestalten** besessen werden, brauchen nicht notwendig verschieden zu sein {z. B. *123.4* und *1.234e + 2*}.

5. Denotations

{Denotations, e. g., *3.14* or *"abc"*, are terminal productions of notions whose value is independent of the elaboration of the program. In other languages, they are sometimes termed "literals" or "constants".}

5.0.1. Syntax

**a) *denotation: PLAIN denotation {510b, 511a, 512a, 513a, 514a};
BITS denotation {52b}; row of character denotation {53b};
procedure with PARAMETERS MOID denotation {54b};
format denotation {55a}.**

{Examples:

a) *3.14*; *101*; *"algol. report"*; *((bool a) int : (a | 1 | 0))*; *\$5d\$*}

5.0.2. Semantics

Each denotation possesses a new instance of one same value whose mode is that enveloped {1.1.6.j} by its original {1.1.6.c}; its elaboration involves no action.

{e. g., the value of *"algol.report* "which is a production of 'row of character denotation' is of the mode 'row of character'.}

5.1. Plain denotations

{Plain-denotations are those of arithmetic values, truth values and characters, e.g., *1, 3.14, true* and *"a"*.}

5.1.0.1. Syntax

a) *plain denotation: PLAIN denotation {510b, 511a, 512a, 513a, 514a}.
**b) long INTREAL denotation {860a}:
long symbol {31d}, INTREAL denotation {511a, 512a}.**
{Examples:
b) *long 0*; *long long 3.1415926535 8979323846 2643383279 5028841971 69399*}

5.1.1.2. Semantik

a) A plain-denotation possesses a plain value {2.2.3.1}, but plain values possessed by different plain-denotations are not necessarily different {e.g., *123.4* and *1.234e+2*}.

b) Der Wert einer **Gestalt**, die aus einer Anzahl, möglicherweise Null, von **lang-Symbolen** gefolgt von einer **Ganzzahl-Gestalt** (**Realgestalt**) besteht, ist der "a priori" Wert jener **Ganzzahl-Gestalt** (**Realgestalt**), vorausgesetzt, daß er nicht die größte ganze Zahl {10.1.b} (größte reelle Zahl {10.1.d}) überschreitet, deren Längenzahl um eins größer als die Anzahl der **lang-Symbole** ist. {Anderenfalls ist der Wert nicht definiert}.

5.1.1. Ganzzahl Gestalten

5.1.1.1. Syntax

a) **Ganzzahl Gestalt** {510b, 512c,d,f,i, 55g, 860a} : **Zifferntype** {303c} **Folge.**
{Beispiele:
a) *0*; *4096*; *00123* (Beachte, daß *—1* keine **Ganzzahl-Gestalt** ist.)}

5.1.1.2. Semantik

Der a priori Wert einer **Ganzzahl-Gestalt** ist die ganze Zahl, die in dezimaler Schreibweise jene **Ganzzahl-Gestalt** in der Darstellungssprache ist {1.1.8}. {Siehe auch 5.1.0.2.b.}

5.1.2. Realgestalten

5.1.2.1. Syntax

a) **Realgestalt** {510b, 860a} :
Festpunktnumeral {b}; **Gleitpunktnumeral** {e}.
b) **Festpunktnumeral** {a, f} : **ganzzahliger Teil** {c} **Möglichkeit, gebrochener Teil** {d}.
c) **ganzzahliger Teil** {b} : **Ganzzahl Gestalt** {511a}.
d) **gebrochener Teil** {b} : **Punktsymbol** {31b}, **Ganzzahl Gestalt** {511a}.
e) **Gleitpunktnumeral** {a} : **Mantissenteil** {f}, **Exponententeil** {g}.
f) **Mantissenteil** {e} : **Ganzzahl Gestalt** {511a}; **Festpunktnumeral** {b}.
g) **Exponententeil** {e} : **Basisauswahl** {h}, **Exponent** {i}.
h) **Basisauswahl** {g} : **Basissymbol** {31b}; **Buchstabe e** {302b}.
i) **Exponent** {g} : **plusminus** {304c} **Möglichkeit, Ganzzahl Gestalt** {511a}.
{Beispiele:
a) *0.000123*; *1.23e—4*; b) *.123*; *0.123*;
c) *123*; d) *.123*;
e) *1.23e—4*; f) *1*; *1.23*;
g) *e—4*; h) $_{10}$; *e*;
i) *3*; *+45*; *—678*}

5.1.2.2. Semantik

a) Der a priori Wert eines **gebrochenen Teils** ist der a priori Wert seiner **Ganzzahl-Gestalt** so oft durch 10 dividiert, wie es Zifferntypen im **gebrochenen Teil** gibt.

b) The value of a **denotation** consisting of a number {, possibly zero,} of **long-symbols** followed by an **integral-denotation (real-denotation)** is the "a priori" value of that **integral-denotation (real-denotation)** provided that it does not exceed the largest integer {10.1.b} (largest real number {10.1.d}) of length number one more than that number of **long-symbols** {; otherwise, the value is undefined}.

5.1.1. Integral denotations

5.1.1.1. Syntax

a) **integral denotation** {510b, 512c,d,f,i, 55g, 860a}**: digit token** {303c} **sequence.**

{Examples:

a) *0*; *4096*; *00123* (Note that *—1* is not an **integral-denotation.**)}

5.1.1.2. Semantics

The a priori value of an **integral-denotation** is the integer which in decimal notation is that **integral-denotation** in the representation language {1.1.8}. {See also 5.1.0.2.b.}

5.1.2. Real denotations

5.1.2.1. Syntax

a) **real denotation** {510b, 860a}**:**
variable point numeral {b}**; floating point numeral** {e}**.**
b) **variable point numeral** {a,f}**: integral part** {c} **option, fractional part** {d}**.**
c) **integral part** {b}**: integral denotation** {511a}**.**
d) **fractional part** {b}**: point symbol** {31b}**, integral denotation** {511a}**.**
e) **floating point numeral** {a}**: stagnant part** {f}**, exponent part**{g}**.**
f) **stagnant part** {e}**: integral denotation** {511a}**; variable point numeral** {b}**.**
g) **exponent part** {e}**: times ten to the power choice** {h}**, power of ten** {i}**.**
h) **times ten to the power choice** {g}**:**
times ten to the power symbol {31b}**; letter e** {302b}**.**
i) **power of ten** {g}**: plusminus** {304c} **option, integral denotation** {511a}**.**

Examples:

a) *0.000123*; *1.23e—4*;	b) *.123*; *0.123*;
c) *123*;	d) *.123*;
e) *1.23e—4*;	f) *1*; *1.23*;
g) *e—4*;	h) $_{10}$; *e*;
i) *3*; *+45*; *—678*}	

5.1.2.2. Semantics

a) The a priori value of a **fractional-part** is the a priori value of its **integral-denotation** divided by 10 as many times as there are **digit-tokens** in the **fractional-part.**

b) Der a priori Wert eines **Festpunktnumerals** ist, im Sinne der numerischen Analysis, die Summe von 0, dem a priori Wert seines **Ganzzahl-Teils**, wenn ein solcher vorhanden ist, und seines **gebrochenen Teils** {Siehe auch 5.1.0.2.b}.
c) Der a priori Wert eines **Exponententeils** ist 10 hoch dem apriori Wert der **Ganzzahl-Gestalt** seines **Exponenten**, wenn jener **Exponent** nicht mit einem **minus** Symbol beginnt; sonst ist er 1/10 hoch dem a priori Wert jener **Ganzzahl-Gestalt**.
d) Der a priori Wert eines **Gleitpunktnumerals** ist, im Sinne der numerischen Analysis, das Produkt des a priori Wertes seines **Mantissenteils** und seines **Exponententeils** {Siehe auch 5.1.0.2.b}.

5.1.3. Boolesche Gestalten

5.1.3.1. Syntax

a) **boolesche Gestalt** {860a} : **wahr Symbol** {31b}; **falsch Symbol** {31b}.
{Beispiele:
a) ***true; false***}

5.1.3.2. Semantik

Der Wert eines **wahr-Symbols** (**falsch-Symbols**) ist wahr (falsch).

5.1.4. Zeichengestalten

{**Zeichengestalten** bestehen aus einem **Zeichenkettenposten** zwischen zwei **Anführungsstrichsymbolen**, z. B. *"a"*. Um einen Anführungsstrich anzuzeigen, wird für den **Zeichenkettenposten** ein doppeltes **Anführungsstrichsymbol** benutzt: *""""*. Da die Syntax nirgends zuläßt, daß **Zeichen-** oder **Zeichenkettengestalten** einander folgen, können sich keine Mehrdeutigkeiten ergeben.

5.1.4.1. Syntax

a) **Zeichengestalt** {55j,k, 860a} : **Anführungsstrichsymbol** {31i}, **Zeichenkettenposten** {b}, **Anführungsstrichsymbol** {31i}.
b) **Zeichenkettenposten** {a, 53b}: **Zeichentype** {309d}; **Anführungsstrichbild** {c}; **anderer Zeichenkettenposten** {1.1.5.c}.
c) **Anführungsstrichbild** {b}: **Anführungsstrichsymbol** {31i}, **Anführungsstrichsymbol** {31i}.
{Beispiele:
a) *"a"*;
b) *a*; *""*; *?*;
c) *""*}

5.1.4.2. Semantik

a) jeder **Zeichenkettenposten** besitzt ein eindeutiges Zeichen. {Das Zeichen, das von einem **Anführungsstrichbild** (**Zwischenraumsymbol**, **Ziffer-null**, **Zifferntype**,

b) **The a priori value of a variable-point-numeral is the sum in the sense of numerical analysis of 0, the a priori value of its integral-part, if any, and that of its fractional-part {. See also 5.1.0.2.b}.**

c) **The a priori value of an exponent-part is 10 raised to the a priori value of the integral-denotation of its power-of-ten if that power-of-ten does not begin with a minus-symbol; otherwise, it is 1/10 raised to the a priori value of that integral-denotation.**

d) **The a priori value of a floating-point-numeral is the product in the sense of numerical analysis of the a priori values of its stagnant-part and exponent-part {. See also 5.1.0.2.b}.**

5.1.3. Boolean denotations

5.1.3.1. Syntax

a) **boolean denotation {860a}: true symbol {31b}; false symbol {31b}.**

Examples:

a) ***true; false***}

5.1.3.2. Semantics

The value of a true-symbol (false-symbol) is true (false).

5.1.4. Character denotations

{**Character-denotations consist of a string-item between two quote-symbols, e.g., *"a"*. To indicate a quote, a double quote-symbol is used for the string-item: *""""*. Since the syntax nowhere allows character- or string-denotations to follow one another, ambiguities do not arise.**}

5.1.4.1. Syntax

a) **character denotation {55j,k, 860a}:**
quote symbol {31i}, string item {b}, quote symbol {31i}.

b) **string item {a, 53b}:**
character token {309d}; quote image {c}; other string item {1.1.5.c}.

c) **quote image {b}: quote symbol {31i}, quote symbol {31i}.**

Examples:

a) *"a"*;

b) *a*; *""*; *?*;

c) *""*}

5.1.4.2. Semantics

a) **Each string-item possesses a unique character. {The character possessed by a quote-image (space-symbol, digit-zero, digit-token, point-symbol, times-**

Punktsymbol, Basisauswahl, plus-i-mal-Symbol, plus-Symbol) besessen wird, kann ein Anführungsstrich (Zwischenraum, Null, Ziffer, Punkt, Basis, plus i mal, plus) genannt werden.}
b) Der Wert einer **Zeichengestalt** ist ein neuer Fall des Zeichens, das von ihrem **Zeichenkettenposten** besessen wird.

5.2. Bitsgestalten

{Es gibt zwei Arten von **Gestalten** strukturierter oder mehrfacher Werte, nämlich **Bitsgestalten,** z. B. ***1 0 1 1***, und **Zeichenkettengestalten,** z. B. *"abc"*. Diese **Gestalten** unterscheiden sich darin, daß eine **Zeichenkettengestalt** null oder zwei oder mehr **Zeichenkettenposten** enthält, während eine **Bitsgestalt** ein oder mehrere **Flipflops** enthalten kann. (Siehe auch **Zeichenkettengestalten** 5.1.4.)}

5.2.1. Syntax

a) ***Bitsgestalt: BITS Gestalt** {b, c}.
b) **strukturiert mit Reihe von boolesches Feld LÄNGE LÄNGELE Buchstabe aleph Gestalt** {b, 860a}**: lang Symbol** {31d}**, strukturiert mit Reihe von boolesches Feld LÄNGELE Buchstabe aleph Gestalt** {b, c}.
c) **strukturiert mit Reihe von boolesches Feld Buchstabe aleph Gestalt** {b, 860a}**: Flipflop** {303e} **Folge.**
{Beispiele:
b) ***long 1 0 1 1***;
c) ***1 0 1 1***}

5.2.2. Semantik

Es soll *m* für die Zahl der **Flipflops** in der **Bitsgestalt** und *n* für den Wert von *L bits width* {10.1.g} stehen, wobei *L* für so viele Male *long* steht, wie es **lang-Symbole** in der **Bitsgestalt** gibt. Wenn $m \leq n$ ist, dann ist der Wert der **Bitsgestalt** ein strukturierter Wert mit einem Feld, das durch einen Feldselektor selektiert wird, der aus derselben Folge von Symbolen wie *L* besteht und dem noch der **Buchstabe -aleph** folgt. Das Feld ist ein mehrfacher Wert {2.2.3.3.}, dessen Deskriptor den Anfang *1* und ein Quintupel (*1*, *n*, *1*, *1*, *1*) hat und dessen Element mit dem Index *j* für $j = n - m + 1, \ldots, n$ ein neuer Fall von *wahr* (*falsch*) ist, wenn das *i*-te Bestandteil bildende **Flipflop** $(i = j + m - n)$ der **Bitsgestalt** ein **flip-Symbol (flop-Symbol)** ist.

5.3. Zeichenkettengestalten

5.3.1. Syntax

a) ***Zeichenkettengestalt: Reihe von Zeichen Gestalt** {b}.
b) **Reihe von Zeichen Gestalt** {55j,k, 860a}**: Anführungsstrichsymbol** {31i}, **Zeichenkettenposten** {514b} **Folge eigentliche Möglichkeit, Anführungsstrichsymbol** {31i}.

ten-to-the-power-choice, plus-i-times-symbol, plus-symbol) may be termed a quote (space, zero, digit, point, times ten to the power, plus i times, plus).}
b) The value of a **character-denotation** is a new instance of the **character** possessed by its string-item.

5.2. Bits denotations

{There are two kinds of **denotations** of structured or multiple values, viz., **bits-denotations**, e.g., ***1 0 1 1***, and **string-denotations**, e.g., *"abc"*. These **denotations** differ in that a **string-denotation** contains zero or two or more **string-items** but a **bits-denotation** may contain one or more **flipflops**. (See also **character-denotations** 5.1.4.)}

5.2.1. Syntax

a) ***bits denotation: BITS denotation** {b,c}.
b) **structured with row of boolean field LENGTH LENGTHETY letter aleph denotation** {,b 860a}**: long symbol** {31d}**, structured with row of boolean field LENGTHETY letter aleph denotation** {b,c}.
c) **structured with row of boolean field letter aleph denotation** {b, 860a}**: flipflop** {303e} **sequence.**
{Examples:
b) ***long 1 0 1 1;***
c) ***1 0 1 1***}

5.2.2. Semantics

Let *m* stand for the number of **flipflops** in the **bits-denotation** and *n* for the value of *L bits width* {10.1.g}, *L* standing for as many times *long* as there are **long-symbols** in the **bits-denotation**; if $m \leq n$, then the value of the **bits-denotation** is a structured value with one field selected by a **field-selector** which is the same sequence of symbols as *L* followed by **letter-aleph**, that field being a multiple value {2.2.3.3} whose descriptor has an offset *1* and one quintuple (*1*, *n*, *1*, *1*, *1*) and whose element with index *j* is a new instance of *false* for $j = 1, \dots, n - m$, and for $j = n - m + 1, \dots, n$ is a new instance of *true* (*false*) if the *i*-th constituent **flipflop** ($i = j + m - n$) of the **bits-denotation** is a **flip-symbol** (**flop-symbol**).

5.3. String denotations

5.3.1. Syntax

a) ***string denotation: row of character denotation** {b}.
b) **row of character denotation** {55j,k, 860a}**: quote symbol** {31i}**, string item** {514b} **sequence proper option, quote symbol** {31i}.

{Beispiele:
b) *""*; *"abc"*; *"""a. + .b"". ist. eine. Formel"*}

5.3.2. Semantik

Der Wert einer **Zeichenkettengestalt** ist ein mehrfacher Wert {2.2.3.3.}, dessen Deskriptor einen Anfang 1 und ein Quintupel (1, n, 1, 1, 1) hat, wobei n für die Zahl der **Zeichenkettenposten** steht, die in der **Zeichenkettengestalt** enthalten sind. Für $i = 1, \ldots, n$ ist das Element mit dem Index i dieses mehrfachen Wertes ein neuer Fall des Zeichens, das vom i-ten bestandteilbildenden **Zeichenkettenposten** der **Zeichenkettengestalt** besessen wird.

{Die Konstruktion *"a"* ist eine **Zeichengestalt**, keine **Zeichenkettengestalt**. Jedoch kann sie in allen starken Positionen, z. B. ***string*** *s* := *"a"*, zu einem mehrfachen Wert {8.2.6} gereiht werden. Wenn sonst ein mehrfacher Wert gefordert ist, kann ein **Zuschnitt** (8.3.4.1.a) benutzt werden, z. B. ***union (int, string)*** *is* := ***string*** : *"a"*. Die "Zeichenkette", d. h. der Wert mit dem Modus '**Reihe von Zeichen**', der von *"""a. + .b"". ist.eine.Formel"* besessen wird, kann gut wie folgt dargestellt werden: "a + b" ist eine Formel.}

5.4. Routinegestalten

{Eine **Routinegestalt**, z. B. *((**real** a, b) **real**: (a > b | b | a))* hat immer einen **formalen Parameterpacken**, z. B. *(**real** a, b)*. Zur Rechten dieses **formalen Parameterpackens** steht ein **Zuschnitt**, z. B. ***real**:(a > b | b | a)*, dessen **virtueller Deklarierer** den Modus des Wertes spezifiziert, wenn ein solcher vorhanden ist, der durch die Abarbeitung der Routine geliefert wird, z. B. ***real***. Das Ganze ist zwischen einem **Öffnungssymbol** und einem **Abschließungssymbol** eingeschlossen, jedoch können diese oft weggelassen werden. Siehe die Erweiterung 9.2.d. Es ist wesentlich, daß allgemein eine **Routinegestalt** abgeschlossen ist, denn anderenfalls könnten **Gestalten** wie *(**int** sintzoff) : (**int** branquart) : lewi (wodon)* auch **Aufrufe** sein, oder **Formeln** wie *(**int** a) **int** : 1 + 2 + 3* würden mehrdeutig sein, wenn + als ein **Operator** deklariert ist, der eine Routine als linken **Operanden** annimmt.}

5.4.1. Syntax

a) ***Routinegestalt: Prozedur mit PARAMETERS MOSCH Gestalt** {b}.
b) **Prozedur mit PARAMETERS MOSCH Gestalt** {860a}: **Öffnungssymbol** {31e}, **formaler PARAMETERS** {c, e}, **Packen, MOSCH Zuschnitt** {834a}, **Abschließungssymbol** {31e}.
c) **VIKTAL PARAMETERS und PARAMETER** {b, c, 71x, 862a}: **VIKTAL PARAMETERS** {c, e, 71y, 74b}, **weima** {d}, **VIKTAL PARAMETER** {e, 71y, 74b}.
d) **weima** {c}: **weiter Symbol** {31f}; **Kommasymbol** {31e}.

{**Examples:**
b) *""; "abc"; """a.+.b"".is.a.formula"*}

5.3.2. Semantics

The value of a **string-denotation** is a multiple value {2.2.3.3} whose descriptor consists of an offset 1 and one quintuple (1, n, 1, 1, 1), where n stands for the number of **string-items** contained in the **string-denotation**; for i = 1, ..., n, the element with index i of that multiple value is a new instance of the character possessed by the i-th constituent **string-item** of the **string-denotation**.

{The construction *"a"* is a **character-denotation**, not a **string-denotation**. However, in all strong positions, e.g., ***string*** *s* := *"a"*, it can be rowed to a multiple value (8.2.6). Elsewhere, where a multiple value is required, a **cast** (8.3.4.1.a) may be used, e.g., ***union (int, string)*** *is* := ***string*** : *"a"*. The "string", i.e., value of mode **'row of character'**, possessed by *"""a.+.b"". is.a.formula"* may well be presented informally as follows: "a + b" is a formula.

5.4. Routine denotations

{A **routine-denotation**, e. g., *((**real** a, b) **real**: (a > b | b | a))*, always has a **formal-parameters-pack**, e.g., *(**real** a, b)*. To the right of this **formal-parameters-pack** stands a **cast**, e. g., ***real**: (a > b | b | a)*, whose **virtual-declarer** specifies the mode of the value, if any, delivered by the elaboration of the routine, e.g., ***real***. The whole is enclosed between an **open-symbol** and a **close-symbol**, but these may often be omitted, see the extension 9.2.d. It is essential that, in general, a **routine-denotation** be closed, for, otherwise, **denotations** like *(**int** sintzoff): (**int** branquart): lewi (wodon)* could also be **calls**, or **formulas** like *(**int** a) **int** : 1 + 2 + 3* would be ambiguous if + is also declared as an **operator** accepting a routine as left **operand**.}

5.4.1. Syntax

a) ***routine denotation: procedure with PARAMETERS MOID denotation {b}.**
b) **procedure with PARAMETERS MOID denotation {860a} : open symbol {31e}, formal PARAMETERS {c,e} pack MOID cast {834a}, close symbol {31e}.**
c) **VICTAL PARAMETERS and PARAMETER {b,c, 71x, 862a} : VICTAL PARAMETERS {c,e, 71y, 74b}, gomma {d}, VICTAL PARAMETER {e, 71y, 74b}.**
d) **gomma {c} : go on symbol {31f}; comma symbol {31e}.**

e) **formaler MODUS Parameter** {b, c, 74a}:
formaler MODUS Deklarierer {71b}, **MODUS Modus Identifikator** {41b}.

f) **VIKTAL Parameters Packen: VIKTAL PARAMETERS** {c, e, 71y, 74b} **Packen.**

{Beispiele:
b) ***((bool** a, b) **bool** : (a |b| false))*;
c) [*1* :] ***real** a*; [*1* : ⌈ *a*] ***real** b*;
d) *; ; , ;*
e) ***bool** a*}

5.4.2. Semantik

Eine **Routinegestalt** besitzt jene Routine, die in den folgenden Schritten aus ihr erhalten werden kann:

Schritt 1: Von der **Routinegestalt** wird eine Kopie hergestellt;

Schritt 2: Ein **Gleichheitssymbol** gefolgt von einem **Lücke-Symbol** wird in die Kopie eingesetzt, und zwar hinter dem letzten **Identifikator** in jedem kopierten bestandteilbildenden **formalen Parameter** des **formalen Parameterpackens** der **Routinegestalt**; das **Öffnungssymbol** des **formalen Parameterpackens** wird weggelassen und sein **Abschließungssymbol** durch ein **weiter-Symbol** ersetzt;

Schritt 3: Wenn der **Zuschnitt** der **Routinegestalt** ein **Löschzuschnitt** ist, dann wird ein **Öffnungssymbol** vor und ein **Abschließungssymbol** hinter dem **Zuschnitt** in die Kopie eingesetzt. Die so modifizierte Kopie ist die Routine, die von der **Routinegestalt** bessessen wird.

{Die Routine, die von *p1* nach Abarbeitung der **Identitätsdeklaration** (7.4.1.a) ***proc** p1 = (**int** a, b) **real** : (a > b | xx | yy)* besessen wird, ist *(**int** a = ~, **int** b = ~; **real** : (a > b | xx | yy))*, und die Routine, die von *p2* nach Abarbeitung von ***proc** p2 = (**real** a; **real** b) : (a > b | stop)* besessen wird, ist *(**real** a = ~; **real** b = ~; (: (a > b | stop)))*. Eine Routine ist die gleiche Folge von Symbolen wie eine gewisse **abgeschlossene Klausel** (6.3.1.a). Zur Benutzung der Routine siehe 8.4. (**Formeln**), 8.2.2. (**entprozedurierte Anzupassende**) und 8.6.2 (**Aufrufe**)}.

5.5. Formatgestalten

5.5.1. Syntax

a) **Formatgestalt** {860a}: **Formatbegrenzungssymbol** {31b}, **Sammlung** {b} **Liste, Formatbegrenzungssymbol** {31b}.

b) **Sammlung** {a, b}: **Abbild** {c}; **Einsetzungs** {d} **Möglichkeit, Wiederholer** {f}, **Sammlungs**{b}**Liste Packen, Einsetzungs-**{d}**Möglichkeit.**

c) **Abbild** {b}: **MODUS Muster** {552a, 553a, 554a, 555a, 556b, 557b,—} **Möglichkeit, Einsetzungs**{d}**Möglichkeit.**

e) **formal MODE parameter** {b,c, 74a}:
formal MODE declarer {71b}, **MODE mode identifier** {41b}.
f) ***VICTAL parameters pack: VICTAL PARAMETERS** {c,e, 71y, 74b} **pack.**

{Examples:
b) ***((bool a, b) bool (a|b|false))***;
c) *[1 :]* ***real*** *a; [1: ⌈ a]* ***real*** *b*;
d) ; ; , ;
e) ***bool*** *a*}

5.4.2. Semantics

A **routine-denotation** possesses that routine which can be obtained from it in the following steps:

Step 1: A copy is made of the **routine-denotation**;
Step 2: An **equals-symbol** followed by a **skip-symbol** is inserted in the copy following the last **identifier** in each copied constituent **formal-parameter** of the **formal-parameters-pack** of the **routine-denotation**; the **open-symbol** of that **formal-parameters-pack** is deleted and its **close-symbol** is replaced by a **go-on-symbol**;
Step 3: If the **cast** of the **routine-denotation** is a **void-cast**, then an **open-symbol** is inserted in the copy preceding, and a **close-symbol** following that **cast**; the copy, thus modified, is the routine possessed by the **routine-denotation**.

{The routine possessed by *p1* after the elaboration of the **identity-declaration** (7.4.1.a) ***proc*** *p1* = ***(int*** *a, b)* ***real*** *: (a > b | xx | yy)* is ***(int*** *a* = ~, ***int*** *b* = ~; ***real*** *: (a > b | xx | yy))* and that possessed by *p2* after the elaboration of ***proc*** *p2* = ***(real*** *a;* ***real*** *b) : (a > b | stop)* is ***(real*** *a* = ~; ***real*** *b* = ~; *(: (a > b | stop)))*. A routine is the same sequence of symbols as some **closed-clause** (6.3.1.a). For the use of routines, see 8.4 (**formulas**), 8.2.2 (**deprocedured-coercends**) and 8.6.2 (**calls**).}

5.5. Format denotations

5.5.1. Syntax

a) **format denotation** {860a}: **formatter symbol** {31b}, **collection** {b} **list, formatter symbol** {31b}.
b) **collection** {a,b}: **picture** {c}; **insertion** {d} **option, replicator** {f}, **collection** {b} **list pack, insertion** {d} **option.**
c) **picture** {b}: **MODE pattern** {552a, 553a, 554a, 555a, 556b, 557b,—} **option, insertion** {d} **option.**

d) **Einsetzung** {b, c, m, 552b,f, 554a, 557b}:
Literal{j}**Möglichkeit, Einsatz**{e}**Folge; Literal** {j}.
e) **Einsatz** {d}: **Wiederholer** {f}, **Ausrichtung** {i}, **Literal** {j}, **Möglichkeit.**
f) **Wiederholer** {b, e, j, n}: **Wiederholungs**{g}**Möglichkeit.**
g) **Wiederholung** {f, k, 557b}:
dynamische Wiederholung {h}; **Ganzzahl Gestalt** {511a}.
h) **dynamische Wiederholung** {g}: **Buchstabe n** {302b}, **starke ABGESCHLOSSENE ganzzahlige Klausel** {63a, 640a,—}.
i) **Ausrichtung** {e}: **Buchstabe k** {302b}; **Buchstabe x** {302b}; **Buchstabe y** {302b}; **Buchstabe l** {302b}; **Buchstabe p** {302b}.
j) **Literal** {d, e, 552f, 554b}: **Wiederholer** {f}, **ZEICHENKETTE Gestalt** {514a, 53b}, **wiederholtes Literal** {k} **Folge Möglichkeit.**
k) **wiederholtes Literal** {j}: **Wiederholung** {g}, **ZEICHENKETTE Gestalt** {514a, 53b}.

{Beispiele:

a) *$ p "Tabelle . von" x 10a, n (lim — 1) (16x3zd, 3x3 (2x+. 12de + 2d" + j × " si +. 10de + 2d) l) p $;*
b) *p "Tabelle . von" x 10a ;3x3 (2x+.12de + 2d" + j×"si+. 10de + 2d) l;*
c) *l20kc ("Mon", "Diens", "Mit", "Donners", "Frei", "Sams", "Sonn")"tag"; p;*
d) *p "Tabelle. von" x; "tag";*
e) *p "Tabelle. von";*
g) *n (lim — 1); 10;*
h) *n (lim — 1);*
j) *"+ j ×";*
k) *20"."*}

l) **Vorzeichenschablone** {552a, 553a,d,e}:
lockere wiederholbare Nullenvorlage {m}, **Vorzeichenvorlage** {p}; **lockere Vorzeichenvorlage** {m}.
m) **lockere JEDE Vorlage** {l, 552d, 553b,d, 555a, 556b, 557b}:
Einsetzungs{d}**Möglichkeit, JEDE Vorlage** {n, p, q, 557c}.
n) **wiederholbare JEDE Vorlage** {m}: **Wiederholer** {f}, **JEDE Vorlage** {o, q}.
o) **Nullenvorlage** {n, 552e}: **Buchstabe z** {302b}.
p) **Vorzeichenvorlage** {l, m}: **plusminus** {304c}.
q) **unterdrückbare JEDE Vorlage** {m, n, 557b}:
Buchstabe s {302b} **Möglichkeit, JEDE Vorlage** {552e, 553c,f, 555b, 556c}.
r) **Vorlage: JEDE Vorlage** {n, o, p, q, 552e, 553c,f, 555b, 556c, 557c}.

{Beispiele:

l) *"=" 12z+; 2x+;*
m) *"=" 12z;*
n) *12z;*
q) *si; 10a*}

d) insertion {b,c,m, 552b,f, 554a, 557b}:
literal {j} option, insert {e} sequence; literal {j}.
e) insert {d}: replicator {f}, alignment {i}, literal {j} option.
f) replicator {b,e,j,n}: replication {g} option.
g) replication {f,k, 557b}:
dynamic replication {h}; integral denotation {511a}.
h) dynamic replication {g}:
letter n {302b}, strong CLOSED integral clause {63a, 640a,—}.
i) alignment {e}: letter k {302b}; letter x {302b}; letter y {302b}; letter l {302b}; letter p {302b}.
j) literal {d,e, 552f, 554b}: replicator {f}, STRING denotation {514a, 53b}, replicated literal {k} sequence option.
k) replicated literal {j}: replication {g}, STRING denotation {514a, 53b}.

Examples:

a) *$ p "table.of" x 10a, n (lim − 1) (16x3zd, 3x3 (2x+.12de+2d"+j×"si+.10de+2d)l)p$*;
b) *p"table.of"x10a; 3x3(2x+.12de+2d"+j×"si+.10de+2d) l*;
c) *l20kc ("mon", "tues", "wednes", "thurs", "fri", "satur", "sun") "day"*; *p*;
d) *p "table.of" x*; *"day"*;
e) *p "table.of"*;
g) *n (lim−1)*; *10*;
h) *n (lim−1)*;
j) *"+j×"*;
k) *20"."*}

l) sign mould {552a, 553a,d,e}:
loose replicatable zero frame {m}, sign frame {p}; loose sign frame {m}.
m) loose ANO frame {l, 552d, 553b,d, 555a, 556b, 557b}:
insertion {d} option, ANY frame {n,p,q, 557c}.
n) replicatable ANY frame {m}: replicator {f}, ANY frame {o,q}.
o) zero frame {n, 552e}: letter z {302b}.
p) sign frame {l,m}: plusminus {304c}.
q) suppressible ANY frame {m,n, 557b}:
letter s {302b} option, ANY frame {552e, 553c,f, 555b, 556c}.
r) *frame: ANY frame {n,o,p,q, 552e, 553c,f, 555b, 556c, 557c}.

{Examples:

l) *"=" 12z+*; *2x+*;
m) *"=" 12z*;
n) *12z*;
q) *si*; *10a*}

aa) Drei Arten von "Transgabe" (d. h. "Eingabe "und "Ausgabe") werden vom **Standardvorspiel** vorgesehen, nämlich formatlose Transgabe (10.5.2.), formatierte Transgabe (10.5.3.) und binäre Transgabe (10.5.4.). Formate werden von den Routinen für die formatierte Transgabe benutzt, um die Eingabe von und die Ausgabe zu einer "Datei" (10.5.1) zu steuern. Es wird kein Abschnitt über die Semantik der **Formatgestalten** gegeben, da dies vollständig durch das **Standardvorspiel** geleistet wird.

bb) Ein Format kann mit einer Datei durch einen **Aufruf** von *Format* (10.5.3.a), *outf* (10.5.3.1.a) oder *inf* (10.5.3.2.a) verknüpft werden. Dadurch wird bewirkt, daß ein **Transformat** abgearbeitet (5.5.8.1.a) wird, ferner, daß die **Sammlungsliste** der **Formatgestalt**, die in 5.5.8.2.b Schritt 2 betrachtet wird, entfaltet (cc) wird, daß das Ergebnis dieser Entfaltung die momentane **Abbildliste** der Datei und ihr erstes bestandsbildendes **Abbild** das momentane **Abbild** der Datei wird (; z. B. nach dem **Aufruf** *format (f1, $ pt, 3 (3d.d) l $)* ist *pt, 3d.d, 3d.d, 3d.dl* die momentane **Abbildliste** der Datei *f1* und *pt* das momentane **Abbild**).

cc) Das Ergebnis des Entfaltens einer **Sammlungsliste** (10.5.3.b) ist eine **Abbildliste**, die man wie folgt erhält:

a) Wenn die **Sammlungsliste** ein **Abbild** ist, dann besteht das Ergebnis aus diesem **Abbild**.

b) Wenn die **Sammlungsliste** eine **Sammlung**, aber kein **Abbild** ist, dann besteht das Ergebnis aus der ersten **Einsetzungsmöglichkeit** der **Sammlung**, gefolgt von soviel Kopien des Ergebnisses der Entfaltung der **Sammlungsliste** ihres **Sammlungs-Listen-Packens**, wie der Wert ihres **Wiederholers** angibt, alle durch **Kommasymbole** getrennt, gefolgt von ihrer letzten **Einsetzungsmöglichkeit** (; z. B. das Ergebnis der Entfaltung von *3 k "ab" 2 (10a) l* ist *3 k "ab" 10a, 10al*).

c) Wenn die **Sammlungsliste** eine **echte Sammlungsliste** ist, dann besteht das Ergebnis aus dem Ergebnis der Entfaltung der **Sammlung** jener **echten Sammlungsliste**, gefolgt von einem **Kommasymbol**, gefolgt von dem Ergebnis der Entfaltung ihrer **Sammlungsliste** (; z. B. das Ergebnis der Entfaltung vom *10a, pn (i) (d.2d) "."* ist *10a, p"."*, wenn der Wert von *i* gerade 0 ist.

dd) Wenn eine der formatierten Transgaberoutinen *outf* (10.5.3.1.a), *out* (10.5.3.1.b), *inf* (10.5.3.2.a) oder *in* (10.5.3.2.b) aufgerufen wird, dann findet die Transgabe in folgenden Schritten statt:

Schritt 1: Die Werte, die zu transgeben sind, werden kollateral abgearbeitet und das Ergebnis in eine Reihe von Werten (10.5.0.2) "gestreckt". Der erste von ihnen wird, wenn einer vorhanden ist, zum momentanen Wert gemacht.

Schritt 2: Wenn das momentane **Abbild** der Datei eine **Einsetzungsmöglichkeit** ist, dann wird ihre Einsetzung, wenn eine vorhanden ist, ausgeführt (gg). Das nächste **Abbild**, wenn vorhanden, wird zum momentanen **Abbild** der Datei gemacht und Schritt 2 wiederholt. Andernfalls wird Schritt 3 genommen;

{aa) Three ways of "transput" (i.e., "input" and "output") are provided by the **standard-prelude**, viz., formatless transput (10.5.2), formatted transput (10.5.3) and binary transput (10.5.4). Formats are used by the formatted-transput routines to control input from and output to a "file" (10.5.1). No section on semantics of **format-denotations** is given, since this is entirely dealt with by the **standard-prelude**.

bb) A format may be associated with a file by a **call** of *format* (10.5.3.a), *outf* (10.5.3.1.a) or *inf* (10.5.3.2.a), which causes a transformat to be elaborated (5.5.8.1.a), the **collection-list** of the **format-denotation** considered in 5.5.8.2.b. Step 2 to be unfolded (cc), the result to be the current **picture-list** of the file and its first constituent **picture** to be the current **picture** of the file (; e.g., after the **call** *format (f1, $pt,3(3d.d)l$)*, the current **picture-list** of the file *f1* is *pt, 3d.d, 3d.d, 3d.dl* and the current **picture** is *pt*).

cc) The result of unfolding a **collection-list** (10.5.3.b) is a **picture-list** obtained as follows:

a) if the **collection-list** is a **picture**, then the result consists of that **picture**;
b) if the **collection-list** is a **collection** but not a **picture**, then the result consists of the first **insertion-option** of the **collection**, followed by as many copies of the result of unfolding the **collection-list** of its **collection-list-pack** as is the value of its **replicator**, separated by **comma-symbols**, followed by its last **insertion-option** (; e. g., the result of unfolding *3k "ab" 2(10a)l* is *3k "ab" 10a, 10al*);
c) if the **collection-list** is a **collection-list-proper**, then the result consists of the result of unfolding the **collection** of that **collection-list-proper** followed by a **comma-symbol**, followed by the result of unfolding its **collection-list** (; e.g., the result of unfolding *10a, pn(i) (d.2d)"."* is *10a, p"."* when the value of *i* is 0).

dd) When one of the formatted-transput routines *outf* (10.5.3.1.a), *out* (10.5.3.1.b), *inf* (10.5.3.2.a) or *in* (10.5.3.2.b) is called, then transput takes place in the following steps:

Step 1: The values to be transput are elaborated collaterally and the result is "straightened" (10.5.0.2) into a series of values, the first of which, if any, is made to be the current value;

Step 2: If the current **picture** of the file is an **insertion-option**, then its **insertion**, if any, is performed (gg), the next **picture**, if any, is made to be the current **picture** of the file and Step 2 is taken; otherwise, Step 3 is taken;

Schritt 3: Wenn die Reihe der Werte leer oder ausgeschöpft ist, dann ist die Transgabe vollendet. Wenn andernfalls die **Abbildliste** ausgeschöpft ist, dann wird *format end* der Datei aufgerufen, eine Routine, die durch den Programmierer vorgesehen werden kann (10.5.1.kk);

Schritt 4: Wenn der momentane Wert mit dem momentanen **Abbild** "kompatibel" ist (nn), dann wird der Wert unter der Steuerung des **Abbildes** transgegeben. Anderenfalls wird *value error* der Datei aufgerufen, eine Routine, die durch den Programmierer vorgesehen werden kann;

Schritt 5: Der nächste Wert, wenn vorhanden, wird zum momentanen Wert gemacht, das nächste **Abbild**, wenn vorhanden, wird zum momentanen **Abbild** gemacht und Schritt 2 genommen.

ee) Der Wert des leeren **Wiederholers** ist 1. Der Wert einer **Wiederholung,** welche eine **Ganzzahl-Gestalt** ist, ist der Wert dieser **Gestalt**. Der Wert einer **dynamischen Wiederholung** ist der Wert ihrer **ganzzahligen Klausel**, wenn dieser Wert positiv ist, anderenfalls ist er 0.

ff) Die Transgabe findet in der momentanen "Position" der Datei (d. h. Seitenzahl, Zeilenzahl und Zeichenzahl) statt. Innerhalb gewisser Grenzen (10.5.1.-1.k,l,m) ist in jeder Position der Datei irgendein Zeichen "gegenwärtig". Dies ist vom Inhalt der Datei und ihrem "Konvertierungsschlüssel" (10.5.1.11) abhängig.

gg) Eine **Einsetzung** wird ausgeführt, indem ihre bestandteilbildenden **Ausrichtungen** ausgeführt und bei der Ausgabe (Eingabe) ihre bestandteilbildenden **Literale** der Reihe nach "geschrieben" ("erwartet") werden.

hh) Das Ausführen einer **Ausrichtung** wirkt auf die Position der Datei wie folgt ein, wobei n für den Wert des vorausgehenden **Wiederholers** steht:

a) **Buchstabe-k** bewirkt, daß die momentane Zeichenzahl gleich n gesetzt wird;
b) **Buchstabe-x** bewirkt, daß die Zeichenzahl um n vergrößert wird (10.5.1.2.o);
c) **Buchstabe-y** bewirkt, daß die Zeichenzahl um n erniedrigt wird (10.5.a.2.p);
d) **Buchstabe-l** bewirkt, daß die Zeilenzahl um n vergrößert und die Zeichenzahl auf 1 zurückgesetzt wird (10.5.1.2.q);
e) **Buchstabe-p** bewirkt, daß die Seitenzahl um n vergrößert wird und sowohl die Zeilenzahl als auch die Zeichenzahl auf 1 zurückgesetzt werden (10.5.1.2.r).

ii) Ein **Literal** wird durch das Schreiben der Zeichen (Zeichenketten) geschrieben, die von seinen bestandteilbildenden (**Reihe-von-**)**Zeichengestalten** besessen werden, jedes (jede) so oft wie der Wert des vorausgehenden **Wiederholers** angibt. Eine Zeichenkette wird geschrieben, indem ihre Elemente der Reihe nach geschrieben werden. Ein Zeichen wird dadurch geschrieben, daß das Zeichen an der momentanen Position der Datei gegenwärtig gemacht wird. Dadurch wird das dort gegenwärtig gewesene Zeichen überschrieben und anschließend die Zeichenzahl um 1 erhöht. Ein **Literal** wird durch das Erwarten der Zeichen (Zeichenketten) erwartet, die von seinen bestandteilbildenden (**Reihe-von-**) **Zeichengestalten** besessen werden, jedes (jede) so oft wie der Wert des vorausgehenden **Wiederholers** angibt. Eine Zeichenkette wird erwartet, indem ihre

Step 3: If the series of values is empty or exhausted, then the transput is accomplished; otherwise, if the **picture-list** is exhausted, then *format end* of the file is called, a routine which may be provided by the programmer (10.5.1.kk);

Step 4: If the current value is "compatible" with (nn) the current **picture**, then that value is transput under control of that **picture**; otherwise, *value error* of the file is called, a routine which may be provided by the programmer;

Step 5: The next value, if any, is made to be the current value, the next **picture**, if any, is made to be the current **picture** and Step 2 is taken.

ee) The value of the empty **replicator** is 1; the value of a **replication** which is an **integral-denotation** is the value of that **denotation**; the value of a **dynamic-replication** is the value of its **integral-clause** if that value is positive, and 0 otherwise.

ff) Transput occurs at the current "position" (i.e., page number, line number and char number) of the file. At each position of the file within certain limits (10.5.1.1.k,l,m) some character is "present", depending on the contents of the file and on its "conversion key" (10.5.1.11).

gg) An **insertion** is performed by performing its constituent **alignments** and, on output (input), "writing" ("expecting") its constituent **literals** one after the other.

hh) Performing an **alignment** affects the position of the file as follows, where n stands for the value of the preceding **replicator**:

a) **letter-k** causes the current char number to be set to n;

b) **letter-x** causes the char number to be incremented by n (10.5.1.2.o);

c) **letter-y** causes the char number to be decremented by n (10.5.1.2.p);

d) **letter-l** causes the line number to be incremented by n and the char number to be reset to 1 (10.5.1.2.q).;

e) **letter-p** causes the page number to be incremented by n and both the line number and the char number to be reset to 1 (10.5.1.2.r).

ii) A **literal** is written by writing the characters (strings) possessed by its constituent **(row-of-)character-denotations** each as many times as is the value of the preceding **replicator**; a string is written by writing its elements one after the other; a character is written by causing the character to be present at the current position of the file, thereby obliterating the character that was present, and then incrementing the char number by 1. A **literal** is expected by expecting the characters (strings) possessed by its constituent **(row-of-)-character-denotations** each as many times as is the value of the preceding

Elemente der Reihe nach erwartet werden. Ein Zeichen wird durch Erhöhung der Zeichenzahl um 1 erwartet, wenn das Zeichen in der momentanen Position der Datei gegenwärtig ist. Anderenfalls ist die weitere Abarbeitung nicht definiert.

jj) Wenn eine Zeichenkette "gelesen" wird, bei der die Anzahl der Zeichen gegeben ist, dann wird diese Anzahl von Zeichen gelesen und das Ergebnis ist eine Zeichenkette, deren Elemente jene Zeichen sind. Wenn eine Zeichenkette unter der Steuerung einer gegebenen "Beendiger-Zeichenkette" gelesen wird, dann werden so lange, wie die Zeile nicht ausgeschöpft ist, Zeichen gelesen, und zwar bis zu einem Zeichen, das vor dem ersten Zeichen steht, welches mit irgendeinem Element der Beendiger-Zeichenkette übereinstimmt. Das Ergebnis ist eine Zeichenkette, deren Elemente jene Zeichen sind. Wenn ein Zeichen gelesen wird, dann ist das Ergebnis das Zeichen, das an der momentanen Position der Datei gegenwärtig ist und die Zeichenzahl der Datei wird um 1 vergrößert.

kk) Der Modus, der durch ein **Abbild** spezifiziert wird, ist jener, der durch das Original seines **Musters** umfaßt wird, wenn eines vorhanden ist. Die Anzahl der Zeichen, die durch ein **Abbild** spezifiziert wird, ist die Summe der Anzahlen, die durch seine bestandteilbildenden **Vorlagen** spezifiziert werden, und die Anzahl, die durch eine **Vorlage** spezifiziert wird, ist gleich dem Wert ihres vorausgehenden **Wiederholers**, wenn einer existiert, andernfalls gleich 1.

ll) Bei der Ausgabe kann ein **Abbild** benutzt werden, um einen Wert in den folgenden Schritten zu "edieren":

Schritt 1: Der Wert wird durch eine passende Ausgaberoutine (10.5.2.1.c,d,e) in eine Zeichenkette von so vielen Zeichen konvertiert, wie es durch das **Abbild** spezifiziert ist. (Wenn das **Muster** des **Abbildes** ein **Ganzzahl-Muster** ist, dann findet diese Konvertierung zu einer Basis statt, die gleich dem Wert der **Ganzzahl-Gestalt** ist, die die gleiche Folge von Symbolen hat wie seine bestandteilbildende **Radix**, falls eine solche gegeben ist. Anderenfalls wird zur Basis 10 konvertiert.) Wenn diese Anzahl von Zeichen nicht genügt, dann wird *value error* der Datei aufgerufen, eine Routine, die durch den Programmierer vorgesehen werden kann (10.5.1.kk);

Schritt 2: In jenen Teilen der Zeichenkette, wenn vorhanden, die durch eine **Vorzeichenschablone** spezifiziert werden, wird ein Zeichen, das durch die **Vorzeichenvorlage** spezifiziert wird, benutzt, um das Vorzeichen anzuzeigen. Wenn die **Vorzeichenvorlage** ein **minus-Symbol** und der Wert nicht negativ ist, dann wird ein Zwischenraum genommen, anderenfalls das Zeichen, das durch die **Vorzeichenvorlage** spezifiziert ist. Dieses Zeichen wird in dem Teil der Zeichenkette, der durch die **Vorzeichenschablone** spezifiziert wird, soweit wie möglich nach rechts verschoben über alle führenden Nullen hinweg, wobei jene Nullen durch Zwischenräume ersetzt werden (; z. B. unter der **Vorzeichenschablone** *4z+* wird die Zeichenkette, die von *"+0003"* besessen wird, zu jener, die von *"...+3"* besessen wird). Wenn das **Abbild** keine **Vorzeichenschablone** enthält, und der Wert negativ ist, dann wird *value error* der Datei aufgerufen;

replicator; a string is expected by expecting its elements one after the other; a character is expected by incrementing the char number by 1 if the character is present at the current position of the file; otherwise, the further elaboration is undefined.

jj) When a string whose number of characters is given is "read", then that number of characters are read and the result is a string whose elements are those characters; when a string is read under control of a given "terminator-string", then as long as the line is not exhausted, characters are read up to but not including the first character which is the same as some element of the terminator-string, and the result is a string whose elements are those characters; when a character is read, then the result is the character present at the current position of the file, and the char number of the file is incremented by 1.

kk) The mode specified by a **picture** is that enveloped by the original of its **pattern**, if any. The number of characters specified by a **picture** is the sum of the numbers specified by its constituent **frames** and the number specified by a **frame** is equal to the value of its preceding **replicator**, if any, and 1 otherwise.

ll) On output, a **picture** may be used to "edit" a value in the following steps:

Step 1: The value is converted by an appropriate output routine (10.5.2.1.c, d,e) to a string of as many characters as specified by the picture (; if the pattern of the **picture** is an **integral-pattern**, then this conversion takes place to a base equal to the value of the **integral-denotation** which is the same sequence of symbols as its constituent **radix**, if any, and base 10 otherwise); if this number of characters is not sufficient, then *value error* of the file is called, a routine which may be provided by the programmer (10.5.1.kk);

Step 2: In those parts, if any, of the string specified by a **sign-mould**, a character specified by the **sign-frame** will be used to indicate the sign, viz., if the **sign-frame** is a **minus-symbol** and the value is nonnegative, then a space, and, otherwise, the character specified by the **sign-frame**; this character is shifted in that part of the string specified by the **sign-mould** as far to the right as possible across all leading zeroes, and those zeroes are replaced by spaces (; e.g., under the **sign-mould** *4z+*, the string possessed by "*+0003*" becomes that possessed by "*...+3*"); if the **picture** does not contain a **sign-mould** and the value is negative, then *value error* of the file is called;

Schritt 3: Führende Nullen werden in jenen Teilen der Zeichenkette, die durch irgendeine der verbliebenen **Nullenvorlagen** spezifiziert werden, durch Zwischenräume ersetzt (; z. B. gemäß dem **Abbild** *zdzd2d* wird die ganze Zahl 180168 zu der Zeichenkette, die von *"18.168"* besessen wird);

Schritt 4: Für alle **Vorlagen**, die in einem **Abbild** vorkommen, wird zuerst die vorangestellte **Einsetzung** ausgeführt, wenn eine vorhanden ist, und als nächstes, wenn die **Vorlage** nicht "unterdrückt", (d. h., durch **Buchstabe-s** eingeleitet ist), wird der Teil der Zeichenkette geschrieben, der durch die **Vorlage** spezifiziert ist. Schließlich wird die **Einsetzung** ausgeführt, wenn es überhaupt eine gibt, die der letzten bestandsbildenden **Vorlage** folgt. (Z. B. die Edition der ganzen Zahl 180168 gemäß **Abbild** *zd"—"zd"—19"2d* veranlaßt das Schreiben der Zeichenkette, die von *"18—.1—1968"* besessen wird).

mm) Bei der Eingabe kann ein **Abbild** benutzt werden, um einen Wert eines gegebenen Modus in folgenden Schritten aus einer Datei zu "indieren":

Schritt 1: Man erhält eine Zeichenkette, die aus den Zeichen besteht, die durch Ausführen des folgenden Prozesses für alle im **Abbild** vorhandenen **Vorlagen** erhalten werden. Zuerst wird die **Einsetzung**, wenn es überhaupt eine gibt, ausgeführt, die der **Vorlage** vorausgeht. Als nächstes erhält man soviele Zeichen, wie durch die **Vorlage** spezifiziert werden. Jedes dieser Zeichen wird erhalten, wenn die **Vorlage** nicht unterdrückt ist, durch das Lesen eines Zeichens von der Datei. Wenn dabei die **Vorlage** eine **Ziffern-** (**Punkt-**, **Exponenten-**, **Komplex-**)**vorlage** und das Zeichen keine Ziffer (Punkt, Basis, plus i mal) ist, dann wird *char error* der Datei (10.5.1.kk) mit einer(m) Null (Punkt, Basis, plus i mal) als Parameter aufgerufen. Wenn die Vorlage unterdrückt und eine **Ziffern-** (**Nullen-**, **Punkt-**, **Exponenten-**, **Komplex-**, **Zeichen-**)**vorlage** ist, dann wird das Zeichen durch Nehmen einer(s) (Null, Punktes, Basis, plus i mal, Zwischenraumes) erhalten.

Schritt 2: Jene Teile, wenn es überhaupt solche gibt, der Zeichenkette, die durch eine **Vorzeichenschablone** spezifiziert sind, müssen ein Zeichen enthalten, das durch die **Vorzeichenvorlage** spezifiziert wird und das Vorzeichen anzeigt (; siehe ll. Schritt 2). Wenn jene Teile ein solches Zeichen enthalten, wobei nur Zwischenräume vor ihm, aber keine führenden Nullen hinter ihm erscheinen, dann werden jene führenden Zwischenräume, wenn vorhanden, gestrichen. Andernfalls wird *char error* mit einem plus als Parameter aufgerufen. Wenn dieses Zeichen ein Zwischenraum und die **Vorzeichenvorlage** ein **minus-Symbol** ist, dann wird es durch ein plus ersetzt (z. B. wenn in Schritt 1 unter der Steuerung von *3z—d* die Zeichenkette erhalten wurde, die von *"...39"* besessen wird, dann wird in Schritt 2 jene erhalten, die von *"+39"* besessen wird);

Schritt 3: Die führenden Zwischenräume in jenen Teilen der Zeichenkette, die durch irgendeine der übriggebliebenen **Nullenvorlagen** spezifiziert werden, werden durch Nullen ersetzt;

Step 3: Leading zeroes in those parts of the string specified by any remaining **zero-frames** are replaced by spaces (; e.g., under the **picture** *zdzd2d*, the integer 180168 becomes the string possessed by *"18.168"*);

Step 4: For all frames occurring in the **picture**, first the preceding **insertion**, if any, is performed, and next, if the **frame** is not "suppressed" (, i.e., preceded by **letters-s**), then that part of the string specified by the **frame** is written; finally, the **insertion**, if any, following the last constituent **frame** is performed (; e.g., editing under the **picture** *zd"−"zd"−19"2d*, the integer 180168 causes the string possessed by *"18−.1−1968"* to be written).

mm) On input, a **picture** may be used to "indit" a value of a given mode from a file in the following steps:

Step 1: A string is obtained consisting of the characters obtained by performing the following process for all **frames** occurring in the **picture**, viz., first, the **insertion**, if any, preceding the **frame** is performed and next, as many characters are obtained as are specified by the **frame**; each of those characters is obtained,
if the **frame** is not suppressed, then by reading from the file a character, and, if the **frame** is a **digit-** (**point-**, **exponent-**, **complex-**)**frame** and the character is not a digit (point, times ten to the power, plus i times), then calling *char error* of the file (10.5.1.kk) with as its parameter a zero (point, times ten to the power, plus i times), and
if the **frame** is suppressed, then by taking, if the **frame** is a **digit-** (**zero-**, **point-**, **exponent-**, **complex-**, **character-**)**frame** a zero (zero, point, times ten to the power, plus i times, space);

Step 2: Those parts, if any, of the string specified by a **sign-mould** must contain a character, specified by the **sign-frame**, to indicate the sign (; see ll. Step 2); if those parts contain such a character, with only spaces appearing in front of it and no leading zeroes appearing after it, then those leading spaces, if any, are delected; otherwise, *char error* is called with a plus; if this character is a space, and the **sign-frame** is a **minus-symbol**, then it is replaced by a plus (; e.g., if in Step 1 under control of *3z−d*, the string possessed by *"...39"* is obtained, then in Step 2 that possessed by *"+39"* is obtained);

Step 3: Leading spaces in those parts of the string specified by any remaining **zero-frames** are replaced by zeroes;

Schritt 4: Die Zeichenkette wird, wenn es möglich ist, durch eine passende Eingabe-Routine (10.5.2.2.c,d,e) in einem Wert vom gegebenen Modus konvertiert. Anderenfalls wird *value error* der Datei aufgerufen (, z. B., wenn der Wert von *max int* (10.1.b) 10000 ist, dann ist es unter *+5d* möglich, +10000 einzugeben, aber nicht +10001).

nn) Ein Wert eines gegebenen Modus ist mit einem gegebenen **Abbild** kompatibel, wenn

a) bei der Ausgabe irgendein Modus existiert, welcher der Modus ist, der durch das **Abbild** spezifiziert wird, und dem kein oder mehrere '**lang**' vorausgehen, so daß jener Modus von dem gegebenen Modus stark angepaßt ist.

b) bei der Eingabe irgendein Modus existiert, welcher der Modus ist der durch das **Abbild** spezifiziert wird, und dem '**Referenz zu**' und kein oder mehrere '**lang**' vorausgehen, so daß jener Modus von dem gegebenen Modus stark angepaßt ist. (Ein Wert vom Modus '**Referenz zu lang ganz**' ist bei der Ausgabe, aber nicht bei der Eingabe, kompatibel mit einem **Abbild**, das den Modus '**real**' spezifiziert.)

oo) Formate haben bei der Ein- und Ausgabe eine komplementäre Bedeutung, d. h., ein gegebener Wert, der keine Zeichenkette mit einer oder zwei flexiblen Grenzen ist, welcher unter der Steuerung eines gewissen **Abbildes**, beginnend bei einer gewissen Position, erfolgreich auf eine Datei ausgegeben wurde, kann unter der Steuerung des gleichen **Abbildes**, bei der gleichen Position beginnend, von der gleichen Datei wieder erfolgreich eingelesen werden, vorausgesetzt, daß der Inhalt der Datei inzwischen nicht verändert wurde.
Wenn das **Abbild** keinen **Buchstaben-k** oder **Buchstaben-y** als Ausrichtung enthält und das Abbild nicht irgendwelche **Ziffernvorlagen** oder **Zeichenvorlagen** enthält, denen **Buchstabe-s** vorausgeht, dann ist der zweite Wert, der bei der Eingabe erhalten wird, gleich (annähernd gleich) dem gegebenen Wert, wenn dieser eine Zeichenkette, ganze Zahl oder ein Wahrheitswert (eine reale Zahl) ist. Die Ausgabe dieses zweiten Wertes in die Datei unter der Steuerung des gleichen gegebenen **Abbildes**, beginnend bei der gleichen Position, wirkt auf den Inhalt der Datei wie die Ausgabe des gegebenen Wertes.

pp) Wenn ein Wert unter der Steuerung eines **Abbildes** transgegeben wird, dessen bestandteilbildendes **Muster** kein **ganzzahliges Auswahl-Muster** (5.5.2.f), **boolesches Muster** (5.5.4.a) oder **Zeichenketten-Muster** (5.5.7.b) ist, dann wird er bei Ausgabe (Eingabe) unter der Steuerung des **Abbildes** ediert (indiert).

5.5.2. Syntax der Ganzzahl-Muster

a) **Ganzzahl Muster** {55c}: **Radixschablone** {b} **Möglichkeit, Vorzeichenschablone** {551} **Möglichkeit, Ganzzahl Schablone** {d}; **ganzzahliges Auswahl Muster** {f}.

b) **Radixschablone** {a}: **Einsetzung** {55d} **Möglichkeit, Radix** {c}, **Buchstabe r** {302b}.

Step 4: The string is converted by an appropriate input routine (10.5.2.2.c,d,e) into a value of the given mode, if possible, and, otherwise, *value error* of the file is called (; e.g., if the value of *maxint* (10.1.b) is 10000, then under $+5d$ it is possible to input +10000, but not +10001).

nn) A value of a given mode is compatible with a given **picture** if

a) on output, there exists some mode which is the mode specified by the **picture** preceded by zero or more times '**long**', such that that mode is strongly coerced from the given mode;

b) on input, there exists some mode which is the mode specified by the **picture** preceded by '**reference to**' followed by zero or more times '**long**', such that that mode is strongly coerced from the given mode. (A value of mode '**reference to long integral**' is on output compatible with a **picture** that specifies the mode '**real**', but not on input.)

oo} Formats have a complementary meaning on input and output, i.e., a given value which is not a string with one or two flexible bounds, which has been output successfully to the file, under control of a certain **picture**, starting from a certain position, can be successfully input again from that file under control of the same **picture**, starting at the same position, provided that the contents of the file are not changed in between; if the **picture** does not contain a **letter-k** or **letter-y** as **alignment**, and the **picture** does not contain any **digit-frames** or **character-frames** preceded by **letter-s**, then the second value, obtained on input, is equal (approximately equal) to the given value if this is a string, integer or truth value (is a real number); output of this second value to the file has the same effect on the contents of the file as output of the given value under control of the same given **picture** and starting from one same position.

pp) If a value is transput under control of a **picture** whose constituent **pattern** is not an **integral-choice-pattern** (5.5.2.f), **boolean-pattern** (5.5.4.a) or **string-pattern** (5.5.7.b), then on output (input) it is edited (indited) under control of the **picture**.}

5.5.2. Syntax of integral patterns

a) **integral pattern** {55c}: **radix mould** {b} **option, sign mould** {55l} **option, integral mould** {d}; **integral choice pattern** {f}.

b) **radix mould** {a}: **insertion** {55d} **option, radix** {c}, **letter r** {302b}.

c) **Radix** {b}: **Ziffer zwei** {303d}; **Ziffer vier** {303d}; **Ziffer acht** {303d}; **Ziffer eins** {303d}, **Ziffer null** {303d}; **Ziffer eins** {303d}, **Ziffer sechs** {303d}.
d) **Ganzzahl Schablone** {a, 553b, d, e}: **lockere wiederholbare unterdrückbare Ziffernvorlage** {55m} **Folge.**
e) **Ziffernvorlage** {55q}: **Nullenvorlage** {550}; **Buchstabe d** {302b}.
f) **ganzzahliges Auswahl Muster** {a}: **Einsetzung** {55d} **Möglichkeit, Buchstabe c** {302b}, **Literal** {55j} **Liste Packen.**

{Beispiele:
a) *2r6d30sd*; *12 z + d*; *zd" – "zd" – 19" 2d*;
l20 kc ("Mon", "Diens", "Mit", "Donners", "Frei", "Sams", "Sonn");
b) *2r*;
c) *2*; *4*; *8*; *10*; *16*;
d) *zd" – "zd" – 19"2d*;
f) *l20 kc ("Mon", "Diens", "Mit", "Donners", "Frei", "Sams", "Sonn")*}

{Wenn ein gegebener Wert unter der Steuerung eines **Abbildes**, dessen bestandteilbildendes **Muster** ein **ganzzahliges Auswahlmuster** ist, transzugeben ist, dann wird die **Einsetzung** — sofern vorhanden — ausgeführt, die dem **Buchstaben c** vorausgeht.
a) Bei der Ausgabe wird, wenn n für die auszugebende ganze Zahl steht, sowie $n > 0$ und die Anzahl der **Literale** in dem bestandteilbildenden **Literal-Liste-Packen** größer gleich n ist, das n-te **Literal** auf die Datei geschrieben. Anderenfalls ist die weitere Abarbeitung undefiniert;
b) Bei der Eingabe wird irgend eins der bestandteilbildenden **Literale** des bestandteilbildenden **Literal-Liste-Packens** von der Datei erwartet. Wenn das i-te bestandteilbildende **Literal** das erste gegenwärtige ist, dann ist der Wert i. Wenn keines dieser **Literale** gegenwärtig ist, dann ist die weitere Abarbeitung undefiniert.
c) Schließlich wird die **Einsetzung** — wenn vorhanden — ausgeführt, die dem **Muster** folgt.}

5.5.3. Syntax der Realmuster

a) **Realmuster** {55c, 556b}: **Vorzeichenschablone** {551} **Möglichkeit, Realschablone** {b}; **Gleitpunktschablone** {d}.
b) **Realschablone** {a, e}: **Ganzzahl Schablone** {552d}, **lockere unterdrückbare Punktvorlage** {55m}, **Ganzzahl Schablone** {552d} **Möglichkeit; lockere unterdrückbare Punktvorlage** {55m}, **Ganzzahlschablone** {552d}.
c) **Punktvorlage** {55q}: **Punktsymbol** {31b}.
d) **Gleitpunktschablone** {a}: **Mantissen Schablone** {e}, **lockere unterdrückbare Exponentenvorlage** {55m}, **Vorzeichenschablone** {551} **Möglichkeit, Ganzzahl Schablone** {552d}.
e) **Mantissen Schablone** {d}: **Vorzeichenschablone** {551} **Möglichkeit, GANZREAL Schablone** {b, 552d, —}.
f) **Exponentenvorlage** {55q}: **Buchstabe e** {302b}.

c) **radix {b}: digit two {303d}; digit four {303d}; digit eight {303d}; digit one {303d}, digit zero {303d}; digit one {303d}, digit six {303d}.**
d) **integral mould {a, 553b,d,e}:**
loose replicatable suppressible digit frame {55m} sequence.
e) **digit frame {55q}: zero frame {550}; letter d {302b}.**
f) **integral choice pattern {a}:**
insertion {55d} option, letter c {302b}, literal {55j} list pack.

{Examples:

a) *2r6d30sd; 12z+d; zd"—"zd"—19"2d;*
l20kc ("mon", "tues", "wednes", "thurs", "fri", "satur", "sun");
b) *2r;*
c) *2; 4; 8; 10; 16;*
d) *zd"—"zd"—19"2d;*
f) *l20kc ("mon", "tues", "wednes", "thurs", "fri", "satur", "sun")*}

{If a given value is transput under control of a **picture** whose constituent **pattern** is an **integral-choice-pattern**, then the **insertion**, if any, preceding the **letter-c** is performed, and,

a) on output, letting n stand for the integer to be output, if n > 0 and the number of **literals** in the constituent **literal-list-pack** is at least n, then the n-th **literal** is written on the file; otherwise, the further elaboration is undefined;
b) on input, one of the constituent **literals** of the constituent **literal-list-pack** is expected on the file; if the i-th constituent **literal** is the first one present, then the value is i; if none of these **literals** is present, then the further elaboration is undefined;
c) finally, the **insertion**, if any, following the **pattern** is performed.}

5.5.3. Syntax of real patterns

a) **real pattern {55c, 556b}: sign mould {551} option, real mould {b}; floating point mould {d}.**
b) **real mould {a,e}: integral mould {552d},**
loose suppressible point frame {55m}, integral mould {552d} option;
loose suppressible point frame {55m}, integral mould {552d}.
c) **point frame {55q}: point symbol {31b}.**
d) **floating point mould {a}: stagnant mould {e}, loose suppressible exponent frame {55m}, sign mould {551} option, integral mould {552d}.**
e) **stagnant mould {d}: sign mould {551} option, INTREAL mould {b, 552d,—}.**
f) **exponent frame {55q}: letter e {302b}.**

{Beispiele:
a) *+.12d*; *+d.11de+2d*;
b) *d.11d*; *.12d*;
d) *+d.11de+2d*;
e) *+d.11d*}

5.5.4. Syntax der booleschen Muster

a) **boolesches Muster** {55c}**: Einsetzung** {55d} **Möglichkeit, Buchstabe b** {302b}**, boolesche Auswahlschablone** {b} **Möglichkeit.**
b) **boolesche Auswahlschablone** {a}**: Öffnungssymbol** {31e}**, Literal** {55j}**, Kommasymbol** {31e}**, Literal** {55j}**, Abschließungssymbol** {31e}.

{Beispiele:
a) *l"Ergebnis"14xb*; *b("","Fehler")*;
b) *("","Fehler")*}

{Wenn das boolesche Muster keine **Auswahlschablone** enthält, dann ist die Wirkung des Gebrauchs des **Musters** die gleiche, als wenn dem **Buchstaben b** ein *("1", "0")* folgen würde. Wenn ein gegebener Wert unter der Steuerung eines **Abbildes** zu transgeben ist, dessen bestandteilbildendes **Muster** ein **boolesches Muster** ist, so wird die **Einsetzung** — sofern vorhanden — ausgeführt, die dem **Buchstaben b** vorausgeht.
a) Bei der Ausgabe wird das erste bestandteilbildende **Literal** der bestandteilbildenden **Auswahlschablone** geschrieben, wenn der auszugebende Wahrheitswert wahr ist. Anderenfalls wird das zweite **Literal** geschrieben.
b) Bei der Eingabe wird eines der bestandteilbildenden **Literale** der bestandteilbildenden **Auswahlschablone** von der Datei erwartet. Wenn das erste **Literal** gegenwärtig ist, dann wird der Wert true gesetzt. Wenn anderenfalls das zweite **Literal** vorhanden ist, wird der Wert false gesetzt. Anderenfalls ist die weitere Abarbeitung undefiniert.
c) Schließlich wird die **Einsetzung** — wenn vorhanden — ausgeführt, die dem **Muster** folgt.}

5.5.5. Syntax der Zeichenmuster

a) **Zeichenmuster** {55c}**: lockere unterdrückbare Zeichenvorlage** {55m}.
b) **Zeichenvorlage** {55q}**: Buchstabe a** {302b}.

{Beispiel:
a) *"."a*}

5.5.6. Syntax der Komplexmuster

a) ***Komplexmuster: KOMPLEX Muster** {b}.
b) **KOMPLEX Muster** {55c}**: Realmuster** {553a}**, lockere unterdrückbare Komplexvorlage** {55m}**, Realmuster** {553a}.
c) **Komplexvorlage** {55q}**: Buchstabe i** {302b}.

{Examples:

a) *+.12d*; *+d.11de+2d*;

b) *d.11d*; *.12d*;

d) *+d.11de+2d*;

e) *+d.11d*}

5.5.4. Syntax of boolean patterns

a) **boolean pattern** {55c}**: insertion** {55d} **option, letter b** {302b}**,**
boolean choice mould {b} **option.**

b) **boolean choice mould** {a}**: open symbol** {31e}**, literal** {55j}**,**
comma symbol {31e}**, literal** {55j}**, close symbol** {31e}**.**

{Examples:

a) *l"result"14xb*; *b("","error")*;

b) *("","error")*}

{If the **boolean-pattern** does not contain a **choice-mould**, then the effect of using the **pattern** is the same as if the **letter-b** were followed by *("1", "0")*. If a given value is transput under control of a **picture** whose constituent **pattern** is a **boolean-pattern**, then the **insertion**, if any, preceding the **letter-b** is performed, and,

a) on output, if the truth value to be output is **true**, then the first constituent **literal** of the constituent **choice-mould** is written, and, otherwise, the second;

b) on input, one of the constituent **literals** of the constituent **choice-mould** is expected on the file; if the first **literal** is present, then the value **true** is found; otherwise, if the second **literal** is present, then the value **false** is found; otherwise, the further elaboration is undefined;

c) finally, the **insertion**, if any, following the **pattern** is performed.}

5.5.5. Syntax of character patterns

a) **character pattern** {55c}**: loose suppressible character frame** {55m}**.**

b) **character frame** {55q}**: letter a** {302b}**.**

{Example:

a) *"."a*}

5.5.6. Syntax of complex patterns

a) ***complex pattern: COMPLEX pattern** {b}**.**

b) **COMPLEX pattern** {55c}**: real pattern** {553a}**,**
loose suppressible complex frame {55m}**, real pattern** {553a}**.**

c) **complex frame** {55q}**: letter i** {302b}**.**

{Beispiel:
b) *2x+.12de+2d"+j"si+.10de+2d*}

5.5.7. Syntax der Zeichenkettenmuster

a) ***Zeichenkettenmuster: Reihe von Zeichenmuster** {b}.
b) **Reihe von Zeichenmuster** {*55c*}: **lockere Zeichenkettenvorlage** {55m}; **lockere wiederholbare unterdrückbare Zeichenvorlage** {55m} **echte Folge; Einsetzung** {55d} **Möglichkeit, Wiederholung** {55g}, **unterdrückbare Zeichenvorlage** {55q}.
c) **Zeichenkettenvorlage** {55m}: **Buchstabe t** {302b}.

{Beispiele:
b) *lt*; *5a3sa5a*; *p"Tafel. von " x10a* (Man beachte, daß *a* ein **Zeichenmuster** ist, während *1a* ein **Zeichenkettenmuster** für eine Zeichenkette mit einem Element ist.)}

{Wenn ein gegebener Wert unter der Steuerung eines **Abbildes**, dessen bestandteilbildendes **Muster** ein **Zeichenkettenmuster** ist, zu transgeben ist, dann wird, wenn das **Muster** eine **lockere Zeichenkettenvorlage** ist, folgendes ausgeführt:
a) Die bestandteilbildende **Einsetzung** wird ausgeführt, wenn eine vorhanden ist.
b) Bei der Ausgabe wird die gegebene Zeichenkette auf die Datei geschrieben.
c) Bei der Eingabe wird, wenn die Zeichenkette feste Grenzen hat, die entsprechende Anzahl von Zeichen gelesen. Anderenfalls wird unter Steuerung der Beendiger-Zeichenkette der Datei (10.5.1.mm) eine Zeichenkette gelesen.
d) Schließlich wird die **Einsetzung** — wenn vorhanden — ausgeführt, die dem **Muster** folgt. Anderenfalls wird bei der Ausgabe die gegebene Zeichenkette ediert, die so viele Elemente haben muß wie die Anzahl von Zeichen angibt, die durch das **Abbild** spezifiziert ist; bei der Eingabe wird die Zeichenkette indiert.

5.5.8. Transformate

{**Transformate** werden ausschließlich als **aktuelle Parameter** von formatierten Transgaberoutinen benutzt. Aus Gründen der Effektivität wurde es dem Programmierer wohlbedachterweise durch die Wahl des **Feldselektors**, der den **Buchstaben aleph** enthält, für den keine Darstellung vorgesehen ist, unmöglich gemacht, die **Transformate** irgendwoanders zu benutzen. Obgleich die **Transformate** überhaupt keine **Gestalten** sind, werden sie hier wegen ihrer engen Verbindung zu den Formaten behandelt.

5.5.8.1. Syntax

a) **Strukturiert mit Reihe von Zeichen Feld Buchstabe aleph Ziffer eins Transformat** {741b}: **feste Formateinheit** {61e}.

{Beispiel:
a) *(x ≥ 0 | $5d$ | $5d" − "$)*}

{Example:

b) *2x+.12de+2d"+j "si+.10de+2d*}

5.5.7. Syntax of string patterns

a) ***string pattern: row of character pattern {b}.**

b) **row of character pattern {55c}: loose string frame {55m}; loose replicatable suppressible character, frame {55m} sequence proper; insertion {55d} option, replication {55g}, suppressible character frame {55q}.**

c) **string frame {55m}: letter t {302b}.**

{Examples:

b) *lt*; *5a3sa5a*; *p"table.of"x10a* (Note that *a* is a **character-pattern**, whereas *1a* is a **string pattern** for a string with one element.)}

{If a given value is transput under control of a **picture** whose constituent **pattern** is a **string-pattern**, then, if the **pattern** is a **loose-string-frame**, then

a) the constituent **insertion**, if any, is performed;

b) on output, the given string is written on the file;

c) on input, if the string has fixed bounds, then that number of characters are read; otherwise, a string is read under control of the terminator-string of the file (10.5.1.mm);

d) finally, the **insertion**, if any, following the **pattern** is performed; otherwise, on output, the given string, which must have as many elements as the number of characters specified by the **picture**, is edited; on input, the string is indited.}

5.5.8. Transformats

{**Transformats** are exclusively used as **actual-parameters** of formatted-transput routines; for reasons of efficiency, the programmer has deliberately been made unable to use them elsewhere by the choice of the **field-selector**, which contains **letter-aleph** for which no representation is provided. Although transformats are not denotations at all, they are handled here because of their close connection to formats.}

5.5.8.1. Syntax

a) **structured with row of character field letter aleph digit one transformat {74b}: firm format unit {61e}.**

{Example:

a) *(x* $\geq$ *0 | \$5d\$ | \$5d"−"\$)*}

5.5.8.2. Semantik

a) Das Format {2.2.3.4}, das von einer gegebenen **Formatgestalt** besessen wird, ist dieselbe Folge von Symbolen wie die gegebene **Formatgestalt.**

b) Ein gegebenes **Transformat** wird in folgenden Schritten abgearbeitet:

Schritt 1: Es wird vorabgearbeitet {1.1.6.i};

Schritt 2: Eine **Formatgestalt** wird betrachtet, die dieselbe Folge von Symbolen ist wie das durch Schritt 1 erhaltene Format;

Schritt 3: Alle bestandteilbildenden **dynamischen Wiederholungen** {5.5.1.h} der betrachteten Formatgestalt werden kollateral {6.3.2.a} abgearbeitet, wobei die Abarbeitung einer **dynamischen Wiederholung** die Abarbeitung ihrer **ganzzahligen Klausel** ist;

Schritt 4: Jede dieser **dynamischen Wiederholungen** wird durch eine **Ganzzahl-Gestalt** {5.1.1.1.a} ersetzt, die den gleichen Wert besitzt, wie diese **dynamische Wiederholung**, wenn jener Wert positiv ist. Anderenfalls wird sie durch eine **Ziffer null** ersetzt. Weiterhin wird jeder leere **Wiederholer** durch eine **Ziffer eins** ersetzt;

Schritt 5: Jene **Zeichenkettengestalt** {5.3.1.a} (**Zeichengestalt** {5.1.4.1.a}) wird betrachtet, die man erhält, indem man in der betrachteten **Formatgestalt**, wie sie in Schritt 4 modifiziert wurde, jedes bestandteilbildende **Anführungsstrichsymbol** durch ein **Anführungsstrichbild** {5.1.4.1.c} und das erste und letzte bestandteilbildende **Formatbegrenzungssymbol** durch ein **Anführungsstrichsymbol** ersetzt;

Schritt 6: Ein neuer Fall des Wertes der betrachteten **Zeichenkettengestalt** (eines mehrfachen Wertes, der aus dem Wert der betrachteten **Zeichengestalt** als seinem einzigen Element und einem Deskriptor zusammengesetzt ist, der aus dem Anfang 1 und einem Quintupel (1,1,1,1,1) besteht) wird zum einzigen Feld eines neuen Falles eines strukturierten Wertes {2.2.3.2} gemacht, dessen Modus derjenige ist, der durch das Original {1.1.6.c} des **Transformates** umfaßt {1.1.6.j} wird;

Schritt 7: Das **Transformat** wird veranlaßt, den in Schritt 6 erhaltenen strukturierten Wert zu besitzen.

5.5.8.2. Semantics

a) The format {2.2.3.4} possessed by a given **format-denotation** is the same sequence of symbols as the given **format-denotation**.

b) A given **transformat** is elaborated in the following steps:

Step 1: It is preelaborated {1.1.6.i};

Step 2: A **format-denotation** is considered which is the same sequence of symbols as the format obtained in Step 1;

Step 3: All constituent **dynamic-replications** {5.5.1.h} of the considered **format-denotation** are elaborated collaterally {6.2.2.a}, where the elaboration of a **dynamic-replication** is that of its **integral-clause**;

Step 4: Each of those **dynamic-replications** is replaced by an **integral-denotation** {5.1.1.1.a} which possesses the same value as that **dynamic-replication** if that value is positive, and, otherwise, by a **digit-zero**; furthermore, every **replicator** which is empty is replaced by a **digit-one**;

Step 5: That **string-denotation** {5.3.1.a} (**character-denotation** {5.1.4.1.a}) is considered which is obtained by replacing in the considered **format-denotation** as modified in Step 4 each constituent **quote-symbol** by a **quote-image** {5.1.4.1.c} and the first and the last constituent **formatter-symbol** by a **quote-symbol**;

Step 6: A new instance of the value of the considered **string-denotation** (of a multiple value composed of the value of the considered **character-denotation** as its {only} element and of a descriptor consisting of an offset 1 and one quintuple (1, 1, 1, 1, 1)), is made to be the {only} field of a new instance of a structured value {2.2.3.2} whose mode is that enveloped {1.1.6.j} by the original {1.1.6.c} of the **transformat**;

Step 7: The **transformat** is made to possess the structured value obtained in Step 6.

6. Phrasen

{Eine Phrase ist eine **Deklaration** oder eine **Klausel**. **Deklarationen** können einzeln sein, wie ***real*** *x*, oder kollateral, wie ***real*** *x, y*. **Klauseln** können einzeln auftreten, wie $x := 1$, kollateral, wie $(x := 1,\ y := 2)$, abgeschlossen, wie $(x + y)$, oder bedingt, wie ***if*** $x > 0$ ***then*** *x* ***else*** *0* ***fi*** (was auch $(x > 0 \mid x \mid 0)$ geschrieben werden kann). Die meisten **Klauseln** werden von einer bestimmten "Sorte" sein, d. h. stark, weich, fest oder sanft, die festlegt, wie die Anpassungen ausgeführt werden sollten. Die Sorte "wirkt fort" in den Erzeugungsregeln für **Klauseln** und kann durch "Balance" in **seriellen-**, **kollateralen-** oder **bedingten-Klauseln** modifiziert werden.}

6.0.1. Syntax

a) ***EINIGE Phrase: SORTELE EINIGE PHRASE** {61a, 62a,b,c,d,f, 63a, 64a,c,d,e, 70a, 81a, —}.

b) ***EINIGE Ausdruck: SORTELE EINIGE MODUS Klausel** {61a, 62b,c,d,f, 63a, 64a,c,d,e, 81a}.

c) ***EINIGE Anweisung: starke EINIGE Löschklausel** {61a, 62b, 63a, 64a,c,e, 81a}.

{Die Regeln b und c werden in diesem Bericht nicht tatsächlich benutzt, sie helfen aber dem Leser, dem vielleicht einige solche Konstruktionen mit jenen Benennungen aus anderen Sprachen bekannt sind. Für eine informative Einführung in ALGOL 68 (0.1.1) können auch die folgenden Regeln hilfreich sein:

d) ***MODUS Konstante: MODUS FORM** {830a, 84b,g, 850a, 860a} .

e) ***MODUS Variable: Referenz zu MODUS FORM** {830a, 84b, g, 850a, 860a}.

f) ***Prozedur: REFELE PROZEDUR FORM** {830a, 84b,g, 850a, 860a}.

g) ***Struktur Anzeige: starke kollaterale strukturiert mit FELDER und FELD Klausel** {62f}.

h) ***Reihen Anzeige: SORTELE kollaterale Reihe von MODUS Klausel** {62c,d, —}.

6.0.2. Semantik

a) Die Abarbeitung einer **Phrase** beginnt, wenn sie initiiert wird, sie kann "unterbrochen", "angehalten" oder "wieder aufgenommen "werden. Eine **Phrase** endet, wenn sie "beendet" oder "komplettiert" ist. Danach wird, wenn die **Phrase** eine **Einzelphrase** als ihren "Nachfolger" "bestimmt", die Abarbeitung jener **Einzelphrase** initiiert.

b) Die Abarbeitung einer **Phrase** kann durch eine Aktion {beispielsweise "Überlauf"} unterbrochen werden, die nicht durch die **Phrase** spezifiziert worden war,

6. Phrases

{A phrase is a declaration or a clause. Declarations may be unitary, e.g., ***real*** *x*, or collateral, e.g., ***real*** *x, y.* Clauses may be unitary, e.g., *x* :=*1*, collateral, e.g., *(x := 1, y := 2)*, closed, e. g., *(x + y)*, or conditional, e. g., ***if*** *x > 0* ***then*** *x* ***else*** *0* ***fi*** (which may be written *(x > 0 | x | 0)*). Most clauses will be of a certain "sort", i.e., strong, weak, firm or soft, which determines how the coercions should be effected. The sort is "passed on" in the production rules for clauses and may be modified by "balancing" in serial-, collateral- and conditional-clauses.}

6.0.1. Syntax

a) *SOME phrase:
SORTETY SOME PHRASE {61a, 62a,b,c,d,f, 63a, 64a,c,d,e, 70a, 81a,—}.

b) *SOME expression:
SORTETY SOME MODE clause {61a, 62b,c,d,f, 63a, 64a,c,d,e, 81a}.

c) *SOME statement: strong SOME void clause {61a, 62b, 63a, 64a,c,e, 81a}.

{The rules b and c are not actually used in this Report but serve to help the reader, who may know some such constructions in other languages under those apellations. For an informal introduction into ALGOL 68 (0.1.1) also the following rules may be helpful:

d) *MODE constant: MODE FORM {830a, 84b,g, 850a, 860a}.

e) *MODE variable: reference to MODE FORM {830a, 84b,g, 850a, 860a}.

f) *procedure: REFETY PROCEDURE FORM {830a, 84b,g, 850a, 860a}.

g) *structure display:
strong collateral structured with FIELDS and FIELD clause {62f}.

h) *row display: SORTETY collateral row of MODE clause {62c,d, —}.}

6.0.2. Semantics

a) The elaboration of a phrase begins when it is initiated, it may be "interrupted", "halted" or "resumed", and it ends by being "terminated" or "completed", whereupon, if the phrase "appoints" a unitary-phrase as its "successor", then the elaboration of that unitary-phrase is initiated.

b) The elaboration of a phrase may be interrupted by an action {e.g., "overflow"} not specified by the phrase but taken by the computer if its limitations

aber vom Rechner eingeleitet wurde, wenn seine technischen Grenzen {2.3.b} nicht die richtige Abarbeitung erlauben. {In diesem Bericht wird undefiniert gelassen, ob nach einer Unterbrechung die Abarbeitung der **Phrase** wieder aufgenommen wird, die Abarbeitung irgendeiner **Einzelphrase** initiiert wird oder ob die Abarbeitung des **Programmes** endet.}

c) Die Abarbeitung einer **Phrase** kann angehalten {10.4.c} werden, d. h., es findet keine weitere Aktion statt, die zur Abarbeitung dieser **Phrase** gehört, bis die Abarbeitung der **Phrase**, wenn überhaupt, wieder aufgenommen wird {10.4.d}.

d) Eine gegebene {**serielle**} **Klausel** wird, wie in den folgenden Schritten ausgeführt, "geschützt":

Schritt 1: Wenn die gegebene **Klausel** ein definierendes Auftreten {4.1.2.a} (ein indikationsdefinierendes Auftreten {4.2.2.a}) einer Enderzeugung eines Begriffes enthält, der mit '**Identifikator**' ('**Indikation**') endet, welches auch außerhalb der Klausel auftritt, dann werden das definierende (indikationsdefinierende) Auftreten und alle Auftreten, die es identifizieren, ersetzt durch Auftreten ein und derselben Enderzeugung des obigen Begriffes, wobei die Enderzeugung bisher nicht in dem **Programm** auftrat, und Schritt 1 wird wiederholt; andernfalls folgt Schritt 2;

Schritt 2: Wenn die möglicherweise durch Schritt 1 oder Schritt 4 modifizierte **Klausel** ein operatordefinierendes Auftreten {4.3.2.a} einer Enderzeugung eines Begriffes enthält, der mit '**Indikation**' endet, wobei die Enderzeugung auch außerhalb der Klausel auftritt, dann werden das operatordefinierende Auftreten und alle Auftreten, die es identifizieren, durch Auftreten ein und derselben neuen Enderzeugung jenes obigen Begriffes ersetzt, wobei die Enderzeugung bisher nicht in dem **Programm** auftrat und Schritt 3 ist durchzuführen; andernfalls ist der Schutz der gegebenen Klausel fertig gebildet;

Schritt 3: Wenn die **Indikation** eine **dyadische -Indikation** ist, so wird zu Schritt 4 übergegangen, sonst zu Schritt 2;

Schritt 4: Eine Kopie der **Prioritätsdeklaration** wird angefertigt, die die **Indikation** enthält, welche vor der Ersetzung in Schritt 2 durch jenes operatordefinierende Auftreten identifiziert wurde; jene **Indikation** in der Kopie wird durch ein Auftreten der neuen Enderzeugung ersetzt; die gegebene **Klausel** wird modifiziert durch Voranstellen der solcherart modifizierten Kopie der **Prioritätsdeklaration,** die von einem **weiter-Symbol** gefolgt wird; Übergang zu Schritt 2.

{**Klauseln** werden geschützt, um ungehindert Definitionen von **Identifikatoren**, **Indikationen** und **Operatoren** innerhalb von **Bereichen** zu gestatten und innerhalb eines **Bereiches** einen sinnvollen **Aufruf** einer Prozedur zu erlauben, die außerhalb des **Bereiches** deklariert ist.}

{*Was liegt in einem Namen? Was wir Rose nennen, würde ebenso süß duften unter jedem anderen Namen.*
Romeo und Julia, *William Shakespeare.*}

{2.3.b} do not permit satisfactory elaboration. {Whether, after an interruption, the elaboration of the **phrase** is resumed, the elaboration of some **unitary-phrase** is initiated or the elaboration of the **program** ends, is left undefined in this report.}

c) The elaboration of a **phrase** may be halted {10.4.c}, i.e., no further actions constituting the elaboration of that **phrase** take place until the elaboration of the **phrase** is resumed {10.4.d}, if at all.

d) A given {**serial-**}**clause** is "protected" in the following steps:

Step 1: If the given **clause** contains a defining occurrence {4.1.2.a} (an indication-defining occurrence {4.2.2.a}) of a terminal production of a notion ending with **'identifier'** (**'indication'**) which also occurs outside it, then that defining (indication-defining) occurrence and all occurrences identifying it are replaced by occurrences of one same terminal production of that notion which does not occur in the **program** and Step 1 is taken; otherwise, Step 2 is taken;

Step 2: If the given **clause** as possibly modified in Step 1, 2 or 4 contains an operator-defining occurrence {4.3.2.a} of a terminal production of a notion ending with **'indication'** which also occurs outside it, then that operator-defining occurrence and all occurrences identifying it are replaced by occurrences of one same new terminal production of that notion which does not occur in the **program** and Step 3 is taken; otherwise, the protection of the given clause is accomplished;

Step 3: If the **indication** is a **dyadic-indication**, then Step 4 is taken; otherwise, Step 2 is taken;

Step 4: A copy is made of the **priority-declaration** containing the **indication** which, before the replacement in Step 2, was identified by that operator-defining occurrence; that **indication** in the copy is replaced by an occurrence of the new terminal production; the given **clause** is modified by inserting before it the thus modified copy of the **priority-declaration** followed by a **go-on-symbol**, and Step 2 is taken.

{**Clauses** are protected in order to allow unhampered definitions of **identifiers**, **indications** and **operators** within **ranges** and to permit a meaningful call, within a **range**, of a procedure declared outside it.}

{*What's in a name? that which we call a rose*
By any other name would smell as sweet.
Romeo and Juliet, *William Shakespeare.*}

6.1. Serielle Klauseln

{**Serielle Klauseln** werden mit Hilfe von **weiter-Symbolen** (;), **Komplettierungssymbolen** (. oder ***exit***) und **Marken** aus **Einzelklauseln** und **Deklarationen** gebildet, z. B. *(x* > 0 | *x* := *1* | *l); y.l* : *y* + *1*, wo der Wert der **Klausel** für *x* > *0* derjenige von *y* ist, sonst der von *y* + *1*. Eine **serielle Klausel** kann mit **Deklarationsvorspielen** beginnen, z. B. ***int*** *n* := *1;* in ***int*** *n* := *1; x* := *y* + *n*. Innerhalb **serieller Klauseln** können **Marken** nur in dreierlei syntaktischen Positionen auftreten: nach einem **Komplettierungssymbol** (hier ist eine **Marke** unumgänglich, z. B. *.l*:), in einem **Folger** (z. B. *;l*:) oder zu Anfang eines **Klauselzuges** (d. h. eine oder mehrere durch **Folger** getrennte **Einzelklauseln**, z. B. *l* : *x* := *1; y* := *1*). Ein **Deklarationsvorspiel** kann mit **Löschklauseln (Anweisungen)** beginnen, z. B. um einen mehrfachen Wert zu versorgen wie in [*1* : *n*] ***real*** ***x1;*** ***for*** ***i*** ***to*** *n* ***do*** *x1* [*i*] := *i* × *i;* ***real*** *y;*; diese **Löschklauseln** dürfen jedoch nicht markiert werden. Ein **Deklarationsvorspiel** endet immer mit einem **weiter-Symbol**. Die Modi einiger **serieller Klauseln** müssen balanciert werden (6.1.1.g). Anmerkungen, die die Balance von Modi betreffen, siehe **6.4.1.**}

6.1.1. Syntax

a) **SORTELE** **serielle** **KLAUSEL** {63a, 64b, e}: **Deklarationsvorspiel** {b} **Folge Möglichkeit, Gefolge von SORTELE KLAUSEL Zügen** {f, g}.

b) **Deklarationsvorspiel** {a, 2b, c}: **Anweisungsvorspiel** {c} **Möglichkeit, Einfachdeklaration** {d}, **weiter Symbol** {31 f}.

c) **Anweisungsvorspiel** {b}: **Kette von starken Löscheinheiten** {e} **getrennt durch weiter Symbole** {31f}, **weiter Symbol** {31f}.

d) **Einfachdeklaration** {b}: **Einzeldeklaration**{70a}; **Kollateraldeklaration** {62a}.

e) **SORTELE MOSCH Einheit** {c, h, i, 558a, 62b,c,e,h, 74b, 831c, 843a}: **SORTELE einzelne MOSCH Klausel** {81a}.

f) **Gefolge von STARKELE KLAUSEL Zügen** {a, g}: **Kette von STARKELE KLAUSEL Zügen** {h} **getrennt durch Komplettierer** {l}.

g) **Gefolge von FEIT KLAUSEL Zügen** {a, g}: **FEIT KLAUSEL Zug** {h}; **FEIT KLAUSEL Zug** {h}, **Komplettierer** {l}, **Gefolge von starken KLAUSEL Zügen** {f}; **starker KLAUSEL Zug** {h}, **Komplettierer** {l}, **Gefolge von FEIT KLAUSEL Zügen** {g}.

h) **SORTELE MOSCH Klausel Zug** {f, g, 2g}: **Marken** {k} **Folge Möglichkeit, Anweisungszwischenspiel** {i} **Möglichkeit, SORTELE MOSCH Einheit** {e}.

i) **Anweisungszwischenspiel** {h, 2f}: **Kette von starken Löscheinheiten** {e} **getrennt durch Folger** {j}, **Folger** {j}.

j) **Folger** {i, 30c}: **weiter Symbol** {31f}, **Marken** {k} **Folge Möglichkeit.**

k) **Marke** {h, j, l, 2d}: **Markenidentifikator** {41b}, **Markierungssymbol** {31e}.

l) **Komplettierer** {f, g, 30c}: **Komplettierungssymbol** {31f}, **Marke** {k}.

{Beispiele:

a) ***real*** := *0; l1* : *l2* : *x* := *a* + *1; (p* | *l3);*
(x > *0* | *l3* | *x* := *1* − *x);*
false. *l3* : *y* := *y* + *1;* ***true***;

6.1. Serial clauses

{**Serial-clauses** are built from **unitary-clauses** and **declarations** with the help of **go-on-symbols** (;), **completion-symbols** (. or ***exit***) and **labels**, e.g., *(x > 0 | x := 1 | l); y. l : y + 1*, where the value of the clause is that of *y*, if *x > 0* and that of *y + 1* otherwise. A **serial-clause** may begin with **declaration-preludes**, e.g., ***int*** *n := 1;* in ***int*** *n := 1; x := y + n.* **Labels** may occur in only three syntactic positions within **serial-clauses**: after a **completion-symbol** (here a **label** is obligatory, e.g., *.l:*), in a **sequencer** (e.g., *;l:*), or at the beginning of a **clause-train** (i.e., one or more **unitary-clauses** separated by **sequencers**, e.g., *l: x := 1; y := 1*). A **declaration-prelude** may begin with **void-clauses** (**statements**), e.g., in order to supply a multiple value as in *[1 : n]* ***real*** *x1;* ***for*** *i* ***to*** *n* ***do*** *x1 [i] := i × i;* ***real*** *y;*; however, these **void-clauses** may not be labelled. A **declaration-prelude** always ends with a **go-on-symbol**. The modes of some **serial-clauses** must be balanced (6.1.1.g). For remarks concerning the balancing of modes see 6.4.1.}

6.1.1. Syntax

a) **SORTETY serial CLAUSE {{63a, 64b, e}: declaration prelude {b} sequence option, suite of SORTETY CLAUSE trains {f, g}.**

b) **declaration prelude {a, 2b, c}:**
statement prelude {c} option, single declaration {d}, go on symbol {31f}.

c) **statement prelude {b}: chain of strong void units {e} separated by go on symbols {31f}, go on symbol {31f}.**

d) **single declaration {b}:**
unitary declaration {70a}; collateral declaration {62a}.

e) **SORTETY MOID unit {c, h, i, 558a, 62b,c,e,h, 74b, 831c, 834a}:**
SORTETY unitary MOID clause {81a}.

f) **suite of STRONGETY CLAUSE trains {a, g}:**
chain of STRONGETY CLAUSE trains {h} separated by completers {l}.

g) **suite of FEAT CLAUSE trains {a, g}: FEAT CLAUSE train {h};**
FEAT CLAUSE train {h}, completer {l}, suite of strong CLAUSE trains {*f*}.
strong CLAUSE train {h}, completer {l}, suite of FEAT CLAUSE trains {g}.

h) **SORTETY MOID clause train {f, g, 2g}: label {k} sequence option,**
statement interlude {i} option, SORTETY MOID unit {e}.

i) **statement interlude {h, 2f}:**
chain of strong void units {e} separated by sequencers {j}, sequencer {j}.

j) **sequencer {i, 30c}: go on symbol {31f}, label {k} sequence option.**

k) **label {h, j, l, 2d}: label identifier {41b}, label symbol {31e}.**

l) **completer {f, g, 30c}: completion symbol {31f}, label {k}.**

{Examples:

a) ***real*** *a := 0; l1: l2: x := a + 1; (p | l3); (x > 0 | l3 | x := 1 − x);*
false*. l3: y := y + 1;* ***true****;*

b) ***real*** *a* := *0;*; *read (n);* [*1* : *n*] ***real*** *x1*, *y1*;;
c) *read (n)*;;
d) ***real*** *a* := *0*; [*1* : *n*] ***real*** *x1*, *y1*;
e) ***false***;
f) *l1*: *l2*: *x* := *a* + *1; (p | l3); (x > 0 | l3 | x := 1 − x);* ***false***.
l3 : *y* := *y* + *1;* ***true***;
h) *l1*: *l2* : *x* := *a* + *1; (p | l3); (x > 0 | l3 | x := 1 − x);* ***false***;
i) *x* := *a* + *1; (p | l3); (x > 0 | l3 | x := 1 − x)*;;
j) ;; ; *l4* : *l5* :;
k) *l4* :;
l) . *l3* :}

6.1.2. Semantik

a) Die Abarbeitung einer **seriellen-Klausel** wird initiiert, indem man sie schützt {6.0.2.d} und dann die Abarbeitung ihrer textlich ersten Bestandteil bildenden **Einfach-Deklaration** oder **Einzelklausel** initiiert.
b) Die Komplettierung der Abarbeitung einer **Einfach-Deklaration** oder **Einzelklausel**, die einem **weiter-Symbol** vorangeht, dem eine **Marken-Folge** folgt (nicht folgt), initiiert die Abarbeitung der **Einzelklausel**, die jener **Marken-Folge** (der **Einfach-Deklaration**, die diesem **weiter-Symbol**) folgt.
c) Die Abarbeitung einer **seriellen-Klausel** wird unterbrochen (angehalten, wieder aufgenommen) beim Unterbrechen (Anhalten, Wiederaufnehmen) der Abarbeitung einer bestandteilbildenden **Einfach-Deklaration** oder **Einzelklausel**; beendet nach dem Beenden der Abarbeitung einer bestandteilbildenden **Einfach-Deklaration** oder **Einzelklausel**, die einen Nachfolger außerhalb der **seriellen-Klausel** bestimmt, und jener Nachfolger {8.2.7.2.b. Schritt 1} ist damit auch als der Nachfolger der **seriellen-Klausel** bestimmt.
d) Die Abarbeitung einer **seriellen-Klausel** wird komplettiert beim Komplettieren der Abarbeitung ihrer textlich letzten bestandteilbildenden **Einzelklausel** oder der Abarbeitung einer bestandteilbildenden **Einzelklausel**, die einem **Komplettierer** vorausgeht.
e) Der Wert einer **seriellen-Klausel** ist der Wert jener bestandteilbildenden **Einzelklausel**, für die die Komplettierung ihrer Abarbeitung die Abarbeitung der **seriellen-Klausel** komplettiert hatte, vorausgesetzt, daß der Gültigkeitsbereich {2.2.4.2} jenes Wertes größer ist, als die **serielle-Klausel** { ; andernfalls ist der Wert der **seriellen-Klausel** undefiniert}.

{In *y* := *(x := 1.2; 3.4)* ist der Wert der **seriellen-Klausel** *x* := *1.2; 3.4* die Realzahl, die von *3.4* besessen wird. In *xx* := *(****real*** *r* := *0.1; r)* ist der Wert der **seriellen-Klausel** ***real*** *r* := *0,1; r* undefiniert, weil der Gültigkeitsbereich des Namens, der von *r* besessen wird, die **serielle-Klausel** selbst ist. In *y* := *(****real*** *r* := *0.1; r)* besitzt dagegen die **serielle-Klausel** ***real*** *r* := *0.1; r* eine Realzahl.}

b) ***real*** *a := 0;; read (n); [1 : n]* ***real*** *x1, y1;;*
c) *read (n);;*
d) ***real*** *a := 0; [1 : n]* ***real*** *x1, y1;*
e) ***false****;*
f) *l1: l2: x := a + 1; (p | l3); (x > 0 | l3 | x := 1 − x);* ***false****.*
l3: y := y + 1; ***true****;*
h) *l1: l2: x := a + 1; (p | l3); (x > 0 | l3 | x := 1 − x);* ***false****;*
i) *x := a + 1; (p | l3); (x > 0 | l3 | x := 1 − x);;*
j) *;; ; l4: l5:;*
k) *l4:;*
l) *. l3:}*

6.1.2. Semantics

a) The elaboration of a **serial-clause** is initiated by protecting {6.0.2.d} it and then initiating the elaboration of its textually first constituent **single-declaration** or **unitary-clause**.

b) The completion of the elaboration of a **single-declaration** or **unitary-clause** preceding a **go-on-symbol** followed (not followed) by a **label-sequence** initiates the elaboration of the **unitary-clause** following that **label-sequence** (the **single-declaration** or **unitary-clause** following that **go-on-symbol**).

c) The elaboration of a **serial-clause** is interrupted (halted, resumed) upon the interruption (halting, resumption) of the elaboration of a constituent **single-declaration** or **unitary-clause**;
terminated upon the termination of the elaboration of a constituent **single-declaration** or **unitary-clause** appointing a successor outside the **serial-clause**, and that successor {8.2.7.2.b.Step 1} is appointed the successor of the **serial-clause**.

d) The elaboration of a **serial-clause** is completed upon the completion of the elaboration of its textually last constituent **unitary-clause** or of that of a constituent **unitary-clause** preceding a **completer**.

e) The value of a **serial-clause** is the value of that constituent **unitary-clause** the completion of whose elaboration completed the elaboration of the **serial-clause** provided that the scope {2.2.4.2} of that value is larger than the **serial-clause** { ; otherwise, the value of the **serial-clause** is undefined}.

{In *y := (x := 1.2; 3.4)*, the value of the **serial-clause** *x := 1.2; 3.4* is the real number possessed by *3.4*. In *xx := (****real*** *r := 0.1; r)*, the value of the **serial-clause** ***real*** *r := 0.1; r* is undefined since the scope of the name possessed by *r* is the **serial-clause** itself, whereas, in *y := (****real*** *r := 0.1; r)*, the **serial-clause** ***real*** *r := 0.1; r* possesses a real number.}

6.2. Kollaterale Phrasen

{**Kollaterale-Phrasen** enthalten zwei oder mehr **Einzelphrasen**, die durch **Komma-Symbole** (,) getrennt werden und im Falle von **kollateralen-Klauseln** zwischen einem **Öffnungssymbol** (*(*) und einem **Abschließungssymbol** (*)*) eingeschlossen werden oder zwischen einem **Beginn-Symbol** (***begin***) und einem **Ende-Symbol** (***end***), z. B. *(x := 1, y := 2)* oder ***real*** *x*, ***real*** *y* (üblicherweise ***real*** *x*, *y*, siehe 9.2.c). Die Werte von **kollateralen-Klauseln**, die keine **Anweisungen** (**Löschklauseln**) sind, sind entweder mehrfache oder strukturierte Werte, z. B. *(1.2, 3.4)* in [ ] ***real*** *x1 = (1.2, 3.4)* und ***compl*** *z := (1.2, 3.4)*. Hier bekommt die **kollaterale-Klausel** *(1.2, 3.4)* den Modus **'Reihe von Real'** oder den Modus, der die Enderzeugung von **'KOMPLEX'** ist. **Kollaterale-Klauseln**, deren Wert strukturiert ist, müssen wenigstens zwei Felder enthalten, weil andererseits in dem Hauptbereich der **Deklarationen** ***struct m*** *=* ***(ref m m);*** ***m*** *nobuo*, *yoneda* die **Zuordnung** *nobuo := (yoneda)* syntaktisch mehrdeutig wäre. Im Hauptbereich der **Deklarationen** ***struct*** *r* = ***(real*** *a)*; ***r*** *r* ist die Konstruktion *r := (3.14)* keine Zuordnung, aber *a* ***of*** *r := 3.14* ist eine **Zuordnung**. Es ist möglich, einen einfachen Wert oder überhaupt keinen Wert als mehrfachen Wert darzustellen, z. B. [ ] ***real*** *x1 =;* [*1* : *1*] ***real*** *y1 := 3*, dies umfaßt aber eine als Reihen bekannte Anpassung; siehe 8.2.6.}

6.2.1. Syntax

a) **Kollaterale Deklaration** {61d}**: Einzeldeklarations** {70a} **echte Liste.**

b) **starke kollaterale Löschklausel** {2d, 81d}**: Parallel Symbol** {31e} **Möglichkeit, starke Löscheinheit** {61e} **echte Liste PACKEN.**

c) **STARKELE kollaterale Reihe von MODUS Klausel** {81d}**: STARKELE MODUS Einheit** {61e} **echte Liste PACKEN.**

d) **feste kollaterale Reihe von MODUS Klausel** {81d}**: fester MODUS Balance** {e} **PACKEN.**

e) **feste MODUS Balance** {d, e}**: feste MODUS Einheit** {61e}**, Kommasymbol** {31e}**, starke MODUS Einheit** {61e} **Liste; starke MODUS Einheit** {61e}**, Kommasymbol** {31e}**, feste MODUS Einheit** {61e}**; starke MODUS Einheit** {61e}**, Kommasymbol** {31e}**, feste MODUS Balance** {e}**.**

f) **starke kollaterale strukturiert mit FELDER und FELD Klausel** {81d}**: starker strukturiert mit FELDER und FELD Struktur** {g} **PACKEN.**

g) **starke strukturiert mit FELDER und FELD Struktur** {f,g}**: starke strukturiert mit FELDER Struktur** {g,h}**, Kommasymbol** {31e}**, starke strukturiert mit FELD Struktur** {h}**.**

h) **starke strukturiert mit MODUS Feld ANHANG Struktur** {g}**: starke MODUS Einheit** {61e}**.**

{Beispiele:

a) ***real*** *x*, ***real*** *y*; (und wegen 9.2.c) ***real*** *x*, *y*;

b) *(x := 1, y := 2, z := 3)*;

6.2. Collateral phrases

{**Collateral-phrases** contain two or more **unitary-phrases** separated by **comma-symbols** (,) and, in the case of **collateral-clauses**, are enclosed between an **open-symbol** (*(*) and a **close-symbol** (*)*) or between a **begin-symbol** (***begin***) and an **end-symbol** (***end***), e.g., *(x := 1, y := 2)* or ***real*** *x*, ***real*** *y* (usually ***real*** *x*, *y*, see 9.2.c). The values of **collateral-clauses** which are not **statements** (**void-clauses**) are either multiple or structured values, e.g., *(1.2, 3.4)* in [] ***real*** *x1* = *(1.2, 3.4)* and in ***compl*** *z* := *(1.2, 3.4)*. Here, the **collateral-clause** *(1.2, 3.4)* obtains the mode **'row of real'** or the mode which is the terminal production of **'COMPLEX'**. **Collateral-clauses** whose value is structured must contain at least two fields, for, otherwise, in the reach of the **declarations** ***struct m*** = *(**ref m** m)*; ***m*** *nobuo*, *yoneda*, the **assignation** *nobuo* := *(yoneda)* would be syntactically ambiguous. In the reach of the **declarations** ***struct r*** = *(**real** a)*; ***r*** *r*, the construction *r* := *(3.14)* is not an **assignation**, but *a **of** r* := *3.14* is. It is possible to present a single value or no value at all as a multiple value, e.g., [] ***real*** *x1* =; *[1 : 1]* ***real*** *y1* := *3*, but this involves a coercion known as rowing; see 8.2.6.}

6.2.1. Syntax

a) **collateral declaration** {61d}: **unitary declaration** {70a} **list proper.**

b) **strong collateral void clause** {2d, 81d}:
parallel symbol {31e} **option, strong void unit** {61e} **list proper PACK.**

c) **STRONGETY collateral row of MODE clause** {81d}:
STRONGETY MODE unit {61e} **list proper PACK.**

d) **firm collateral row of MODE clause** {81d}: **firm MODE balance** {e} **PACK.**

e) **firm MODE balance** {d,e}:
firm MODE unit {61e}, **comma symbol** {31e}, **strong MODE unit** {61e} **list;**
strong MODE unit {61e}, **comma symbol** {31e}, **firm MODE unit** {61e};
strong MODE unit {61e}, **comma symbol** {31e}, **firm MODE balance** {e}.

f) **strong collateral structured with FIELDS and FIELD clause** {81d}:
strong structured with FIELDS and FIELD structure {g} **PACK.**

g) **strong structured with FIELDS and FIELD structure** {f,g}:
strong structured with FIELDS structure {g,h}, **comma symbol** {31e},
strong structured with FIELD structure {h}.

h) **strong structured with MODE field TAG structure** {g}:
strong MODE unit {61e}.

{Examples:

a) ***real*** *x*, ***real*** *y*; (and by 9.2.c) ***real*** *x*, *y*;

b) *(x := 1, y := 2, z := 3)*;

c) *(x, n)*;
d) *(1.2, 3, 4)* (in *(1.2, 3, 4)* + *x1*) vorausgesetzt, daß + auch für '**Reihe von Real**' deklariert ist);
e) *1.2, 3, 4* (in *(1.2, 3, 4)* + *x1*); *1, 2.3* (in *(1, 2.3)* + *x1*);
1, 2.3, 4 (in *(1, 2.3, 4)* + *x1*);
f) *(1, 2.3)* (in *z* := *(1, 2.3)*);
g) *1, 2.3*;
h) *1*}

6.2.2. Semantik

a) Wenn Bestandteile eines Auftretens von einer Enderzeugung eines Begriffes 'kollateral abgearbeitet" werden, dann ist diese Abarbeitung die kollaterale Aktion {2.2.5}, die aus den {gemischten} Abarbeitungen dieser Bestandteile besteht.

Diese Abarbeitung wird

initiiert durch Initiierung der Abarbeitung eines jeden dieser Bestandteile,

unterbrochen bei der Unterbrechung der Abarbeitung irgendeines dieser Bestandteile,

komplettiert nach Komplettierung der Abarbeitung aller dieser Bestandteile und

beendet nach Beendigung der Abarbeitung von irgendeinem dieser Bestandteile, und wenn jener Bestandteil einen Nachfolger bestimmt, dann ist dieser der Nachfolger des Auftretens.

b) Eine **kollaterale-Deklaration** wird abgearbeitet durch kollaterales {a} Abarbeiten ihrer bestandteilgildenden **Einzeldeklarationen**.

c) Eine **kollaterale-Klausel** wird in den folgenden Schritten abgearbeitet:

Schritt 1: Ihre bestandteilbildenden **Einheiten** werden kollateral {a} abgearbeitet;

Schritt 2: Wenn die Enderzeugung des Metabegriffes '**MOSCH**', die durch das Original {1.1.6.c} der **kollateralen-Klausel** umfaßt wird {1.1.6.j}, ein Modus ist, dann wird dieser Modus betrachtet und Schritt 3 ist auszuführen; andernfalls {ist sie '**lösch**' und es} ist die Abarbeitung der **kollateralen-Klausel** komplettiert;

Schritt 3: Wenn einer der Werte der **Einheiten**, die in Schritt 1 erhalten wurden, ein Name ist {1.1.2.5}, der zu einer Komponente von einem mehrfachen Wert referiert, der einen oder mehrere Stati {2.2.3.3} gleich 0 hat, dann ist die weitere Abarbeitung nicht definiert; andernfalls ist Schritt 4 auszuführen;

Schritt 4: Wenn der betrachtete Modus mit '**Reihe-von**' beginnt, ist Schritt 5 auszuführen, andernfalls werden neue Fälle der in Schritt 1 erhaltenen Werte in der gegebenen Reihenfolge eingerichtet, um die Felder eines neuen Falles eines strukturierten Wertes {2.2.3.2} zu ergeben; dieser strukturierte Wert wird betrachtet und Schritt 7 ist auszuführen;

c) *(x, n)*;
d) *(1.2, 3, 4)* (in *(1.2, 3, 4)* + *x1*, supposing + has been declared also for 'row of real');
e) *1.2, 3, 4* (in *(1.2, 3, 4)* + *x1*); *1, 2.3* (in *(1, 2.3)* + *x1*); *1, 2.3, 4* (in *(1, 2.3, 4)* + *x1*);
f) *(1, 2.3)* (in *z* := *(1, 2.3)*);
g) *1, 2.3*;
h) *1*}

6.2.2. Semantics

a) If constituents of an occurrence of a terminal production of a notion are "elaborated collaterally", then this elaboration is the collateral action {2.2.5} consisting of the {merged} elaborations of these constituents, and is

initiated by initiating the elaboration of each of these constituents,

interrupted upon the interruption of the elaboration of any of these constituents,

completed upon the completion of the elaboration of all of these constituents, and

terminated upon the termination of the elaboration of any of these constituents, and if that constituent appoints a successor, then this is the successor of the occurrence.

b) A **collateral-declaration** is elaborated by elaborating its constituent **unitary-declarations** collaterally {a}.

c) A **collateral-clause** is elaborated in the following steps:

Step 1: Its constituent **units** are elaborated collaterally {a};

Step 2: If the terminal production of the metanotion 'MOID' enveloped {1.1.6.j} by the original {1.1.6.c} of the **collateral-clause** is a mode, then this mode is considered and Step 3 is taken; otherwise, {it is 'void' and} the elaboration of the **collateral-clause** is complete;

Step 3: If one of the values of the **units** obtained in Step 1 is a name {2.2.3.5} which refers to a component of a multiple value having one or more states {2.2.3.3} equal to 0, then the further elaboration is undefined; otherwise, Step 4 is taken;

Step 4: If the considered mode begins with 'row of', then Step 5 is taken; otherwise, new instances of the values obtained in Step 1 are made, in the given order, to be the fields of a new instance of a structured value {2.2.3.2}; this structured value is considered and Step 7 ist taken;

Schritt 5: Die Anzahl der bestandteilbildenden **Einheiten** in der **kollateralen-Klausel** sei m. Wenn der betrachtete Modus mit '**Reihe von Reihe von**' beginnt, so wird Schritt 6 ausgeführt. Anderenfalls wird ein neuer Fall eines mehrfachen Wertes geschaffen, dessen Element mit dem Index i ein neuer Fall des Wertes der i-ten bestandteilbildenden **Einheit** ist und dessen Descriptor aus einem Anfang 1 und einem Quintupel (1, m, 1, 1, 1) besteht. Dieser mehrfache Wert wird betrachtet und Schritt 7 ausgeführt.

Schritt 6: Wenn nicht alle korrespondierenden oberen (unteren) Grenzen der in Schritt 1 erhaltenen mehrfachen Werte gleich sind, dann ist die weitere Abarbeitung undefiniert; andernfalls sind die Elemente des neuen Wertes mit den Indizes $(i - 1) \times r + j$, $j = 1, \ldots, r$ neue Fälle der Elemente des Wertes der i-ten bestandteilbildenden **Einheit**, und zwar in der Anordnung nach wachsenden Indizes, wo r für die Elementeanzahl in einem jener Werte steht; der Deskriptor des neuen Wertes ist eine Kopie des Deskriptors des Wertes einer der bestandteilbildenden **Einheiten**, in die ein zusätzliches Quintupel (1, m, 1, 1, 1) eingesetzt wurde noch vor dem alten ersten Quintupel. Der Anfang wurde zu 1 gesetzt, w_n wurde zu 1 gesetzt und für $i = n, n - 1, \ldots, 2$ wurde die Weite w_{i-1} zu $(o_i - u_i + 1) \times w_i$ gesetzt; dieser neue mehrfache Wert wird betrachtet und Schritt 7 wird ausgeführt;

Schritt 7: Der Wert der **kollateralen-Klausel** ist der betrachtete Wert; ihr Modus ist der betrachtete Modus.

6.3. Abgeschlossene Klauseln

Abgeschlossene-Klauseln werden i. a. zum Konstruieren von **Primären** (8.1.1.d) aus **seriellen-Klauseln** benutzt, z. B. $(x + y)$ in $(x + y) \times a$. Die Frage der Identifikation (Kapitel 4) und des Schutzes (6.0.2.d) kann in **abgeschlossenen-Klauseln** entstehen, weil eine **serielle-Klausel** ein **Bereich** (4.1.1.e) ist und mit einem **Deklarationsvorspiel** (6.1.1.a) beginnen kann.}

6.3.1. Syntax

a) **SORTELE abgeschlossene KLAUSEL** {2d, 55h, 81d}: **SORTELE serielle KLAUSEL** {61a} **PACKEN.**

{Beispiele:

a) ***begin*** $i := i + 1$; $j := j + 1$ ***end***; $(x + y)$}

6.3.2. Semantik

Die Abarbeitung einer **abgeschlossenen-Klausel** ist die Abarbeitung ihrer bestandteilbildenden **seriellen-Klausel**. Ihr Wert ist, wenn einer vorhanden ist, der jener **seriellen-Klausel**.

Step 5: Let m stand for the number of constituent **units** in the **collateral-clause**; if the considered mode begins with 'row of row of', then Step 6 is taken; otherwise, a new instance of a multiple value is created whose element with index i is a new instance of the value of the i-th constituent **unit**, and whose descriptor consists of an offset 1 and one quintuple (1, m, 1, 1, 1); this multiple value is considered and Step 7 is taken;

Step 6: If not all corresponding upper (lower) bounds of the multiple values obtained in Step 1 are equal, then the further elaboration is undefined; otherwise, the elements with indices $(i - 1) \times r + j$, $j = 1, \ldots, r$ of the new value, where r stands for the number of elements in one of those values, are new instances of the elements, taken in the order of ascending indices, of the value of the i-th constituent **unit** and the descriptor of the new value is a copy of the descriptor of the value of one of the constituent **units** into which an additional quintuple (1, m, 1, 1, 1) has been inserted before the old first quintuple, the offset has been set to 1, d_n has been set to 1, and for $i = n, n - 1, \ldots, 2$, the stride d_{i-1} has been set to $(u_i - l_i + 1) \times d_i$; this new multiple value is considered and Step 7 ist taken;

Step 7: The value of the **collateral-clause** is the considered value; its mode is the considered mode.

6.3. Closed clauses

{**Closed-clauses** are generally used to construct **primaries** (8.1.1.d) from **serial-clauses**, e.g., *(x + y)* in *(x + y) × a*. The question of identification (Chapter 4) and protection (6.0.2.d) may arise in **closed-clauses**, because a **serial-clause** is a **range** (4.1.1.e) and it may begin with a **declaration-prelude** (6.1.1.a).}

6.3.1. Syntax

a) SORTETY closed CLAUSE {2d, 55h, 81d}: SORTETY serial CLAUSE {61a} PACK.

{Examples:

a) ***begin*** *i := i + 1; j := j + 1* ***end***; *(x + y)*}

6.3.2. Semantics

The elaboration of a **closed-clause** is that of its constituent **serial-clause**, and its value is that, if any, of that **serial-clause**.

6.4. Bedingte Klauseln

{**Bedingte-Klauseln** gestatten dem Programmierer, eine **Klausel** aus einem Paar von **Klauseln** in Abhängigkeit von dem Wert (er ist vom Modus '**boolesch**') einer **Bedingung** auszuwählen; z. B. *(x > 0 | x | 0)*. Hier ist *x > 0* die **Bedingung**. Wenn ihr Wert wahr ist, so wird *x*, andernfalls *0* ausgewählt. **Bedingte-Klauseln** werden in den Erweiterungen 9.4 verallgemeinert, z. B. hat ***if*** *x > 0* ***then*** *x* ***elsf*** *x < − 1* ***then*** *− x − 1* ***else*** *0* ***fi*** die gleiche Wirkung wie *(x > 0 | x | (x < − 1 | − x − 1 | 0))*. Entgegen ähnlichen Konstruktionen in anderen Sprachen werden **bedingte-Klauseln** stets von einem **wenn-Symbol** und einem **new-Symbol** eingeschlossen. Sie werden dargestellt durch *(*, ***if*** oder durch ***case*** bzw. durch *)*, ***fi*** oder ***esac***. Dieses Einschließen erlaubt sowohl den beiden Teilen der **Auswahlklausel** als auch der **Bedingung**, daß sie **serielle Klauseln** enthalten können.}

6.4.1. Syntax

a) **SORTELE bedingte KLAUSEL** {2d, 55h, 81d}**: wenn Symbol** {31e}**, Bedingung** {b}**, SORTELE Auswahl KLAUSEL** {c, d}**, new Symbol** {31e}.

b) **Bedingung** {a}**: starke serielle boolesche Klausel** {61a}.

c) **STARKELE Auswahl KLAUSEL** {a}**: STARKELE dann KLAUSEL** {e}**, STARKELE sonst KLAUSEL** {e}.

d) **FEIT Auswahl KLAUSEL** {a}**: FEIT dann KLAUSEL** {e}**, starke sonst KLAUSEL** {e}**; starke dann KLAUSEL** {e}**, FEIT sonst KLAUSEL** {e}.

e) **SORTELE DONST KLAUSEL** {c, d}**: DONST Symbol** {31e}**, SORTELE serielle KLAUSEL** {61a}.

{Beispiele:

a) *(x > 0 | x | 0)*; ***if*** *Überlauf* ***then*** *Ausgang* ***fi*** (siehe 9.4.a);

b) *x > 0*; *Überlauf*;

c) | *x* | *0*; ***then*** *Ausgang*;

d) | *x* | *0* (in *(x >* 0 | *x* | 0*)* + *y*);

e) | *x*; | *0*; ***then*** *Ausgang*}

{Die Regel d illustriert, warum Modi balanciert werden sollten (siehe auch 6.1.1.g und 6.2.1.e). So muß, wenn eine **Auswahl-Klausel** beispielsweise fest ist, wenigstens eine ihrer beiden bestandteilbildenden **Klauseln** fest sein, während die andere stark sein kann. In *(p | x | ~) + (p | ~ | y)* beispielsweise wird die **bedingte-Klausel** *(p | x | ~)* dadurch balanciert, daß | *x* fest und | ~ stark gemacht wird, wohingegen *(p | ~ | y)* dadurch balanciert wird, daß | ~ stark und | *y* fest gemacht wird. Das Beispiel *(p | ~ | ~) + y* illustriert, daß nicht beide stark sein können, da andererseits der **Operator** + nicht identifiziert werden könnte.}

6.4.2. Semantik

a) Eine **bedingte-Klausel** wird in den folgenden Schritten abgearbeitet:
Schritt 1: Ihre **Bedingung** wird abgearbeitet.

6.4. Conditional clauses

{**Conditional-clauses** allow the programmer to choose one out of a pair of **clauses**, depending on the value (which is of mode '**boolean**') of a **condition**, e.g., *(x > 0 | x | 0)*. Here, *x > 0* is the **condition**. If its value is **true**, then *x*, and, otherwise, *0* is chosen. **Conditional-clauses** are generalized in the extensions 9.4, e.g., ***if** x > 0 **then** x **elsf** x < − 1 **then** − x − 1 **else** 0 **fi***, which has the same effect as *(x > 0 | x | (x < − 1 | − x − 1 | 0))*. Unlike similar constructions in other languages, **conditional-clauses** are always enclosed between an **if-symbol**, represented by *(*, by ***if*** or by ***case***, and a **fi-symbol**, represented by *)*, by ***fi*** or by ***esac***. This enclosure allows both parts of the **choice-clause** and the **condition** to contain **serial-clauses**.}

6.4.1. Syntax

a) **SORTETY conditional CLAUSE** {2d, 55h, 81d}**: if symbol** {31e}, **condition** {b}, **SORTETY choice CLAUSE** {c,d}, **fi symbol** {31e}.
b) **condition** {a}**: strong serial boolean clause** {61a}.
c) **STRONGETY choice CLAUSE** {a}**:**
STRONGETY then CLAUSE {e}, **STRONGETY else CLAUSE** {e}.
d) **FEAT choice CLAUSE** {a}**:**
FEAT then CLAUSE {e}, **strong else CLAUSE** {e};
strong then CLAUSE {e}, **FEAT else CLAUSE** {e}.
e) **SORTETY THELSE CLAUSE** {c,d}**:**
THELSE symbol {31e}, **SORTETY serial CLAUSE** {61a}.

{Examples:
a) *(x > 0 | x | 0)*; ***if** overflow **then** exit **fi*** (see 9.4.a);
b) *x > 0*; *overflow*;
c) *|x | 0*; ***then** exit*;
d) *|x | 0* (in *(x > 0 | x | 0) + y*);
e) *| x*; *| 0*; ***then** exit*}

{Rule d illustrates why modes should be balanced (see also 6.1.1.g and 6.2.1.e). Thus, if a **choice-clause** is, say, firm, then at least one of its two constituent **clauses** must be firm, while the other may be strong. For example, in *(p | x | ~) + (p | ~ | y)*, the **conditional-clause** *(p | x | ~)* is balanced by making *| x* firm and *| ~* strong, whereas *(p | ~ | y)* is balanced by making *| ~* strong and *| y* firm. The example *(p | ~ | ~) + y* illustrates that not both may be strong, for otherwise the **operator** + could not be identified.}

6.4.2. Semantics

a) A **conditional-clause** is elaborated in the following steps:
Step 1: Its **condition** is elaborated;

Schritt 2: Wenn der Wert jener **Bedingung** **wahr** (**falsch**) ist, so wird die **serielle-Klausel** der **dann-Klausel** (**sonst-Klausel**) ihrer **Auswahl** **Klausel** betrachtet.
Schritt 3: Die **Klausel** wird abgearbeitet.
Schritt 4: Hat die **bedingte-Klausel** einen Wert, so ist es der Wert der in Schritt 3 abgearbeiteten **Klausel**.

b) Die Abarbeitung einer **bedingten-Klausel** wird unterbrochen (angehalten, wieder aufgenommen) bei Unterbrechen (Anhalten, Wiederaufnehmen) der Abarbeitung ihrer **Bedingung** oder der betrachteten **Klausel**;
komplettiert bei Komplettierung der Abarbeitung der betrachteten **Klausel**;
beendet bei Beenden der Abarbeitung ihrer **Bedingung** oder der betrachteten **Klausel**; und wenn eine von diesen einen Nachfolger bestimmt, dann ist dies der Nachfolger der **bedingten-Klausel**.

Step 2: If the value of that **condition** is *true* (*false*) then the **serial-clause** of the **then-clause** (**else-clause**) of its **choice-clause** is considered;

Step 3: The considered **clause** is elaborated;

Step 4: The value, if any, of the **conditional-clause**, then is that of the **clause** elaborated in Step 3.

b) The elaboration of a **conditional-clause** is

interrupted (halted, resumed) upon the interruption (halting, resumption) of the elaboration of its **condition** or the considered **clause**;

completed upon the completion of the elaboration of the considered **clause**;

terminated upon the termination of the elaboration of its **condition** or the considered **clause**, and if one of these appoints a successor, then this is the successor of the **conditional-clause**.

7. Einzeldeklarationen

{**Einzeldeklarationen** legen die indikations-definierenden Auftreten von **Modus-Indikationen**, z. B. ***string*** in ***mode string*** = [*1* : *0*] ***flex char***, und von **dyadischen Indikationen** fest, z. B. ∨ in ***priority*** ∨ = *2*, weiterhin die definierenden Auftreten von **Modusidentifikatoren**, z. B. x in ***real*** x, und die operator-definierenden Auftreten von **Operatoren**, z. B. ***abs*** in ***op abs = (int a) int*** : ***(a < 0 | − a | a)***.
Deklarationen treten in **Deklarations-Vorspielen** (6.1.1.b) auf.}

7.0.1. Syntax

a) **Einzeldeklaration** {61d, 62a} : **Modusdeklaration** {72a} ; **Prioritätsdeklaration** {73a} ; **Identitätsdeklaration** {74a} ; **Operationsdeklaration** {75a}.

{Beispiele:

a) ***mode string*** = [*1* : *0* ***flex***] ***char; priority*** ∨ = *2*;
int m = *4096*; ***op*** ÷ = ***(real*** *a*, *b****) int*** : ***round*** *a* ÷ ***round*** *b*}

7.0.2. Semantik

Ein **Modus-Identifikator** (**Operator**), der durch die Abarbeitung einer **Deklaration**, die das definierende (operator-definierende) Auftreten eines **Modus-Identifikators** (**Operators**) enthält, veranlaßt wurde einen Wert zu besitzen, wird bei Beenden oder Komplettieren der Abarbeitung des kleinsten **Bereiches** {4.1.1.e}, der jene **Deklaration** enthält, veranlaßt, einen undefinierten Wert zu besitzen.

7.1. Deklarierer

{**Deklarierer** werden aus den Symbolen ***int***, ***real***, ***bool***, ***char***, ***format*** und mit Hilfe gewisser anderer Symbole, z. B. ***long ref***, [,], ***struct***, ***union***, und ***proc*** aufgebaut. Ein **Deklarierer** spezifiziert einen Modus; z. B. spezifiziert ***real*** den Modus 'real'. Ein **Deklarierer** ist entweder ein **Deklarator** oder eine **Modus-Indikation**, z. B. ist ***compl*** eine **Modus-Indikation** und kein **Deklarator**. **Deklarierer** werden in Abhängigkeit von der Art der **unteren** und **oberen Grenzen**, die erlaubt sind, als **aktuelle**, **formale** oder **virtuelle Deklarierer** klassifiziert.
Formale Deklarierer haben in dieser Beziehung die größte Freiheit, z. B. [*1* : *n*] ***real***, [*1* : *n* ***flex***] ***real***, [*1* : ***flex***] ***real***, [*1* : *n* ***either***] ***real***, [*1* : ***either***] ***real*** und [ ] ***real*** können alle **formal** sein, aber nur die ersten zwei können **aktuell** und nur der letzte kann **virtuell** sein.}

7. Unitary declarations

{**Unitary-declarations provide the indication-defining occurrences of mode-indications, e.g., *string* in *mode string* = [*1* : *0* *flex*] *char*, and of dyadic-indications, e.g., ∨ in *priority* ∨ = *2*, the defining occurrences of mode-identifiers, e.g., *x* in *real x*, and the operator-defining occurrences of operators, e.g., *abs* in *op abs* = *(int a) int* : *(a* < *0* | − *a* | *a)*. Declarations occur in declaration-preludes (6.1.1.b).**}

7.0.1. Syntax

a) **unitary declaration** {61d, 62a}**:**
mode declaration {72a}**; priority declaration** {73a}**;**
identity declaration {74a}**; operation declaration** {75a}**.**

{Examples:
a) ***mode string*** = [*1* : *0* ***flex***] ***char; priority*** ∨ = *2*;
int *m* = *4096*; ***op*** ÷ = ***(real*** *a, b)* ***int*** : ***round*** *a* ÷ ***round*** *b*}

7.0.2. Semantics

A mode-identifier (operator) which was caused to possess a value by the elaboration of a declaration containing the defining (operator-defining) occurrence of that mode-identifier (operator) is caused to possess an undefined value upon termination or completion of the elaboration of the smallest range {4.1.1.e} containing that declaration.

7.1. Declarers

{**Declarers are built from the symbols *int*, *real*, *bool*, *char* and *format*, with the assistance of certain other symbols as, e.g., *long*, *ref*, [,], *struct*, *union* and *proc*. A declarer specifies a mode, e.g., *real* specifies the mode 'real'. A declarer is either a declarator or a mode-indication, e.g., *compl* is a mode-indication and not a declarator. Declarers are classified as actual, formal or virtual depending on the kind of lower- and upper-bounds which are permitted. Formal-declarers have the greatest freedom in this respect; e.g., [*1* : *n*] *real*, [*1* : *n flex*] *real*, [*1* : *flex*] *real*, [*1* : *n either*] *real*, [*1* : *either*] *real* and [] *real* may all be formal, but only the first two may be actual and only the last one may be virtual.**}

7.1.1. Syntax

a) ***Deklarierer: VIKTAL MODUS Deklarierer {b}.**

b) **VIKTAL MODUS Deklarierer {h,k,l,m,n,o,p,x,y,aa,jj, 54e, 72a, 834a, 851b,c}: VIKTAL MODUS Deklarator {c,d,e,l,m,n,o,p,w,cc}; MODUS Modus Indikation {42b}.**

c) **VIKTAL PRIMITIV Deklarator {b,d}: PRIMITIV Symbol {31d}.**

d) **VIKTAL lang GANZREAL Deklarator {b,d}: lang Symbol {31d}, VIKTAL GANZREAL Deklarator {c,d}.**

{Beispiele:

b) ***real***; ***bits***;

c) ***int***; ***real***; ***bool***; ***char***; ***format***;

d) ***long int***; ***long long real***}

e) **VIKTAL strukturiert mit FELDER Deklarator {b}: Struktur Symbol {31d}, VIKTAL FELDER Deklarator {f,h,k}, Packen.**

f) **VIKTAL FELDER und FELD Deklarator {e,f,k}: VIKTAL FELDER Deklarator {f,h,k}, Komma Symbol {31e}, VIKTAL Feld Deklarator {h,k}.**

g) ***Feld Deklarator: VIKTAL Feld Deklarator {h, k}.**

h) **VIKTAL STEID Feld ANHANG Deklarator {e,f}: VIKTAL STEID Deklarierer {b}, STEID Feld Anhang Selektor {j}.**

i) ***Feld Selektor: FELD Selektor {j}.**

j) **MODUS Feld ANHANG Selektor {h,k, 852a}: ANHANG {302b, 41c,d}.**

k) **VIKTAL NICHTSTEID Feld ANHANG Deklarator {e,f }: virtueller NICHTSTEID Deklarierer {b}, NICHTSTEID Feld ANHANG Selektor {j}.**

{Beispiele:

e) ***struct (string** Titel, [1 : n] **ref string** Seiten, **int** Preis);*

f) ***string** Titel, [1 : n] **ref string** Seiten, **int** Preis;*

h) *[1 : n] **ref string** Seiten;*

j) *Titel;*

k) ***int** Preis*}

{Die Regeln h und k führen zusammen mit 1.2.1.r,s,t,u,v und 4.1.1.c,d zu einer unendlichen Anzahl von Erzeugungsregeln der Grundsprache. Dabei ermöglichen sie der Syntax die **Feld-Selektoren** (i) in den Modus von strukturierten Werten zu "transferieren" und machen es grammatisch falsch, einen "unbekannten" **Feld-Selektor** in einer **Selektion** (8.5.2) zu benutzen. Betreffs des mehrmaligen Auftretens eines gegebenen **Feld-Selektors** in einem **Deklarierer** siehe 4.4.3.

Aus 4.4.3 geht hervor, daß ***struct (real** x, **int** x)* kein (richtiger) **Deklarierer** ist, wohingegen ***struct (real** x, **struct (int** x, **bool** p) p)* ein richtiger **Deklarierer** ist. Beachte jedoch, daß die Verwendung eines gegebenen **Feld-Selektors** in zwei verschiedenen **Deklarierern** innerhalb eines gegebenen Hauptbereiches nicht zu Mehrdeutigkeiten führt. So können ***mode Zelle = struct (string** Name, **ref Zelle** Nächste)* und ***mode Verbindung = struct (ref Verbindung** Nächste, **ref Zelle** Wert)* beide im selben Bereich auftreten.

7.1.1. Syntax

a) *declarer: **VICTAL MODE declarer {b}.**
b) **VICTAL MODE declarer {h,k,l,m,n,o,p,x,y,aa,jj, 54e, 72a, 834a, 851b,c}:**
VICTAL MODE declarator {c,d,e,l,m,n,o,p,w,cc};
MODE mode indication {42b}.
c) **VICTAL PRIMITIVE declarator {b,d}: PRIMITIVE symbol {31d}.**
d) **VICTAL long INTREAL declarator {b,d}:**
long symbol {31d}, VICTAL INTREAL declarator {c,d}.

{Examples:
b) ***real***; ***bits***;
c) ***int***; ***real***; ***bool***; ***char***; ***format***;
d) ***long int***; ***long long real***}
e) **VICTAL structured with FIELDS declarator {b}:**
structure symbol {31d}, VICTAL FIELDS declarator {f,h,k} pack.
f) **VICTAL FIELDS and FIELD declarator {e,f}:**
VICTAL FIELDS declarator {f,h,k}, comma symbol {31e},
VICTAL FIELD declarator {h,k}.
g) ***field declarator: VICTAL FIELD declarator {h,k}:**
h) **VICTAL STOWED field TAG declarator {e,f}:**
VICTAL STOWED declarer {b}, STOWED field TAG selector {j}.
i) ***field selector: FIELD selector {j}.**
j) **MODE field TAG selector {h,k, 852a}: TAG {302b, 41c,d}.**
k) **VICTAL NONSTOWED field TAG declarator {e,f}:**
virtual NONSTOWED declarer {b}, NONSTOWED field TAG selector {j}.

{Examples:
e) ***struct (string*** *title*, *[1 : n]* ***ref string*** *pages*, ***int*** price*)*;
f) ***string*** *title*, *[1 : n]* ***ref string*** *pages*, ***int*** price;
h) *[1 : n]* ***ref string*** *pages*;
j) *title*;
k) ***int*** price}

{Rules h and k, together with 1.2.1.r,s,t,u,v and 4.1.1.c,d lead to an infinity of production rules of the strict language, thereby enabling the syntax to "transfer" the field-selectors (i) into the mode of structured values, and making it ungrammatical to use an "unknown" field-selector in a selection (8.5.2). Concerning the occurrence of a given field-selector more than once in a declarer, see 4.4.3, which implies that ***struct (real** x, **int** x)* is not a (correct) declarer, whereas ***struct (real** x, **struct (int** x, **bool** p) p)* is. Notice, however, that the use of a given field-selector in two different declarers within a given reach does not cause ambiguity. Thus, ***mode cell = struct (string** name, **ref cell** next)* and ***mode link = struct (ref link** next, **ref cell** value)* may both occur in the same reach.)

l) **VIRAKT Referenz zu MODUS Deklarator** {b}**:**
Referenz zu Symbol {31d}, **virtueller MODUS Deklarierer** {b}.

m) **formaler Referenz zu STEID Deklarator** {b}**:**
Referenz zu Symbol {31d}, **formaler STEID Deklarierer** {b}.

n) **formaler Referenz zu NICHTSTEID Deklarator** {b}**:**
Referenz zu Symbol {31d}, **virtueller NICHTSTEID Deklarierer** {b}.

{Beispiele:

l) ***ref*** [] ***real***;

m) ***ref*** [*1* :] ***real***; ***ref*** [*1* : ***either***, *1* : ***flex***] ***real***;

n) ***ref ref*** [] ***real***}

{Die Regeln *l*, m und n haben zur Folge, daß z. B. ***ref*** [*1* : ***either***] ***real*** *x* ein **formaler Parameter** (5.4.1.e) sein kann, wohingegen ***ref ref*** [*1* : ***either***] ***real*** *x* **kein formaler Parameter sein kann.**}

o) **VIKTAL REIHEN strukturiert mit FELDER Deklarator** {b}**:**
tief Symbol {31e}, **VIKTAL REIHEN Anreiher** {q,r}, **fiet Symbol** {31e},
VIKTAL strukturiert mit FELDER Deklarierer {b}.

p) **VIKTAL REIHEN NICHTSTEID Deklarator** {b}**:**
fiet Symbol {31e}, **VIKTAL REIHEN Anreiher** {q,r}, **fiet Symbol** {31e}
virtueller NICHTSTEID Deklarierer {b}.

q) **VIKTAL REIHE von Anreiher** {*o,p,q*}**:**
VIKTAL Reihe von Anreiher {r}, **Komma Symbol** {31e},
VIKTAL REIHEN Anreiher {q,r}.

r) **VIKTAL Reihe von Anreiher** {o,p,q}**:**
VIKTAL untere Grenze {s,t,v}, **bis zu Symbol** {31e},
VIKTAL obere Grenze {s,t,v}.

s) **virtuelle UNBERE Grenze** {r}**: LEER.**

t) **aktuelle UNBERE Grenze** {r}**:**
strenge UNBERE Grenze {u}, **flexibel Symbol** {31d} **Möglichkeit.**

u) **strenge UNBERE Grenze** {t, v, 861f}**: starkes ganzes Tertiäres** {81b}.

v) **formale UNBERE Grenze** {r}**:**
strenge UNBERE Grenze {u} **Möglichkeit, flexibel Symbol** {31d} **Möglichkeit;**
strenge UNBERE Grenze {u} **Möglichkeit, entweder Symbol** {31d}.

{Beispiele:

o) [*1* : *m*] ***struct*** *(*[*1* : *n*] ***real*** *a*, ***int*** *b)*;

p) [*1* : *m*, *1* : *n*] ***ref*** [ ] ***real***;

q) *1* : *m*, *1* : *n*;

r) *1* : *m*;

t) *m*; *m* ***flex***;

u) *m*;

v) *m*; ; *m* ***flex***; ***flex***; *m* ***either***; ***either***}

{**Das flexibel-Symbol,** das **entweder-Symbol,** die **strenge-untere-Grenze** und die **strenge-obere-Grenze,** die in einem **formalen-Deklarierer** enthalten sind,

l) **VIRACT reference to MODE declarator {b}:**
reference to symbol {31d}, virtual MODE declarer {b}.
m) **formal reference to STOWED declarator {b}:**
reference to symbol {31d}, formal STOWED declarer {b}.
n) **formal reference to NONSTOWED declarator {b}:**
reference to symbol {31d}, virtual NONSTOWED declarer {b}.

{Examples:
l) ***ref*** [] ***real***;
m) ***ref*** [*1* :] ***real***; ***ref*** [*1* : ***either***, *1* : ***flex***] ***real***;
n) ***ref ref*** [] ***real***}

{Rules l, m and n imlpy that, for instance, ***ref*** [*1* : ***either***] ***real*** *x* may be a **formal-parameter** (5.4.1.e), whereas ***ref ref*** [*1* : ***either***] ***real*** *x* may not.}

o) **VICTAL ROWS structured with FIELDS declarator {b}:**
sub symbol {31e}, VICTAL ROWS rower {q,r}, bus symbol {31e},
VICTAL structured with FIELDS declarer {b}.
p) **VICTAL ROWS NONSTOWED declarator {b}:**
sub symbol {31e}, VICTAL ROWS rower {q,r}, bus symbol {31e},
virtual NONSTOWED declarer {b}.
q) **VICTAL row of ROWS rower {o,p,q}:**
VICTAL row of rower {r}, comma symbol {31e}, VICTAL ROWS rower {q,r}.
r) **VICTAL row of rower {o,p,q}:**
VICTAL lower bound {s,t,v}, up to symbol {31e}, VICTAL upper bound {s,t,v}.
s) **virtual LOWPER bound {r}: EMPTY.**
t) **actual LOWPER bound {r}:**
strict LOWPER bound {u}, flexible symbol {31d} option.
u) **strict LOWPER bound {t,v, 861f}: strong integral tertiary {81b}.**
v) **formal LOWPER bound {r}:**
strict LOWPER bound {u} option, flexible symbol {31d} option;
strict LOWPER bound {u} option, either symbol {31d}.

{Examples:
o) [*1* : *m*] ***struct*** ([*1* : *n*] ***real*** *a*, ***int*** *b*);
p) [*1* : *m*, *1* : *n*] ***ref*** [] ***real***;
q) *1* : *m*, *1* : *n*;
r) *1* : *m*;
t) *m*; *m* ***flex***;
u) *m*;
v) *m*; ; *m* ***flex***; ***flex***; *m* ***either***; ***either***}

{The **flexible-symbol**, **either-symbol**, **strict-lower-bound** and **strict-upper-bound** contained in a **formal-declarer** serve to prescribe states and bounds

dienen der Beschreibung der Stati und Grenzen des mehrfachen Wertes, der durch den korrespondierenden **aktuellen-Parameter** besessen wird. Das **flexibel-Symbol** in ***ref*** *[1 :* ***flex****]* ***char*** *s = t* schreibt vor, daß von *s* ein Name besessen wird, der zu einem mehrfachen Wert mit dem oberen Status 0 referiert (d. h., die obere Grenze kann variieren).
Das **entweder-Symbol** in ***ref*** *[1 :* n ***either****]* ***char*** *s = t* erlaubt, daß der obere Status entweder 0 oder 1 ist (d. h., die obere Grenze kann variabel oder fest sein). Das Fehlen des **flexibel-Symbols** und des **entweder-Symbols** in ***ref*** *[1 : n]* ***char*** *s = t* schreibt vor, daß der obere Status 1 ist (d. h., die obere Grenze muß fest sein). Unabhängig davon schreibt die **strenge obere Grenze** *n* in ***ref*** *[1 : n* ***either****]* ***char*** *s = t* oder in ***ref*** *[1 : n]* ***char*** *s = t* vor, daß von *s* ein Name besessen wird, der zu einem mehrfachen Wert referiert, dessen obere Grenze gleich dem Wert von *n* ist. Wenn in dem ersten Beispiel der obere Status 0 ist, dann kann jene obere Grenze später leicht durch eine Zuweisung verändert werden. Das Fehlen einer **strengen-oberen-Grenze** in ***ref*** *[1 :* ***flex****]* ***char*** *s = t* beschränkt die obere Grenze nicht auf jene Weise.
Ähnliche Anmerkungen gelten für die **strengen-unteren-Grenzen.** Das **flexibel-Symbol,** die **strenge-untere-Grenze** und die **strenge-obere-Grenze** spielen eine ähnliche Rolle in **Generatoren** (8.5).}

w) **VIKTAL PROZEDUR Deklarator** {b}:
Prozedur Symbol {31d}, **virtueller PROZEDUR Plan** {x, aa}.
x) **virtueller Prozedur mit PARAMETERS MOSCH Plan** {w, 75b}:
virtueller PARAMETERS {y, 54c} **Packen, virtueller MOSCH Deklarierer** {b,z}.
y) **virtueller MODUS Parameter** {x, 54c}: **virtueller MODUS Deklarierer** {b}.
z) **virtueller Lösch Deklarierer** {x,aa, 834a}: **LEER.**
aa) **virtueller Prozedur MOSCH Plan** {w}: **virtueller MOSCH Deklarierer** {b,z}.
bb) ***Parameter Packen: VIKTAL PARAMETERS** {y, 54c,e, 74b} **Packen.**

{Beispiele:

w) ***proc***; ***proc (real, int)***; ***proc bool***; ***proc (real) bool***;
x) ***(real, int)***; ***(real) bool***;
y) ***real***;
aa) ***bool***}

cc) **VIKTAL Vereinigung aus LMOODS MOOD Modus Deklarator** {b}:
Vereinigungssymbol {31d}, **LMOODS MOOD und Öffnung Box** {dd} **Packen.**
dd) **LODELE LMOOD Öffnung BOX** {cc, ee}: **LODELE abgeschlossen LMOOD Ende BOX** {ee, ff}.
ee) **LODELE abgeschlossen LMOODELE LMOOD Ende BOX** {dd, ee, ff}:
LODELE abgeschlossen LMOODELE LMOOD LMOOD Ende BOX {ee, ff};
LODELE Öffnung LMOODELE LMOOD BOX {dd, gg}.
ff) **LODELE abgeschlossen LMOODELE LMOOD Ende LMOOT BOX**{dd, ee, ff}:
LODELE abgeschlossen LMOODELE LMOOT LMOOD Ende BOX {ee, ff}.

of the multiple value possessed by the corresponding **actual-parameter**. The **flexible-symbol** in ***ref*** *[1 :* ***flex****]* ***char*** *s* = *t* prescribes that a name referring to a multiple value with upper state 0 (i.e., the upper bound may vary) will be possessed by *s*; in ***ref*** *[1 : n* ***either****]* ***char*** *s* = *t*, the **either-symbol** allows that upper state to be either 0 or 1 (i.e., the upper bound may be variable or fixed) and the absence of both **flexible-symbol** and **either-symbol** in ***ref*** *[1 : n]* ***char*** *s* = *t* prescribes that that upper state is 1 (i. e.), the upper bound must be fixed). Independently, the **strict-upper-bound** *n* in ***ref*** *[1 : n* ***either****]* ***char*** *s* = *t* or in ***ref*** *[1 : n]* ***char*** *s* = *t* prescribes that a name referring to a multiple value whose upper bound equals the value of *n* will be possessed by *s*; if, in the first example, the upper state is 0, then that upper bound may well be changed later on by a assigment. The absence of a **strict-upper-bound** in ***ref*** *[1 :* ***flex****]* ***char*** *s* = *t* does not restrict the upper bound in that way. Similar remarks apply to **strict-lower-bounds**. The **flexible-symbol, strict-lower-bound** and **strict-upper-bound** serve a similar role in **generators** (8.5).}

w) VICTAL PROCEDURE declarator {b}:
procedure symbol {31d}, virtual PROCEDURE plan {x,aa}.
x) virtual procedure with PARAMETERS MOID plan {w, 75b}:
virtual PARAMETERS {y, 54c} pack, virtual MOID declarer {b,z}.
y) virtual MODE parameter {x, 54c}: virtual MODE declarer {b}.
z) virtual void declarer {x,aa, 834a}: EMPTY.
aa) virtual procedure MOID plan {w}: virtual MOID declarer {b,z}.
bb) *parameters pack: VICTAL PARAMETERS {y, 54c,e, 74b} pack.

{Examples:

w) ***proc***; ***proc (real, int)***; ***proc bool***; ***proc (real) bool***;
x) ***(real, int)***; ***(real) bool***;
y) ***real***;
aa) ***bool***}

cc) VICTAL union of LMOODS MOOD mode declarator {b}:
union of symbol {31d}, LMOODS MOOD and open box {dd} pack.
dd) LOSETY LMOOD open BOX {cc,ee}: LOSETY closed LMOOD end BOX {ee,ff}.
ee) LOSETY closed LMOODSETY LMOOD end BOX {dd,ee,ff}:
LOSETY closed LMOODSETY LMOOD LMOOD end BOX {ee,ff};
LOSETY open LMOODSETY LMOOD BOX {dd,gg}.
ff) LOSETY closed LMOODSETY LMOOD end LMOOT BOX {dd,ee,ff}:
LOSETY closed LMOODSETY LMOOT LMOOD end BOX {ee,ff}.

gg) **Öffnung LMOODS LMOOD BOX** {ee, gg, ii}: **LMOODS LMOOD BOX** {ii}; **Öffnung LMOODS Box** {gg, hh}, **Komma Symbol** {31e}, **LMOOD BOX** {ii, jj}.

hh) **Öffnung LMOOD Box** {gg}: **LMOOD Box** {jj}.

ii) **LMOODS MOOD und Box** {gg}: **Vereinigung aus LMOODS MOOD Modus Modusindikation** {42b}; **Vereinigungssymbol** {31d}, **Öffnung LMOODS MOOD und Box** {gg} **Packen.**

jj) **MOOD und Box** {gg, hh}: **virtueller MOOD Deklarierer** {b}.

{Beispiele:

cc) ***union (real, union (int, bool), union (real, int))***; ***union (ri, union (bool, real))*** (im Hauptbereich von ***union ri = (real, int)***)}

{"b" solle für '**boolesch**', "g" für '**ganz**', "r" für '**real**', "+" für '**und**' und "(bgr)" solle für irgendeinen der sechs Protobegriffe 'b+g+r', 'b+r+g', 'g+b+r', 'g+r+b', 'r+b+g' und 'r+g+b' stehen. Beide Beispiele sind dann Beispiele eines **virtuellen-**, **aktuellen-** oder **formalen Vereinigung aus** (bgr)-**Modus-Deklarators**. Die Auswahl von (bgr) wird undefiniert gelassen und ist semantisch unnötig.

Aber wählt man irgendeine kanonische Reihenfolge aller Modi, die in einem **Programm** auftreten, dann führen die Regeln cc bis jj und 8.2.4.1.a,b,c,d zu keinen Mehrdeutigkeiten (siehe 1.1.6.i,4.4.3.d).

Der Erzeugungsmechanismus der Regeln cc bis jj ist so, daß die Regel ee1 wiederholt, die Regel ff vertauscht und Regel gg die Modi zuordnet, wohingegen die Regel dd die Box abschließt und Regel ee2 die Box öffnet. "#" stehe für '**Box**', "(" für '**abgeschlossen**', ")" für '**Ende**', "()" für '**Öffnung**' und "," für '**,Komma Symbol,**'. Dann kann man sich die Erzeugung des ersten Beispiels von '**aktueller Vereinigung aus ganz und real und boolesch Modusdeklarator**' folgendermaßen vorstellen (zeilenweise zu lesen):

cc	g+r+b+() #	dd	g+r+(b+) #
ee2	g+r+()b+ #	dd	g+(r+)b+ #
ee1	g+(r+r+) b+ #	ff	g+ (r+b+r+) #
ee2	g+() r+b+r+ #	dd	(g+) r+b+r+ #
ff	(r+g+) b+r+ #	ee1	(r+g+g+) b+r+ #
ff	(r+g+b+g+) r+ #	ff	(r+g+b+r+g+) #
ee2	() r+g+b+r+g+ #	gg2	() r+g+b+ #, r+g+ #
gg2	() r+#, g+b+#, r+g+#	hh	r+#, g+b+#, r+g+# }

7.1.2. Semantik

a) Ein gegebener **Deklarierer** spezifiziert den Modus, der von seinem Original {1.1.6.c} umfaßt {1.1.6.j} wird.

b) Ein gegebener **Deklarierer** wird durch das Schützen aller seiner Bestandteil bildenden **seriellen Klauseln** geschützt.

c) Ein gegebener **Deklarierer** wird in den folgenden Schritten "entwickelt":
Schritt 1: Er wird geschützt

gg) open LMOODS LMOOD BOX {ee,gg,ii} : LMOODS LMOOD BOX {ii} ; open LMOODS box {gg,hh}, comma symbol {31e}, LMOOD BOX {ii,jj}.
hh) open LMOOD box {gg} : LMOOD box {jj}.
ii) LMOODS MOOD and box {gg} : union of LMOODS MOOD mode mode indication {42b} ; union of symbol {31d}, open LMOODS MOOD and box {gg} pack.
jj) MOOD and box {gg,hh} : virtual MOOD declarer {b}.

{Examples:

cc) ***union (real, union (int, bool), union (real, int))***;
union (ri, union (bool, real)) (in the reach of ***union ri = (real, int)***)}

{Let "b" stand for 'boolean', "i" for "integral", "r" für 'real', "+" for 'and' and "(bir)" for any of the six protonotions 'b + i + r', 'b + r + i', 'i + b + r', 'i + r + b', 'r + b + i' and 'r + i + b'. Both examples are then examples of a virtual-, actual- or **formal-union-of-(bir)-mode-declarator**. The choice for (bir) is left undefined and is semantically irrelevant, but if one chooses some canonical ordering of all modes involved in a **program**, then the rules cc up to jj and 8.2.4.1.a,b,c,d do not cause any ambiguity (1.1.6.i, 4.4.3.d). The production mechanism of the rules cc up to jj is such that rule ee1 repeats, rule ff commutes and rule gg associates modes, whereas rule dd closes and rule ee2 opens the box. Let "#" stand for 'box', "(" for 'closed', ")" for 'end', "()" for 'open' and "," for ', **comma symbol**, ', then the production of the first example from '**actual union of integral and real and boolean mode declarator**' is suggested by:

cc	i+r+b+() #	dd	i+r+(b+) #
ee2	i+r+()b+ #	dd	i+(r+)b+ #
ee1	i+(r+r+)b+ #	ff	i+(r+b+r+) #
ee2	i+()r+b+r+ #	dd	(i+)r+b+r+ #
ff	(r+i+)b+r+ #	ee1	(r+i+i+)b+r+ #
ff	(r+i+b+i+)r+ #	ff	(r+i+b+r+i+) #
ee2	( )r+i+b+r+i+ #	gg2	()r+i+b+#, r+i+ #
gg 2	()r+ #, i+b+ #, r+i+ #	hh	r+ #, i+b+#, r+i+ #

7.1.2. Semantics

a) A given **declarer** specifies the mode enveloped {1.1.6.j} by its original {1.1.6.c}.

b) A given **declarer** is protected by protecting all its constituent **serial-clauses**.

c) A given **declarer** is "developed" in the following steps:
Step 1: It is protected;

Schritt 2: Wenn er eine **Modusindikation** ist oder eine solche enthält und nicht abschirmt, und die **Modusindikation** ist ein **aktueller-Deklarierer** oder ein **formaler-Deklarierer**, dann wird diese **Indikation** durch eine Kopie des geschützten **aktuellen-Deklarierers** jener **Modusdeklaration** {7.2} ersetzt, deren **Modusindikation** sein indikations-definierendes Auftreten {4.2.2.a} ist, und der Schritt 2 wird wiederholt. Andernfalls ist die Entwicklung des **Deklarierers** vervollständigt.

{Ein **Deklarierer** wird während der Abarbeitung eines **aktuellen-Deklarierers** (d) oder einer **Identitätsdeklaration** (7.4.2. Schritt 1) entwickelt.}

d) Ein gegebener {**virtueller** oder **aktueller**} **Deklarierer** D, der den Modus M spezifiziert, wird in den folgenden Schritten abgearbeitet:

Schritt 1: Wenn D ein **virtueller Deklarierer** ist, so wird ein neuer Fall W irgendeines Wertes irgendeines Modus N {, der nicht mit '**Vereinigung aus**' beginnt und }, der so beschaffen ist, daß M dieser Modus N ist oder aus ihm vereinigt ist, gewählt und Schritt 8 ausgeführt. Andernfalls wird D entwickelt und Schritt 2 ausgeführt;

Schritt 2: Wenn D nun mit einem **Struktur-Symbol** beginnt, wird Schritt 4 ausgeführt, andernfalls, wenn D nun mit einem **tief-Symbol** beginnt, wird Schritt 5 ausgeführt; andernfalls, wenn D nun mit einem **Vereinigungssymbol** beginnt, wird Schritt 3 ausgeführt; andernfalls wird ein neuer Fall W irgendeines Wertes von dem Modus M ausgewählt, und Schritt 8 wird ausgeführt;

Schritt 3: Es wird irgendein Modus N ausgewählt, der nicht mit '**Vereinigung aus**' beginnt und aus dem der Modus M vereint {4.4.3.a} ist.
Es wird ein neuer Fall W irgendeines Wertes vom Modus N ausgewählt und Schritt 8 wird ausgeführt;

Schritt 4: Alle bestandteilbildenden **Deklarierer** von D werden kollateral abgearbeitet {6.2.2.a}.
Die Werte, zu denen die Werte {Namen} dieser **Deklarierer** referieren, werden in der gegebenen Reihenfolge zu den Feldern eines neuen Falles W eines strukturierten Wertes vom Modus M gemacht und Schritt 8 wird ausgeführt;

Schritt 5: Alle bestandteilbildenden **Grenzenpaare** {8.6.1.1.l} von D werden kollateral abgearbeitet;

Schritt 6: Ein Deskriptor {2.2.3.3} Q wird gebildet, der aus einem Anfang 1 und aus so vielen Quintupeln, es seien n, besteht, wie es bestandteilbildende **aktuelle-Reihe-von-Anreihern** in D gibt.
Für $i = 1, \ldots, n$, wird u_i (o_i) gleichgesetzt dem Wert der bestandteilbildenden **strengen unteren Grenze** (**strengen oberen Grenze**) des i-ten dieser **aktuellen Reihe von Anreihern**. Wenn die **flexibel-Symbol Möglichkeit** der **aktuellen unteren Grenze** (**aktuellen oberen Grenze**) des i-ten dieser **aktuellen Reihe von Anreihern** ein **flexibel-Symbol** ist, so wird s_i (t_i) gleich 0 gesetzt. Andernfalls wird s_i (t_i) gleich 1 gesetzt.

Step 2: If it is, or contains and does not shield, a **mode-indication** which is an **actual-declarer** or **formal-declarer**, then that **indication** is replaced by a copy of the protected **actual-declarer** of that **mode-declaration** {7.2} whose **mode-indication** is its indication-defining occurrence {4.2.2.a}, and Step 2 is taken; otherwise, the development of the **declarer** has been accomplished.

{A **declarer** is developed during the elaboration of an **actual-declarer** (d) or **identity-declaration** (7.4.2. Step 1).}

d) A {**virtual-** or **actual-**} **declarer** D specifying the mode M is elaborated in the following steps:

Step 1: If D is a **virtual-declarer**, then a new instance V of some value of some mode N {not beginning with 'union of' and} such that M is, or is united from, N is chosen and Step 8 is taken; otherwise, D is developed and Step 2 is taken;

Step 2: If D now begins with a **structure-symbol**, then Step 4 is taken; otherwise, if D now begins with a **sub-symbol**, then Step 5 is taken; otherwise, if D now begins with a **union-of-symbol**, then Step 3 is taken; otherwise a new instance V of some value of the mode M is chosen and Step 8 is taken;

Step 3: Some mode N is chosen which does not begin with 'union of' and from which M is united {4.4.3.a}; a new instance V of some value of the mode N is chosen and Step 8 is taken;

Step 4: All constituent **declarers** of D are elaborated collaterally {6.2.2.a}; the values referred to by the values {names} of these **declarers** are made, in the given order, to be the fields of a new instance V of a structured value of the mode M, and Step 8 is taken;

Step 5: All constituent **boundscripts** {8.6.1.1.l} of D are elaborated collaterally;

Step 6: A descriptor {2.2.3.3} Q is established consisting of an offset 1 and as many quintuples, say n, as there are constituent **actual-row-of-rowers** in D; for i = 1, . . . , n, l_i (u_i) is set equal to the value of the constituent **strict-lower-bound** (**strict-upper-bound**) of the i-th of these **actual-row-of-rowers**; if the **flexible-symbol-option** of the **actual-lower-bound** (**actual-upper-bound**) of the i-th of these **actual-row-of-rowers** is a **flexible-symbol**,

Danach wird w_n gleich 1 gesetzt und für $i = n, n - 1, \ldots, 2$ wird die Weite w_{i-1} gleich $(o_i - u_i + 1) \times w_i$ gesetzt.

Schritt 7: Q wird zum Deskriptor eines neuen Falles W eines mehrfachen Wertes vom Modus M gemacht. Seine Elemente erhält man folgendermaßen: Der letzte bestandteilbildende **Deklarierer** von D wird mehrmals kollateral abgearbeitet und die Elemente sind Kopien der Werte, zu denen {gewisse} die resultierenden Namen referieren.

Schritt 8: Ein Name {2.2.3.5}, der sich von allen anderen Namen unterscheidet und dessen Modus '**Referenz zu**' ist, gefolgt von M, wird gebildet. Dieser wird zu W referierend gemacht. Dieser Name ist der Wert von D.

7.2. Modusdeklarationen

{**Modusdeklarationen** legen die indikationsdefinierenden Auftreten von **Modusindikationen** fest, die als Abkürzungen für **Deklarierer** dienen, die sich aus **Basistypen** zusammensetzen, z. B. ***mode string*** = [*1* : *0* ***flex***] ***char***, oder die sich aus anderen **Deklarierern** oder gar aus sich selbst zusammensetzen, z. B. ***mode Buch*** = ***struct*** (***string*** *Titel*, ***ref Buch*** *nächstes*). In diesem letzten Beispiel ist die **Modusindikation** nicht nur eine bequeme Abkürzung, sondern ist wesentlich für die **Deklaration**.}

7.2.1. Syntax

a) **Modusdeklaration** {70a}: **Modussymbol** {31d}, **MODUS Modusindikation** {42b}, **Gleichheitssymbol** {31c}, **aktueller MODUS Deklarierer** {71b}.

{Beispiele:

a) ***mode string*** = [*1* : *0* ***flex***] ***char***; ***struct compl*** = ***(real*** *re*, *im)*; ***union primitive*** = ***(int, real, bool, char, format)*** (siehe 9.2.b,c)}

7.2.2. Semantik

Die Abarbeitung einer **Modusdeklaration** schließt keine Aktion ein.

{Betreffs gewisser **Modusdeklarationen**, z.B. ***mode a*** = ***a***, die nicht in eigentlichen **Programmen** enthalten sind, siehe 4.4.4.c.}

7.3. Prioritätsdeklarationen

{**Prioritätsdeklarationen** legen die indikationsdefinierenden Auftreten von **dyadischen-Indikationen** fest; z. B. ***o*** in ***priority o*** = *6*, das dann in der **Deklaration** von dyadischen Operationen benutzt werden kann. Prioritäten von 1 bis 9 sind möglich. Da **monadische-Operatoren** effektiv nur ein Prioritätsniveau (8.4.1.g) haben, welches höher ist als die Niveaus aller **dyadischen-Operatoren**, treten **monadische-Indikationen** nicht in **Prioritätsdeklarationen** auf.}

then s_i (t_i) is set to 0; otherwise, s_i (t_i) is set to 1; next, d_n is set to 1, and for $i = n, n-1, \ldots, 2$, the stride d_{i-1} is set to $(u_i - l_i + 1) \times d_i$;

Step 7: Q is made to be the descriptor of a new instance V of a multiple value of the mode M, whose elements are obtained as follows: the last constituent **declarer** of D is elaborated collaterally a number of times and the elements are copies of values referred to by {some of the} resulting names;

Step 8: A name {2.2.3.5} different from all other names and whose mode is 'reference to' followed by M, is created and made to refer to V; this name is the value of D.

7.2. Mode declarations

{**Mode-declarations** provide the indication-defining occurrences of **mode-indications**, which act as abbreviations for **declarers** built from some **basic-tokens**, e. g., ***mode string*** = [*1* : *0* ***flex***] ***char***, or from other **declarers** or even from themselves, e. g. ***mode book*** = ***struct*** (***string*** *title*, ***ref book*** *next*). In this last example, the **mode-indication** is not only a convenient abbreviation, but it is essential to the **declaration**.}

7.2.1. Syntax

a) **mode declaration** {70a} **: mode symbol** {31d}**, MODE mode indication** {42b}**, equals symbol** {31c}**, actual MODE declarer** {71b}**.**

{Examples:

a) ***mode string*** = [*1* : *0* ***flex***] ***char***; ***struct compl*** = (***real*** *re*, *im*); ***union primitive*** = (***int***, ***real***, ***bool***, ***char***, ***format***) (see 9.2.b,c)}

7.2.2. Semantics

The elaboration of a **mode-declaration** involves no action.

{See 4.4.4.c concerning certain **mode-declarations**, e.g., ***mode a*** = ***a***, which are not contained in proper **programs**.}

7.3. Priority declarations

{**Priority declarations** provide the indication-defining occurrences of **dyadic-indications**, e. g., ***o*** in ***priority o*** = *6*, which may then be used in the **declaration** of dyadic operations. Priorities from 1 to 9 are available. Since **monadic-operators** have effectively only one priority level (8.4.1.g), which is higher than that of all **dyadic-operators**, **monadic-indications** do not occur in **priority-declarations**.}

7.3.1. Syntax

a) **Prioritätsdeklaration** {70a}**: Prioritätssymbol** {31d}**, Priorität ZAHL Indikation** {42e}**, Gleichheitssymbol** {31c}**, ZAHL Type** {b,c,d,e,f,g,h,i,j}.
b) **eins Type** {a}**: Ziffer eins Symbol** {31b}.
c) **ZWEI Type** {a}**: Ziffer zwei Symbol** {31b}.
d) **DREI Type** {a}**: Ziffer drei Symbol** {31b}.
e) **VIER Type** {a}**: Ziffer vier Symbol** {31b}.
f) **FÜNF Type** {a}**: Ziffer fünf Symbol** {31b}.
g) **SECHS Type** {a}**: Ziffer sechs Symbol** {31b}.
h) **SIEBEN Type** {a}**: Ziffer sieben Symbol** {31b}.
i) **ACHT Type** {a}**: Ziffer acht Symbol** {31b}.
j) **NEUN Type** {a}**: Ziffer neun Symbol** {31b}.
{Beispiel:
a) ***priority*** *+ = 6*}

7.3.2. Semantik

Die Abarbeitung einer **Prioritätsdeklaration** schließt keine Aktion ein.

{Zur Zusammenfassung der Standard **Prioritätsdeklarationen** siehe die Anmerkungen in 8.4.2.}

7.4. Identitätsdeklarationen

{**Identitätsdeklarationen** legen die definierenden Auftreten von **Modusidentifikatoren** fest, z. B. *x* in ***real*** *x* (, das eine Abkürzung von ***ref real*** *x* = ***loc real*** ist.

Siehe 9.2.a)). Ihre Abarbeitung bewirkt, daß **Modusidentifikatoren** Werte besitzen. Hier wird bewirkt, daß *x* einen Namen besitzt, der zu irgend einer Realzahl referiert.}

7.4.1. Syntax

a) **Identitätsdeklaration** {70a}**: formaler MODUS Parameter** {54e}**, Gleichheitssymbol** {31c}**, aktueller MODUS Parameter** {b}.
b) **aktueller MODUS Parameter** {a, 54c, 75a, 862a}**:**
starke MODUS Einheit {61e}; **MODUS Transformat** {558a,–}.
{Beispiele:
a) ***real*** *e = 2.718281828459045*; ***int*** *e =* ***abs*** *i*; ***real*** *d =* ***re*** *(z ×* ***conj*** *z)*; ***ref*** *[,]* ***real*** *a1 = a [, :k]*; ***ref real*** *x1k = x1[k]*; ***compl*** *unit = 1*; ***proc int*** *Zeit = Uhr ÷ Frequenz*;
(Die folgenden **Deklarationen** werden zuerst ohne und dann mit den Erweiterungen von 9.2 angegeben)
ref real *x =* ***loc real***; ***real*** *x*;
ref int *Summe =* ***loc int*** *:= 0*; ***int*** *Summe := 0*;

7.3.1. Syntax

a) **priority declaration {70a}:**
priority symbol {31d}, priority NUMBER indication {42e},
equals symbol {31c}, NUMBER token {b,c,d,e,f,g,h,i,j}.
b) **one token {a}: digit one symbol {31b}.**
c) **TWO token {a}: digit two symbol {31b}.**
d) **THREE token {a}: digit three symbol {31b}.**
e) **FOUR token {a}: digit four symbol {31b}.**
f) **FIVE token {a}: digit five symbol {31b}.**
g) **SIX token {a}: digit six symbol {31b}.**
h) **SEVEN token {a}: digit seven symbol {31b}.**
i) **EIGHT token {a}: digit eight symbol {31b}.**
j) **NINE token {a}: digit nine symbol {431b}.**
{Example:
a) ***priority*** + = *6*}

7.3.2. Semantics

The elaboration of a **priority-declaration** involves no action.
{For a summary of the standard **priority-declarations**, see the remarks in 8.4.2.}

7.4. Identity declarations

{**Identity-declarations** provide the defining occurrences of **mode-identifiers**, e.g., *x* in ***real*** *x* (which is an abbreviation of ***ref real*** *x* = ***loc real***, see 9.2.a). Their elaboration causes **mode-identifiers** to possess values; here, *x* is made to possess a name which refers to some real number.}

7.4.1. Syntax

a) **identity declaration {70a}: formal MODE parameter {54e},**
equals symbol {31c}, actual MODE parameter {b}.
b) **actual MODE parameter {a, 54c, 75a, 862a}:**
strong MODE unit {61e}; MODE transformat {558a,−}.
{Examples:
a) ***real*** *e* = *2.718281828459045*; ***int*** *e* = ***abs*** *i*; ***real*** *d* = ***re*** (*z* × ***conj*** *z*);
ref [,] ***real*** *al* = *a* [, :*k*]; ***ref real*** *x1k* = *x1*[*k*]; ***compl*** *unit* = *1*; ***proc int*** *time* = *clock* ÷ *cycles*;
(The following declarations are given first without, and then with, the extensions of 9.2)
ref real *x* = ***loc real***; ***real*** *x*;
ref int *sum* = ***loc int*** := *0*; ***int*** *sum* := *0*;

ref [***either*** : ***either***, ***either*** : ***either***] ***real*** *a* = ***loc*** [*1* : *m*, *1* : *n*] ***real*** := *x2*;
  [*1* : *m*, *1* : *n*] ***real*** *a* := *x2*;
proc (***real***) ***real*** *vers* = ((***real*** *x*) ***real*** : *1* − *cos* (*x*));
  proc *vers* = (***real*** *x*) ***real*** : *1* − *cos* (*x*);
ref proc (***int***) ***int*** *q* = ***loc proc*** (***int***) ***int*** := ((***int*** *i*) ***int*** : ***abs*** *i*);
  proc *q* := (***int*** *i*) ***int*** : ***abs*** *i*;
b) ***abs*** *i*; ***loc real***; ***loc int*** := *0*; *$* + *d.11de+2d$*}

7.4.2. Semantik

Eine **Identitätsdeklaration** wird in den folgenden Schritten abgearbeitet:

Schritt 1: Der **formale Deklarierer** D ihres **formalen-Parameters** F wird entwickelt {7.1.2.c}.

Schritt 2: Ihr **aktueller-Parameter** A und alle **Grenzenpaare** die — möglicherweise in Schritt 1 modifiziert — in D enthalten sind, werden kollateral abgearbeitet {6.2.2.a}, jedoch nicht jene, die in irgendeinem **Grenzenpaar** enthalten sind, das in D enthalten ist.

Schritt 3: Wenn der Wert W von A ein Name ist, der zu einer Komponente {2.2.2.k} eines mehrfachen Wertes referiert, der einen oder mehrere Stati gleich 0 hat, dann ist die weitere Bearbeitung undefiniert. Ist andernfalls W ein Name ungleich nil, dann wird der Wert, zu dem W referiert, oder andernfalls W selbst, X genannt.

Schritt 4: Wenn X kein strukturierter und kein mehrfacher Wert ist, dann wird Schritt 7 ausgeführt; andernfalls, wenn W kein Name ist, wird Schritt 6 ausgeführt.

Schritt 5: Für jede **flexibel-Symbol-Möglichkeit** S, die in D enthalten ist — möglicherweise in Schritt 1 modifiziert — die jedoch nicht in irgendeinem **Grenzenpaar** enthalten ist, das wiederum in D enthalten ist, ist die weitere Abarbeitung dann undefiniert, wenn S ein **flexibel-Symbol** (leer) ist und der korrespondierende Status in X 1 (0) ist, d. h., der korrespondierende Status wird geprüft. Andernfalls wird Schritt 6 ausgeführt.

Schritt 6: Für jedes **Grenzenpaar**, das in D enthalten ist, — möglicherweise in Schritt 1 modifiziert — das jedoch nicht in irgendeinem **Grenzenpaar** enthalten ist, das wiederum in D enthalten ist und nicht von einem **flexibel Symbol** gefolgt wird, ist dann die weitere Abarbeitung undefiniert, wenn ihr Wert nicht derselbe ist wie der der evtl. vorhandenen korrespondierenden Grenze in X, d. h., die korrespondierende Grenze wird geprüft. Andernfalls wird Schritt 7 ausgeführt;

Schritt 7: Der **Identifikator** von F wird veranlaßt W zu besitzen.

{Gemäß Schritt 6 ist die Abarbeitung der **Deklaration** [*1* : *2*] ***real*** *x1* = (*1.2*, *3.4*, *5.6*) undefiniert und gemäß Schritt 5 ist die Abarbeitung der **Deklaration** ***ref*** [*1* : ***flex***] ***real*** *x1* = [*1* : *2*] ***real*** := (*1.2*, *3.4*) undefiniert. Die Abarbeitung der **Deklaration** [*1* : ***flex***] ***real*** *x1* = (*1.2*, *3.4*) ist gut definiert,

***ref** [**either** : **either**, **either** : **either**] **real** a = **loc** [1 : m, 1 : n] **real** := x2;*
*[1 : m, 1 : n] **real** a := x2;*
***proc** (**real**) **real** vers = ((**real** x) **real** : 1 — cos (x));*
***proc** vers = (**real** x) **real** : 1 — cos (x);*
***ref proc** (**int**) **int** q = **loc proc** (**int**) **int** := ((**int** i) **int** : **abs** i);*
***proc** q := (**int** i) **int** : **abs** i;*

b) ***abs** i; **loc real**; **loc int** := 0; $ + d.11de+2d$*}

7.4.2. Semantics

An **identity-declaration** is elaborated in the following steps:

Step 1: The **formal-declarer** D of its **formal-parameter** F is developed {7.1.2.c};
Step 2: Its **actual-parameter** A and all **boundscripts** contained in D, as possibly modified in Step 1, but not contained in any **boundscript** contained in D, are elaborated collaterally {6.2.2.a};
Step 3: If the value V of A is a name which refers to a component {2.2.2.k] of a multiple value having one or more states equal to 0, then the further elaboration is undefined; otherwise, if V is a name other than nil, then the value to which V refers, or otherwise V itself, is termed W;
Step 4: If W is not a structured value or multiple value, then Step 7 is taken; otherwise, if V is not a name, then Step 6 is taken;
Step 5: For each **flexible-symbol-option** S contained in D, as possibly modified in Step 1, but not contained in any **boundscript** contained in D, {the corresponding state is checked, i. e.,} if S is a **flexible-symbol** (empty) and the corresponding state in W is 1 (0), then the further elaboration is undefined; otherwise, Step 6 is taken;
Step 6: For each **boundscript** contained in D, as possibly modified in Step 1, but not contained in any **boundscript** contained in D and not followed by a **flexible-symbol**, {the corresponding bound is checked, i.e.,} if its value is not the same as the corresponding bound, if any, in W, then the further elaboration is undefined; otherwise, Step 7 is taken;
Step 7: The **identifier** of F is made to possess V.

{According to Step 6, the elaboration of the **declaration** *[1 : 2] **real** x1 = (1.2, 3.4, 5.6)* is undefined and according to Step 5 the elaboration of the **declaration** ***ref** [1 : **flex**] **real** x1 = [1 : 2] **real** := (1.2, 3.4)* is undefined. The elaboration of the **declaration** *[1 : **flex**] **real** x1 = (1.2, 3.4)* is well defined, jedoch wird die gleiche Wirkung auch durch die weniger verwirrende **Deklaration** [ ] ***real*** *x1 = (1.2, 3.4)* erhalten.

7.5. Operationsdeklarationen

{**Operationsdeklarationen** legen die operatordefinierenden Auftreten von **Operatoren** fest, z. B. ***op*** ∨ = ***(real*** *a, b)* ***real*** : *(random < .5 | a | b)*, welches ein operatordefinierendes Auftreten von ∨ als einen **dyadischen-Operator** enthält. Im Gegensatz zu den **Identitätsdeklarationen**, von denen in einem Hauptbereich (4.4.2.b) niemals zwei für denselben **Identifikator** auftreten können, kann mehr als eine **Operationsdeklaration**, die dieselbe **adische-Indikation** einschließt, in demselben Hauptbereich auftreten. Siehe 10.2.3.i, 10.2.4.i, usw.}

7.5.1. Syntax

a) **Operationsdeklaration** {70a}:
PRAM Titel {b}, **Gleichheitssymbol** {31c}, **aktueller PRAM Parameter** {74b}.
b) **PRAM Titel** {a}: **Operationssymbol** {31d}, **virtueller PRAM Plan** {71x}, **PRAM ADISCH Operator** {43b, c,—}.

{Beispiele:
a) ***op*** ∧ = ***(bool*** *a, b)* ***bool*** : *(a | b |* ***false****)*;
op abs = ***(real*** *a)* ***real*** : *(a < 0 | −a | a)* (siehe 9.2.d,e);
b) ***op (bool, bool) bool*** ∧; ***op (real) real abs***}

7.5.2. Semantik

Eine **Operationsdeklaration** wird in den folgenden Schritten abgearbeitet:

Schritt 1: Ihr **aktueller-Parameter** wird abgearbeitet.

Schritt 2: Der **Operator** ihres **Titels** wird veranlaßt, den Wert (d. h. die Routine, die der Wert ist), zu besitzen, der in Schritt 1 erhalten wurde.

{Die **Formel** (8.4.1) *p* ∧ *q*, in der ∧ das operator-definierende Auftreten von ∧ in der **Operationsdeklaration** ***op*** ∧ = ***(bool*** *John,* ***proc bool*** *Mc Carthy)* ***bool*** : *(John | Mc Carthy |* ***false****)* identifiziert, besitzt denselben Wert, den sie besitzen würde, wenn ∧ das operator-definierende Auftreten von ∧ in der **Operationsdeklaration** ***op*** ∧ = ***(bool*** *a, b)* ***bool*** : *(a | b |* ***false****)* identifizieren würde, ausgenommen möglicherweise, wenn die Abarbeitung von *q* Nebeneffekte bei der Abarbeitung von *p* bewirkt.}

but its effect is also obtained by the elaboration of the less confusing **declaration** [ ] ***real** x1 = (1.2, 3.4)*.}

7.5. Operation declarations

{**Operation-declarations** provide the operator-defining occurrences of **operators**, e.g., ***op** ∨ (**real**, a, b) **real** : (random < .5 | a | b)*, which contains an operator-defining occurrence of ∨ as a **dyadic-operator**. Unlike **identity-declarations** of which no two for the same **identifier** may occur in a reach (4.4.2.b), more than one **operation-declaration** involving the same **adic-indication** may occur in the same reach, see 10.2.3.i, 10.2.4.i, etc.}

7.5.1. Syntax

a) **operation declaration** {70a}:
PRAM caption {b}, **equals symbol** {31c}, **actual PRAM parameter** {74b}.
b) **PRAM caption** {a}: **operation symbol** {31d},
virtual PRAM plan {71x}, **PRAM ADIC operator** {43b,c,—}.
{Examples:
a) ***op** ∧ = (**bool** a, b) **bool** : (a | b | **false**)*;
***op abs** = (**eral** a) **real** : (a < 0 | −a | a)* (see 9.2.d,e);
b) ***op** (**bool**, **bool**) **bool** ∧*; ***op** (**real**) **real abs***}

7.5.2. Semantics

An **operation-declaration** is elaborated in the following steps:
Step 1: Its **actual-parameter** is elaborated;
Step 2: The **operator** of its **caption** is made to possess the {routine which is the} value obtained in Step 1.

{The **formula** (8.4.1) *p ∧ q*, where ∧ identifies the operator-defining occurrence of ∧ in the **operation-declaration** ***op** ∧ = (**bool** john, **proc bool** mccarthy) **bool** : (john | mccarthy | **false**)*, possesses the same value as it would if ∧ identified the operator-defining occurrence of ∧ in the **operation-declaration** ***op** ∧ = (**bool** a, b) **bool** : (a | b | **false**)*, except, possibly, when the elaboration of *q* involves side effects on that of *p*.}

8. Einzelklauseln

{**Einzelklauseln** können als **aktuelle-Parameter** auftreten, z. B. *x* in *sin (x)*, als **Quellen in Zuordnungen**, z. B. *y* in *x := y*, in **Zuschnitten**, speziell in **Routinegestalten**, z. B. *i +:= 1* in *((**ref int** i) **int** : i +:= 1)*, oder sie können zum Aufbau von **seriellen-Klauseln** oder **kollateralen-Klauseln** benutzt werden, wie *x := 1* in *(x := 1; y := 2)* oder in *(x := 1, y := 2)*. **Einzelklauseln** sind entweder **abgeschlossen, kollateral** oder **bedingt**, oder aber sie sind **Anzupassende**. Es gibt vier Arten von **Anzupassenden**: **Konfrontationen**, wie *x := 1*, **Formeln**, wie *x + 1*, **Bindungen**, wie *Nächste **of** Zelle*, und **Basen**, wie *x*. Diese **Anzupassenden** und die **abgeschlossenen-, kollateralen-** und **bedingten-Klauseln** werden in die folgenden vier Klassen eingeteilt, wobei jede Klasse eine Unterklasse der nächsten ist: **Primäre**, die indiziert oder parametrisiert werden können, wie *x1* und *sin* in *x1* [*i*] bzw. *sin (x)*, **Sekundäre**, von denen Felder selektiert werden können, z. B. *z* in *re **of** z*, und **Tertiäre**, die **Operanden** sein können oder **Bestimmungen in Zuordnungen**, oder die in **Identitäts-** oder **Konformitätsvergleichen** auftreten können, z. B. *x* in *x + 1* oder in *x := 1* oder in *x :=: yy* oder in *x ::= ir*, oder die **Grendizes** sein können, z.B. *m*, *0* und *n* in *x2* [*:m* å *0*, *n*], und schließlich **Einzelklauseln**, die die größte Klasse bilden. Daher bedeutet *r **of** s(i)*, daß *s* zuerst aufgerufen oder indiziert wird, während *(r **of** s) (i)* bedeutet, daß zuerst das Feld selektiert wird. Ebenso bedeutet *r **of** s + t*, daß das Feld von *s* vor Abarbeitung der Routine, die von + besessen wird, selektiert wird, während man *r **of** (s + t)* schreiben muß, wenn die Abarbeitung von + zuerst erfolgen soll.}

8.1.1. Syntax

a) **SORTELE Einzel MOSCH Klausel** {61e}: **SORTELE MOSCH Tertiäres** {b}; **SORTELE MOSCH Konfrontation** {820d,e,f,g, 830a,—}.

b) **SORTELE MOSCH Tertiäres** {a, 71u, 831b, 832a, 833a, 861h,i}: **SORTELE MOSCH Sekundäres** {c}; **SORTELE MOSCH ADISCH Formel** {820d,e,f,g, 84b,g}.

c) **SORTELE MOSCH Sekundäres** {b, 84f, 852a}: **SORTELE MOSCH Primäres** {d}; **SORTELE MOSCH Bindung** {820d,e,f,g, 850a}.

d) **SORTELE MOSCH Primäres** {c, 861a, 862a}: **SORTELE MOSCH Basis** {820d,e,f,g, 860a,b}; **SORTELE ABGESCHLOSSEN MOSCH Klausel** 62b,c,d,f, 63a, 64a,—}.

{Beispiele:

a) *x*; *x := 1*;

b) *x*; *x* + 1;

8. Unitary clauses

{**Unitary-clauses** may occur as **actual-parameters**, e.g., *x* in *sin (x)*, as **sources** in **assignations**, e.g., *y* in *x := y*, in **casts**, especially in **routine-denotations**, e.g., *i +:= 1* in *((**ref int** i) **int** : i +:= 1)*, or may be used to construct **serial-clauses** or **collateral-clauses**, e.g., *x := 1* in *(x := 1; y := 2)* or in *(x := 1, y := 2)*. **Unitary-clauses** either are **closed**, **collateral** or **conditional**, or are **coercends**. There are four kinds of **coercends**: **confrontations**, e.g., *x := 1*, **formulas**, e.g., *x + 1*, **cohesions**, e.g., *next **of** cell*, and **bases**, e.g., *x*. These **coercends** and the **closed-**, **collateral-** and **conditional-clauses** are grouped into the following four classes, each class being a subclass of the next: **primaries**, which may be subscripted and parametrized, e. g., *x1* and *sin* in *x1* [*i*] and *sin (x)*; **secondaries**, from which fields may be selected, e.g., *z* in *re **of** z*; **tertiaries**, which may be **operands**, or may be **destinations** in **assignations**, or may occur in **identity-** or **conformity-relations**, e.g., *x* in *x + 1* or in *x := 1* or in *x* :=: *yy* or in *x* ::= *ir*, or may be **boundscripts**, e.g., *m*, *0* and *n* in *x2* [: *m* å *0*, *n*], and, finally, **unitary-clauses**, which is the largest class. Thus, *r **of** s (i)* means that *s* is first called or subscripted, whereas *(r **of** s) (i)* means that the field is selected first. Also, *r **of** s + t* means that the field is selected from *s* before elaborating the routine possessed by +, while to force the elaboration of + first, one must write *r **of** (s + t)*.}

8.1.1. Syntax

a) **SORTETY unitary MOID clause** {61e}: **SORTETY MOID tertiary** {b}; **SORTETY MOID confrontation** {820d,e,f,g, 830a,—}.

b) **SORTETY MOID tertiary** {a, 71u, 831b, 832a, 833a, 861h,i}: **SORTETY MOID secondary** {c}; **SORTETY MOID ADIC formula** {820d,e,f,g, 84b,g}.

c) **SORTETY MOID secondary** {b, 84f, 852a}: **SORTETY MOID primary** {d}; **SORTETY MOID cohesion** {820d,e,f,g, 850a}.

d) **SORTETY MOID primary** {c, 861a, 862a}: **SORTETY MOID base** {820d,e,f,g, 860a,b}; **SORTETY CLOSED MOID clause** {62b,c,d,f, 63a, 64a,—}.

{Examples:

a) *x*; *x := 1*;

b) *x*; *x + 1*;

c) x; ***real***;
d) x; *(x + 1)*}

8.2. Anzupassende

{Es gibt vier Arten von **Anzupassenden: Basen**, z. B. *x*, **Bindungen**, z. B. *re* ***of*** *z*, **Formeln**, z. B. $x + y$ und **Konfrontationen**, z. B. $x := 1$. Alle diese werden gemeinsam als **Anzupassende** betrachtet, weil gerade in ihren Erzeugungsregeln die Grundanpassungen auftreten.

In den gegenwärtigen Programmiersprachen werden gewöhnlich in der Semantik gewisse implizite Typwechsel beschrieben. Dabei kann $x := 1$ bedeuten, daß der ganzzahlige Wert von *1* einen entsprechenden Gleitpunktwert ergibt, der dann dem Namen zugewiesen wird, der von *x* besessen wird. In ALGOL 68 werden solche impliziten Moduswechsel Anpassungen genannt und in der Syntax berücksichtigt. Gewisse in anderen Sprachen verfügbare Anpassungen, wie in $i := x$, sind nicht erlaubt. Man muß *i* := ***round*** *x* oder *i* := ***entier*** *x* schreiben, denn man hält es in dieser Situation für ratsam, daß der Programmierer die Anpassung explizit festlegt. Abgesehen davon werden alle Anpassungen geliefert, die der Programmierer vernünftigerweise erwarten könnte.

Es gibt acht Grundanpassungen. Sie lauten: Entreferenzieren, Entprozedurieren, Prozedurieren, Vereinigen, Erweitern, Reihen, Angleichen und Löschen. In $x + 3.14$ wird die **Basis** *x*, deren a priori Modus **'Referenz zu real'** ist, zu **'real'** entreferenziert. In *x* := *random* wird die **Basis** *random*, deren a priori Modus **'Prozedur real'** ist, zu **'real'** entprozeduriert. In ***proc real*** $p = x + 3.14$ wird die **Formel** $x + 3.14$, deren a priori Modus **'real'** ist, zu **'Prozedur real'** prozeduriert. In ***union (int, real)*** *ir* := *1* wird die **Basis** *1*, deren a priori Modus **'ganzzahlig'** ist, zu **'Vereinigung von ganzzahlig und real Modus'** vereinigt. In $x := 1$ wird die **Basis** *1*, deren a priori Modus **'ganzzahlig'** ist, zu **'real'** erweitert. In ***string*** *s* := *"a"* wird die **Basis** *"a"*, deren a priori Modus **'Zeichen'** ist, zu **'Reihe von Zeichen'** gereiht. In *x* := ***skip*** wird die **Lücke** ***skip***, die keinen a priori Modus hat, zu **'real'** angeglichen. In *(x :=1; y := 2)* wird die **Konfrontation** $x := 1$, deren a priori Modus **'Referenz zu real'** ist, gelöscht (d. h., ihr Wert wird ignoriert).

Die Arten der benutzten Anpassungen hängen von drei Dingen ab: Der "syntaktischen Position", dem a priori Modus und dem a posteriori Modus (, d. h. den Modi vor und nach der Anpassung). Es gibt vier Sorten syntaktischer Positionen. Sie sind: "starke Positionen, d. h., **aktuelle-Parameter**, z. B. *x* in *sin (x)*, **Quellen**, z. B. *x* in $y := x$, **Bedingungen**, z. B. $x > 0$ in $(x > 0 \mid x \mid 0)$, **Indizes**, z. B. *i* in *x1* [*i*] usw., "feste" Positionen, d. h., **Operanden**, z. B. *x* in $x + y$, **Transformate**, z. B. *$5d$*, und gewisse **Primäre**, z. B. *sin* in *sin (x)*; "weiche" Positionen, d. h., gewisse **Primäre**, z. B. *x1* in *x1* [*i*] und gewisse **Sekundäre**, z. B. *z* in *re* ***of*** *z*; und "sanfte" Positionen, d. h. **Bestimmungen**, z. B. *x* in $x := y$, und gewisse andere **Tertiäre**, z. B. *xx* in *xx* :=: *x*.

c) *x*; ***real***;
d) *x*; *(x + 1)*}

8.2. Coercends

{Coercends are of four kinds: bases, e.g., *x*, cohesions, e.g., *re **of** z*, formulas, e.g., *x + y* and confrontations, e.g., *x := 1*. These are collectively considered as coercends because it is in their production rules that the basic coercions appear.

In current programming languages certain implicit changes of type are described, usually in the semantics. Thus *x := 1* may mean that the integral value of *1* yields an equivalent real value which is then assigned to the name possessed by *x*. In ALGOL 68, such implicit changes of mode are known as coercions, and are reflected in the syntax. Certain coercions available in other languages, such as that in *i := x*, are not permitted. One must write *i :=* ***round*** *x* or *i :=* ***entier*** *x*, for in this situation it is felt advisable for the programmer to state the coercion explicitly. Apart from this, all the coercions which the programmer might reasonably expect are supplied.

There are eight basic coercions. They are: dereferencing, deproceduring, proceduring, uniting, widening, rowing, hipping and voiding. In *x + 3.14*, the base *x*, whose a priori mode is 'reference to real', is dereferenced to 'real'; in *x := random*, the base *random*, whose a priori mode is 'procedure real', is deprocedured to 'real'; in ***proc real*** *p = x + 3.14*, the formula *x + 3.14*, whose a priori mode is 'real', is procedured to 'procedure real'; in ***union*** *(**int**, **real**) ir := 1*, the base *1*, whose a priori mode is 'integral', is united to 'union of integral and real mode'; in *x := 1*, the base *1*, whose a priori mode is 'integral', is widened to 'real'; in ***string*** *s := "a"*, the base *"a"*, whose a priori mode is 'character', is rowed to 'row of character'; in *x :=* ***skip***, the skip ***skip***, which has no a priori mode, is hipped to 'real' and in *(x := 1; y := 2)*, the confrontation *x := 1*, whose a priori mode is 'reference to real', is voided (, i.e., its value is ignored).

The kinds of coercion which are used depend upon three things: "syntactic position", a priori mode and a posteriori mode (, i.e., the modes before and after coercion). There are four sorts of syntactic position. They are: "strong" positions, i.e., actual-parameters, e.g., *x* in *sin (x)*, sources, e.g., *x* in *y := x*, conditions, e.g., *x > 0* in *(x > 0 | x | 0)*, subscripts, e.g., *i* in *x1 [i]*, etc.; "firm" positions, i.e., operands, e.g., *x* in *x + y*, transformats, e.g., *$5d$*, and certain primaries, e.g., *sin* in *sin (x)*; "weak" positions, i.e., certain primaries, e.g., *x1* in *x1 [i]*, and certain secondaries, e.g., *z* in *re **of** z*; and "soft" positions, i.e., destinations, e.g., *x* in *x := y*, and some other tertiaries, e.g., *xx* in *xx :=: x*.

Starke Positionen werden so benannt, weil der a posteriori Modus völlig durch den Kontext bestimmt wird. Solche Positionen erlauben es, jede der acht Grundanpassungen auszuführen. Feste Positionen sind beispielsweise **Operanden**, in denen Erweitern, Reihen, Angleichen und Löschen ausgeschlossen werden müssen, da andernfalls die Identifikation der Operationen, die in $i + j$, $x + y$ enthalten sind, nicht richtig ausgeführt werden könnten, (wobei wir voraussetzen, daß + auch für '**Reihe von *real***' erklärt ist). Gleiches gilt für i + ***skip*** und i + *algol*. In den weichen Positionen sind nur Entprozedurieren und Entreferenzieren erlaubt, und man muß besonders beachten, daß Entreferenzieren nur dann ein '**Referenz zu**' entfernt, wenn es von '**Referenz zu**' gefolgt wird. Das *x1* in *x1* [*i*] := *1* demonstriert die Notwendigkeit für dieses Voraussehen. In den sanften Positionen ist der a posteriori Modus der a priori Modus ausgenommen für die Entfernung von null- oder mehrmals '**Prozedur**'. Darum wird in sanften Positionen nur das Entprozedurieren ausgeführt.

In den Erzeugungen eines Begriffes wird die Sorte der Position (stark, fest, weich, sanft) mitgeführt oder während des Balanzierens (zu stark) modifiziert und führt zu den Grundanpassungen, die in den Erzeugungsregeln für **Anzupassende** auftreten. Darüber hinaus muß die Anpassung vollständig in diesen Regeln dargelegt sein. Zum Beispiel ist y in $x := y$ eine **real-Quelle** und darum eine **starke-real-Einheit** (8.3.1.1.c). Die Sorte '**stark**' wird durch die Erzeugungen von '**stark real Einheit**' mitgeführt, bis eine '**starke real Basis**' erreicht wird (8.1.1.d). Dies wird sodann zu '**stark entreferenziert zu real Basis**' (8.2.0.1.d), darauf zu '**Referenz zu real Basis**' (8.2.1.1.a) und schließlich zu '**Referenz zu real Modus Identifikator**' (8.6.0.1.a).}

8.2.0.1. Syntax

a) ***Anzupassendes: SORTE ANZUPASSENDES** {d,e,f,g}: **SORTElich ADAPTIERT zu ANZUPASSENDES** {821a,b, 822a,b,c, 823a, 824a, 825a,b,c,d, 826a, 827a, 828a,b,—}.

b) ***SORTE Anzupassendes: SORTE ANZUPASSENDES** {d,e,f,g}.

c) ***ADAPTIERT Anzupassendes: SORTElich ADAPTIERT zu ANZUPASSENDES** {821a,b, 822a,b,c, 823a, 824a, 825a,b,c,d, 826a, 827a, 828a,b,—}.

d) **starkes ANZUPASSENDES** {81a,b,c,d}: **ANZUPASSENDES** {830a, 84b,g, 850a, 860a,b,—}; **stark ADAPTIERT zu ANZUPASSENDES** {821a, 822a, 823a, 824a, 825a,b,c,d, 826a, 827a, 828a,b,—}.

e) **festes ANZUPASSENDES** {81a,b,c,d, 84d,f}: **ANZUPASSENDES** {830a, 84b,g, 850a, 860a,b,—}; **fest ADJUSTIERT zu ANZUPASSENDES** {821a, 822a, 823a, 824a,—}.

f) **weiches ANZUPASSENDES** {81a,b,c,d}: **ANZUPASSENDES** {830a, 84b,g, 850a, 860a,b,—}; **weich ANGEGLICHEN zu ANZUPASSENDES** {821b, 822b,—}.

g) **sanftes ANZUPASSENDES** {81a,b,c,d}: **ANZUPASSENDES** {830a, 84b,g, 850a, 860a,b,—}; **sanft entprozeduriert zu ANZUPASSENDES** {822c}.

Strong positions are so termed because the a posteriori mode is dictated entirely by the context. Such positions lead to the possibility of any of the eight basic coercions. Firm positions are, e.g., **operands**, in which widening, rowing, hipping and voiding must be excluded, since, otherwise, the identification of the operations involved in $i + j$, $x + y$ (, supposing + to be declared also for '**row of real**'), i + ***skip*** and i + *algol* could not be properly made. In the weak positions, only deproceduring and dereferencing are permitted, and special care must be taken that dereferencing removes a '**reference to**' only if followed by '**reference to**'. The *x1* in *x1* [*i*] := *1* demonstrates the necessity for this look-ahead. In the soft positions, the a posteriori mode is the a priori mode except for the removal of zero or more times '**procedure**'. Thus in soft positions only deproceduring is performed.

In the productions of a notion, the sort (strong, firm, weak, soft) of position is passed on, or modified during balancing (to strong), and leads to basic coercions which appear in the production rules for **coercends**; moreover, the coercion must be completely expended in these rules. For example, *y* in *x* := *y* is a **real-source** and, therefore, a **strong-real-unit** (8.3.1.1.c); the sort '**strong**' is passed through the productions of '**strong real unit**' until a '**strong real base**' is reached (8.1.1.d); this is then produced to '**strongly dereferenced to real base**' (8.2.0.1.d), next to '**reference to real base**' (8.2.1.1.a) and finally to '**reference to real mode identifier**' (8.6.0.1.a).}

8.2.0.1. Syntax

a) *coercend: SORT COERCEND {d,e,f,g}; SORTly ADAPTED to COERCEND {821a,b, 822a,b,c, 823a, 824a, 825a,b,c,d, 826a, 827a, 828a,b,—}.

b) *SORT coercend: SORT COERCEND {d,e,f,g}.

c) *ADAPTED coercend: SORTly ADAPTED to COERCEND {821a,b, 822a,b,c, 823a, 824a, 825a,b,c,d, 826a, 827a, 828a,b,—}.

d) strong COERCEND {81a,b,c,d}: COERCEND {830a, 84b,g, 850a, 860a,b,—}; strongly ADAPTED to COERCEND {821a, 822a, 823a, 824a, 825a,b,c,d, 826a, 827a, 828a,b,—}.

e) firm COERCEND {81a,b,c,d, 84d,f}: COERCEND {830a, 84b,g, 850a, 860a,b,—}; firmly ADJUSTED to COERCEND {821a, 822a, 823a, 824a,—}.

f) weak COERCEND {81a,b,c,d}: COERCEND {830a, 84*b*,g, 850a, 860a,b,—}; weakly FITTED to COERCEND {821b, 822b,—}.

g) soft COERCEND {81a,b,c,d}: COERCEND {830a, 84b,g, 850a, 860a,b,—}; softly deprocedured to COERCEND {822c}.

{Beispiele:
d) *3.14 (in x := 3.14)*; *y* (in *x* := *y*);
e) *3.14*; *x* (in *3.14 + x*); ***sin*** (in ***sin*** *(x)*);
f) *x1* (in *x1* [*i*]; *zz* (in *re* ***of*** *zz* im Hauptbereich von ***ref compl*** *zz*);
g) *x* (in *x* := *1*); *x* ***or*** *y* (in *x* ***or*** *y* := *3.14*)}

8.2.1. Entreferenzierte Anzupassende

{**Anzupassende** werden entreferenziert, wenn es erforderlich ist, daß ein anfängliches '**Referenz zu**' aus einem a priori Modus entfernt werden soll; z. B. in *x* := *y* ist der a priori Modus von *y* '**Referenz zu real**', aber der in dieser starken Position erforderlich a posteriori Modus ist '**real**'. Hier besitzt *y* einen Namen, der sich auf eine reale Zahl bezieht und diese reale Zahl wird *x* zugewiesen und nicht der Name (, der von *y* besessen wird).}

8.2.1.1. Syntax

a) **STESTlich entreferenziert zu MODUS FORM** {a, 820d,e, 822a,b, 823a, 824b,d, 825a,b,c,d, 826a}: **Referenz zu MODUS FORM** {830a, 84b,g, 850a, 860a};
STESTlich ANGEGLICHEN zu Referenz zu MODUS FORM {a, 822a}.
b) **weich entreferenziert zu Referenz zu MODUS FORM** {b, 820f}: **Referenz zu Referenz zu MODUS FORM** {830a, 84b,g, 850a, 860a}; **weich ANGEGLICHEN zu Referenz zu Referenz zu MODUS FORM** {b, 822b}.

{Beispiele:
a) *y* (in *x* := *y* oder in *x* + *y*); *yy* (in *x* := *yy* oder in *x* + *yy*);
b) *rx1* (in *rx1* [*i*] im Hauptbereich von ***ref*** [] ***real*** *rx1*)}

8.2.1.2. Semantik

Ein **entreferenziertes-Anzupassendes** wird in folgenden Schritten abgearbeitet:
Schritt 1: Es wird vorabgearbeitet {1.1.6.i};
Schritt 2: Wenn der in Schritt 1 erhaltene Wert nicht nil ist, dann ist der Wert des **entreferenzierten-Anzupassenden** eine Kopie des Wertes, auf den sich der Wert {Name} bezieht, der in Schritt 1 erhalten wurde. Andernfalls ist die weitere Abarbeitung undefiniert.

{Weiches Entreferenzieren muß so weit vorausschauen, daß es kein '**Referenz zu**' entfernt, das einem Modus vorausgeht, der nicht mit '**Referenz zu**' beginnt. Zum Beispiel in *x1* [*i*] := *y* sollte das **Primäre** *x1* nicht entreferenziert werden, da *x1* [*i*] ein Name sein muß. In *x1* [*i*] + *y* wird *x1* nicht entreferenziert, wohl aber die **Basis** *x1* [*i*].}

8.2.2. Entprozedurierte Anzupassende

{**Anzupassende** werden entprozeduriert, wenn es erforderlich ist, daß ein anfängliches '**Prozedur**' aus einem a priori Modus entfernt werden soll; z. B. in

{**Examples:**
d) *3.14* (in $x := 3.14$); y (in $x := y$);
e) *3.14*; x (in $3.14 + x$); *sin* (in *sin* (x));
f) *x1* (in *x1* $[i]$); *zz* (in ***re of*** *zz* in the reach of ***ref compl*** *zz*);
g) x (in $x := 1$); *x or y* (in *x or y* $:= 3.14$)}

8.2.1. Dereferenced coercends

{**Coercends** are dereferenced when it is required that an initial 'reference to' should be removed from the a priori mode; e.g., in $x := y$, the a priori mode of y is 'reference to real' but the a posteriori mode required in this strong positions is 'real'. Here, y possesses a name which refers to a real number and it is that real number which is assigned to (the name possessed by) x, not that name (possessed by y).}

8.2.1.1. Syntax

a) **STIRMly dereferenced to MODE FORM** {a, 820d,e, 822a,b, 823a, 824b,d, 825a,b,c,d, 826a}: **reference to MODE FORM** {830a, 84b, g, 850a, 860a}; **STIRMly FITTED to reference to MODE FORM** {a, 822a}.
b) **weakly dereferenced to reference to MODE FORM** {b, 820f}: **reference to reference to MODE FORM** {830a, 84b,g, 850a, 860a}; **weakly FITTED to reference to reference to MODE FORM** {b, 822b}.

{Examples:
a) y (in $x := y$ or in $x + y$); *yy* (in $x :=$ *yy* or in $x +$ *yy*);
b) *rx1* (in *rx1* $[i]$ in the reach of ***ref*** [ ] ***real*** *rx1*)}

8.2.1.2. Semantics

A **dereferenced-coercend** is elaborated in the following steps:
Step 1: It is preelaborated {1.1.6.i};
Step 2: If the value obtained in Step 1 is not nil, then the value of the **dereferenced-coercend** is a copy of the value referred to by the value {name} obtained in Step 1; otherwise, the further elaboration is undefined.

{Weak dereferencing must look ahead so that it does not remove a 'reference to' which precedes a mode which does not begin with 'reference to'. For example, in *x1* $[i] := y$, the **primary** *x1* should not be dereferenced, for *x1* $[i]$ must possess a name. In *x1* $[i] + y$, the *x1* is not dereferenced but the **base** *x1* $[i]$ is.}

8.2.2. Deprocedured coercends

{**Coercends** are deprocedured when it is required that an initial 'procedure' should be removed from the a priori mode; e.g., in $x :=$ *random*, the a priori

$x =:$ *random* ist der a priori Modus von *random* '**Prozedur real**', aber der in dieser starken Position erforderliche a posteriori Modus ist '**real**'. Hier wird die Routine, die von *random* besessen wird, abgearbeitet und die sich ergebende reale Zahl wird dem (Namen, der von) x (besessen wird), zugewiesen.}

8.2.2.1. Syntax

a) **STESTlich entprozeduriert zu MOSCH FORM** {a, b, 820d,e, 821a, 824b,d, 825a,b,c,d, 826a, 828b}:
Prozedur MOSCH FORM {830a, 84,b,g, 850a, 860a};
STESTlich ANGEGLICHEN zu Prozedur MOSCH FORM {a, 821a}.

b) **weich entprozeduriert zu MODUS FORM** {820f, 821b}:
Prozedur MODUS FORM {830a, 84,b,g, 850a, 860a};
fest ANGEGLICHEN zu Prozedur MODUS FORM {a, 821a}.

c) **sanft entprozeduriert zu MODUS FORM** {c, 820g}:
Prozedur MODUS FORM {830a, 84b,g, 850a, 860a};
sanft entprozeduriert zu Prozedur MODUS FORM {c}.

{Beispiele:

a) *random* (in $x :=$ *random* oder in $x +$ *random*);

b) *rz* (in *re* ***of*** *rz* im Hauptbereich von ***proc compl*** *rz* = ***compl*** : (*random*, *random*));

c) *x or y* (in *x or y* := *1*)}

8.2.2.2. Semantik

Ein **entprozeduriertes-Anzupassendes** wird in folgenden Schritten abgearbeitet:

Schritt 1: Es wird vorabgearbeitet {1.1.6.i}:

Schritt 2: Das **entprozedurierte-Anzupassende** wird durch eine **abgeschlossene-Klausel** ersetzt, die eine Kopie des in Schritt 1 erhaltenen Vorwertes {der Vorwert ist eine Routine} ist und die Abarbeitung dieser **abgeschlossenen-Klausel** wird begonnen. Der erhaltene Wert, wenn es einen gibt, ist der des **entprozedurierten-Anzupassenden**. Wenn diese Abarbeitung komplettiert oder beendet ist, dann wird die **abgeschlossene-Klausel** ersetzt durch das **entprozedurierte-Anzupassende**, bevor die Abarbeitung eines Nachfolgers begonnen wird. {Siehe auch **Aufrufe**, 8.6.2.}

8.2.3. Prozedurierte Anzupassende

{**Anzupassende** werden prozeduriert, wenn es verlangt wird, daß ein anfängliches '**Prozedur**' vor einen a priori Modus gesetzt werden soll (d. h., wenn sie in Prozeduren ohne Parameter verwandelt werden sollen), z. B. $x :=$ *1* in ***proc real*** $p := x :=$ *1*. Hier wird nicht die *1* dem x zugeordnet, sondern die Routine, die die *1* dem x zuordnet, wird dem p zugeordnet. Man beachte, daß ***proc*** $p := x :=$ *1* syntaktisch inkorrekt ist, da $x :=$ *1* zuerst gelöscht werden muß, bevor es zum Modus '**Prozedur lösch**' prozeduriert werden kann.

mode of *random* is **'procedure real'** but the a posteriori mode required in this strong position is **'real'**. Here, the routine possessed by *random* is elaborated and the real number yielded is assigned to (the name possessed by) *x*.}

8.2.2.1. Syntax

a) **STIRMly deprocedured to MOID FORM** {a, b, 820d,e, 821a, 824b,d, 825a,b,c,d, 826a, 828b} : **procedure MOID FORM** {830a, 84b,g, 850a, 860a} ; **STIRMly FITTED to procedure MOID FORM** {a, 821a}.
b) **weakly deprocedured to MODE FORM** {820f, 821b} : **procedure MODE FORM** {830a, 84b,g, 850a, 860a} ; **firmly FITTED to procedure MODE FORM** {a, 821a}.
c) **softly deprocedured to MODE FORM** {c, 820g} : **procedure MODE FORM** {830a, 84b,g, 850a, 860a} ; **softly deprocedured to procedure MODE FORM** {c}.

{Examples:
a) *random* (in *x* := *random* or in *x* + *random*) ;
b) *rz* (in *re* ***of*** *rz* in the reach of ***proc compl*** *rz* = ***compl*** : *(random, random)*) ;
c) *x or y* (in *x or y* := *1*)}

8.2.2.2. Semantics

A **deprocedured-coercend** is elaborated in the following steps:
Step 1: It is preelaborated {1.1.6.i} ;
Step 2: The **deprocedured-coercend** is replaced by a **closed-clause** which is a copy of {the routine which is} its prevalue obtained in Step 1, and the elaboration of that **closed-clause** is initiated; the value yielded, if any, is that of the **deprocedured-coercend** and if this elaboration is completed or terminated, then the **closed-clause** is replaced by the **deprocedured-coercend** before the elaboration of a successor is initiated. {See also **calls**, 8.6.2.}

8.2.3. Procedured coercends

{**Coercends** are procedured when it is required that an initial **'procedure'** should be placed before the a priori mode (i.e., they should be turned into procedures without parameters), e.g., *x* := *1* in ***proc real*** *p* := *x* := *1*. Here, *1* is not assigned to *x*, but that routine which assigns *1* to *x* is assigned to *p*. Notice, that ***proc*** *p* := *x* := *1* is syntactically incorrect, since *x* := *1* must first be voided before it can be procedured to the mode **'procedure void'**; the way to

Dies gelingt durch Verwenden eines **Lösch-Zuschnitt-Packens**: ***proc*** *p* := (: *x* : = 1*)*. Wegen der Anpassung in ***proc*** *stop* = *exit* vergleiche man 8.2.7.}

8.2.3.1. Syntax

a) **STESTlich prozeduriert zu Prozedur MOSCH FORM** {a, 820d,e, 824b, 826a}: **MOSCH FORM** {830a, 84b,g, 850a, 860a,b,—}; **STESTlich entreferenziert zu MOSCH FORM** {821a,—}; **STESTlich prozeduriert zu MOSCH FORM** {a,—}; **STESTlich vereint zu MOSCH FORM** {824a,—}; **STESTlich erweitert zu MOSCH FORM** {825a,b,c,d,—}; **STESTlich gereiht zu MOSCH FORM** {826a,—}.

{Beispiele:

a) *3.14* (in ***proc real*** *p* := *3.14*); *x* (in ***proc real*** *p* = *x*);
3.14 (in ***proc proc real*** *p* := *3.14*);
1 (in ***proc union (int, real)*** *p* := *1*);
1 (in ***proc real*** *p* := *1*); *1* (in ***proc*** [ ] ***int*** *p* := *1*)}

8.2.3.2. Semantik

Ein **prozeduriertes-Anzupassendes** wird in folgenden Schritten abgearbeitet:

Schritt 1: Es wird eine Kopie von ihm hergestellt, {von ihm selbst, nicht seines Wertes}. Wenn der durch das Original des **prozedurierten-Anzupassenden** umfaßte Modus **'Prozedur'** gefolgt von einem zweiten Modus {aber nicht **'lösch'**} ist, dann wird der zweite Modus betrachtet. Andernfalls folgt Schritt 3.

Schritt 2: Ein **virtueller-Deklarierer** wird, gefolgt von einem **Zuschnittssymbol**, vor die Kopie gestellt. Der **virtuelle-Deklarierer** würde den betrachteten Modus spezifizieren, wenn er im kleinsten, das **prozedurierte-Anzupassende** enthaltenden, Hauptbereich aufträte.

Schritt 3: Ein **Öffnungssymbol** wird vor und ein **Schließungssymbol** wird hinter die Kopie gestellt, die möglicherweise in Schritt 2 modifiziert wurde. Die so veränderte Kopie ist {die Routine, die} der Wert des **prozedurierten-Anzupassenden** {ist}.

{Die Abarbeitung der **starken-Prozedur-real-Basis** *(p | x1 | y1)*[*i*] führt zu der Routine *(**real** : (p | x1 | y1)* [*i*]*)*. Dagegen führt die der **starken-bedingten-Prozedur-real-Klausel** *(p | x1* [*i*] *| y1* [*i*]*)* entweder auf die Routine *(**real** : x1* [*i*]*)* oder auf die Routine *(**real** : y1* [*i*]*)* je nach dem Wert von *p*. Auf ähnliche Weise führt die Abarbeitung der **festen-Prozedur-real-Konfrontation** *x* := *(a* := *a* + *1; y)* zu der Routine *(**real** : x* := *(a* := *a* + *1; y))*. Dagegen führt die Abarbeitung der **festen-abgeschlossenen-Prozedur-real-Klausel** *(a* := *a* + *1; x* := *y)*, neben einer Veränderung des Wertes von *a*, auf die Routine *(**real** : x* := *y)*. Als letztes Beispiel: Es führt die Abarbeitung der **starken-Prozedur-lösch-Basis** *(: i* := *i* + *1)* auf die Routine *((: i* := *i* + *1))*.}

achieve this is by using a **void-cast-pack**: ***proc p := (: x := 1)***. For the coercion in ***proc stop = exit*** see 8.2.7.}

8.2.3.1. Syntax

a) **STIRMly procedured to procedure MOID FORM** {a, 820d,e, 824b, 826a}:
MOID FORM {830a, 84b,g, 850a, 860a,b,–};
STIRMly dereferenced to MOID FORM {821a,–};
STIRMly procedured to MOID FORM {a,–};
STIRMly united to MOID FORM {824a,–};
STIRMly widened to MOID FORM {825a,b,c,d,–};
STIRMly rowed to MOID FORM {826a,–}.

{Examples:

a) *3.14* (in ***proc real*** *p := 3.14*); *x* (in ***proc real*** *p = x*);
3.14 (in ***proc proc real*** *p := 3.14*);
1 (in ***proc union (int, real)*** *p := 1*);
1 (in ***proc real*** *p := 1*); *1* (in ***proc*** [ ] ***int*** *p := 1*)}

8.2.3.2. Semantics

A **procedured-coercend** is elaborated in the following steps:

Step 1: A copy is made of it {itself, not its value}; if the mode enveloped by the original of the **procedured-coercend** is '**procedure**' followed by a second mode {not by '**void**'}, then the second mode is considered; otherwise, Step 3 is taken;

Step 2: A **virtual-declarer**, which, if it occurred in the smallest reach containing the **procedured-coercend**, would specify the considered mode, followed by a **cast-of-symbol** is placed before the copy;

Step 3: An **open-symbol** is placed before and a **close-symbol** is placed after the copy as possibly modified in Step 2; the thus modified copy is the {routine which is the} value of the **procedured-coercend**.

{The elaboration of the **strong-procedure-real-base** *(p | x1 | y1)* [*i*] yields the routine *(**real** : (p | x1 | y1)* [*i*]*)*, whereas that of the **strong-conditional-procedure-real-clause** *(p | x1*[*i*] *| y1*[*i*]*)* yields either the routine *(**real** : x1*[*i*]*)* or the routine *(**real** : y1*[*i*]*)* depending on the value of *p*; similarly, the elaboration of the **firm-procedure-real-confrontation** *x := (a := a + 1; y)* yields the routine *(**real** : x := (a := a + 1; y))*, whereas that of the **firm-closed-procedure-real-clause** *(a := a + 1; x := y)* yields, apart from a change in the value of *a*, the routine *(**real** : x := y)*; as last example, the elaboration of the **strong-procedure-void-base** *(: i := i + 1)* yields the routine *((: i := i + 1))*.}

8.2.4. Vereinte Anzupassende

{**Anzupassende** werden vereint, wenn es erforderlich wird, daß der a priori Modus zu einem Modus verändert werden soll, der aus ihm vereint ist (4.4.3.a). Z. B. in ***union (int, real) ir** := 2* ist die **Basis** *2* vom a priori Modus '**ganzzahlig**' aber die **Quelle** dieser **Zuordnung** erfordert den Modus '**Vereinigung von ganzzahlig und real Modus**'.}

8.2.4.1. Syntax

a) **STESTlich vereint zu Vereinigung von LMOODS MOOD Modus FORM** {820d,e, 823a, 826a}**: eine aus LMOODS MOOD Modus FORM** {b}**; einige der LMOODS MOOD und aber nicht FORM** {c}**.**
b) **eine aus LMOODELE MOOD RMOODELE Modus FORM** {a}**:**
MOOD FORM {830a, 84b,g, 850a, 860a}**;**
fest ANGEGLICHEN zu MOOD FORM {821a, 822a}**;**
fest prozeduriert zu MOOD FORM {823a,–}**.**
c) **einige der LMOODELE MOOD und RMOODELE aber nicht LOSELE FORM** {a,c,}**:**
einige der LMOODELE und MOOD RMOODELE aber nicht LOSELE FORM {c,d,–}**;**
einige der LMOODELE RMOODELE aber nicht MOOD und LOSELE FORM {c,d,–}**.**
d) **einige der und LMOOD MOOD RMOODELE aber nicht LMOOT LOSELE FORM** {c}**:**
Vereinigung von LMOOD MOOD RMOODELE Modus FORM {830a, 84b,g, 850a, 860a}**;**
fest ANGEGLICHEN zu Vereinigung von LMOOD MOOD RMOODELE Modus FORM {821a, 822a}**.**

{Beispiele:
a) *2*; ***ir***;
b) 2; ***i***; ***true***;
d) ***ri***; ***ir*** (alle in ***(union ir = (int, real)***;
***ir ir** := 2; **ir ri** = (p | i | x);*
***union (ir, proc bool) irb** := ri;*
*irb := ir; irb := **true**))*}

{Bei Vereinigung führt '**stark**' zu '**fest**', damit Vereinigungen, wie der bei ***union (int, real) ir** := 1* notwendigen, keine Vieldeutigkeiten verursachen. In diesem Beispiel kann die **Basis** *1*, wenn sie erweitert wird, nicht vereint werden, d. h., in der Reihenfolge der Erzeugungen in der Syntax kann der Vereinigung nicht die Erweiterung folgen.}

8.2.5. Erweiterte Anzupassende

{**Anzupassende** werden erweitert, wenn es erforderlich wird, daß der a priori Modus von '**ganzzahlig**' zu '**real**' oder von '**real**' zu '**COMPLEX**' verändert

8.2.4. United coercends

{**Coercends are united when it is required that the a priori mode should be changed to a mode united from (4.4.3.a) it, e.g., in *union (int, real) ir := 2*, the base *2* is of the a priori mode 'integral', but the source of this assignation requires the mode 'union of integral and real mode'.**}

8.2.4.1. Syntax

a) **STIRMly united to union of LMOODS MOOD mode FORM** {820d,e, 823a, 826a}**: one out of LMOODS MOOD mode FORM** {b}**;**
some of LMOODS MOOD and but not FORM {c}**.**

b) **one out of LMOODSETY MOOD RMOODSETY mode FORM** {a}**:**
MOOD FORM {830a, 84b,g, 850a, 860a}**;**
firmly FITTED to MOOD FORM {821a, 822a}**;**
firmly procedured to MOOD FORM {823a, —}**.**

c) **some of LMOODSETY MOOD and RMOODSETY but not LOSETY FORM** {a,c}**:**
some of LMOODSETY and MOOD RMOODSETY but not LOSETY FORM {c,d,—}**;**
some of LMOODSETY RMOODSETY but not MOOD and LOSETY FORM {c,d,—}**.**

d) **some of and LMOOD MOOD RMOODSETY but not LMOOT LOSETY FORM** {c}**:**
union of LMOOD MOOD RMOODSETY mode FORM{830a, 84b,g, 850a, 860a}**;**
firmly FITTED to union of LMOOD MOOD RMOODSETY mode FORM {821a, 822a}**.**

{Examples:

a) *2*; *ir*;
b) *2*; *i*; ***true***;
d) *ri*; *ir* (all in ***(union ir = (int, real); ir ir := 2; ir ri = (p | i | x); union (ir, proc bool) irb := ri; irb := ir; irb := true)***)}

{**In uniting, 'strong' leads to 'firm' in order that unions like that involved in *union (int, real) ir := 1* should not cause ambiguities. In this example, if the base *1* is widened, then it cannot be united, i.e., in the order of productions in the syntax, uniting cannot be followed by widening.**}

8.2.5. Widened coercends

{**Coercends are widened when it is required that the a priori mode should be changed from 'integral' to 'real' or from 'real' to 'COMPLEX', e.g., *1* in** werden soll, z. B. *1* in *z* := *1*, oder von '**BITS**' zu '**Reihe von boolesch**' oder von '**BYTES**' zu '**Reihe von Zeichen**'.}

8.2.5.1. Syntax

a) **stark erweiterte zu LANGELE real FORM** {b, 820d, 823a, 826a}:
LANGELE ganzzahlige FORM {830a, 84b,g, 850a, 860a};
starke ANGEGLICHEN zu LANGELE ganzzahlige FORM {821a, 822a}.

b) **stark erweiterte zu strukturiert mit REAL Feld Buchstabe r Buchstabe e und REAL Feld Buchstabe i Buchstabe m FORM** {820d, 823a, 826a}:
REAL FORM {830a, 84b,g, 850a, 860a};
stark ANGEGLICHEN zu REAL FORM {821a, 822a};
stark erweitert zu REAL FORM {a}.

c) **stark erweiterte zu Reihe von boolesch FORM** {820d, 823a, 826a}:
BITS FORM {830a, 84b,g, 850a, 860a};
stark ANGEGLICHEN zu BITS FORM {821a, 822a}.

d) **stark erweiterte zu Reihe von Zeichen FORM** {820d, 823a, 826a}:
BYTES FORM {830a, 84b,g, 850a, 860a};
stark ANGEGLICHEN zu BYTES FORM {821a, 822a}.

{Beispiele:

a) *1* (in *x* := *1*); *i* (in *x* := *i*);
b) *3.14* (in *z* := *3.14*); *x* (in *z* := *x*); *1* (in *z* := *1*);
c) ***1 0 1***; *t* (in [*1* : *3*] ***bool*** *b1* := (*p* | ***1 0 1*** | *t*));
d) ***ctb*** *"abc"*; *r* (in *s* := (*p* | ***ctb*** *"abc"* | *r*))}

8.2.5.2. Semantik

Ein **erweitertes-Anzupassendes** wird in folgenden Schritten abgearbeitet:

Schritt 1: Es wird vorabgearbeitet {1.1.6.i}, und der erhaltene Wert wird betrachtet.

Schritt 2: Wenn der betrachtete Wert eine ganze Zahl ist, dann wird die reale Zahl, welche jener äquivalent ist {2.2.3.1.d}, an ihrer Stelle betrachtet. Ist andererseits der betrachtete Wert eine reale Zahl, dann wird an ihrer Stelle der strukturierte {komplexe (10.2.7)} Wert betrachtet, der aus zwei Feldern zusammengesetzt ist, von denen eins der betrachtete Wert ist und das andere die reale Zahl 0 mit derselben Längenzahl wie der betrachtete Wert und welche durch **Buchstabe-r-Buchstabe-e** bzw. **Buchstabe-i-Buchstabe-m** selektiert werden. Anderenfalls {ist der betrachtete Wert ein strukturierter Wert mit einem Feld und es} wird das Feld des betrachteten Wertes an seiner Stelle betrachtet.

Schritt 3: Der Wert des **erweiterten-Anzupassenden** ist ein neuer Fall des betrachteten Wertes. Sein Modus ist der, der durch das Original des **erweiterten-Anzupassenden** umfaßt wird.

{Erweitern kann nicht in festen Positionen stattfinden, da sonst *x* := *i* + *1* vieldeutig sein kann.}

z := 1, or from **'BITS'** to **'row of boolean'** or from **'BYTES'** to **'row of character'**.}

8.2.5.1. Syntax

a) **strongly widened to LONGSETY real FORM** {b, 820d, 823a, 826a}:
LONGSETY integral FORM {830a, 84b,g, 850a, 860a};
strongly FITTED to LONGSETY integral FORM {821a, 822a}.

b) **strongly widened to structured with REAL field letter r letter e and REAL field letter i letter m FORM** {820d, 823a, 826a}:
REAL FORM {830a, 84b,g, 850a, 860a};
strongly FITTED to REAL FORM {821a, 822a};
strongly widened to REAL FORM {a}.

c) **strongly widened to row of boolean FORM** {820d, 823a, 826a}:
BITS FORM {830a, 81b,g, 850a, 860a};
strongly FITTED to BITS FORM {821a, 822a}.

d) **strongly widened to row of character FORM** {820d, 823a, 826a}:
BYTES FORM {830a, 84b,g, 850a, 860a};
strongly FITTED to BYTES FORM {821a, 822a}.

{Examples:

a) *1* (in *x := 1*); *i* (in *x := i*);
b) *3.14* (in *z := 3.14*); *x* (in *z := x*); *1* (in *z := 1*);
c) ***1 0 1***; *t* (in [*1* : *3*] ***bool*** *b1* := (*p* | ***1 0 1*** | *t*));
d) ***ctb*** *"abc"*; *r* (in *s* := (*p* | ***ctb*** *"abc"* | *r*))}

8.2.5.2. Semantics

A **widened-coercend** is elaborated in the following steps:

Step 1: It is preelaborated {1.1.6.i} and the value yielded is considered;

Step 2: If the considered value is an integer, then the real number equivalent to it {2.2.3.1.d} is considered instead; otherwise, if the considered value is a real number, then the structured {complex (10.2.7)} value composed of two fields, which are the considered value and the real number 0 of the same length number as that of the considered value and which are selected by **letter-r-letter-e** and **letter-i-letter-m** respectively is considered instead; otherwise, {the considered value is a structured value with one field and} the field of the considered value is considered instead;

Step 3: The value of the **widened-coercend** is a new instance of the considered value; its mode is that enveloped by the original of the **widened-coercend**.

{Widening may not be done in firm positions, for, otherwise, *x := i + 1* might be ambiguous.}

8.2.6. Gereihte Anzupassende

{**Anzupassende** werden gereiht, wenn es gefordert ist, daß **'Reihe von'** entweder vor den a priori Modus gestellt oder nach einem anfänglichen **'Referenz zu'** des a priori Modus eingefügt werden soll, z. B. in [*1* : *1*] ***real a1*** := *3.14* ist **'real'** der a priori Modus der **Basis** *3.14*, aber der a posteriori Modus, der in dieser starken Position gefordert wird, ist **'Reihe von real'**, dagegen in ***ref*** [*1* :] ***real a2*** = *x* ist **'Referenz zu Real'** der a priori Modus der **Basis** *x*, während der a posteriori Modus, der gefordert wird, **'Referenz zu Reihe von Real'** ist. Hier wird der Wert, zu dem *x* referiert, in einen mehrfachen Wert mit einem Deskriptor umgewandelt. Beachte, daß der Wert von *a2* [*1*] :=: *x* wahr ist.}

8.2.6.1. Syntax

a) **stark gereihte zu REFELE Reihe von MODUS FORM** {a, 820d, 823a}:
 REFELE MODUS FORM {830a, 84b,g, 850a, 860a};
 stark ADJUSTIERT zu REFELE MODUS FORM {821a, 822a, 823a, 824a, –};
 stark erweiterte zu REFELE MODUS FORM {825a,b,c,d, –};
 stark gereihte zu REFELE MODUS FORM {a, –};
 REFELE Reihe MODUS FORM Vakuum {b, –}.

b) **Reihe von NICHTREIHE Basis Vakuum** {a}: **LEER.**

{Beispiele:

a) *3.14* (in [*1* : *1*] ***real x1*** := *3.14*); *y* (in ***ref*** [*1* : *1*] ***real x1*** = *y*);
 3.14 (in [*1* : *1*] ***proc real p*** := *3.14*);
 3.14 (in [*1* : *1*] ***compl z1*** := *3.14*);
 3.14 (in [*1* : *1*, *1* : *1*] ***real x2*** := *3.14*); *y* (in ***ref*** [*1* : *1*, *1* : *1*] ***real x2*** = *y*;
 (das **LEER** folgend dem := in [*1* : *0*] ***real*** :=)}

8.2.6.2. Semantik

Ein **gereihtes-Anzupassendes** wird in den folgenden Schritten abgearbeitet:

Schritt 1: Der Modus, der durch das Original des **gereihten-Anzupassenden** umfaßt wird, wird betrachtet. Wenn dieser Modus mit **'Reihe von Reihe von'** beginnt oder wenn das **gereihte-Anzupassende** nicht leer ist, dann wird es vorabgearbeitet {1.1.6.i}. Der erhaltene Wert und sein Gültigkeitsbereich werden betrachtet und Schritt 3 wird ausgeführt.

Schritt 2: Ein neuer Fall eines mehrfachen Wertes {2.2.3.3}, zusammengesetzt aus Null Elementen und einem Deskriptor, der aus einem Anfang 1 und einem Quintupel (1, 0, 1, 1, 1) besteht, wird betrachtet und Schritt 7 wird ausgeführt.

Schritt 3: Wenn der betrachtete Modus nicht mit **'Referenz zu'** beginnt, dann wird Schritt 5 ausgeführt. Wenn andernfalls der betrachtete Wert nicht nil ist, dann wird Schritt 4 ausgeführt. Andernfalls ist die Abarbeitung des **gereihten-Anzupassenden** komplettiert. Sein Wert ist ein neuer Fall von nil, dessen Modus der betrachtete Modus ist.

8.2.6. Rowed coercends

{**Coercends are rowed when it is required that 'row of' should be placed either before the a priori mode or after an initial 'reference to' of the a priori mode; e.g., in [*1* :*1*] *real a1* := *3.14*, the a priori mode of the base *3.14* is 'real' but the a posteriori mode required in this strong position is 'row of real', whereas in *ref* [*1* :] *real a2* = *x*, the a priori mode of the base *x* is 'reference to real' but the a posteriori mode required is 'reference to row of real'. Here, the value to which *x* refers, is turned into a multiple value with a descriptor. Note that the value of *a2* [*1*] :=: *x* is true.**}

8.2.6.1. Syntax

a) **strongly rowed to REFETY row of MODE FORM** {a, 820d, 823a}:
REFETY MODE FORM {830a, 84b,g, 850a, 860a};
strongly ADJUSTED to REFETY MODE FORM {821a, 822a, 823a, 824a, —};
strongly widened to REFETY MODE FORM {825a,b,c,d,—};
strongly rowed to REFETY MODE FORM {a,—};
REFETY row of MODE FORM vacuum {b,—}.

b) **row of NONROW base vacuum** {a}: **EMPTY.**

{Examples:

a) *3.14* (in [*1* : *1*] *real x1* := *3.14*); *y* (in *ref* [*1* : *1*] *real x1* = *y*);
3.14 (in [*1* : *1*] *proc real p* := *3.14*);
3.14 (in [*1* : *1*] *compl z1* := *3.14*);
3.14 (in [*1* : *1*, *1* : *1*] *real x2* := *3.14*); *y* (in *ref* [*1* : *1*, *1* : *1*] *real x2* = *y*;
(the **EMPTY** following := in [*1* : *0*] *real* :=)}

8.2.6.2. Semantics

A **rowed-coercend** is elaborated in the following steps:

Step 1: The mode enveloped by the original of the **rowed-coercend** is considered; if that mode begins with 'row of row of' or if the **rowed-coercend** is not empty, then it is preelaborated {1.1.6.i}, the value obtained and its scope are considered and Step 3 is taken;

Step 2: A new instance of a multiple value {2.2.3.3} composed of zero elements and a descriptor consisting of an offset 1 and one quintuple (1, 0, 1, 1, 1) is considered and Step 7 is taken;

Step 3: If the considered mode does not begin with 'reference to', then Step 5 is taken; otherwise, if the considered value is not nil, then Step 4 is taken; otherwise, the elaboration of the **rowed-coercend** is complete, its value is a new instance of nil whose mode is the considered mode;

Schritt 4: Jener Fall des Wertes, zu dem der {Name, d. h. der} betrachtete Wert referiert, wird an seiner Stelle betrachtet. Wenn der betrachtete Wert ein mehrfacher Wert ist, der einen Status oder mehrere gleich 0 hat, oder wenn er eine Komponente {2.2.2.k} eines solchen mehrfachen Wertes ist, dann ist die weitere Abarbeitung undefiniert. Andernfalls wird Schritt 5 ausgeführt.

Schritt 5: Wenn der betrachtete Wert ein mehrfacher Wert ist, dann wird Schritt 6 ausgeführt. Andernfalls wird der Fall eines mehrfachen Wertes, der sich aus dem betrachteten Wert als einzigem Element und einem Deskriptor zusammensetzt, der aus einem Anfang 1 und einem Quintupel (1, 1, 1, 1, 1) besteht, an seiner Stelle betrachtet und Schritt 7 wird ausgeführt.

Schritt 6: Es steht w für $(o_1 - u_1 + 1) \times w_1$. Der Fall eines neuen mehrfachen Wertes, der sich aus den Elementen des betrachteten Wertes und einem Deskriptor zusammensetzt, der eine Kopie des Deskriptors des betrachteten Wertes ist, in die das zusätzliche Quintupel (1, 1, w, 1, 1) vor dem ersten Quintupel eingesetzt wurde und in welchem alle Statuswerte auf 1 gesetzt worden sind, wird an seiner Stelle betrachtet.

Schritt 7: Wenn der betrachtete Modus nicht mit '**Referenz zu**' beginnt, dann ist der Wert des **gereihten-Anzupassenden** der betrachtete Wert. Andernfalls wird ein Name N veranlaßt, daß er zu dem betrachteten Wert referiert {dessen Gültigkeitsbereich der Vorgültigkeitsbereich ist, der in Schritt 1 erhalten wurde} und dessen Modus der betrachtete Modus ist. Dieser Name N ist der Wert des **gereihten-Anzupassenden**.

8.2.7. Angeglichene Anzupassende

{**Anzupassende** werden angeglichen, wenn es **Lücken, Sprünge** oder **Nihils** sind. Obgleich es keinen a priori Modus gibt, wird ein jeglicher Modus, der vom Kontext verlangt wird, angenommen, z. B. in ***real*** x = ***skip*** wird die **Basis** ***skip***, die keinen a priori Modus hat, zu '**real**' angeglichen. Da **angeglichene-Anzupassende** so sehr anpassungsfähig sind, dürfen keine anderen Anpassungen (in der Reihenfolge der Abarbeitung) folgen. Andernfalls könnten Mehrdeutigkeiten auftreten. Man betrachte zum Beispiel die verschiedenen Bedeutungen der **Zuordnung** ***union (int, real, bool, char) u*** := ***skip***, wenn man annimmt, daß das Vereinigen auf das Angleichen folgen könnte.}

8.2.7.1. Syntax

a) **stark angeglichene zu MOSCH Basis** {820d}: **MOSCH Lücke** {b}; **MOSCH Sprung** {c}; **MOSCH Nihil** {d,–}.
b) **MOSCH Lücke** {a}: **Lücke Symbol** {31g}.
c) **MOSCH Sprung** {a}: **Sprung Symbol** {31f} **Möglichkeit, Marke Identifikator** {41b}.
d) **Referenz zu MODUS Nihil** {a}: **nil Symbol** {31g}.

Step 4: That instance of the value to which the {name which is the} considered value refers is considered instead; if the considered value is a multiple value having one or more states equal to 0, or if it is a component {2.2.2.k} of such a multiple value, then the further elaboration is undefined; otherwise, Step 5 is taken;

Step 5: If the considered value is a multiple value, then Step 6 is taken; otherwise, the instance of a multiple value composed of the considered value as only element and of a descriptor consisting of an offset 1 and one quintuple (1, 1, 1, 1, 1) is considered instead, and Step 7 is taken;

Step 6: Let d stand for $(u_1 - l_1 + 1) \times d_1$; the instance of a new multiple value, composed of the elements of the considered value and of a descriptor which is a copy of the descriptor of the considered value into which the additional quintuple (1, 1, d, 1, 1) is inserted before the first quintuple, and in which all states have been set to 1, is considered instead;

Step 7: If the considered mode does not begin with 'reference to', then the value of the rowed-coercend is the considered value; otherwise, a name N is made to refer to the considered value {whose scope is the prescope obtained in Step 1, and} whose mode is the considered mode; this name N is the value of the rowed-coercend.

8.2.7. Hipped coercends

{Coercends are hipped when they are skips, jumps or nihils. Though there is no a priori mode, whatever mode is required by the context, is adopted; e.g., in *real x = skip*, the base, *skip*, which has no a priori mode, is hipped to 'real'. Since hipped-coercends are so very accommodating, no other coercions may follow them (in the elaboration order); otherwise, ambiguities might appear. Consider, for example, the several meanings of the assignation *union (int, real, bool, char) u := skip*, supposing uniting could follow hipping.}

8.2.7.1. Syntax

a) strongly hipped to MOID base {820d}:
MOID skip {b}; MOID jump {c}; MOID nihil {d,—}.

b) MOID skip {a}: skip symbol {31g}.

c) MOID jump {a}: go to symbol {31f} option, label identifier {41b}.

d) reference to MODE nihil {a}: nil symbol {31g}.

{Beispiele:
a) ***skip***; ***go to*** *Grenoble*; ***nil***;
b) ***skip***;
c) ***go to*** *Grenoble*; *St. Pierre de Chartreuse*;
d) ***nil***}

8.2.7.2. Semantik

a) Eine **Lücke** wird in den folgenden Schritten abgearbeitet:

Schritt 1: Wenn die Enderzeugung des Metabegriffes '**MOSCH**', die vom Original {1.1.6.c} der **Lücke** umfaßt wird {1.1.6.j}, ein Modus ist, dann wird dieser Modus betrachtet und es folgt Schritt 2. Andernfalls ist {sie '**lösch**' und} die Abarbeitung der **Lücke** {ist} komplettiert.

Schritt 2: Wenn der betrachtete Modus mit '**Vereinigung von**' beginnt, wird stattdessen irgendein Modus betrachtet, aus denen er vereint ist {4.4.3.a}.

Schritt 3: Der Wert der **Lücke** ist ein neuer Fall eines gewissen Wertes des betrachteten Modus und sein Gültigkeitsbereich ist das **Programm**.

b) Ein **Sprung** wird in den folgenden Schritten abgearbeitet:

Schritt 1: Wenn das Original des **Sprunges** einen Modus umfaßt, der '**Prozedur MOSCH**' ist, wobei "**MOSCH**" für jede Enderzeugung des Metabegriffes '**MOSCH**' steht, dann wird dieser Modus betrachtet und es folgt Schritt 2. Andernfalls ist die Abarbeitung des **Sprunges** beendet und es erscheint als sein Nachfolger die **Einzelklausel**, die der **Markenfolge** oder dem **Komplettierer** folgt, der das definierende Auftreten {in einer **Marke** {4.1.2)} enthält, das durch den **Marke-Identifikator** des **Sprunges** identifiziert wird.

Schritt 2: Eine Kopie wird von dem **Sprung** hergestellt und ein **Öffnungssymbol**, gefolgt von einem **Zuschnittssymbol**, wird vor und ein **Schließungssymbol** wird hinter die Kopie gesetzt. Wenn der betrachtete Modus nicht '**Prozedur lösch**' ist, dann wird das anfängliche '**Prozedur**' von dem betrachteten Modus weggelassen und ein **virtueller-Deklarierer**, der den so erhaltenen Modus spezifizieren würde, wenn er im kleinsten den **Sprung** enthaltenden Hauptbereich erschiene, wird zwischen das **Öffnungssymbol** und das **Zuschnittssymbol** in die Kopie eingesetzt. Andernfalls wird ein **Öffnungssymbol** vor und ein **Schließungssymbol** hinter die so modifizierte Kopie gesetzt.

Schritt 3: Der Wert des **Sprunges** ist die Routine, die aus der gleichen Folge von Symbolen besteht wie die in Schritt 2 modifizierte Kopie und dessen Modus der ist, der vom Original des **Sprunges** umfaßt wird.

c) Die Abarbeitung eines **Nihils** schließt keine Aktion ein. Sein Wert ist ein neuer Fall von nil {2.2.3.5.a}, dessen Modus jener ist, der vom Original des **Nihils** umfaßt wird.

{Lücken spielen eine Rolle in der Semantik der **Routine-Gestalten** (5.4.2. Schritt 2) und der **Aufrufe** (8.6.2.2. Schritt 4). Darüber hinaus sind sie in einer Reihe von Programmierungssituationen nützlich, wie z. B.

{Examples:

a) ***skip***; ***go to*** *Grenoble*; ***nil***;
b) ***skip***;
c) ***go to*** *Grenoble*; *st. pierre de chartreuse*;
d) ***nil***}

8.2.7.2. Semantics

a) A **skip** is elaborated in the following steps:

Step 1: If the terminal production of the metanotion 'MOID' enveloped {1.1.6.j} by the original {1.1.6.c} of the **skip** is a mode, then this mode is considered and Step 2 is taken; otherwise, {it is 'void' and} the elaboration of the **skip** is complete;

Step 2: If the considered mode begins with 'union of', then some mode from which it is united {4.4.3.a} is considered instead;

Step 3: The value of the **skip** is a new instance of some value of the considered mode and whose scope is the **program**.

b) A **jump** is elaborated in the following steps:

Step 1: If the original of the **jump** envelops a mode which is 'procedure MOID' where "MOID" stands for any terminal production of the metanotion 'MOID', then this mode is considered and Step 2 is taken; otherwise, the elaboration of the **jump** is terminated and it appoints as its successor the **unitary-clause** following the **label-sequence** or the **completer** containing the defining occurrence {in a **label** (4.1.2)} identified by the **label-identifier** of the **jump**;

Step 2: A copy is made of the **jump** and an **open-symbol** followed by a **cast-of-symbol** is placed before and a **close-symbol** is placed after the copy; if the considered mode is not 'procedure void', then the initial 'procedure' is deleted from it and a **virtual-declarer**, which, if it occurred in the smallest reach containing the **jump**, would specify the mode so obtained, is inserted between the **open-symbol** and the **cast-of-symbol** in the copy; otherwise, an **open-symbol** is placed before and a **close-symbol** is placed after the thus modified copy;

Step 3: The value of the **jump** is the routine consisting of the same sequence of symbols as the copy as modified in Step 2 and whose mode is that enveloped by the original of the **jump**.

c) The elaboration of a **nihil** involves no action; its value is a new instance of nil {2.2.3.5.a} whose mode is that enveloped by the original of the **nihil**.

{**Skips** play a role in the semantics of **routine-denotations** (5.4.2.Step 2) and **calls** (8.6.2.2.Step 4). Moreover, they are useful in a number of programming situations, like e.g., einen **aktuellen-Parameter** vertretend (7.4.1.b), dessen Wert irrelevant ist oder später berechnet werden soll; z. B. *f(3, ~)*, wo *f* seinen zweiten **aktuellen-Parameter** nicht benutzt, wenn der Wert des ersten **aktuellen-Parameters** positiv ist. Siehe auch 11.11.ar,

eine bestandteilbildende **Einheit** einer **kollateralen-Klausel** (6.2.1.b,c,d,f) vertretend, z. B.

[*1* : *4*] ***real*** *x1* := *(3.14,* ***skip****, 1.68,* ***skip****)*;

als leere **Anweisung** (6.0.1.c) in jenen seltenen Situationen,

in denen der Gebrauch eines **Komplettierers** ungeeignet ist, z. B. *l* : ***skip***) in 10.4.c. siehe auch 9.4.a.

Ein Sprung ist nützlich als eine **Klausel**, um die Abarbeitung einer anderen **Klausel** zu beenden, wenn gewisse Forderungen nicht erfüllt sind, z. B. ***go to*** *exit* in *y* := ***if*** *x* > *0* ***then*** *sqrt(x)* ***else go to*** *exit* ***fi***.

Wenn *e1*, *e2* und *e3* **Marken-Identifikatoren** sind, dann kann der Leser den Effekt der **Deklaration** [ ] ***proc*** *switch* = *(e1, e2, e3)* und der **Anweisung** *switch* [*i*] erkunden. Jedoch ist die **Deklaration** [*1* : *3* ***flex***] ***proc*** *switch* := *(e1, e2, e3)* vielleicht wirkungsvoller, da dann **Zuordnungen** wie *switch* [*2*] := *e1* und *switch* := *(e1, e2, e3, e4)* möglich sind.

Ein **Nihil** ist etwa dann nützlich, wenn strukturierte Werte in der Weise miteinander verbunden werden, daß ein Feld von jedem strukturierten Wert zu einem anderen referiert, ausgenommen für einen oder mehrere strukturierte Werte, wo das Feld zu überhaupt nichts referiert. Ein solches Feld muß dann nil sein.}

8.2.8. Gelöschte Anzupassende

{**Anzupassende** werden gelöscht, wenn gefordert wird, daß ihre Werte (und deshalb Modi) außer acht gelassen werden sollen, z. B. in *(x := 1; y := 2)* wird die **Konfrontation** *x* := *1*, deren a priori Modus '**Referenz zu Real**' ist, gelöscht (siehe 6.1.1.i).

Konfrontationen müssen anders als andere **Anzupassende** behandelt werden, damit wie z.B. in *(****proc*** *p; p := stop; p)* die **Konfrontation** *p* := *stop* nicht die Abarbeitung der Routine verursacht, die von *stop* besessen wird. Aber im letzten Auftreten von *p* wird diese Routine abgearbeitet.}

8.2.8.1. Syntax

a) **stark gelöscht zu Lösch Konfrontation** {820d}:
MODUS Konfrontation {830a}.

b) **stark gelöscht zu Lösch FORBINSIS** {820d}:
NICHTPROZ FORBINSIS {84b,g, 850a, 860a}; **stark entprozeduriert zu NICHTPROZ FORBINSIS** {822a}.

{Beispiele:

a) *x* := *1* (in *(x := 1; y := 2)*);

b) *x*; *random* (in *(x*; *random*; ***skip****)*)}

{Der Wert, der durch Abarbeitung (d. h., Vorabarbeitung 1.1.6.i) eines **gelöschten — Anzupassenden** erhalten wird, wird vernichtet.}

supplying an **actual-parameter** (7.4.1.b) whose value is irrelevant or is to be calculated later; e.g., *f (3, ~)* where *f* does not use its second **actual-parameter** if the value of the first **actual-parameter** is positive; see also 11.11.ar;
supplying a constituent **unit** of a **collateral-clause** (6.2.1.b,c,d,f), e.g.,
[1 : 4] ***real*** *x1 := (3.14,* ***skip****, 1.68,* ***skip****)*;
as a dummy **statement** (6.0.1.c) in those rare situations where the use of a **completer** is inappropriate, e.g., *l:* ***skip****)* in 10.4.c. See also 9.4.a.

A **jump** is useful as a **clause** to terminate the elaboration of another **clause** when certain requirements are not met, e.g., ***go to*** *exit* in *y :=* ***if*** *x ≥ 0* ***then*** *sqrt (x)* ***else go to*** *exit* ***fi***.

If *e1, e2* and *e3* are **label-identifiers**, then the reader might recognize the effect of the **declaration** [ ] ***proc*** *switch = (e1, e2, e3)* and the **statement** *switch* [*i*]; however, the **declaration** [*1 : 3* ***flex***] ***proc*** *switch := (e1, e2, e3)* is perhaps more powerful, since **assignations** like *switch* [2] := *e1* and *switch* := *(e1, e2, e3, e4)* are possible.

A **nihil** is particularly useful where structured values are connected to one another in that a field of each structured value refers to another one except for one or more structured values where the field does not refer to anything at all; such a field must then be nil.}

8.2.8. Voided coercends

{**Coercends** are voided when it is required that their values (and therefore modes) should be ignored, e.g., in *(x =: 1; y := 2)*, the **confrontation** *x := 1*, whose a priori mode is '**reference to real**', is voided (see 6.1.1.i). **Confrontations** must be treated differently from the other **coercends** in order that, e.g., in *(****proc*** *p; p := stop; p)*, the **confrontation** *p := stop* does not involve the elaboration of the routine possessed by *stop*, but in the last occurrence of *p*, that routine is elaborated.}

8.2.8.1. Syntax

a) **strongly voided to void confrontation** {820d}: **MODE confrontation** {830a}.
b) **strongly voided to void FORESE** {820d}:
NONPROC FORESE {84b,g, 850a, 860a};
strongly deprocedured to NONPROC FORESE {822a}.

{Examples:

a) *x := 1* (in *(x := 1; y := 2)*);
b) *x*; *random* (in *(x*; *random*; ***skip****)*)}

{The value obtained by elaborating (i.e., preelaborating 1.1.6.i) a **voided-coercend** is discarded.}

{Im Hauptbereich der **Deklaration** [] ***proc*** *switch* = *(e1, e2, e3)* und des **Klausel-Zuges** *e1: e2: e3:* ***stop*** ist die Konstruktion *switch;* ***stop*** keine **serielle-Klausel**, weil *switch* keine **starke-Lösch-Einheit** ist. In der Tat kann *switch* nicht entprozeduriert werden, da sein Modus mit '**Reihe von**' beginnt, und keine Anpassung das '**Reihe von**' entfernt, und *switch* kann nicht gelöscht werden, weil '**Reihe von Prozedur Lösch**' keine Enderzeugung von '**NICHTPROZ**' ist. Jedoch wird die Abarbeitung von *switch* [*2*]; ***skip*** einen **Sprung zur Marke** *e2:* auslösen.}

8.3. Konfrontationen

8.3.0.1. Syntax

a) **MODUS Konfrontation** {81a, 820d,e,f,g, 821a,b, 822a,b,c, 823a, 824b,d, 825a,b,c,d, 826a, 828a}: **MODUS Zuordnung** {831a, –}; **MODUS Konformitätsvergleich** {832a, –}; **MODUS Identitätsvergleich** {833a, –}; **MODUS Zuschnitt** {834a}.

{Beispiele:

a) *x* := *3.14*; *ec* ::= ***a*** (siehe 11.11.i);
xx :=: *x* ***or*** *y*; [ ] ***real*** : *1*}

8.3.1. Zuordnungen

{In **Zuordnungen**, z. B. *x* := *3.14*, wird ein (Fall eines) Wert(es) einem Namen zugeordnet. In *x* := *3.14* wird der Wert, der von der **Quelle** *3.14* besessen wird, dem (Namen, welcher der) Wert (ist), zugewiesen, der von *x* besessen wird.}

8.3.1.1. Syntax

a) **Referenz zu MODUS Zuordnung** {830a}:
Referenz zu MODUS Bestimmung {b}, **wird Symbol** {31c}, **MODUS Quelle** {c}.

b) **Referenz zu MODUS Bestimmung** {a}: **sanftes Referenz zu MODUS Tertiäres** {81b}.

c) **MODUS Quelle** {a}: **starke MODUS Einheit** {61e}.

{Beispiele:

a) *x* := 1; ***loc real*** := *3.14*;

b) *x*; ***loc real***;

c) *1*; *3.14*}

8.3.1.2. Semantik

a) Wenn ein gegebener Fall eines Wertes von einem anderen Fall eines Wertes "überspeichert" wird, dann wird der Name, der zu dem gegebenen Fall referiert, veranlaßt, zu dem anderen Fall zu referieren. Darüber hinaus wird jeder Name, der zu einem Fall eines strukturierten oder mehrfachen Wertes referiert,

{In the reach of the declaration [ ] ***proc*** *switch* = *(e1, e2, e3)* and the clause-train *e1: e2: e3:* ***stop***, the construction *switch;* ***stop*** is not a serial-clause because *switch* is not a strong-void-unit. In fact, *switch* can not be deprocedured, because its mode begins with 'row of' and no coercion will remove the 'row of' and it cannot be voided because 'row of procedure void' is not a terminal production of 'NONPROC'. However, the elaboration of *switch [2];* ***skip*** will involve a jump to the label *e2:*.}

8.3. Confrontations

8.3.0.1. Syntax

a) MODE confrontation {81a, 820d,e,f,g, 821a,b, 822a,b,c, 823a, 824b,d, 825a,b, c,d, 826a, 828a}: MODE assignation {831a,—}; MODE conformity relation {832a,—}; MODE identity relation {833a,—}; MODE cast {834a}.

{Examples:

a) *x* := *3.14*; *ec* ::= *a* (siehe 11.11.i);
xx :=: *x* ***or*** *y*; [ ] ***real*** : *1*}

8.3.1. Assignations

{In assignations, e.g., *x* := *3.14*, (an instance of) a value is assigned to a name. In *x* := *3.14*, the value possessed by the source *3.14* is assigned to the (name which is the) value possessed by *x*.}

8.3.1.1. Syntax

a) reference to MODE assignation {830a}: reference to MODE destination {b}, becomes symbol {31c}, MODE source {c}.
b) reference to MODE destination {a}: soft reference to MODE tertiary {81b}.
c) MODE source {a}: strong MODE unit {61e}.

{Examples:

a) *x* := 1; ***loc real*** := *3.14*;
b) *x*; ***loc real***;
c) *1*; *3.14*}

8.3.1.2. Semantics

a) When a given instance of a value is "superseded" by another instance of a value, then the name which refers to the given instance is caused to refer to that other instance, and, moreover, each name which refers to an instance of a structured or multiple value of which the given instance is a component von dem der gegebene Fall eine Komponente {2.2.2.k} ist, veranlaßt, zu dem Fall des strukturierten oder mehrfachen Wertes zu referieren, der durch Ersetzung jener Komponente durch jenen anderen Fall entsteht.

b) Wenn ein Feld (ein Element) eines gegebenen strukturierten (mehrfachen) Wertes durch einen anderen Fall eines Wertes überspeichert wird, dann ist der Modus des dabei entstandenen strukturierten (mehrfachen) Wertes jener des gegebenen Wertes.

c) Ein Fall eines Wertes wird einem Namen in den folgenden Schritten zugeordnet:

Schritt 1: Wenn der gegebene Wert nicht zu einer Komponente eines mehrfachen Wertes referiert, der einen Status oder mehrere gleich 0 {2.2.3.3.b} hat, wenn der Gültigkeitsbereich des gegebenen Namens nicht größer als der Gültigkeitsbereich des gegebenen Wertes {2.2.4.2.} ist und wenn der gegebene Name nicht nil ist, dann wird Schritt 2 ausgeführt. Anderenfalls ist die weitere Abarbeitung undefiniert.

Schritt 2: Der Fall des Wertes, zu dem der gegebene Name referiert, wird betrachtet. Wenn der Modus des gegebenen Namens mit '**Referenz zu strukturiert mit**' oder mit '**Referenz zu Reihe von**' beginnt, dann wird Schritt 3 ausgeführt. Anderenfalls wird der betrachtete Fall von einer Kopie des gegebenen Falles überspeichert {a} und die Zuweisung ist vollzogen.

Schritt 3: Wenn der betrachtete Wert ein strukturierter Wert ist, dann wird Schritt 5 ausgeführt. Anderenfalls wird die Beschreibung von 2.2.3.3.b auf seinen Deskriptor angewandt. Wenn für gewisse i, wobei $i = 1, \ldots, n$ ist, das $s_i = 1$ ($t_i = 1$) ist und $u_i(o_i)$ nicht gleich der korrespondierenden Grenze im Deskriptor des gegebenen Wertes ist, dann ist die weitere Abarbeitung nicht definiert.

Schritt 4: Wenn einige $s_i = 0$ oder $t_i = 0$ sind, dann wird zuerst ein neuer Fall eines mehrfachen Wertes M erzeugt, dessen Deskriptor eine Kopie des Deskriptors des gegebenen Wertes ist, aber modifiziert, indem seine Statuswerte gleich den korrespondierenden Statuswerten des betrachteten Wertes gesetzt wurden und dessen Elemente Kopien der Elemente, falls es solche gibt, des betrachteten Wertes sind, anderenfalls sind es neue Fälle von Werten, deren Modus der Modus ist oder aus dem Modus vereint ist, den man durch Streichen aller einleitenden '**Reihe von**' vom Modus des betrachteten Wertes erhält. Als nächstes wird M veranlaßt, vom gegebenen Namen referiert zu werden, und wird statt dessen betrachtet.

Schritt 5: Jedes Feld (Element, wenn eines vorhanden ist) des gegebenen Wertes wird {in einer Reihenfolge, die undefiniert gelassen wird,} dem Namen zugewiesen, der zu dem korrespondierenden Feld (Element, wenn eines vorhanden ist) des betrachteten Wertes referiert, und die Zuweisung ist vollzogen.

d) Eine **Zuordnung** wird in folgenden Schritten abgearbeitet:

Schritt 1: Ihre **Bestimmung** und **Quelle** werden kollateral abgearbeitet {6.2.2.a}.

{2.2.2.k} is caused to refer to the instance of the structured or multiple value which is established by replacing that component by that other instance.

b) When a field (an element) of a given structured (multiple) value is superseded by another instance of a value, then the mode of the thereby established structures (multiple) value is that of the given value.

c) An instance of a value is assigned to a name in the following steps:

Step 1: If the given value does not refer to a component of a multiple value having one or more states equal to 0 {2.2.3.3.b}, if the scope of the given name is not larger than the scope of the given value {2.2.4.2} and if the given name is not nil, then Step 2 is taken; otherwise, the further elaboration is undefined;

Step 2: The instance of the value referred to by the given name is considered; if the mode of the given name begins with 'reference to structured with' or with 'reference to row of', then Step 3 is taken; otherwise, the considered instance is superseded {a} by a copy of the given instance and the assignment has been accomplished;

Step 3: If the considered value is a structured value, then Step 5 is taken; otherwise, applying the notation of 2.2.3.3.b to its descriptor, if for some i, $i = 1, \ldots, n$, $s_i = 1$ ($t_i = 1$) and $l_i(u_i)$ is not equal to the corresponding bound in the descriptor of the given value, then the further elaboration is undefined;

Step 4: If some $s_i = 0$ or $t_i = 0$, then, first, a new instance of a multiple value M is created whose descriptor is a copy of the descriptor of the given value modified by setting its states to the corresponding states in the descriptor of the considered value, and whose elements are copies of elements, if any, of the considered value, and, otherwise, are new instances of values whose mode is, or is a mode from which is united, the mode obtained by deleting all initial 'row of's from the mode of the considered value; next, M is made to be referred to by the given name and is considered instead;

Step 5: Each field (element, if any,) of the given value is assigned {in an order which is left undefined} to the name referring to the corresponding field (element, if any,) of the considered value and the assignment has been accomplished.

d) An **assignation** is elaborated in the following steps:

Step 1: Its **destination** and **source** are elaborated collaterally {6.2.2.a};

Schritt 2: Der Wert ihrer **Quelle** wird dem {Namen, der der} Wert ihrer **Bestimmung** {ist} zugewiesen.

Schritt 3: Der Wert der **Zuordnung** ist der Wert ihrer **Bestimmung**.

{Man beachte, daß *(x, y)* := *(1.2, 3.4)* keine **Zuordnung** ist, da *(x, y)* keine **Bestimmung** ist. Der Modus des Wertes einer **kollateralen-Klausel** (6.2.1.c,d,f) beginnt nicht mit '**Referenz zu**', sondern mit '**Reihe von**' oder '**strukturiert mit**'.}

8.3.2. Konformitätsvergleiche

{Der Zweck der **Konformitätsvergleiche** ist, dem Programmierer zu ermöglichen, daß er den gültigen Modus eines Falles eines Wertes herausfindet, wenn der Kontext gestattet, daß dieser Modus einer aus einer Anzahl gegebener Modi ist. Siehe z. B. 11.11.i,q,y,ah.
Konformitäts-Vergleiche werden also in Verbindung mit Vereinigungen benutzt.}

{Wollte Gott, daß sie entweder konform wären,
oder klüger, damit sie nicht erwischt werden!
Tagebuch, 7.8.1664, Samuel Pepys.}

8.3.2.1. Syntax

a) **boolesch Konformitätsvergleich** {830a}: **sanftes Referenz zu LMODUS Tertiäres** {81b}, **Konformitätsvergleicher** {b}, **RMODUS Tertiäres** {81b}.

b) **Konformitätsvergleicher** {a}: **konform zu Symbol** {31c}; **konform zu und wird Symbol** {31c}.

{Beispiele:

a) ***int*** :: ***irb***; ***ec*** ::= ***a*** (siehe 11.11.i);

b) ::; ::=}

8.3.2.2. Semantik

Ein **Konformitätsvergleich** wird in den folgenden Schritten abgearbeitet:

Schritt 1: Sein textlich letztes **Tertiäres** wird abgearbeitet, und der erhaltene Wert wird betrachtet.

Schritt 2: Wenn der Modus, der vom Original seines textlich ersten **Tertiären** umfaßt wird, '**Referenz zu**' ist, gefolgt von einem Modus, der der Modus des betrachteten Wertes ist oder aus ihm vereinigt {4.4.3.a} ist, dann ist der Wert des **Konformitätsvergleiches** wahr, und Schritt 4 wird genommen. Anderenfalls wird Schritt 3 genommen.

Schritt 3: Wenn der betrachtete Wert zu einem anderen Wert referiert, dann wird dieser andere Wert stattdessen betrachtet und Schritt 2 genommen. Anderenfalls ist die Abarbeitung komplett und der Wert des **Konformitätsvergleiches** ist falsch.

Schritt 4: Wenn sein **Konformitätsvergleicher** ein **konform-zu-und-wird-Symbol** ist, dann wird sein textlich erstes **Tertiäres** abgearbeitet und der betrachtete Wert dem Wert dieses **Tertiären** zugewiesen {8.3.1.2.c}.

Step 2: The value of its source is assigned to the {name which is the} value of its destination;

Step 3: The value of the assignation is the value of its destination.

{Observe that *(x, y)* := *(1.2, 3.4)* is not an assignation, since *(x, y)* is not a destination; the mode of the value of a collateral-clause (6.2.1.c,d,f) does not begin with 'reference to' but with 'row of' or 'structured with'.}

8.3.2. Conformity relations

{The purpose of conformity-relations is to enable the programmer to find out the current mode of an instance of a value if the context permits this mode to be one of a number of given modes. See, for example, 11.11.i,q,y,ah. Conformity-relations are thus used in conjunction with unions.}

{I would to God they would either conform,
or be more wise, and not be catched!
Diary, 7 Aug. 1664, Samuel Pepys}

8.3.2.1. Syntax

a) boolean conformity relation {830a}:
soft reference to LMODE tertiary {81b}, conformity relator {b}, RMODE tertiary {81b}.

b) conformity relator{a}:
conforms to symbol {31c}; conforms to and becomes symbol {31c}.

{Examples:

a) *int* :: *irb*; *ec* ::= *a* (see 11.11.i);

b) ::; ::=}

8.3.2.2. Semantics

A conformity-relation is elaborated in the following steps:

Step 1: Its textually last tertiary is elaborated and the value yielded is considered;

Step 2: If the mode enveloped by the original of its textually first tertiary is 'reference to' followed by a mode which is, or is united from {4.4.3.a}, the mode of the considered value, then the value of the conformity-relation is true and Step 4 is taken; otherwise, Step 3 is taken;

Step 3: If the considered value refers to another value, then this other value is considered instead and Step 2 is taken; otherwise, the elaboration is complete and the value of the conformity-relation is false;

Step 4: If its conformity-relator is a conforms-to-and-becomes-symbol, then its textually first tertiary is elaborated and the considered value is assigned {8.3.1.2.c} to the value of that tertiary.

{Obgleich es durch die Formulierung zu Schritt 2 nicht zum Ausdruck kommt, werden die möglicherweise häufigsten Anwendungen der **Konformitätsvergleiche** jene sein, in denen der '**RMODUS**' in 8.3.2.1.a mit '**Vereint aus**' beginnt, während '**LMODUS**' nicht damit beginnt. Dann ist der Modus des betrachteten Wertes (Schritt 1) nicht '**RMODUS**' (welcher aus ihm vereint ist), und der **Konformitätsvergleich** dient dazu, zu fragen, ob dieser Modus **LMODUS** ist und, wenn es so ist und wenn der **Konformitätsvergleicher** ein **konform-zu-und-wird-Symbol** ist, diesen Wert einem Namen zuzuweisen, dessen Modus nicht mit '**Referenz zu vereint aus**' beginnt, und dadurch diesen Wert anderswo leicht verfügbar zu machen. Verschiedene Anwendungen, teilweise beeinflußt durch Verwendung der Erweiterungen aus 9.4, werden in 11.11 gegeben.

Man beachte, daß der Wert des **Konformitätsvergleiches** false ist, wenn der betrachtete Wert eine ganze Zahl ist und der Modus des textlich ersten **Tertiären** '**Referenz zu**' ist, gefolgt von einem Modus, der '**real**' ist oder daraus vereint ist, aber nicht aus '**ganz**'. So findet keine automatische Erweiterung von '**ganz**' zu '**real**' statt. Z. B. wird in ***union (real, bool)*** *rb; rb* ::= *1* dem *rb* kein Wert zugewiesen, aber in *rb* ::= *1.0* findet die Zuweisung statt. Regel 8.3.2.1.a ist die einzige Regel in der Syntax, wo ein Begriff, der kein Anzupassendes ist, nichtangepaßte Klauseln erzeugt, d. h. jene, die aus '**RMODUS Tertiäres**', erzeugt werden.}

8.3.3. Identitätsvergleiche

{**Identitätsvergleiche** können benutzt werden, um zu fragen, ob zwei Namen desselben Modus dieselben sind. Z. B., in dem Hauptbereich der **Deklarationen** ***struct cons*** = ***(ref cong*** *car, cdr);* ***union cong*** = ***(cons, string); cons*** *Zelle* := ***(cong*** := *"abc",* ***nil)*** besitzt der **Identitätsvergleich** *cdr* ***of*** *Zelle* :=: ***nil*** den Wert falsch, weil der Wert von *cdr* ***of*** *Zelle* der Name ist, der zu dem zweiten Feld des strukturierten Wertes referiert, zu dem der Wert von *Zelle* referiert, und daher nicht ***nil*** ist; aber der Wert von ***(ref cong*** : *cdr* ***of*** *Zelle)* :=: ***nil*** besitzt den Wert wahr.}

8.3.3.1. Syntax

a) **boolesch Identitätsvergleich** {830a}: **sanftes Referenz zu MODUS Tertiäres** {81b}, **Identitätsvergleicher** {b}, **starkes Referenz zu MODUS Tertiäres** {81b}; **starkes Referenz zu MODUS Tertiäres** {81b}, **Identitätsvergleicher** {b}, **sanftes Referenz zu MODUS Tertiäres** {81b}.

b) **Identitätsvergleicher** {a}: **ist Symbol** {31c}; **ist nicht Symbol** {31c}.

{Beispiele:

a) *x* ***or*** *y* :=: *x*; *xx* :=: *x*;

b) :=:; :≠:}

{Although not suggested by the wording of Step 2, the, possibly, most obvious applications of **conformity-relations** are those in which **'RMODE'** in 8.3.2.1.a begins with **'union of'** whereas **'LMODE'** does not. Then, the mode of the considered value (Step 1) is not **'RMODE'** (which is united from it) and the **conformity-relation** serves to ask whether this mode is **'LMODE'** and, if so and if the **conformity-relator** is a **conforms-to-and-becomes-symbol**, to assign this value to a name whose mode does not begin with **'reference to union of'** and, thereby, make this value easily available elsewhere. Several applications, partly disguised by the application of the extensions 9.4 are given in 11.11.

Observe that if the considered value is an integer and the mode of the textually first **tertiary** is **'reference to'** followed by a mode which is, or is united from, the mode **'real'** but not from **'integral'**, then the value of the **conformity-relation** is false. Thus, no automatic widening from **'integral'** to **'real'** takes place. For example, in ***union (real, bool) rb; rb*** ::= *1*, no value is assigned to *rb*, but in *rb* ::= *1.0*, the assignment takes place. Rule 8.3.2.1.a is the only rule in the syntax where a notion other than a coercend produces uncoerced clauses, i.e., those produced from **'RMODE tertiary'**.}

8.3.3. Identity relations

{**Identity-relations** may be used to ask whether two names of the same mode are the same; e.g., in the reach of the **declarations** ***struct cons*** = ***(ref cong car, cdr); union cong*** = ***(cons, string); cons*** *cell* := ***(cong*** := *"abc"*, ***nil)***, the **identity-relation** *cdr* ***of*** *cell* :=: ***nil*** possesses the value false because the value of *cdr* ***of*** *cell* is the name referring to the second field of the structured value referred to by the value of *cell* and, hence, is not nil, but the value of ***(ref cong*** : *cdr* ***of*** *cell)* :=: ***nil*** is true.}

8.3.3.1. Syntax

a) **boolean identity relation** {830a}:
   soft reference to MODE tertiary {81b}, **identity relator** {b}, **strong reference to MODE tertiary** {81b};
   strong reference to MODE tertiary {81b}, **identity relator** {b}, **soft reference to MODE tertiary** {81b}.
b) **identity relator** {a}: **is symbol** {31c}; **is not symbol** {31c}.

{Examples:

a) *x* ***or*** *y* :=: *x*; *xx* :=: *x*;
b) :=:; :≠:}

8.3.3.2. Semantik

Ein **Identitätsvergleich** wird in den folgenden Schritten abgearbeitet:

Schritt 1: Seine **Tertiären** werden kollateral abgearbeitet {6.2.2.a}.

Schritt 2: Wenn sein **Identitätsvergleicher** ein **ist-Symbol** (**ist-nicht-Symbol**) ist, dann ist der Wert des **Identitätsvergleiches** wahr (falsch), wenn die {Namen, die die} Werte {sind}, die in Schritt 1 erhalten wurden, dieselben sind. Anderenfalls ist der Wart falsch (wahr).

{Angenommen die **Zuordnung** *xx* := *yy* := *x* wurde abgearbeitet. Dann ist der Wert des **Identitätsvergleichs** *x* :=: *yy* falsch, weil *xx* und *yy*, obwohl sie den gleichen Modus haben, nicht denselben Namen besitzen (7.1.2. Schritt 8). Aber der Name, den jede besitzt, referiert zu demselben Namen, und so besitzt ***(ref real** : xx)* :=: ***(ref real** : yy)* den Wert wahr. Der Wert wahr des **Identitätsvergleiches** *xx* :=: *x **or** y* hat die Wahrscheinlichkeit 1/2, weil der Wert, der von *xx* besessen wird (wegen der Anpassung hier effektiv der von ***ref real*** : *xx*), der Name ist, der von *x* besessen wird, und die Routine, die von *x **or** y* (siehe 1.3) besessen wird, liefert, wenn sie abgearbeitet wird, entweder den Namen, der von *x* besessen wird oder, mit der gleichen Wahrscheinlichkeit, den Namen, der von *y* besessen wird.

In dem **Identitätsvergleich** stellt der Programmierer gewöhnlich eine spezielle Frage, die Namen betrifft, und so ist das Niveau der Referenz von wesentlicher Bedeutung. So muß mindestens eins der **Tertiären** eines **Identitätsvergleiches** sanft sein, d. h., es darf nur Entprozedurieren, aber bestimmt kein Entreferenzieren beinhalten. Die Konstruktion ***case** i **in** x, xx, x or y, **nil esac*** :=: ***case** j **in** y, **skip**, x or y, re **of** z **out** yy **esac*** ist ein Beispiel eines delikat zu balanzierenden **Identitätsvergleiches**, in dem der Modus **'Referenz zu real'** ist.

Man beachte, daß der Wert der **Formel** *1* = *2* falsch ist, während *1* :=: *2* kein **Identitätsvergleich** ist, da die Werte seiner **Tertiären** keine Namen sind. Auch *\$2d3d\$* :=: *\$5d\$* ist kein **Identitätsvergleich**, aber *\$2d3\$* = *\$5d\$* ist eine **Formel**, die allerdings eine Operation einschließt, die nicht im **Standard-Vorspiel** enthalten ist.}

8.3.4. Zuschnitte

{**Zuschnitte** können benutzt werden, um eine starke Position für eine **Einzel-Klausel** in einer Stellung vorzusehen, die nicht stark ist, z. B., ***ref real*** : *xx* in ***(ref real** : xx)* := *1*. Sie spielen eine Rolle in **Routine-Gestalten** (5.4.1.a), z. B. ***real*** : *a* + *1* in ***((int** a) **real** : a + 1)*, und **prozedurierten-Anzupassenden** (8.2.3.1.a), z. B. : *(l : l)* in ***proc** busy = (: (l : l))*. Ein **Lösch-Zuschnitt** ist keine **Klausel** aber ein Bestandteil eines **Lösch-Zuschnitt-Packens** und von einigen **Routine-Gestalten** und somit von **Basen**.}

8.3.4.1. Syntax

a) **MOSCH Zuschnitt** {54b, 830a, 860b} **: virtueller MOSCH Deklarierer** {71b,z}, **Zuschnittsymbol** {31b}, **starke MOSCH Einheit** {61e}.

8.3.3.2. Semantics

An identity-relation is elaborated in the following Steps:

Step 1: Its **tertiaries** are elaborated collaterally {6.2.2.a};

Step 2: If its **identity-relator** is an **is-symbol (is-not-symbol)**, then the value of the **identity-relation** is **true** (**false**) if the {names which are the} values obtained in Step 1 are the same and **false** (**true**) otherwise.

{Assuming the **assignation** *xx* := *yy* := *x* to have been elaborated, the value of the **identity-relation** *xx* :=: *yy* is **false** because *xx* and *yy*, though of the same mode, do not possess, the same name (7.1.2. Step 8), but the name which each possesses refers to the same name and so ***(ref real** : xx)* :=: ***(ref real** : yy)* possesses the value **true**. The value of the **identity-relation** *xx* :=: *x* ***or*** *y* has a probability 1/2 of being **true** because the value possessed by *xx* (effectively that of ***ref real*** : *xx* here, because of coercion) is the name possessed by *x*, and the routine possessed by *x* ***or*** *y* (see 1.3), when elaborated, yields either the name possessed by *x* or, with equal probability, the name possessed by *y*.

In the **identity-relation**, the programmer is usually asking a specific question concerning names and thus the level of reference is of crucial importance. Thus at least one of the **tertiaries** of an **identity-relation** must be soft, i.e., must involve only deproceduring and certainly no dereferencing. The construction ***case** i **in*** *x*, *xx*, *x* ***or*** *y*, ***nil esac*** :=: ***case** j **in*** *y*, ***skip***, *x* ***or*** *y*, ***re of*** *z* ***out*** *yy* ***esac*** is an example of a delicately balanced **identity-relation** in which the mode is '**reference to real**'.

Observe that the value of the **formula** *1* = *2* is **false**, whereas *1* :=: *2* is not an **identity-relation**, since the values of its **tertiaries** are not names. Also *\$2d3d\$* :=: *\$5d\$* is not an **identity-relation**, whereas *\$2d3d\$* = *\$5d\$* is a **formula**, but involves an operation which is not included in the **standard-prelude**.}

8.3.4. Casts

{**Casts** may be used to provide a strong position for a **unitary-clause** in a position which is not strong, e.g., ***ref real*** : *xx* in ***(ref real** : xx)* := *1*. They play a role in **routine-denotations** (5.4.1.a), e.g., ***real*** : *a* + *1* in ***((int** a) **real*** : *a* + *1)* and **procedured-coercends** (8.2.3.1.a), e.g., : *(l: l)* in ***proc*** *busy* = *(: (l: l))*. A **void-cast** is not a **clause** but is a constituent of a **void-cast-pack** and of some **routine-denotations** and thus of **bases**.}

8.3.4.1. Syntax

a) **MOID cast** {54b, 830a, 860b}: **virtual MOID declarer** {71b,z}, **cast of symbol** {31b}, **strong MOID unit** {61e}.

{Beispiele:

a) [ ] ***real*** : *1*; : *x* := *3.14*}

8.3.4.2. Semantik

Die Abarbeitung (Der Wert, wenn einer vorhanden ist,) eines **Zuschnittes** ist die (der) seiner **Einheit**.

8.4. Formeln

{**Formeln** sind entweder **dyadische-Formeln**, z. B. $x + i$, oder **monadische-Formeln**, z. B. ***abs*** *x*. Eine **Formel** hat wenigstens einen **Operanden** und wenigstens einen **Operator**. Die Reihenfolge der Abarbeitung einer **Formel** wird bestimmt durch die Priorität ihrer **Operatoren**. **Monadische-Formeln** werden zuerst abgearbeitet und dann die **dyadischen-Formeln** und zwar von der höchsten zur niedrigsten Priorität.}

8.4.1. Syntax

a) ***SORTELE Formel: SORTELE MOSCH ADISCH Formel** {b,g, 820d,e,f,g}.

b) **MOSCH PRIORITÄT Formel** {81b, 820d,e,f,g, 821a,b, 822a,b,c, 823a, 824b,d, 825a,b,c,d, 826a, 828b}: **LMODUS PRIORITÄT Operand** {d}, **Prozedur mit LMODUS Parameter und RMODUS Parameter MOSCH PRIORITÄT Operator** {43b}; **RMODUS PRIORITÄT plus eins Operand** {d,e}.

c) ***Operand: MODUS ADISCH Operand** {d,f}.

d) **MODUS PRIORITÄT Operand** {b,d}: **feste MODUS PRIORITÄT Formel** {820e}; **MODUS PRIORITÄT plus eins Operand** {d,e}.

e) **MODUS Priorität NEUN plus eins Operand** {b,d }:
MODUS monadischer Operand {f}.

f) **MODUS monadischer Operand** {e,g}:
feste MODUS monadische Formel {820e};
festes MODUS Sekundäres {81c}.

g) **MOSCH monadische Formel** {81b, 820d,e,f,g, 821a,b, 822a,b,c, 823a, 824b,d, 825a,b,c,d, 826a, 828b}:
Prozedur mit RMODUS Parameter MOSCH monadischer Operator {43c}, **RMODUS monadischer Operand** {f}.

h) ***dyadische Formel: MOSCH PRIORITÄT Formel** {b}.

{Beispiele:

b) $x + x \times y$;

d) $x \times y$; x;

e) x;

f) ***abs*** *x*; *Alter of Algol*;

g) − ***abs re*** *z*}

{Examples:

a) [ ] ***real*** : *1*; : *x* := *3.14*}

8.3.4.2. Semantics

The elaboration (value, if any,) of a cast is that of its unit.

8.4. Formulas

{Formulas are either dyadic-formulas, e.g., $x + i$, or monadic-formulas, e.g., *abs* x. A formula contains at least one operand and at least one operator. The order of elaboration of a formula is determined by the priority of its operators; monadic-formulas are elaborated first and then the dyadic-formulas from the highest to the lowest priority.}

8.4.1. Syntax

a) *SORTETY formula: SORTETY MOID ADIC formula {b,g, 820d,e,f,g}.

b) MOID PRIORITY formula {81b, 820d,e,f,g, 821a,b, 822a,b,c, 823a, 824b,d, 825a,b,c,d, 826a, 828b}: LMODE PRIORITY operand {d}, procedure with LMODE parameter and RMODE parameter MOID PRIORITY operator {43b}, RMODE PRIORITY plus one operand {d,e}.

c) *operand: MODE ADIC operand {d,f}.

d) MODE PRIORITY operand {b,d}: firm MODE PRIORITY formula {820e}; MODE PRIORITY plus one operand {d,e}.

e) MODE priority NINE plus one operand {b,d}: MODE monadic operand {f}.

f) MODE monadic operand {e,g}: firm MODE monadic formula {820e}; firm MODE secondary {81c}.

g) MOID monadic formula {81b, 820d,e,f,g, 821a,b, 822a,b,c, 823a, 824b,d, 825a,b,c,d, 826a, 828b}:
procedure with RMODE parameter MOID monadic operator {43c}, RMODE monadic operand {f}.

h) *dyadic formula: MOID PRIORITY formula {b}.

{Examples:

b) $x + x \times y$;

d) $x \times y$; x;

e) x;

f) ***abs*** x; *age* ***of*** *algol*;

g) − ***abs re*** z}

8.4.2. Semantik

Eine **Formel** wird in folgenden Schritten abgearbeitet:

Schritt 1: Die **Formel** wird durch eine **abgeschlossene-Klausel** ersetzt, die eine Kopie der Routine ist, die von dem operatordefinierenden Auftreten besessen wird, das von ihrem **Operator** identifiziert wird {7.5.2., 4.3.2.b}.

Schritt 2: Die Bestandteil bildende **serielle-Klausel** der **abgeschlossenen-Klausel** wird geschützt {6.0.2.d}.

Schritt 3: Das **Lücke-Symbol** {5.4.2. Schritt 2}, das dem **Gleichheits-Symbol** folgt, welches seinerseits ihrem textlich ersten kopierten **formalen-Parameter** folgt, wird ersetzt durch eine Kopie des textlich ersten **Operanden** der **Formel**, und wenn die **Formel** eine **dyadische Formel** ist, dann wird das **Lücke-Symbol**, das dem **Gleichheits-Symbol** folgt, welches seinerseits ihrem textlich zweiten kopierten **formalen-Parameter** folgt, ersetzt durch eine Kopie des textlich zweiten **Operanden** der **Formel**.

Schritt 4: Die in den Schritten 2 und 3 modifizierte **abgeschlossene-Klausel** wird durch eine **abgeschlossene-Klausel** ersetzt, die aus derselben Folge von Symbolen besteht. Die Abarbeitung dieser **abgeschlossenen-Klausel** wird begonnen. Ihr Wert, wenn einer vorhanden ist, ist dann der der **Formel**. Wenn die Abarbeitung komplettiert oder beendet ist, dann wird diese **abgeschlossene-Klausel** ersetzt durch die **Formel**, bevor die Abarbeitung eines Nachfolgers begonnen wird.

{Die folgende Tabelle faßt die Prioritäten der **Operatoren**, die in den Standard-Prioritäten deklariert wurden, zusammen (10.2.0.).

dyadisch									monadisch
1	*2*	*3*	*4*	*5*	*6*	*7*	*8*	*9*	*(10)*
−:=	∨	∧	=	<	−	×	↑	⊥	¬ − + / ↓ ↑
+:=			≠	≤	+	÷	⌊		***abs bin repr***
×:=				≥		÷:	⌈		⌊ ⌈ ⎩ ⎧
/:=				>		/	⎩		***leng short***
÷:=						□	⎧		***odd sign round***
÷::=									***re im conj***
+=:									***btb ctb***

Man beachte, daß $a \uparrow b$ nicht exakt das gleiche ist wie a^b in der gewöhnlichen Schreibweise. Der Wert von *(− 1 ↑ 2 + 4 = 5)* und auch der von *(4 − 1 ↑ 2 = 3)* sind beide wahr, da das erste **minus-Symbol** ein **monadischer-Operator** ist, während das zweite ein **dyadischer-Operator** ist. Obgleich die Syntax die Ord-

8.4.2. Semantics

A **formula** is elaborated in the following steps:

Step 1: The **formula** is replaced by a **closed-clause** which is a copy of the routine possessed by the operator-defining occurrence identified by its **operator** {7.5.2, 4.3.2.b};

Step 2: The constituent **serial-clause** of the **closed-clause** is protected {6.0.2.d};

Step 3: The **skip-symbol** {5.4.2. Step 2} following the **equals-symbol** following its textually first copied **formal-parameter** is replaced by a copy of the textually first **operand** of the **formula**, and if the **formula** is a **dyadic-formula**, then the **skip-symbol** following the **equals-symbol** following its textually second copied **formal-parameter** is replaced by a copy of the textually second **operand** of the **formula**;

Step 4: The **closed-clause** as modified in Steps 2 and 3 is replaced by a **closed-clause** consisting of the same sequence of symbols; the elaboration of this **closed-clause** is initiated; its value, if any, is then that of the **formula** and if this elaboration is completed or terminated, then this **closed-clause** is replaced by the **formula** before the elaboration of a successor is initiated.

{The following table summarises the priorities of the **operators** declared in the standard priorities (10.2.0).

dyadic									monadix
1	*2*	*3*	*4*	*5*	*6*	*7*	*8*	*9*	*(10)*
−:=	∨	∧	=	<	−	×	↑	⊥	¬ − + / ↓ ↑
+:=			≠	≤	+	÷	⌊		***abs*** ***bin*** ***repr***
×:=			⊕	≥		÷:	⌈		⌊ ⌈ ⎩ ⎧
/:=				>		/	⎧		***leng*** ***short***
÷:=						□	⎩		***odd*** ***sign*** ***round***
÷::=									***re*** ***im*** ***conj***
+=:									***btb*** ***ctb***

Observe that $a \uparrow b$ is not precisely the same as a^b in usual notation; indeed, the value of $(-1 \uparrow 2 + 4 = 5)$ and that of $(4 - 1 \uparrow 2 = 3)$ both are true, since the first **minus-symbol** is a **monadic-operator**, whereas the second is a **dyadic-operator**. Although the syntax determines the order in which **formulas** nung festlegt, in der **Formeln** abgearbeitet werden, können Klammern zur Verbesserung der Lesbarkeit benutzt werden; z. B. $(a \wedge b) \vee (\neg a \wedge \neg b)$ anstelle von $a \wedge b \vee \neg a \wedge \neg b$.

In der **Formel** $x + y \times 2$ sind sowohl y als auch 2 **Primäre**; das ermöglicht y ein **fester-Priorität-SIEBEN-Operand** zu sein und 2 ein **fester-Priorität-ACHT-Operand** zu sein. Die **Formel** $y \times 2$ ist dann von der Priorität 7. Da x auch ein **Primäres** ist und deshalb ein **fester-Priorität-SECHS-Operand**, ist $x + y \times 2$ eine **Priorität-SECHS-Formel**. Die Wirkung von $x + y \times 2$ ist genau die gleiche wie die von $x + (y \times 2)$.}

8.5. Bindungen

{Es gibt zwei Arten von **Bindungen**: **Generatoren**, z. B. ***string***, oder **Selektionen**, z. B. *re **of** z*. **Bindungen** sind von den **Basen** abgesondert, damit Konstruktionen wie *a **of** b* [*i*] syntaktisch zerlegt werden können, ohne daß man den Modus von *a* und *b* kennt. **Bindungen** können nicht indiziert oder parametrisiert werden, aber sie können weiter selektiert werden, z. B. *Vater **of** Algol* in *Vater **of** Vater **of** Algol*.}

8.5.0.1. Syntax

a) **MODUS Bindung** {81c, 820d,e,f,g, 821a,b, 822a,b,c, 823a, 824b,d, 825a, b,c,d, 826a, 828b}: **MODUS Generator** {851a}; **MODUS Selektion** {852a}.

{Beispiele:

a) ***real*** (in *xx* := ***real*** := *3.14*); *re **of** z*}

8.5.1. Generatoren

{*Und wie die Phantasie die Formen unbekannter Dinge verkörpert, so macht des Dichters Feder sie zu Gestalten und gibt dem luftigen Nichts Wohnung und Namen.*
Sommernachtstraum, William Shakespeare.}

{Die Abarbeitung eines **Generators**, z. B. ***real*** in *xx* := ***real*** := *3.14* oder ***loc real*** in ***ref real*** *x* = ***loc real*** (gewöhnlich ***real*** *x* geschrieben, gemäß Erweiterung 9.2.a) schließt die Erzeugung eines Namens ein, d. h. die Reservierung von Speicherplatz. Die Benutzung eines **lokalen-Generators** impliziert (wie in den meisten Implementationen) die Reservierung von Speicherplatz in einem Laufzeit-Speicher, während **globale-Generatoren** die Reservierung von Speicher in einem anderen Bereich einschließen, man kann ihn "Haufen" nennen, in welchem Abfallsammlungstechniken benutzt werden können, um Speicherplatz zurückzugewinnen. Da das gewöhnlich wenig effektiv ist, sollten **globale-Generatoren** wenn möglich vermieden werden. Die Versuchung, **globale-Generatoren** unnötig zu benutzen, ist durch die Erweiterung 9.2.a eingeschränkt, da

are elaborated, parentheses may well be used to improve readability; e.g., *(a ∧ b) ∨ (¬ a ∧ ¬ b)* instead of *a ∧ b ∨ ¬ a ∧ ¬ b*.

In the **formula** $x + y \times 2$, both y and 2 are **primaries**, which allows y to be a **firm-priority-SEVEN-operand** and 2 to be a **firm-priority-EIGHT-operand**. The **formula** $y \times 2$ is then of priority 7. Since x is also a **primary**, and therefore a **firm-priority-SIX-operand**, $x + y \times 2$ is a **priority-SIX-formula**. The effect of $x + y \times 2$ is thus the same as that of $x + (y \times 2)$.}

8.5. Cohesions

{**Cohesions** are of two kinds: **generators**, e.g., ***string***, or **selections**, e.g., *re* ***of*** *z*. **Cohesions** are distinct from **bases** in order that constructions like *a* ***of*** *b* [*i*] may be parsed without knowing the mode of *a* and *b*. **Cohesions** may not be subscripted or parametrized, but they may be selected from, e. g., *father* ***of*** *algol* in *father* ***of*** *father* ***of*** *algol*.}

8.5.0.1. Syntax

a) **MODE cohesion** {81c, 820d,e,f,g, 821a,b, 822a,b,c, 823a, 824b,d, 825a,b,c,d, 826a, 828b} **: MODE generator** {851a}; **MODE selection** {852a}.

{Examples:

a) ***real*** (in *xx* := ***real*** := *3.14*); *re* ***of*** *z*}

8.5.1. Generators

{And as imagination bodies forth
The forms of things unknown, the poet's pen
Turns them to shapes, and gives to airy nothing
A local habitation and a name.
A Midsummer-night's Dream, William Shakespeare.}

{The elaboration of a **generator**, e.g., ***real*** in *xx* := ***real*** := *3.14* or ***loc real*** in ***ref real*** *x* = ***loc real*** (usually written ***real*** *x* by extension 9.2.a), involves the creation of a name, i.e., the reservation of storage. The use of a **local-generator** implies (with most implementations) the reservation of storage in a run-time stack, whereas **global-generators** imply the reservation of storage in another region, termed the "heap", in which garbage-collection techniques may be used for storage retrieval. Since this is usually less efficient, **global-generators** should be avoided where possible. The temptation to use **global-**

diese die größte Abkürzung des Textes bei Verwendung **lokaler-Generatoren** erlaubt.}

8.5.1.1. Syntax

a) **MODUS Generator** {850a}: **MODUS lokaler Generator** {b,—}; **MODUS globaler Generator** {c,—}.
b) **Referenz zu MODUS lokaler Generator** {a}: **lokal Symbol** {31d}, **aktueller MODUS Deklarierer** {71b}.
c) **Referenz zu MODUS globaler Generator** {a}: **Haufen Symbol** {31d} **Möglichkeit, aktueller MODUS Deklarierer** {71b}.

{Beispiele:
a) ***loc real; heap real;***
b) ***loc real;***
c) ***heap real; real***}

8.5.1.2. Semantik

a) Ein **Generator** wird in folgenden Schritten abgearbeitet:
Schritt 1: Sein **aktueller-Deklarierer** wird abgearbeitet {7.1.2.d}.
Schritt 2: Der Wert des **Generators** ist der {Name, der der} Wert {ist}, der in Schritt 1 erhalten wird.
b) Der Gültigkeitsbereich {2.2.4.2} des Wertes eines **lokalen-Generators** ist der kleinste **Bereich**, der diesen **Generator** enthält. Der Gültigkeitsbereich eines **globalen-Generators** ist das **Programm**.
{Die **abgeschlossene-Klausel**
***(ref real** xx; xx := (**heap real** x := pi; x); xx = pi)* (siehe auch 9.2.a) besitzt den Wert wahr, aber die **abgeschlossene-Klausel** *(**ref real** xx; xx := (**real** x := pi; x); xx = pi)* besitzt einen undefinierten Wert, da derjenige Name, der dem Namen zugewiesen werden soll, der von *xx* besessen wird, bei Komplettierung der Abarbeitung des inneren **Bereichs**, der der Gültigkeitsbereich des Namens ist, der von *x* besessen wird (6.1.2.e, 7.0.2), seine Definition verliert. Die **abgeschlossene-Klausel** *((**ref real** xx; **real** x := pi; xx := x) = pi* jedoch besitzt den Wert wahr.}

8.5.2. Selektionen

{Eine **Selektion** selektiert ein Feld aus einem strukturierten Wert; z. B. selektiert *re **of** z* das erste reale Feld (gewöhnlich Realteil genannt) des Wertes, der von *z* besessen wird. Wenn *z* einen Namen besitzt, dann besitzt *re **of** z* auch einen Namen. Aber wenn *w* einen komplexen Wert besitzt, dann besitzt *re **of** w* einen realen Wert, und nicht den Namen, der zu einem realen Wert referiert.}

8.5.2.1. Syntax

a) **REFELE MODUS Selektion** {850a}: **MODUS Feld ANHANG Selektor** {71j}, **des-Symbol** {31e}, **weiches REFELE strukturiert mit LFELDELE MODUS Feld ANHANG RFELDELE Sekundäres** {81c}.

generators unnecessarily, is reduced by the extensions 9.2.a, which allow the greatest shortening of the text when local-generators are used.}

8.5.1.1. Syntax

a) **MODE generator {850a}:**
MODE local generator {b,—}; MODE global generator {c,—}.
b) **reference to MODE local generator {a}:**
local symbol {31d}, actual MODE declarer {71b}.
c) **reference to MODE global generator {a}:**
heap symbol {31d} option, actual MODE declarer {71b}.
{Examples:
a) ***loc real; heap real;***
b) ***loc real;***
c) ***heap real; real***}

8.5.1.2. Semantics

a) A **generator** is elaborated in the following steps:
Step 1: Its **actual-declarer** is elaborated {7.1.2.d};
Step 2: The value of the **generator** is the {name which is the} value obtained in Step 1.
b) The scope {2.2.4.2} of the value of a **local-generator** is the smallest **range** containing that **generator**; that of a **global-generator** is the **program**.
{The **closed-clause**
***(ref real** xx; xx := (**heap real** x := pi; x); xx = pi)* (see also 9.2.a) possesses the value **true**, but the **closed-clause** ***(ref real** xx; xx := (**real** x := pi; x); xx = pi)* possesses an undefined value since the name to be assigned to the name possessed by *xx* becomes undefined upon the completion of the elaboration of the inner **range**, which is the scope of the name possessed by *x* (6.1.2.e, 7.0.2). The **closed-clause** *((**ref real** xx ; **real** x := pi; xx := x) = pi)* however, possesses the value **true**.}

8.5.2. Selections

{A **selection** selects a field from a structured value; e.g., *re **of** z* selects the first real field (usually termed the real part) of the value possessed by *z*. If *z* possesses a name, then *re **of** z* possesses also a name, but if *w* possesses a complex value, then *re **of** w* possesses a real value, not the name referring to a real value.}

8.5.2.1. Syntax

a) **REFETY MODE selection {850a}: MODE field TAG selector {71j}, of symbol {31e}, weak REFETY structured with LFIELDSETY MODE field TAG RFIELDSETY secondary {81c}.**

{Die folgenden Beispiele werden in dem Hauptbereich der **Deklarationen**

struct Sprache = (int Alter, ref Sprache Vater);
Sprache Algol := (10, Sprache := (14, ~));
Sprache Pl1 = (4, Algol); angenommen:

a) *Alter* ***of*** *Pl1*; *Vater* ***of*** *Algol*}

{Regel a stellt sicher, daß der Wert des **Sekundären** ein Feld hat, welches in der **Selektion** durch den **Feldselektor** selektiert wurde (siehe 7.1.1.e,f,h,k und die Anmerkungen unter 7.1.1 und 8.5.2.2). ***Ein*** **Identifikator**, der die gleiche Folge von Symbolen wie ***ein*** **Feldselektor** in dem gleichen Hauptbereich hat, erzeugt keine Mehrdeutigkeiten. So ist *Alter* ***of*** *Algol* := *Alter* eine (möglicherweise verwirrend für den Leser) **Zuordnung**, wenn das zweite Auftreten von *Alter* ein **ganz-Modus-Identifikator** ist.}

8.5.2.2. Semantik

Eine **Selektion** wird in folgenden Schritten abgearbeitet:

Schritt 1: Ihr **Sekundäres** wird abgearbeitet. Wenn sein Wert nil ist, ist die weitere Abarbeitung undefiniert. Anderenfalls wird der strukturierte Wert betrachtet, der dieser Wert ist oder zu dem dieser Wert referiert.

Schritt 2: Wenn der Wert des **Sekundären** ein Name ist, dann ist der Wert der **Selektion** ein neuer Fall des Namens, der zu jenem Feld des betrachteten strukturierten Wertes referiert, das durch seinen **Feldselektor** selektiert wird. Anderenfalls ist es ein neuer Fall jenes Feldes selbst {ein neuer Fall des Wertes, der jenes Feld selbst ist}.

{In den Beispielen von 8.5.2.1 ist *Alter* ***of*** *Algol* eine **Referenz-zu-ganz-Zahl-Selektion** und durch 8.5.0.1.a eine **Referenz-zu-ganz-Zahl-Bindung**. Aber *Alter* ***of*** *Pl1* ist eine **ganz-Zahl-Selektion** und eine **ganz-Zahl-Bindung**. Daraus folgt, daß *Alter* ***of*** *Algol* als eine **Bestimmung** (8.3.1.1.b) in einer **Zuordnung** auftreten kann, aber *Alter* ***of*** *Pl1* kann dies nicht. Gleichermaßen ist *Algol* eine **Referenz-zu-[Sprache]-Basis** aber *Pl1* eine **[Sprache]-Basis** und es kann keine Zuweisung zu *Pl1* erfolgen (Hier steht [Sprache] für **strukturiert-mit-ganz-Zahl-Feld-[Alter]- und-Referenz-zu-[Sprache]-Feld-[Vater]** und [Alter] steht für **Buchstabe-A-Buchstabe-l-Buchstabe-t-Buchstabe-e-Buchstabe-r** usf.)
Die **Selektion** *Vater* ***of*** *Pl1* ist jedoch eine **Referenz-zu-[Sprache]-Selektion** und daher eine **Referenz-zu-[Sprache]-Bindung**, deren Wert der Name ist, der von *Algol* besessen wird. Es folgt, daß der **Identitätsvergleich** *Vater* ***of*** *Pl1* :=: *Algol* den Wert wahr besitzt. Wenn *Vater* ***of*** *Pl1* als eine **Bestimmung** in einer **Zuordnung** verwendet wird, dann findet kein Wechsel des Namens statt, der ein Feld des strukturierten Wertes ist, der von *Pl1* besessen wird, aber es kann sehr wohl ein Wechsel stattfinden in dem Wert des Modus [**Sprache**], zu dem dieser Name referiert. Durch ähnliche Begründung und weil die **Operatoren** ***re*** und ***im*** Routinen (10.2.7.b,c) besitzen, die Werte liefern, deren Modus **'real'** ist und nicht **'Referenz-zu-real'**, ist *re* ***of*** *z* := ***im*** *w* eine **Zuordnung**, während ***re*** *z* := ***im*** *w* es nicht ist.}

{**Examples, assumed in the reach of the declarations:**

struct language = (int age, ref language father);
language algol := (10, language := (14, ~)); language pl1 = (4, algol); **:**

a) ***age of Pl1; father of Algol*****}**

{Rule a ensures that the value of the secondary has a field selected by the field-selector in the selection (see 7.1.1.e,f,h,k and the remarks below 7.1.1 and 8.5.2.2). An identifier which is the same sequence of symbols as a field-selector in one same reach creates no ambiguity. Thus, *age of algol := age* is a (possibly confusing to the human) assignation if the second occurrence of *age* is an integral-mode-identifier.}

8.5.2.2. Semantics

A selection is elaborated in the following steps:

Step 1: Its secondary is elaborated; if its value is nil, then the further elaboration is undefined; otherwise, the structured value which is, or is referred to by, that value is considered;

Step 2: If the value of the secondary is a name, then the value of the selection is a new instance of the name which refers to that field of the considered structured value selected by its field-selector; otherwise, it is a new instance of {the value which is} that field itself.

{In the examples of 8.5.2.1, *age of algol* is a reference-to-integral-selection, and, by 8.5.0.1.a, a reference-to-integral-cohesion, but *age of pl1* is an integral-selection and an integral-cohesion. It follows that *age of algol* may appear as a destination (8.3.1.1.b) in an assignation, but *age of pl1* may not. Similarly, *algol* is a reference-to-[language-base], but *pl1* is a [language]-base and no assignment may be made to *pl1*. (Here, [language] stands for structured-with-integral-field-[age]-and-reference-to-[language]-field-[father] and [age] stands for letter-a-letter-g-letter-e, etc.) The selection *father of pl1*, however, is a reference-to-[language]-selection and thus a reference-to-[language]-cohesion whose value is the name possessed by *algol*. It follows that the identity-relation *father of pl1 :=: algol* possesses the value true. If *father of pl1* is used as a destination in an assignation, then there is no change in the name which is a field of the structured value possessed by *pl1*, but there may well be change in the value of mode [language] referred to by that name. By similar reasoning and because the operators *re* and *im* possess routines (10.2.7.b,c,) which deliver values whose mode is 'real' and not 'reference to real', *re of z := im w* is an assignation, but *re z := im w* is not.}

8.6. Basen

{**Basen** sind **Modusidentifikatoren**, wie z. B. *x*, **Gestalten**, wie z. B. *3.14*, **Schnitte**, wie z. B. *x1* [*i*] und **Aufrufe**, wie z. B. *sin (x)*.

Basen werden i. a. zuerst abgearbeitet. Sie dürfen indiziert sein, parametrisiert sein und selektiert von sein, häufig werden sie als **Operanden** benutzt. Darüber hinaus sind gewisse **Lösch-Basen** auch **Lösch-Zuschnitt-Packen**, z. B. *(: x := x + 1)*, welche z. B. als **prozedurierte-Anzupassende** benutzt werden können. Es ist wesentlich, daß sie mit einem **Öffnungssymbol** beginnen und mit einem **Schließungssymbol** enden, da anderenfalls die syntaktische Zerlegung von z. B. *a* := :*b*, das praktisch nicht von *a* :=: *b* zu unterscheiden ist, von den Modi von *a* und *b* abhängen würde.}

8.6.0.1. Syntax

a) **MODUS Basis** {81d, 820d,e,f,g, 821a,b, 822a,b,c, 823a, 824b,d, 825a,b,c,d, 826a, 828b}: **MODUS Modusidentifikator** {41b}; **MODUS Gestalt** {510b, 511a, 512a, 513a, 514a, 52b,c, 53b, 54b, 55a,—};
Modus Schnitt {861a}; **MODUS Aufruf** {862a}.

b) **Lösch Basis** {81d, 820d,e,f,g, 823a}: **Lösch Aufruf** {862a}; **Lösch Zuschnitt** {834a} **Packen**.

{Beispiele:

a) *x*; *3.14*; *x2* [*i*, *j*]; *sin (x)*;

b) *lock (stand in)*; *(: x := 3.14)*}

8.6.0.2. Semantik

a) Ein **Modusidentifikator** wird abgearbeitet, indem eine Kopie des Falles desjenigen Wertes, sofern vorhanden, angefertigt wird, der von dem definierenden Auftreten besessen wird, das durch ihn identifiziert wird {4.1.2, 7.4.2. Schritt 7}. Sein Wert ist die Kopie.

b) Die Abarbeitung eines **Lösch-Zuschnitt-Packens** ist die seines **Lösch-Zuschnitts**.

8.6.1. Schnitte

{**Schnitte** erhält man durch Indizieren, z. B. *x1* [*i*] oder durch Trimmen, z. B. *x1* [*2* : *n*] oder Verbindung beider, z. B. *x2* [*j* : *n*, *j*] oder *x2* [, *k*]. Indizieren und Trimmen können nur auf **Primäre** angewendet werden, z. B. *x1* und *x2* oder *(p | x1 | y1)*. Der Wert eines **Schnittes** kann entweder ein Element des Wertes seines **Primären** sein, so ist z. B. *x1* [*i*] eine reale Zahl aus der Reihe der realen Zahlen *x1*, oder er ist eine Untermenge der Elemente, z. B. ist *x2* [*i*] die *i*-te Zeile der Matrix *x2*, und *x2* [, *k*] ist die *k*-te Spalte].

8.6.1.1. Syntax

a) **REFELE REIHELE REIHEHELE NICHTREIHE Schnitt** {860a}: **weiches REFELE REIHEN REIHEHELE NICHTREIHE Primäres** {81d}, **tief Symbol** {31e}, **REIHEN hinterlassend REIHELE Indexer** {b,c,d,e,—}, **fietsymbol** {31e}.

8.6. Bases

{**Bases** are **mode-identifiers**, e.g., *x*, **denotations**, e.g., *3.14*, **slices**, e.g., *x1* [*i*] and **calls**, e.g., *sin (x)*. **Bases** are, generally, elaborated first. They may be subscripted, parametrized and selected from and are often used as **operands**. Moreover, certain **void-bases** are **void-cast-packs**, e.g., *(: x := x + 1)*, which may be used, e.g., as **procedured-coercends**; it is essential that they begin with an **open-symbol** and end with a **close-symbol** for, otherwise, the parsing of, e.g., *a* := : *b*, which might, in practice, be indistinguishable from *a* :=: *b*, would depend on the modes of *a* and *b*.}

8.6.0.1. Syntax

a) **MODE base** {81d, 820d,e,f,g, 821a,b, 822a,b,c, 823a, 824b,d, 825a,b,c,d, 826a, 828b}**: MODE mode identifier** {41b}**; MODE denotation** {510b, 511a, 512a, 513a, 514a, 52b,c, 53b, 54b, 55a,—}**; MODE slice** {861a}**; MODE call** {862a}**.**

b) **void base** {81d, 820d,e,f,g, 823a}**: void call** {862a}**; void cast** {834a} **pack.**

{Examples:

a) *x*; *3.14*; *x2* [*i*, *j*]; *sin (x)*;

b) *lock (stand in)*; *(: x := 3.14)*}

8.6.0.2. Semantics

a) A **mode-identifier** is elaborated by making a copy of the instance of the value, if any, possessed by the defining occurrence identified by it {4.1.2, 7.4.2. Step 7}; its value is the copy.

b) The elaboration of a **void-cast-pack** is that of its **void-cast**.

8.6.1. Slices

{**Slices** are obtained by subscripting, e.g., *x1* [*i*] or by trimming, e.g., *x1* [*2* : *n*], or by a mixture of both, e.g., *x2* [*j* : *n*, *j*] or *x2* [, *k*]. Subscripting and trimming may be done only to **primaries**, e.g., *x1* and *x2* or *(p | x1 | y1)*. The value of a **slice** may be either one element of the value of its **primary**, e.g., *x1* [*i*] is a real number from the row of real numbers *x1*, or a subset of the elements, e.g., *x2* [*i*] is the *i*-th row of the matrix *x2* and *x2* [, *k*] is the *k*-th column.}

8.6.1.1. Syntax

a) **REFETY ROWSETY ROWWSETY NONROW slice** {860a}**:**
weak REFETY ROWS ROWWSETY NONROW primary {81d}**, sub symbol** {31e}**, ROWS leaving ROWSETY indexer** {b,c,d,e,—}**, bus symbol** {31e}**.**

b) **Reihe von REIHEN hinterlassend Reihe von REIHELE Indexer** {a,b}: **Trimmer** {f}, **Kommasymbol** {31e}, **REIHEN hinterlassend REIHELE Indexer** {b,c,d,e,—}; **Index** {i}, **Kommasymbol** {31e}, **REIHEN hinterlassend Reihe von REIHELE Indexer** {b,d,—}.
c) **Reihe von REIHEN hinterlassend LEER Indexer** {a,b,c}: **Index** {i}, **Kommasymbol** {31e}, **REIHEN hinterlassend LEER Indexer** {c,e}.
d) **Reihe von hinterlassend Reihe von Indexer** {a,b}: **Trimmer** {f}.
e) **Reihe von hinterlassend LEER Indexer** {a,b,c}: **Index** {i}.
f) **Trimmer** {b,d}: **strenge untere Grenze** {71u} **Möglichkeit, bis zu Symbol** {31e}, **strenge obere Grenze** {71u} **Möglichkeit, neuer unterer Grenzeteil** {g} **Möglichkeit.**
g) **neuer unterer Grenzeteil** {f}: **bei Symbol** {31e}, **neue untere Grenze** {h}.
h) **neue untere Grenze** {g}: **starkes ganzzahliges Tertiäres** {81b}.
i) **Index** {b,c,e}: **starkes ganzzahliges Tertiäres** {81b}.
j) ***Trimex**: **Trimmer** {f}; **Index** {i}.
k) ***Indexer: REIHEN hinterlassend REIHELE Indexer** {b,c,d,e}.
l) ***Grendex: strenge UNBERE Grenze** {71u}; **neue untere Grenze** {h}; **Index** {i}.

{Beispiele:
a) *x1* [*i*]; *x2* [*i*, *j*]; *x2* [*i*]; *x1* [*2* : *n*];
b) *2* : *n*, *j*; *1*, *2* : *n*;
c) *i*, *j*;
d) *2* : *n*;
e) *i*;
f) *2* : *n*; *2* : *n***å***0*;
g) **å** *0*;
h) *0*;
i) *i*}

{In Regel a spiegelt '**REIHEN**' die Anzahl von **Trimizes** in dem **Schnitt** wider, '**REIHELE**' die Anzahl von ihnen, die **Trimmer** sind und '**REIHEHELE**' die Anzahl von '**Reihe von**', die nicht in dem **Indexer** eingeschlossen sind. In den **Schnitten** *x2* [*i*, *j*], *x2* [*i*, *2* : *n*], *x2* [*i*] sind diese Zahlen (2, 0, 0), (2, 1, 0) bzw. (1, 0, 1).

Wegen der Regeln f und 7.1.1.u sind *2* : *3* **å** *0*, *2* : *n*, *2* :, : *5* und : **å** *0* **Trimmer.**}

8.6.1.2. Semantik

Ein **Schnitt** wird in den folgenden Schritten abgearbeitet:

Schritt 1: Sein **Primäres** und alle bestandteilbildenden **Grendizes**, die nicht in seinem **Primären** enthalten sind, werden kollateral abgearbeitet {6.2.2.a}. Wenn der Wert des **Primären** nil ist, ist die weitere Abarbeitung nicht definiert. Anderenfalls folgt Schritt 2.

Schritt 2: Der mehrfache Wert, der der Wert des **Primären** ist oder zu dem der Wert des **Primären** referiert, wird betrachtet. Eine Kopie seines Des-

b) row of ROWS leaving row of ROWSETY indexer {a,b}:
trimmer {f}, comma symbol {31e},
ROWS leaving ROWSETY indexer {b,c,d,e,—};
subscript {i}, comma symbol {31e},
ROWS leaving row of ROWSETY indexer {b,d,—}.

c) row of ROWS leaving EMPTY indexer {a,b,c}:
subscript {i}, comma symbol {31e}, ROWS leaving EMPTY indexer {c,e}.

d) row of leaving row of indexer {a,b,}: trimmer {f}.

e) row of leaving EMPTY indexer {a,b,c}: subscript {i}.

f) trimmer {b,d}: strict lower bound {71u} option, up to symbol {31e}, strict upper bound {71u} option, new lower bound part {g} option.

g) new lower bound part {f}: at symbol {31e}, new lower bound {h}.

h) new lower bound{g}: strong integral tertiary {81b}.

i) subscript {b,c,e}: strong integral tertiary {81b}.

j) *trimscript: trimmer {f}; subscript {i}.

k) *indexer: ROWS leaving ROWSETY indexer {b,c,d,e}.

l) *boundscript: strict LOWPER bound {71u}; new lower bound {h}; subscript {i}.

{Examples:

a) ***x1 [i]; x2 [i, j]; x2 [i]; x1 [2 : n];***

b) ***2 : n, j; 1, 2 : n;***

c) ***i, j;***

d) ***2 : n;***

e) ***i;***

f) ***2 : n; 2 : n å 0;***

g) ***å 0;***

h) ***0;***

i) ***i*}**

{In rule a, 'ROWS' reflects the number of trimscripts in the slice, 'ROWSETY' the number of these which are trimmers and 'ROWWSETY' the number of, 'row of' not involved in the indexer. In the slices *x2 [i, j]*, *x2 [i, 2 : n]*, *x2 [i]*, these numbers are (2, 0, 0), (2, 1, 0) and (1, 0 ,1) respectively. Because of rules f and 7.1.1.u, *2 : 3 å 0*, *2 : n*, *2 :*, *: 5* and *: å 0* are trimmers.}

8.6.1.2. Semantics

A slice is elaborated in the following steps:

Step 1: Its primary, and all its constituent boundscripts not contained in its primary, are elaborated collaterally {6.2.2.a}; if the value of the primary is nil, then the further elaboration is undefined; otherwise, Step 2 is taken;

Step 2: The multiple value which is, or is referred to by, the value of the primary, is considered, a copy is made of its descriptor, and all the states {2.2.3.3.b} in the copy are set to 1;

kriptors wird hergestellt und alle Statuswerte {2.2.3.3.b} in der Kopie werden auf 1 gesetzt.

Schritt 3: Der **Trimex**, der dem **tief-Symbol** folgt, wird betrachtet, und ein Zeiger i wird auf 1 gesetzt.

Schritt 4: Wenn der betrachtete **Trimex** ein **bis-zu-Symbol** ist, wird Schritt 6 ausgeführt. Ist es dagegen ein **Trimmer**, so wird Schritt 5 ausgeführt. Anderenfalls stehe k für seinen Wert, wenn $u_i \leq k \leq o_i$, und der Anfang der Kopie wird um $(k - u_i) \times w_i$ vergrößert, das i-te Quintupel wird "markiert" und dann Schritt 6 ausgeführt. Anderenfalls ist die weitere Abarbeitung undefiniert.

Schritt 5: Die Werte u, o, und u' werden vom betrachteten **Trimex** wie folgt festgelegt: Wenn der betrachtete **Trimex** eine **strenge-untere-Grenze** (**strenge-obere-Grenze**) enthält, dann ist u(o) ihr Wert. Anderenfalls wird u(o) aus $u_i(o_i)$ gewonnen. Wenn er eine **neue-untere-Grenze** enthält, dann ist *u'* ihr Wert. Anderenfalls wird u' auf 1 gesetzt. Wenn jetzt $u_i \leq u$ und $o \leq o_i$, dann wird der Anfang in der Kopie um $(u - u_i) \times w_i$ vergrößert, und u_i wird dann ersetzt durch u' und o_i durch $(u' - u) + o$. Anderenfalls ist die weitere Abarbeitung undefiniert.

Schritt 6: Wenn dem betrachteten **Trimex** ein **Kommasymbol** folgt, wird statt seiner der dem **Kommasymbol** folgende **Trimex** betrachtet, i wird um 1 erhöht, und es folgt Schritt 4. Anderenfalls werden alle Quintupel, die durch Schritt 4 markiert worden waren, entfernt und Schritt 7 wird ausgeführt.

Schritt 7: Wenn die Kopie jetzt wenigstens ein Quintupel enthält, dann wird derjenige mehrfache Wert stattdessen betrachtet, der aus der Kopie und jenen Elementen des betrachteten Wertes gebildet wird, die er beschreibt und dessen Modus derjenige ist, den man durch Tilgen des anfänglichen '**Referenz zu**' sofern vorhanden, erhält, und zwar in jenem Modus, der vom Original des **Schnittes** umfaßt wurde. Anderenfalls wird stattdessen das Element des betrachteten Wertes betrachtet, das selektiert wurde durch den {Index, der gleich ist dem} Anfang in der Kopie.

Schritt 8: Wenn der Wert des **Primären** ein Name ist, dann ist der Wert des **Schnittes** ein neuer Fall des Namens, der zu dem betrachteten Wert referiert. Andernfalls ist der Wert des **Schnittes** ein neuer Fall des betrachteten Wertes selbst.

{Ein **Trimmer** beschränkt die möglichen Werte eines **Index** und verwandelt seine Schreibart: Erstens, der Wert des **Index** wird beschränkt auf den Bereich vom Wert der **strengen-unteren-Grenze** bis zum Wert **der strengen-oberen-Grenze**, wobei beide in der alten Schreibart gegeben sind. Zweitens, alle beschränkten Werte jenes **Index** werden geändert durch Addieren desselben Betrages zu jedem von ihnen, so daß der niedrigste Wert dann dem Wert der **neuen-unteren-Grenze** gleich ist. So bewirken die **Zuordnungen** *y1* [*1* : *n* — *1*] := *x1* [*2* : *n*]; *y1* [*n*] := *x1* [*1*]; *x1* := *y1* eine zyklische Permutation der Elemente von *x1*.}

Step 3: The **trimscript** following the **sub-symbol** is considered and a pointer, i, is set to 1;

Step 4: If the considered **trimscript** is an **up-to-symbol**, then Step 6 is taken; otherwise, if it is a **trimmer**, then Step 5 is taken; otherwise, letting k stand for its value, if $l_i \leq k \leq u_i$, then the offset in the copy is increased by $(k - l_i) \times d_i$, the i-th quintuple is "marked", and Step 6 is taken; otherwise, the further elaboration is undefined;

Step 5: The values l, u and l′ are determined from the considered **trimscript** as follows:
if the considered **trimscript** contains a **strict-lower-bound** (**strict-upper-bound**), then l (u) is its value; otherwise, l (u) is l_i (u_i); if it contains a **new-lower-bound**, then l′ is its value; otherwise, l′ is 1; if now $l_i \leq l$ and $u \leq u_i$, then the offset in the copy is increased by $(l - l_i) \times d_i$, and then l_i is replaced by l′ and u_i by $(l' - l) + u$; otherwise, the further elaboration is undefined;

Step 6: If the considered **trimscript** is followed by a **comma-symbol**, then the **trimscript** following that **comma-symbol** is considered instead, i is increased by 1, and Step 4 is taken; otherwise, all quintuples in the copy which were marked by Step 4 are removed, and Step 7 is taken;

Step 7: If the copy now contains at least one quintuple, then the multiple value composed of the copy and those elements of the considered value which it describes and whose mode is obtained by deleting the initial '**reference to**', if any, from the mode enveloped by the original of the **slice**, is considered instead; otherwise, the element of the considered value selected by {the index equal to} the offset in the copy is considered instead;

Step 8: If the value of the **primary** is a name, then the value of the **slice** is a new instance of the name which refers to the considered value, and, otherwise, is a new instance of the considered value itself.

{A **trimmer** restricts the possible value of a **subscript** and changes its notation: first, the value of the **subscript** is restricted to run from the value of the **strict-lower-bound** to the value of the **strict-upper-bound**, both given in the old notation; next, all restricted values of that **subscript** are changed by adding the same amount to each of them, such that the lowest value then equals the value of the **new-lower-bound**. Thus, the **assignations** *y1* [*1* : *n* — *1*] := *x1* [*2* : *n*]; *y1* [*n*] := *x1* [*1*]; *x1* := *y1* effect a cyclic permutation of the elements of *x1*.}

8.6.2. Aufrufe

{**Aufrufe** werden durch Parametrisieren erhalten, z. B. *sin (x + 1)*. Es können nur **Primäre** parametrisiert werden, z. B. *sin* und *cos* oder *(p | sin | cos)*. Die komplettierte Abarbeitung eines **Aufrufes** kann einen Wert liefern oder auch nicht.}

8.6.2.1. Syntax

a) **MOSCH Aufruf** {860a,b}**: festes Prozedur mit PARAMETERN MOSCH Primäres** {81d}**, aktueller PARAMETERN** {54c, 74b} **Packen.**

{Beispiel:

a) *sin (x)*}

8.6.2.2. Semantik

Ein **Aufruf** wird in den folgenden Schritten abgearbeitet:

Schritt 1: Sein **Primäres** wird abgearbeitet.

Schritt 2: Der **Aufruf** wird durch eine **abgeschlossene-Klausel** ersetzt, die eine Kopie {der Routine, die der Wert} des Wertes ist, der in Schritt 1 erhalten wurde.

Schritt 3: Die bestandteilbildende **serielle-Klausel** der **abgeschlossenen-Klausel** wird geschützt {6.0.2.d}.

Schritt 4: Die **Lücke-Symbole** {5.4.2. Schritt 2}, die den **Gleichheits-Symbolen** folgen, die wiederum den kopierten **formalen-Parametern** folgen, werden in der textlichen Reihenfolge ersetzt durch Kopien der bestandteilbildenden **aktuellen-Parameter** des **Aufrufes**, die in der gleichen Reihenfolge genommen werden.

Schritt 5: Die in den Schritten 3 und 4 modifizierte **abgeschlossene-Klausel** wird durch eine **abgeschlossene-Klausel** ersetzt, die aus derselben Folge von Symbolen besteht. Die Abarbeitung dieser **abgeschlossenen-Klausel** wird initiiert. Ihr Wert, sofern vorhanden, ist dann der des **Aufrufes**, und wenn diese Abarbeitung komplettiert oder beendet ist, dann wird diese **abgeschlossene-Klausel** ersetzt durch den **Aufruf**, bevor die Abarbeitung eines Nachfolgers initiiert wird.

{Der **Aufruf** *Samelson (m, (**int** j) **real** : x1 [j])*, in dem Hauptbereich der folgenden **Deklaration**

***proc** samelson = (**int** n, **proc** (**int**) **real** f) **real**:*
***begin long real** s := **long** 0; **for** i **to** n **do** s +:= **leng** f (i) ↑ 2;*
***short** long sqrt (s)*
end

8.6.2. Calls

{**Calls are obtained by parametrizing, e.g.,** ***sin (x + 1)*****. Parametrizing may be done only to primaries, e.g.,** ***sin*** **and** ***cos*** **or** ***(p | sin | cos)*****. The completed elaboration of a call may or may not deliver a value.**}

8.6.2.1. Syntax

a) MOID call {860a,b}: firm procedure with PARAMETERS MOID primary {81d}, actual PARAMETERS {54c, 74b} pack.

{**Example:**

a) ***sin (x)***}

8.6.2.2. Semantics

A call is elaborated in the following steps:

Step 1: Its primary is elaborated;

Step 2: The call is replaced by a closed-clause which is a copy of {the routine which is} the value obtained in Step 1;

Step 3: The constituent serial-clause of the closed-clause is protected {6.0.2.d};

Step 4: The skip-symbols {5.4.2. Step 2} following the equals-symbols following the copied formal-parameters are replaced in the textual order by copies of the constituent actual-parameters of the call taken in the same order;

Step 5: The closed-clause as modified in Steps 3 and 4 is replaced by a closed-clause consisting of the same sequence of symbols; the elaboration of this closed-clause is initiated; its value, if any, is then that of the call and if this elaboration is completed or terminated, then this closed-clause is replaced by the call before the elaboration of a successor is initiated.

{**The call** ***samelson (m, (int j) real : x1 [j])*** **in the reach of the declaration**

proc samelson = (int n, proc (int) real f) real:
begin long real s := long 0; for i to n do s +:= leng f (i) ↑ 2;
short long sqrt (s)
end

is elaborated by replacing it (Step 2) by the closed-clause

wird abgearbeitet durch seine Ersetzung (Schritt 2) durch die **abgeschlossene-Klausel**

***(int** n = ~, **proc (int) real** f = ~; **real**:*
***begin long real** s := **long** 0; **for** i **to** n **do** s +:= **leng** f (i) ↑ 2;*
***short** long sqrt (s)*
***end**).*

Wenn man voraussetzt, daß *n*, *s*, *f* und *i* nicht noch an anderen Stellen im **Programm** auftreten, dann ist diese **abgeschlossene Klausel** ohne weitere Abänderung geschützt (Schritt 3). Die **aktuellen-Parameter** werden nun eingesetzt (Schritt 4), was zu der **abgeschlossenen-Klausel**

***(int** n = m, **proc (int) real** f = **(int** j) **real** : x1 [j]; **real**:*
***begin long real** s := **long** 0; **for** i **to** n **do** s +:= **leng** f (i) ↑ 2;*
***short** long sqrt (s)*
***end**)*

führt, und diese **abgeschlossene-Klausel** wird abgearbeitet (Schritt 5). Man beachte, daß *n* für die Dauer dieser Abarbeitungen die gleiche Zahl besitzt wie diejenige, zu der der Name referiert, der von *m* besessen wird. Weiterhin besitzt *f* die gleiche Routine wie diejenige, die von der **Routine-Gestalt** *((**int** j) **real** : x1 [j])* besessen wird. Während der Abarbeitung dieser und ihrer innerhalb eingeschlossenen **abgeschlossenen-Klauseln** (9.3) umfaßt die Abarbeitung von *f(i)* selbst die Abarbeitung der **abgeschlossenen-Klausel** *(**int** j = i; **real** : x1 [j])*, und in dieser inneren **abgeschlossenen-Klausel** besitzt das erste Auftreten von *j* die gleiche ganze Zahl wie diejenige, die von *i* besessen wird.}

***(int** n = ~, **proc (int) real** f = ~; **real**:*
***begin long real** s := **long** 0; **for** i **to** n **do** s +:= **leng** f (i) ↑ 2;*
***short** long sqrt (s)*
***end)**.*

Supposing that *n*, *s*, *f* and *i* do not occur elsewhere in the program, this closed-clause is protected (Step 3) without further alteration. The actual-parameters are now inserted (Step 4), yielding the closed-clause

***(int** n = m, **proc (int) real** f = **(int** j**) real** : x1 [j]; **real**:*
***begin long real** s := **long** 0; **for** i **to** n **do** s +:= **leng** f(i) ↑ 2;*
***short** long sqrt (s)*
end)

and this closed-clause is elaborated (Step 5). Note that, for the duration of this elaboration, *n* possesses the same integer as that referred to by the name possessed by *m*, and *f* possesses the same routine as that possessed by the routine-denotation *((int j) real : x1 [j])*. During the elaboration of this and its inner nested closed-clauses (9.3), the elaboration of *f(i)* itself involves the elaboration of the closed-clause *(int j = i; real : x1 [j])*, and, within this inner closed-clause, the first occurrence of *j* possesses the same integer as that possessed by *i*.}

9. Erweiterungen

a) Eine Erweiterung ist die Einsetzung einer **Bemerkung** zwischen zwei Symbole oder die Ersetzung einer gewissen Folge von Symbolen, die möglicherweise gewissen Beschränkungen genügt, durch eine andere Folge von Symbolen, wie es in den Abschnitten 9.1. bis 9.4. gezeigt wird.

b) Keine Erweiterung kann innerhalb einer **Bemerkung** {3.0.9.b}, einer **Zeichengestalt** {5.1.4.1.a} oder einer **Reihe-von-Zeichengestalt** {5.3.1.b} ausgeführt werden.

c) Einige Erweiterungen werden in der Darstellungssprache gegeben, mit Ausnahme, daß

A, *B* und *C* für **starke-einzel-ganzzahlige-Klauseln** {8.1.1.a} stehen,

D für eine **starke-serielle-boolesch-Klausel** {6.1.1.a},

E für eine **starke-einzel-Löschklausel** {8.1.1.a},

F und *G* für **Einzelklauseln** {8.1.1.a},

H für zwei oder mehr **Einzelklauseln** {8.1.1.a}, die durch **Kommasymbole** {3.1.1.c} getrennt sind,

I, *J*, *K* und *L* für **Modusidentifikatoren** {4.1.1.b},

M für einen **Markenidentifikator** {4.1.1.b},

N für ein **Lokal-Symbol** {3.1.1.d} oder eine **Halde-Symbol** {3.1.1.d} **-Möglichkeit**,

O für einen **Konformitätsvergleicher** {8.3.2.1.b},

P für eine **Indikation** {4.2.1.a},

Q für einen **virtuellen-Plan** {7.1.1.x, aa},

R für eine **Routinegestalt** {5.4.1.a},

S für das **Standardvorspiel** {2.1.b, 10}, wenn die Erweiterung außerhalb des **Standardvorspiels** durchgeführt wird, andernfalls für die leere Folge von Symbolen,

T für eine **Bedingung**, der eine **Auswahlklausel** {6.4.1.b,c,d} folgt,

U für einen **Deklarierer** {7.1.1.a},

V für einen **virtuellen-Deklarierer** {7.1.1.b} oder für einen **formalen-Deklarierer** {7.1.1.b}, dessen sämtliche Bestandteil bildende **formale-untere-Grenzen** und **formale-obere-Grenzen entweder-Symbole** sind,

W, *X* und *Y* **für Tertiäre** {8.1.1.b},

Z für zwei oder mehr **Tertiäre** {8.1.1.b}, die durch **Kommasymbole** {3.1.1.e} getrennt sind,

Γ für ein **Kommasymbol** {3.1.1.e}, **weiter-Symbol** {3.1.1.f} oder **wird-Symbol** {3.1.1.c},

Σ für eine **serielle Klausel** {6.1.1.a}.

9. Extensions

a) An extension is the insertion of a **comment** between two **symbols** or the replacement of a certain sequence of **symbols**, possibly satisfying certain restrictions, by another sequence of **symbols**, as indicated in sections 9.1 up to 9.4.

b) No extension may be performed within a **comment** {3.0.9.b}, **character-denotation** {5.1.4.1.a}, or **row-of-character-denotation** {5.3.1.b}.

c) Some extensions are given in the representation language, except that

A, *B* and *C* stand for **strong-unitary-integral-clauses** {8.1.1.a},
D for a **strong-serial-boolean-clause** {6.1.1.a},
E for a **strong-unitary-void-clause** {8.1.1.a},
F and *G* for **unitary-clauses** {8.1.1.a},
H for two or more **unitary-clauses** {8.1.1.a} separated by **comma-symbols** {3.1.1.c},
I, *J*, *K* and *L* for **mode-identifiers** {4.1.1.b},
M for a **label-identifier** {4.1.1.b},
N for a **local-symbol** {3.1.1.d} or **heap-symbol** {3.1.1.d}**-option**,
O for a **conformity-relator** {8.3.2.1.b},
P for an **indication** {4.2.1.a},
Q for a **virtual-plan** {7.1.1.x,aa},
R for a **routine-denotation** {5.4.1.a},
S for the **standard-prelude** {2.1.b, 10} if the extension is performed outside the **standard-prelude** and, otherwise, for the empty sequence of **symbols**,
T for a **condition** followed by a **choice-clause** {6.4.1.b,c,d},
U for a **declarer** {7.1.1.a},
V for a **virtual-declarer** {7.1.1.b} or for a **formal-declarer** {7.1.1.b} all of whose constituent **formal-lower-bounds** and **formal-upper-bounds** are **either-symbols**,
W, *X* and *Y* for **tertiaries** {8.1.1.b},
Z for two or more **tertiaries** {8.1.1.b} separated by **comma-symbols** {3.1.1.e},
Γ for a **comma-symbol** {3.1.1.e}, **go-on-symbol** {3.1.1.f} or **becomes-symbol** {3.1.1.c},
Σ for a **serial-clause** {6.1.1.a},

Φ für einen **VIKTAL-REIHEN-Anreiher** {7.1.1.q,r} oder **Indexer** {8.6.1.1.k}, wobei "**VIKTAL**" ("**REIHEN**") für jede Enderzeugung des Metabegriffes '**VIKTAL**' ('**REIHEN**') steht,

$\triangle$ für ein **Öffnungssymbol** {3.1.1.e}, und

∇ für ein **Abschließungssymbol** {3.1.1.e}.

d) Jede Darstellung eines Symbols, das in den Abschnitten 9.1 bis 9.4 erscheint, kann durch irgendeine andere Darstellung des gleichen Symbols ersetzt werden, sofern es eine gibt.

9.1. Bemerkungen

{*Eine Quelle harmlosen Spaßes.*
Mikado, W.S. Gilbert}

Eine **Bemerkung** {3.0.9.b} kann zwischen zwei beliebige Symbole eingesetzt werden {aber siehe 9.b}.

{z. B. *(m > n | m | n)* kann ersetzt werden durch
(m > n | m **c** *das größte der beiden* **c** *| n)*.}

9.2. Verdichtungen

a) ***ref*** *V I* = ***loc*** *U Γ* und ***ref*** *V I* = ***heap*** *U Γ*, wobei ***ref*** *V I* der **formale-Parameter** einer **Identitätsdeklaration** {7.4.1.a} ist, der kein **Kommasymbol** {3.1.1.e} folgt, dem wiederum ein **Modusidentifikator** {4.1.1.b} folgt, und wobei *U* und *V* den gleichen Modus {7.1.2.a} spezifizieren, können durch *U I Γ* bzw. durch ***heap*** *U I Γ* ersetzt werden.

{z. B. ***ref real*** *x* = ***loc real;*** kann ersetzt werden durch ***real*** *x*;
ref bool *p* = ***loc bool*** := ***true*** kann ersetzt werden durch ***bool*** *p* := ***true*** und ***ref real*** *t* = ***heap real;*** kann ersetzt werden durch ***heap real*** *t;*.}

b) ***mode*** *P* = ***struct*** kann ersetzt werden durch ***struct*** *P* = und ***mode*** *P* = ***union*** durch ***union*** *P* = .

{z. B. ***mode compl*** = ***struct*** *(****real*** *re, im)* (siehe auch 9.2.c) kann ersetzt werden durch ***struct compl*** = *(****real*** *re, im)*.}

c) Wenn sowohl eine gegebene **Modusdeklaration** {7.2.1.a} (**Prioritätsdeklaration** {7.3.1.a}, **Identitätsdeklaration** {7.4.1.a}, **Operationsdeklaration** {7.5.1.a}, **formaler-Parameter** {5.4.1.e}, **Felddeklarator** {7.1.1.g}) als auch eine andere, die einem **Kommasymbol** folgt {3.1.1.e}, das wiederum der gegebenen folgt, mit einem **Modussymbol**, **Struktursymbol**, **Vereinigungssymbol**, **Prioritätssymbol**, **Operationssymbol** {alle 3.1.1.d} beginnen, oder auch mit derselben Enderzeugung von '**VICTAL MODUS Deklarierer**' {7.1.1.b} oder von '**MODUS globaler Generator**' {8.5.1.1.c}, wobei "**MODUS**" ("**VICTAL**") für irgendeine Enderzeugung des Metabegriffes '**MODUS**' ('**VICTAL**') steht, dann kann das zweite dieser Auftreten weggelassen werden.

Φ for a **VICTAL-ROWS-rower** {7.1.1.q,r} or **indexer** {8.6.1.1.k}, where **"VICTAL"** (**"ROWS"**) stands for any terminal production of the metanotion **'VICTAL'** (**'ROWS'**),
△ for an **open-symbol** {3.1.1.e}, and
▽ for a **close-symbol** {3.1.1.e}.
d) Each representation of a symbol appearing in sections 9.1 up to 9.4 may be replaced by any other representation, if any, of the same symbol.

9.1. Comments

{*A source of innocent merriment.*
Mikado, W.S. Gilbert.}

A **comment** {3.0.9.b} may be inserted between any two **symbols** {but see 9.b}.

{e. g., *(m > n | m | n)* may be replaced by
(m > n | m **c** *the larger of the two* **c** *| n).*}

9.2. Contractions

a) ***ref*** *V I* = ***loc*** *U Γ* and ***ref*** *V I* = ***heap*** *U Γ* where ***ref*** *V I* is the **formal-parameter** of an **identity-declaration** {7.4.1.a} which is not followed by a **comma-symbol** {3.1.1.e} followed by a **mode-identifier** {4.1.1.b} and where *U* and *V* specify the same mode {7.1.2.a} may be replaced by *U I Γ* and ***heap*** *U I Γ* respectively.

{e.g., ***ref real*** *x* = ***loc real****; may* be replaced by ***real*** *x*; ,
ref bool *p* = ***loc bool*** := ***true*** may be replaced by ***bool*** *p* := ***true***, and
ref real *t* = ***heap real****;* may be replaced by ***heap real*** *t*; .}
b) ***mode*** *P* = ***struct*** may be replaced by ***struct*** *P* = and ***mode*** *P* = ***union*** by ***union*** *P* = .

{e.g., ***mode compl*** = ***struct*** *(**real** re, im)* (see also 9.2.c) may be replaced by ***struct compl*** = *(**real** re, im)*.}

c) If a given **mode-declaration** {7.2.1.a} (**priority-declaration** {7.3.1.a}, **identity-declaration** {7.4.1.a}, **operation-declaration** {7.5.1.a}, **formal-parameter**{5.4.1.e}, **field-declarator** {7.1.1.g}) and another one following a **comma-symbol** {3.1.1.e} following the given one both begin with a **mode-symbol**, **structure-symbol**, **union-of-symbol**, **priority-symbol**, **operation-symbol** {all 3.1.1.d}, or one same terminal production of **'VICTAL MODE declarer'** {7.1.1.b} or of **'MODE global generator'** {8.5.1.1.c} where **"MODE"** (**"VICTAL"**) stands for any terminal production of the metanotion **'MODE'** (**'VICTAL'**), then the second of these occurrences may be omitted.

{z. B. ***real** x*, ***real** y := 1.2* kann ersetzt werden durch ***real** x, y := 1.2*.
Jedoch kann ***real** x*, ***real** y = 1.2* nicht durch ***real** x, y = 1.2* ersetzt werden, da das erste Auftreten von ***real*** ein **aktueller-Deklarierer**, während das zweite ein **formaler-Deklarierer** ist. Beachte auch, daß ***mode** b* = ***bool***, ***mode** r* = ***real*** durch ***mode** b* = ***bool***, *r* = ***real*** usw. ersetzt werden kann.}

d) Wenn ein **aktueller-Parameter** {7.4.1.b} (**Quelle** {8.3.1.1.c}) eine **Routinegestalt** {5.4.1.a} oder ein **Lösch-Zuschnitt-Packen** {8.3.4.1.a} (eine **Routinegestalt**) ist, dann können sein erstes **Öffnungssymbol** und sein letztes **Schließungssymbol** {beide 3.1.1.e} zugleich weggelassen werden.

{z. B. ***op** + = ((**int** a) **int** : a)* kann ersetzt werden durch ***op** + = (**int** a) **int** : a*.}

e) Wenn das Original {1.1.6.c} von *Q* und das Original von *R* den gleichen Modus umfassen {1.1.6.j}, dann kann die Einzelphrase ***proc** QI = R (**op** QP = R, N **proc** Q := R)* ersetzt werden durch ***proc** I = R* (durch ***op** P = R*, durch *N **proc** := R*).

{z. B. ***proc** (**ref** **int**) incr = (**ref** **int** i) : i +:= 1* kann ersetzt werden durch ***proc** incr = (**ref** **int** i) : i +:= 1*,
***op** (**ref** **int**) **int** **decr** = (**ref** **int** i) **int** : i −:= 1* kann ersetzt werden durch ***op** **decr** = (**ref** **int** i) **int** : i −:= 1* und der **aktuelle Parameter der Identitätsdeklaration**
***ref** **proc** (**real**) **int** p = **loc** **proc** (**real**) **int** := ((**real** x) **int** : **round** x)* kann ersetzt werden durch ***loc** **proc** := ((**real** x) **int** : **round** x*) woraus durch Anwendung von 9.2.a,d die **Identitätsdeklaration** ***proc** p := (**real** x) **int** : **round** x* erhalten werden kann.}

f) [:] kann ersetzt werden durch [ ], [:, durch [, , ,:, durch , , , ,:] durch ,], [: å durch [å und ,: å durch, å.

{z. B. [:] ***real*** kann ersetzt werden durch [] ***real***.}

g) [Φ] kann durch $\triangle\Phi\nabla$ oder durch $\triangle/\Phi/\nabla$ ersetzt werden

{z. B. kann [*i*] durch *(i)* oder durch *(|i|)* ersetzt werden.}

9.3. Laufanweisungen

a) Die **starke-einzel-Löschklausel** {8.1.1.a}

***begin** **int** J := A, **int** K = B, L = C;*
*M : **if** S (K > 0 | J ≤ L | : K < 0 | J ≥ L | **true**)*
then** **int** I = J; (D | E; (S J +:= K); **go to** M) **fi
end,

wobei *J*, *K*, *L* und *M* nicht in *D*, *E* oder *S* auftreten und wobei *I* sich von *J* und *K* unterscheidet, kann ersetzt werden durch

for** I **from** A **by** B **to** C **while** D **do** E*, und wenn darüber hinaus *I* nicht in *D* oder *E* auftritt, dann kann ***for** I **from ersetzt werden durch ***from***.

b) Die **starke-einzel-Löschklausel** {8.1.1.a}

***begin** **int** J := A, **int** K = B;*
*M : (**int** I = J; (D | E; S J +:= K)); **go to** M))*
end,

{e.g., ***real x, real y := 1.2*** may be replaced by ***real x, y := 1.2***, but ***real x, real y = 1.2*** may not be replaced by ***real x, y = 1.2***, since the first occurrence of ***real*** is an **actual-declarer** whereas the second is a **formal-declarer**. Note also that ***mode b = bool, mode r = real*** may be replaced by ***mode b = bool, r = real***, etc.}

d) If an **actual-parameter** {7.4.1.b} (**source** {8.3.1.1.c}) is a **routine-denotation** {5.4.1.a} or a **void-cast-pack** {8.3.4.1.a} (is a **routine-denotation**), then its first **open-symbol** and last **close-symbol** {both 3.1.1.e} may simultaneously be omitted.

{e.g., ***op + = ((int a) int : a)*** may be replaced by ***op + = (int a) int : a.***}

e) If the original {1.1.6.c} of *Q* and the original of *R* envelop {1.1.6.j} the same mode, then the **unitary-phrase** ***proc Q I = R (op Q P = R, N proc Q := R)*** may be replaced by ***proc I = R*** (by ***op P = R***, by ***N proc := R***).

{e.g., ***proc (ref int) incr = (ref int i) : i +:= 1*** may be replaced by ***proc incr = (ref int i) : i +:= 1, op (ref int) int decr = (ref int i) int : i −:= 1*** may be replaced by ***op decr = (ref int i) int : i −:= 1***, and the **actual-parameter** of the **identity-declaration**
ref proc (real) int p = loc proc (real) int: = ((real x) int : round x) may be replaced by ***loc proc := ((real x) int : round x)***, whereupon application of 9.2.a,d may yield the **identity-declaration**
proc p := (real x) int : round x.}

f) [:] may be replaced by [ ], [:, may be replaced by [, , ,:, may be replaced by ,, , ,:] may be replaced by ,] , [: å may be replaced by [å, and ,:å may be replaced by , å.

{e.g., [:] ***real*** may be replaced by [ ] ***real.***}

g) [*Φ*] may be replaced by △*Φ*▽ or by △/*Φ*/▽.

{e. g., [*i*] may be replaced by *(i)* or by *(/i/)*.}

9.3. Repetitive statements

a) The **strong-unitary-void-clause** {8.1.1.a}

begin int J := A, int K = B, L = C;
M : if S (K > 0 | J ≤ L | : K < 0 | J ≥ L | true)
then int I = J; (D | E; (S J +:= K); go to M) fi
end,

where *J*, *K*, *L* and *M* do not occur in *D*, *E* or *S*, and where *I* differs from *J* and *K*, may be replaced by

for I from A by B to C while D do E,

and if, moreover, *I* does not occur in *D* or *E*, then ***for I from*** may be replaced by ***from***.

b) The **strong-unitary-void-clause** {8.1.1.a}

begin int J := A, int K = B;
M: (int I = J; (D | E; S J +:= K); go to M))
end,

in der *J*, *K* und *M* nicht in *D*, *E* oder *S* auftreten und sich *I* von *J* und *K* unterscheidet, kann ersetzt werden durch

for** I **from** A **by** B **while** D **to** E*, und wenn darüberhinaus *I* nicht in *D* oder *E* auftritt, dann kann ***for** I **from ersetzt werden durch ***from***.

c) ***from** 1 **by*** kann ersetzt werden durch ***by***, ***by** 1 **to*** durch ***to***, ***by** 1 **while*** durch ***while*** und ***while true do*** durch ***do***.

{z. B. ***for** i **from** 1 **by** 1 **to** n **while true do** x +:= x1 [i]* kann ersetzt werden durch ***for** i **to** n **do** x +:= x1 [i]*. Beachte, daß ***to** 0 **do** E* und ***while false do** E* verursachen, daß *E* überhaupt nicht abgearbeitet wird, während ***do** E* bewirkt, daß *E* wiederholt abgearbeitet wird bis die Abarbeitung beendet, unterbrochen oder angehalten wird.}

9.4. Verdichtete bedingte Klauseln

{Die Blumen, die im Frühling blühen,
Tra la,
haben nichts mit der Sache zu tun.
Mikado, W. S. Gilbert.}

a) ***else skip fi*** kann ersetzt werden durch ***fi***.

{z. B. ***if** x < 0 **then** x := 0 **else skip fi*** kann ersetzt werden durch ***if** x < 0 **then** x := 0 **fi***.}

b) ***else if** T **fi fi*** kann ersetzt werden durch ***elsf** T **fi*** und ***then if** T **fi fi*** kann ersetzt werden durch ***thef** T **fi***.

{z. B. ***if** p **then** Princeton **else if** q **then** Grenoble **else** Zandvoort **fi fi*** kann ersetzt werden durch ***if** p **then** Princeton **elsf** q **then** Grenoble **else** Zandvoort **fi*** oder durch *(p | Princeton | : q | Grenoble | Zandvoort)*. In 10.5 sind viele weitere Beispiele dargestellt.}

c) *(**int** I = A; **if** S I = 1 **then** F **elsf** S I = 2 **then** G **else** Σ **fi**)*,
wobei *I* nicht in *F*, *G*, *S* oder *Σ* auftreten darf, kann ersetzt werden durch ***case** A **in** F, G **out** Σ **esac*** {oder durch *(A | F, G | Σ)*}.

d) *(**int** I = A; **if** S I = 1 **then** F **else case** (S I−1) **in** H **out** Σ **esac fi**)*,
wobei *I* nicht in *F*, *H*, *S* oder *Σ* auftreten darf, kann ersetzt werden durch ***case** A **in** F, H **out** Σ **esac*** {oder durch *(A | F, H | Σ)*}.

{Beispiele für den Gebrauch solcher "Fallklauseln" sind in 11.11.v, am und 11.12. gegeben.}

e) *(**int** I, **sema** L = (S/1); VK = W; **par** ((X O K | S ↓ L;
I := 1; M), (Y O K | S ↓ L; I := 2; M)); 0 M : I)*,
wobei *W* dasselbe ist wie irgendeine Enderzeugung von '**MODUS Tertiäres**', in welcher "**MODUS**" für den Modus steht, der durch *V* spezifiziert wird, und wobei *I*, *K*, *L* und *M* nicht in *W*, *X* und *Y* auftreten, kann ersetzt werden durch [∗*X*, *Y O W*∗].

where J, K and M do not occur in D, E or S, and where I differs from J and K, may be replaced by

***for** I **from** A **by** B **while** D **do** E,*

and if, moreover, I does not occur in D or E, then ***for** I **from*** may be replaced by ***from***.

c) ***from** 1 **by*** may be replaced by ***by***, ***by** 1 **to*** by ***to***, ***by** 1 **while*** by ***while***, and ***while true do*** by ***do***.

{e. g., ***for** i **from** 1 **by** 1 **to** n **while true do** x +:= x1* [*i*] may be replaced by ***for** i **to** n **do** x +:= x1*[*i*]. Note that ***to** 0 **do** E* and ***while false do** E* do not cause E to be elaborated at all, whereas ***do** E* causes E to be elaborated repeatedly until the elaboration is terminated, interrupted or halted.}

9.4. Contracted conditional clauses

{*The flowers that bloom in the spring,*
Tra la,
Have nothing to do with the case.
Mikado, *W. S. Gilbert.*}

a) ***else skip fi*** may be replaced by ***fi***.

{e. g., ***if** x < 0 **then** x := 0 **else skip fi*** may be replaced by ***if** x < 0 **then** x := 0 **fi***.}

b) ***else if** T **fi fi*** may be replaced by ***elsf** T **fi*** and ***then if** T **fi fi*** may be replaced by ***thef** T **fi***.

{e.g., ***if** p **then** princeton **else if** q **then** grenoble **else** zandvoort **fi fi*** may be replaced by ***if** p **then** princeton **elsf** q **then** grenoble **else** zandvoort **fi*** or by *(p | princeton |: q | grenoble | zandvoort)*. Many more examples are to be found in 10.5.}

c) *(**int** I = A; **if** S I = 1 **then** F **elsf** S I = 2 **then** G **else** Σ **fi**)*, where I does not occur in F, G, S or Σ, may be replaced by ***case** A **in** F, G **out** Σ **esac*** {or by *(A | F, G | Σ)*}.

d) *(**int** I = A; **if** S I = 1 **then** F **else case** (S I−1) **in** H **out** Σ **esac fi**)*, where I does not occur in F, H, S or Σ, may be replaced by ***case** A **in** F, H **out** Σ **esac*** {or by *(A | F, H | Σ)*}.

{Examples of the use of such "case clauses" are given in 11.11.v, am end 11.12.}

e) *(**int** I, **sema** L = (S/1); VK = W; **par** ((X O K | S ↓ L; I := 1; M), (Y O K | S ↓ L; I := 2; M)); 0.M : I)*,
wobei W is the same as some terminal production of '**MODE tertiary**' in which "**MODE**" stands for the mode specified by V, and where I, K, L and M do not occur in W, X and Y, may be replaced by [*X, Y *O* W*].

f) ***(int** I, J; **sema** L = (S/1); V K = W; **par** ((X O K | S ↓ L; I := 1; M), (S (J := ([* Z O K*] +1)) >1 | S ↓ L; I := J; M)); 0. M: I),*

wobei *W* dasselbe ist, wie irgendeine Enderzeugung von **'MODUS Tertiäres'**, in der **"MODUS"** für den Modus steht, der durch *V* spezifiziert wird und wobei *I, J, K, L* und *M* nicht in *S, W, X* oder *Z* auftreten, kann ersetzt werden durch [*X, Z O W*].

g) *([*Z O W*]|H|Σ)* kann ersetzt werden durch ***case** Z O W **in** H **out** Σ **esac***

{Beispiele für die Benutzung solcher "Konformitäts Fall Klauseln" sind in 11.11.q,ah. gegeben}.

f) ***(int I, J; sema L = (S/1); V K = W; par ((X O K | S ↓ L; I := 1; M),*** ***(S (J := ([*Z O K*] + 1)) > 1 | S ↓ L; I := J; M)); O.M: I),***

where *W* is the same as some terminal production of 'MODE tertiary' in which "MODE" stands for the mode specified by *V*, and where *I*, *J*, *K*, *L* and *M* do not occur in *S*, *W*, *X* or *Z*, may be replaced by [X*, *Z O W**].**

g) ***([*Z O W*] | H | Σ)*** **may be replaced by** ***case Z O W in H out Σ esac.***

{Examples of the use of such "conformity case clauses" are given in 11.11. q,ah.}

10. Standard-Vorspiel und -Nachspiel

a) Eine "Standard Deklaration" ist eine der Bestandteil bildenden **Deklarationen** des **Standard-Vorspiels** {2.1.b} {; sie ist entweder eine "Gerätekenngröße", die eine Information liefert, die eine spezifische Eigenart der Implementation (2.3.c) betrifft, eine "Standard Priorität" oder "Standard Operation", eine "mathematische Standard-Konstante oder -Funktion", eine "Synchronisations-Operation" oder eine "Transgabe Deklaration"}.

b) Eine Darstellung des **Standard-Vorspiels** erhält man durch Verändern jeder der Formen in 10.1, 10.2, 10.3, 10.4 und 10.5 nach folgenden Schritten:

Schritt 1: Jede Folge von Symbolen zwischen ⊀ und ⊁ in einer gegebenen Form wird in den folgenden Schritten verändert:

Schritt 1.1: Wenn ***D*** in der gegebenen Folge von Symbolen vorkommt, dann wird die gegebene Folge durch eine Kette einer genügenden Anzahl von Folgen ersetzt, die durch **Kommasymbole** getrennt werden. Die erste neue Folge ist eine Kopie der gegebenen Folge, in der ***D*** getilgt ist. Die n-te neue Folge mit $n > 1$ ist eine Kopie der gegebenen Folge, in der ***D*** durch ein **tief-Symbol** gefolgt von $n - 2$ **Komma-Symbolen** gefolgt von einem **fiet-Symbol** ersetzt wurde.

Schritt 1.2: Wenn in der gegebenen Folge von Symbolen, die möglicherweise in Schritt 1.1 modifiziert wurde, ***L int***, ***L real*** oder ***L compl*** auftritt, dann wird jene Folge durch eine Kette einer genügenden Anzahl von Folgen ersetzt, die durch **Komma-Symbole** getrennt sind. Die n-te Folge ist eine Kopie der gegebenen Folge, in der jedes Auftreten von ***L*** (***L***) durch $(n - 1)$ mal *long* (***long***) ersetzt wurde.

Schritt 2: Jedes Auftreten von ⊀ und ⊁ in einer gegebenen Form, die möglicherweise in Schritt 1 modifiziert wurde, wird getilgt.

Schritt 3: Wenn in einer gegebenen Form, die möglicherweise in Schritt 1 und 2 modifiziert wurde, ***L int*** (***L real***, ***L compl***, ***L bits***, ***L bytes***) auftritt, dann wird die Form durch eine Folge einer genügenden Anzahl neuer Formen ersetzt. Die n-te neue Form ist eine Kopie der gegebenen Form, in der jedes Auftreten von ***L*** (***L***, ***K***, ***S***) ersetzt wird durch $(n - 1)$ mal *long* (***long***, ***leng***, ***short***).

Schritt 4: Wenn ***P*** in einer gegebenen Form auftritt, die möglicherweise in den obigen Schritten modifiziert oder hergestellt wurde, dann wird die Form durch vier neue Formen ersetzt, die man dadurch erhält, daß man konsequent durch die ganze Form hindurch ***P*** entweder durch $-$ oder $+$ oder $\times$ oder / ersetzt.

Schritt 5: Wenn ***Q*** in einer gegebenen Form auftritt, die möglicherweise in den obigen Schritten modifiziert oder hergestellt wurde, dann wird die Form

10. Standard prelude and postlude

a) A "standard declaration" is one of the constituent declarations of the standard-prelude {2.1.b} {; it is either an "environment enquiry" supplying information concerning a specific property of the implementation (2.3.c), a "standard priority" or "standard operation", a "standard mathematical constant or function", a "synchronization operation" or a "transput declaration"}.

b) A representation of the standard-prelude is obtained by altering each form in 10.1, 10.2, 10.3, 10.4 and 10.5 in the following steps:

Step 1: Each sequence of symbols between ≮ and ≯ in a given form is altered in the following steps:

Step 1.1: If ***D*** occurs in the given sequence of symbols, then the given sequence is replaced by a chain of a sufficient number of sequences separated by comma-symbols; the first new sequence is a copy of the given sequence in which copy ***D*** is deleted; the n-th new sequence, $n > 1$, is a copy of the given sequence in which copy ***D*** is replaced by a sub-symbol followed by $n - 2$ comma-symbols followed by a bus-symbol;

Step 1.2: If, in the given sequence of symbols, as possibly modified in Step 1.1, ***L int***, ***L real*** or ***L compl*** occurs, then that sequence is replaced by a chain of a sufficient number of sequences separated by comma-symbols, the n-th new sequence being a copy of the given sequence in which copy each occurrence of ***L***(***L***) has been replaced by $(n - 1)$ times *long* (***long***);

Step 2: Each occurrence of ≮ and ≯ in a given form, as possibly modified in Step 1, is deleted;

Step 3: If, in a given form, as possibly modified in Steps 1 and 2, ***L int*** (***L real***, ***L compl***, ***L bits***, ***L bytes***) occurs, then the form is replaced by a sequence of a sufficient number of new forms; the n-th new form is a copy of the given form in which copy each occurrence of ***L*** (***L***, ***K***, ***S***) is replaced by $(n - 1)$ times *long* (***long***, ***leng***, ***short***);

Step 4: If ***P*** occurs in a given form, as possibly modified or made in the Steps above, then the form is replaced by four new forms obtained by replacing ***P*** consistently throughout the form by either $-$ or $+$ or $\times$ or $/$;

Step 5: If ***Q*** occurs in a given form, as possibly modified or made in the Steps above, then the form is replaced by four new forms obtained by replacing ***Q*** durch vier neue Formen ersetzt, die man dadurch erhält, daß man konsequent durch die ganze Form hindurch ***Q*** entweder durch $-:=$ oder $+:=$ oder $\times :=$ oder $/:=$ ersetzt.

Schritt 6: Wenn ***R*** in einer gegebenen Form auftritt, die möglicherweise in den obigen Schritten modifiziert oder hergestellt wurde, dann wird die Form durch sechs neue Formen ersetzt, die man dadurch erhält, daß man konsequent durch die ganze Form hindurch ***R*** entweder durch $<$ oder $\leq$ oder $=$ oder $\neq$ oder $\geq$ oder $>$ ersetzt.

Schritt 7: Wenn ***E*** in einer gegebenen Form auftritt, die möglicherweise in den obigen Schritten modifiziert oder hergestellt wurde, dann wird die Form durch zwei neue Formen ersetzt, die man dadurch erhält, daß man konsequent durch die ganze Form hindurch ***E*** entweder durch $=$ oder $\neq$ ersetzt.

Schritt 8: Jedes Auftreten von ***F*** in irgendeiner Form, die möglicherweise in den obigen Schritten modifiziert oder hergestellt wurde, wird durch eine Darstellung des '**Buchstabe aleph Symbols**' {5.5.8} ersetzt.

Schritt 9: Wenn in einer gewissen Form, die möglicherweise in den obigen Schritten modifiziert oder hergestellt wurde, % auftritt, gefolgt von der Darstellung eines **Identifikators** (**Feldselektors**, einer **Indikation**), dann wird dieses Auftreten von % getilgt und jedes Auftreten dieser Darstellung in irgendeiner Form wird durch die Darstellung ein und desselben **Identifikators** (**Feldselektors**, ein und derselben **Indikation**), die nicht sonst im Programm auftritt, ersetzt und Schritt 9 wird wiederholt.

Schritt 10: Wenn eine Folge von Darstellungen, die mit ***c*** beginnt und endet, in einer beliebigen Form auftritt, die möglicherweise in den obigen Schritten modifiziert oder hergestellt wurde, dann wird diese Folge ersetzt durch eine Darstellung eines **aktuellen-Deklarierers** oder einer **abgeschlossenen-Klausel**, wie er oder sie durch die Folge suggeriert wird.

Schritt 11: Wenn in irgendeiner Form, die möglicherweise in den obigen Schritten modifiziert oder hergestellt wurde, eine Darstellung einer **Routinegestalt** auftritt, deren Abarbeitung die Behandlung von Realzahlen einschließt, dann kann diese **Gestalt** ersetzt werden durch irgendeine andere **Gestalt**, deren Abarbeitung annähernd die gleiche Wirkung hat. {Der Grad der Annäherung wird in diesem Bericht undefiniert gelassen (siehe auch 2.2.3.1.c)}.

Schritt 12: Das **Standardvorspiel** ist jene **Deklarationsvorspiel-Folge**, deren Darstellung mit der Folge all derjenigen Formen übereinstimmt, die möglicherweise in den obigen Schritten modifiziert oder hergestellt wurden.

{Die **Deklarationen** werden in diesem Kapitel dazu benutzt, deutlich ihre Wirkung zu beschreiben. Die Wirkung kann ebenso gut durch eine leistungsfähigere Methode erhalten werden.}

c) Eine Darstellung des **Standard-Nachspiels** ist unter 10.6. angegeben.

consistently throughout the form by either $-:=$ or $+:=$ or $\times:=$ or $/:=$;

Step 6: If ***R*** occurs in a given form, as possibly modified or made in the Steps above, then the form is replaced by six new forms obtained by replacing ***R*** consistently throughout the form by either $<$ or $\leq$ or $=$ or $\neq$ or $\geq$ or $>$;

Step 7: If ***E*** occurs in a given form, as possibly modified or made in the Steps above, then the form is replaced by two new forms obtained by replacing ***E*** consistently throughout the form by either $=$ or $\neq$;

Step 8: Each occurrence of ***F*** in any form, as possibly modified or made in the Steps above, is replaced by a representation of **'letter aleph symbol'** {5.5.8};

Step 9: If, in some form, as possibly modified or made in the Steps above, % occurs followed by the representation of an **identifier** (**field-selector**, **indication**), then that occurrence of % is deleted and each occurrence of that representation in any form is replaced by one same representation of an **identifier** (**field-selector**, **indication**) which does not occur elsewhere in the **program** and Step 9 is taken;

Step 10: If a sequence of representations beginning with and ending with ***c*** occurs in any form, as possibly modified or made in the Steps above, then this sequence is replaced by a representation of an **actual-declarer** or **closed-clause** suggested by the sequence;

Step 11: If, in any form, as possibly modified or made in the Steps above, a representation of a **routine-denotation** occurs whose elaboration involves the manipulation of real numbers, then this **denotation** may be replaced by any other **denotation** whose elaboration has approximately the same effect {; the degree of approximation is left undefined in this Report (see also 2.2.3.1.c)};

Step 12: The **standard-prelude** is that **declaration-prelude-sequence** whose representation is the same as the sequence of all the forms, as possibly modified or made in the Steps above.

{The **declarations** in this Chapter are intended to describe their effect clearly. The effect may very well be obtained by a more efficient method.}

c) A representation of the **standard-postlude** is given in 10.6.

10.1. Gerätekenngrößen

a) **int** *int lengths* = **c** *die Anzahl unterschiedlicher Längen von Ganzzahlen* **c;**
b) **L int** *L max int* = **c** *der größte L Ganzzahlwert* **c;**
c) **int** *real lengths* = **c** *die Anzahl unterschiedlicher Längen von Realzahlen* **c;**
d) **L real** *L max real* = **c** *der größte L Realzahlwert* **c;**
e) **L real** *L small real* = **c** *der kleinste L Realzahlwert, so daß sowohl* **L** *1 + L small real >* **L** *1 als auch* **L** *1 − L small real <* **L** *1* **c;**
f) **int** *bits widths* = **c** *die Anzahl von unterschiedlichen Weiten von bits* **c;**
g) **int** *L bits width* = **c** *Bitsweite, die Anzahl von Elementen in L bits; siehe* **L bits** {10.2.8.a} **c;**
h) **int** *bytes widths* = **c** *die Anzahl unterschiedlicher Weiten von bytes* **c;**
i) **int** *L bytes width* = **c** *Bytesweite, die Anzahl von Elementen in L bytes; siehe* **L bytes** {10.2.9.a} **c;**
j) **op abs** = **(char** *a*) **int** : **c** *das ganzzahlige Äquivalent des Zeichens 'a'* **c;**
k) **op repr** = **(int** *a*) **char** : **c** *das Zeichen 'x', für das, sofern es existiert,* **abs** *x = a gilt* **c;**
l) **char** *null character* = **c** *ein gewisses Zeichen* **c;**

10.2. Standardprioritäten und -operationen

10.2.0. Standardprioritäten

a) **priority** −:= = *1*, +:= = *1*, ×:= = *1*, /:= = *1*, ÷:= = *1*, ÷::= = *1*, +=: = *1*, ∨ = *2*, ∧ = *3*, = = *4*, ≠ = *4*, < = *5*, ≤ = *5*, ≥ = *5*, > = *5*, − = *6*, + = *6*, × = *7*, ÷ = *7*, ÷: = *7*, / = *7*, □ = *7*, ↑ = *8*, ⌊ = *8*, ⌈ = *8*, ⎩ = *8*, ⎧ = *8*, ⊥ = *9*;

10.2.1. Reihen und zugeordnete Operationen

a) **mode** % **rows** = **c** *ein aktueller-Deklarierer, der einen Modus spezifiziert, der aus allen Modi, die mit 'Reihe von' beginnen, vereint ist* {4.4.3.a} **c;**
b) **op** ⌊ = **(int** *n*, **rows** *a*) **int** : **c** *die untere Grenze in dem n-ten Quintupel des Deskriptors des Wertes von 'a', wenn jenes Quintupel überhaupt existiert* **c;**
c) **op** ⌈ = **(int** *n*, **rows** *a*) **int** : **c** *die obere Grenze in dem n-ten Quintupel des Deskriptors des Wertes von 'a', wenn das Quintupel überhaupt existiert* **c;**
d) **op** ⎩ = **(int** *n*, **rows** *a*) **bool** : **c** *wahr (falsch), wenn der untere Status in dem n-ten Quintupel des Deskriptors des Wertes von 'a' gleich 1 (0) ist, wenn das Quintupel überhaupt existiert* **c;**
e) **op** ⎧ = **(int** *n*, **rows** *a*) **bool** : **c** *wahr (falsch), wenn der obere Status in dem n-ten Quintupel des Deskriptors des Wertes von 'a' gleich 1 (0) ist, wenn das Quintupel überhaupt existiert* **c;**
f) **op** ⌊ = **(rows** *a*) **int** : *1* ⌊ *a*;
g) **op** ⌈ = **(rows** *a*) **int** : *1* ⌈ *a*;

10.1. Environment enquiries

a) ***int*** *int lengths* = **c** *the number of different lengths of integers* **c**;
b) ***L int*** *L max int* = **c** *the largest L integral value* **c**;
c) ***int*** *real lengths* =
   c *the number of different lengths of real numbers* **c**;
d) ***L real*** *L max real* = **c** *the largest L real value* **c**;
e) ***L real*** *L small real* = **c** *the smallest L real value such that both* *L 1* + *L small real* > ***L 1*** *and* ***L 1*** − *L small real* < ***L 1*** **c**;
f) ***int*** *bits widths* = **c** *the number of different widths of bits* **c**;
g) ***int*** *L bits width* =
   c *the number of elements in L bits; see* ***L bits*** {10.2.8.a} **c**;
h) ***int*** *bytes widths* = **c** *the number of different widths of bytes* **c**;
i) ***int*** *L bytes width* =
   c *the number of elements in L bytes; see* ***L bytes*** {10.2.9.a} **c**;
j) ***op abs*** = (***char*** *a*) ***int*** :
   c *the integral equivalent of the character 'a'* **c**;
k) ***op repr*** = (***int*** *a*) ***char***:
   c *that character 'x', if it exists, for which* **abs** *x = a* **c**;
l) ***char*** *null character* = **c** *some character* **c**;

10.2. Standard priorities and operations

10.2.0. Standard priorities

a) ***priority*** −:= = *1*, +:= = *1*, ×:= = *1*, /:= = *1*, ÷:= = *1*, ÷::= = *1*, +=: = *1*, ∨ = *2*, ∧ = *3*, = = *4*, ≠ = *4*, < = *5*, ≤ = *5*, ≥ = *5*, > = *5*, − = *6*, + = *6*, × = *7*, ÷ = *7*, ÷: = *7*, / = *7*, □ = *7*, ↑ = *8*, ⌊ = *8*, ⌈ = *8*, ⎩ = *8*, ⎧ = *8*, ⊥ = *9*;

10.2.1. Rows and associated operations

a) ***mode*** % ***rows*** = **c** *an actual-declarer specifying a mode united from* {4.4.3.a} *all modes beginning with 'row of'* **c**;
b) ***op*** ⌊ = (***int*** *n*, ***rows*** *a*) ***int*** : **c** *the lower bound in the n-th quintuple of the descriptor of the value of 'a', if that quintuple exists* **c**;
c) ***op*** ⌈ = (***int*** *n*, ***rows*** *a*) ***int*** : **c** *the upper bound in the n-th quintuple of the descriptor of the value of 'a', if that quintuple exists* **c**;
d) ***op*** ⎩ = (***int*** *n*, ***rows*** *a*) ***bool*** : **c** *true (false) if the lower state in the n-th quintuple of the descriptor of the value of 'a' equals 1 (0), if that quintuple exists* **c**;
e) ***op*** ⎧ = (***int*** *n*, ***rows*** *a*) ***bool*** : **c** *true (false) if the upper state in the n-th quintuple of the descriptor of the value of 'a' equals 1 (0), if that quintuple exists* **c**;
f) ***op*** ⌊ = (***rows*** *a*) ***int*** : *1* ⌊ *a*;
g) ***op*** ⌈ = (***rows*** *a*) ***int*** : *1* ⌈ *a*;

h) ***op*** ⌊ = ***(rows*** *a)* ***bool*** : *1* ⌊ *a;*
i) ***op*** ⌈ = ***(rows*** *a)* ***bool*** : *1* ⌈ *a;*

10.2.2. Operationen mit booleschen Operanden

a) ***op*** ∨ = ***(bool*** *a, b)* ***bool*** : *(a |* ***true*** *| b);*
b) ***op*** ∧ = ***(bool*** *a, b)* ***bool*** : *(a | b |* ***false****);*
c) ***op*** ¬ = ***(bool*** *a)* ***bool*** : *(a |* ***false*** *|* ***true****);*
d) ***op*** = = ***(bool*** *a, b)* ***bool*** : *(a ∧ b) ∨ (¬ a ∧ ¬ b);*
e) ***op*** ≠ = ***(bool*** *a, b)* ***bool*** : ¬ *(a = b);*
f) ***op abs*** = ***(bool*** *a)* ***int*** : *(a | 1 | 0);*

10.2.3. Operationen mit ganzen Operanden

a) ***op*** < = ***(L int*** *a, b)* ***bool*** : **c** *wahr, wenn der Wert von 'a' kleiner ist* {2.2.3.1.c} *als der von 'b', anderenfalls falsch* **c;**
b) ***op*** ≤ = ***(L int*** *a, b)* ***bool*** : ¬ *(b < a);*
c) ***op*** = = ***(L int*** *a, b)* ***bool*** : *a ≤ b ∧ b ≤ a;*
d) ***op*** ≠ = ***(L int*** *a, b)* ***bool*** : ¬ *(a = b);*
e) ***op*** ≥ = ***(L int*** *a, b)* ***bool*** : *b ≤ a;*
f) ***op*** > = ***(L int*** *a, b)* ***bool*** : *b < a;*
g) ***op*** − = ***(L int*** *a, b)* ***L int*** : **c** Wert von *'a'* minus {2.2.3.1.c} Wert von *b* **c;**
h) ***op*** − = ***(L int*** *a)* ***L int*** : ***L*** *0 − a;*
i) ***op*** + = ***(L int*** *a, b)* ***L int*** : *a − − b;*
j) ***op*** + = ***(L int*** *a)* ***L int*** : *a;*
k) ***op abs*** = ***(L int*** *a)* ***L int*** : *(a <* ***L*** *0 | − a | a);*
l) ***op*** × = ***(L int*** *a, b)* ***L int*** : *(****L int*** *s :=* ***L*** *0, i :=* ***abs*** *b;* ***while*** *i ≥* ***L*** *1* ***do*** *(s := s + a; i := i −* ***L*** *1); (b <* ***L*** *0 | − s | s));*
m) ***op*** ÷ = ***(L int*** *a, b)* ***L int*** : *(b ≠* ***L*** *0 |* ***L int*** *q :=* ***L*** *0, r :=* ***abs*** *a;* ***while*** *(r := r −* ***abs*** *b) ≥* ***L*** *0* ***do*** *q := q +* ***L*** *1; (a <* ***L*** *0 ∧ b ≥* ***L*** *0 ∨ a ≥* ***L*** *0 ∧ b <* ***L*** *0 | − q | q));*
n) ***op*** ÷: = ***(L int*** *a, b)* ***L int*** : *(****int*** *r = a − a ÷ b × b; (r < 0 | r +* ***abs*** *b | r));*
o) ***op*** / = ***(L int*** *a, b)* ***L real*** : *(****L real*** : *a) / (****L real*** : *b);*
p) ***op*** ↑ = ***(L int*** *a,* ***int*** *b)* ***L int*** : *(b ≥ 0 |* ***L int*** *p :=* ***L*** *1;* ***to*** *b* ***do*** *p := p × a; p);*
q) ***op leng*** = ***(L int*** *a)* ***long L int*** : **c** der *lange L Ganzwert, der äquivalent* {2.2.3.1.d} *zu dem Wert von 'a' ist* **c;**
r) ***op short*** = ***(long L int*** *a)* ***L int*** : **c** *der L Ganzwert, sofern er existiert, der äquivalent* {2.2.3.1.d} *zu dem Wert von 'a' ist* **c;**
s) ***op odd*** = ***(L int*** *a)* ***bool*** : ***abs*** *a* +: ***L*** *2* = ***L*** *1;*
t) ***op sign*** = ***(L int*** *a)* ***int*** : *(a >* ***L*** *0 | 1 |: a <* ***L*** *0 | − 1 | 0);*
u) ***op*** ⊥ = ***(L int*** *a, b)* ***L compl*** : *(a, b);*

h) ***op*** ⌊ = ***(rows a) bool : 1*** ⌊ ***a;***
i) ***op*** ⌈ = ***(rows a) bool : 1*** ⌈ ***a;***

10.2.2. Operations on boolean operands

a) ***op*** ∨ = ***(bool a, b) bool : (a | true | b);***
b) ***op*** ∧ = ***(bool a, b) bool : (a | b | false);***
c) ***op*** ¬ = ***(bool a) bool : (a | false | true);***
d) ***op*** = = ***(bool a, b) bool : (a ∧ b) ∨ (¬ a ∧ ¬ b);***
e) ***op*** ≠ = ***(bool a, b) bool :*** ¬ ***(a = b);***
f) ***op abs = (bool a) int : (a | 1 | 0);***

10.2.3. Operations on integral operands

a) ***op*** < = ***(L int a, b) bool : c*** *true if the value of 'a' is smaller than* {2.2.3.1.c} *that of 'b' and false otherwise* ***c;***
b) ***op*** ≤ = ***(L int a, b) bool :*** ¬ ***(b < a);***
c) ***op*** = = ***(L int a, b) bool : a ≤ b ∧ b ≤ a;***
d) ***op*** ≠ = ***(L int a, b) bool :*** ¬ ***(a = b);***
e) ***op*** ≥ = ***(L int a, b) bool : b ≤ a;***
f) ***op*** > = ***(L int a, b) bool : b < a;***
g) ***op*** − = ***(L int a, b) L int : c*** *the value of 'a' minus* {2.2.3.1.c} *that of 'b'* ***c;***
h) ***op*** − = ***(L int a) L int : L 0 − a;***
i) ***op*** + = ***(L int a, b) L int : a − − b;***
j) ***op*** + = ***(L int a) L int : a;***
k) ***op abs = (L int a) L int : (a < L 0 | − a | a);***
l) ***op*** × = ***(L int a, b) L int : (L int s := L 0, i := abs b; while i ≥ L 1 do (s := s + a; i := i − L 1); (b < L 0 | − s | s));***
m) ***op*** ÷ = ***(L int a, b) L int : (b ≠ L 0 | L int q := L 0, r := abs a;***
while (r := r − abs b) ≥ L 0 do q := q + L 1;
(a < L 0 ∧ b ≥ L 0 ∨ a ≥ L 0 ∧ b < L 0 | − q | q));
n) ***op*** ÷: = ***(L int a, b) L int : (int r = a − a ÷ b × b;***
(r < 0 | r + abs b | r));
o) ***op*** / = ***(L int a, b) L real : (L real : a) / (L real : b);***
p) ***op*** ↑ = ***(L int a, int b) L int :***
(b ≥ 0 | L int p := L 1; to b do p := p × a; p);
q) ***op leng = (L int a) long L int : c*** *the long L integral value equivalent to* {2.2.3.1.d} *the value of 'a'* ***c;***
r) ***op short = (long L int a) L int : c*** *the L integral value, if it exists, equivalent to* {2.2.3.1.d} *the value of 'a'* ***c;***
s) ***op odd = (L int a) bool : abs a ÷: L 2 = L 1;***
t) ***op sign = (L int a) int : (a > L 0 | 1 |: a < L 0 | − 1 | 0);***
u) ***op*** ⊥ = ***(L int a, b) L compl : (a, b);***

10.2.4. Operationen mit realen Operanden

a) **op** < = (*L* **real** *a, b*) **bool** : **c** *wahr, wenn der Wert von 'a' kleiner ist* {2.2.3.1.c} *als der von 'b', anderenfalls falsch* **c**;
b) **op** ≤ = (*L* **real** *a, b*) **bool** : ¬ (*b* < *a*);
c) **op** = = (*L* **real** *a, b*) **bool** : *a* ≤ *b* ∧ *b* ≤ *a*;
d) **op** ≠ = (*L* **real** *a, b*) **bool** : ¬ (*a* = *b*);
e) **op** ≥ = (*L* **real** *a, b*) **bool** : *b* ≤ *a*;
f) **op** > = (*L* **real** *a, b*) **bool** : *b* < *a*;
g) **op** − = (*L* **real** *a, b*) *L* **real** : **c** *Wert von 'a' minus* {2.2.3.1.c} *Wert von 'b'* **c**;
h) **op** − = (*L* **real** *a*) *L* **real** : *L 0* − *a*;
i) **op** + = (*L* **real** *a, b*) *L* **real** : *a* − − *b*;
j) **op** + = (*L* **real** *a*) *L* **real** : *a*;
k) **op abs** = (*L* **real** *a*) *L* **real** : (*a* < *L 0* | − *a* | *a*);
l) **op** × = (*L* **real** *a, b*) *L* **real** : **c** *Wert von 'a' mal* {2.2.3.1.c} *Wert von 'b'* **c**;
m) **op** / = (*L* **real** *a, b*) *L* **real** : **c** *Wert von 'a' dividiert* {2.2.3.1.c} *durch Wert von 'b'* **c**;
n) **op leng** = (*L* **real** *a*) **long** *L* **real** : **c** *der lange L Realwert, der äquivalent* {2.2.3.1.d} *zu dem Wert von 'a' ist* **c**;
o) **op short** = (**long** *L* **real** *a*) *L* **real** : **c** *Wenn* **abs** *a* ≤ **leng** *L max real, dann ist es ein L Realwert 'v' so, daß für beliebige L Realwerte 'w' die Beziehung* **abs** (**leng** *v* − *a*) ≤ **abs** (**leng** *w* − *a*) *gilt* **c**;
p) **op round** = (*L* **real** *a*) *L* **int** : **c** *ein L Ganzwert, wenn einer existiert, äquivalent* {2.2.3.1.d} *zu einem L Realwert, der sich vom Wert 'a' um nicht mehr als ein halb unterscheidet* **c**;
q) **op sign** = (*L* **real** *a*) **int** : (*a* > *L 0* | *1* |: *a* < *L 0* | − *1* | *0*);
r) **op entier** = (*L* **real** *a*) *L* **int** : (*L* **int** *j* := *L 0*;
while *j* < *a* **do** *j* := *j* + *L 1*;
while *j* > *a* **do** *j* := *j* − *L 1*; *j*);
s) **op** ⊥ = (*L* **real** *a, b*) *L* **compl** : (*a, b*);

10.2.5. Operationen mit arithmetischen Operanden

a) **op** *P* = (*L* **real** *a*, *L* **int** *b*) *L* **real** : *a P* (*L* **real** : *b*);
b) **op** *P* = (*L* **int** *a*, *L* **real** *b*) *L* **real** : (*L* **real** : *a*) *P b*;
c) **op** *R* = (*L* **real** *a*, *L* **int** *b*) **bool** : *a R* (*L* **real** : *b*);
d) **op** *R* = (*L* **int** *a*, *L* **real** *b*) **bool** : (*L* **real** : *a*) *R b*;
e) **op** ⊥ = (*L* **real** *a*, *L* **int** *b*) *L* **compl** : (*a, b*);
f) **op** ⊥ = (*L* **int** *a*, *L* **real** *b*) *L* **compl** : (*a, b*);
g) **op** ↑ = (*L* **real** *a*, **int** *b*) *L* **real** : (*L* **real** *p* := *L 1*;
to abs *b* **do** *p* := *p* × *a*; (*b* ≥ *0* | *p* | *L 1* / *p*));

10.2.4. Operations on real operands

a) ***op*** $<$ = ***(L real a, b) bool : c true if the value of 'a' is smaller than*** {2.2.3.1.c} ***that of 'b' and false otherwise c;***
b) ***op*** $\leq$ = ***(L real a, b) bool :*** $\neg$ ***(b < a);***
c) ***op*** = = ***(L real a, b) bool :*** $a \leq b \wedge b \leq a$;
d) ***op*** $\neq$ = ***(L real a, b) bool :*** $\neg$ ***(a = b);***
e) ***op*** $\geq$ = ***(L real a, b) bool :*** $b \leq a$;
f) ***op*** $>$ = ***(L real a, b) bool :*** $b < a$;
g) ***op*** $-$ = ***(L real a, b) L real : c the value of 'a' minus*** {2.2.3.1.c} ***that of 'b' c;***
h) ***op*** $-$ = ***(L real a) L real : L 0 − a;***
i) ***op*** $+$ = ***(L real a, b) L real : a − − b;***
j) ***op*** $+$ = ***(L real a) L real : a;***
k) ***op abs = (L real a) L real : (a < L 0 | − a | a);***
l) ***op*** $\times$ = ***(L real a, b) L real : c the value of 'a' times*** {2.2.3.1.c} ***that of 'b' c;***
m) ***op / = (L real a, b) L real : c the value of 'a' divided by*** {2.2.3.1.c} ***that of 'b' c;***
n) ***op leng = (L real a) long L real : c the long L real value equivalent to*** {2.2.3.1.d} ***the value of 'a' c;***
o) ***op short = (long L real a) L real : c if abs a*** $\leq$ ***leng L max real, then a L real value 'v' such that, for any L real value 'w',***
abs (leng v − a) $\leq$ ***abs (leng w − a) c;***
p) ***op round = (L real a) L int : c a L integral value, if one exists, equivalent to*** {2.2.3.1.d} ***a L real value differing by not more than one-half from the value of 'a' c;***
q) ***op sign = (L real a) int : (a > L 0 | 1 |: a < L 0 | − 1 | 0);***
r) ***op entier = (L real a) L int : (L int j := L 0;***
while j < a do j := j + L 1;
while j > a do j := j − L 1; j);
s) ***op*** $\perp$ = ***(L real a, b) L compl : (a, b);***

10.2.5. Operations on arithmetic operands

a) ***op P = (L real a, L int b) L real : a P (L real : b);***
b) ***op P = (L int a, L real b) L real : (L real : a) P b;***
c) ***op R = (L real a, L int b) bool : a R (L real : b);***
d) ***op R = (L int a, L real b) bool : (L real : a) R b;***
e) ***op*** $\perp$ = ***(L real a, L int b) L compl : (a, b);***
f) ***op*** $\perp$ = ***(L int a, L real b) L compl : (a, b);***
g) ***op*** $\uparrow$ = ***(L real a, int b) L real : (L real p := L 1;***
to abs b do p := p $\times$ ***a; (b*** $\geq$ ***0 | p | L 1 / p));***

10.2.6. Operationen mit Zeichen als Operanden

a) ***op R = (char a, b) bool : abs a R abs b;*** {10.1.j}
b) ***op + = (char a, b) string : (a, b);***

10.2.7. Komplex Strukturen und zugeordnete Operationen

a) ***struct L compl = (L real re, im);***
b) ***op re = (L compl a) L real : re of a;***
c) ***op im = (L compl a) L real : im of a;***
d) ***op abs = (L compl a) L real : L sqrt (re a ↑ 2 + im a ↑ 2);***
e) ***op conj = (L compl a) L compl : re a ⊥ − im a;***
f) ***op = = (L compl a, b) bool : re a = re b ∧ im a = im b;***
g) ***op ≠ = (L compl a, b) bool :*** ¬ (a = b);
h) ***op − = (L compl a, b) L compl : (re a − re b) ⊥ (im a − im b);***
i) ***op − = (L compl a) L compl : − re a ⊥ − im a;***
j) ***op + = (L compl a, b) L compl : (re a + re b) ⊥ (im a + im b);***
k) ***op + = (L compl a) L compl : a;***
l) ***op × = (L compl a, b) L compl :***
(re a × re b − im a × im b) ⊥ (re a × im b + im a × re b);
m) ***op / = (L compl a, b) L compl : (L real d = re (b × conj b);***
L compl n = a × conj b; (re n/d) ⊥ (im n/d));
n) ***op leng = (L compl a) long L compl : leng re a ⊥ leng im a;***
o) ***op short = (long L compl a) L compl : short re a ⊥ short im a;***
p) ***op P = (L compl a, L int b) L compl : a P (L compl : b);***
q) ***op P = (L compl a, L real b) L compl : a P (L compl : b);***
r) ***op P = (L int a, L compl b) L compl : (L compl : a) P b;***
s) ***op P = (L real a, L compl b) L compl : (L compl : a) P b;***
t) ***op ↑ = (L compl a, int b) L compl : (L compl p := L 1;***
to abs b do p := p × a; (b ≥ 0 | p | L 1 / p));
u) ***op E = (L compl a, L int b) bool : a E (L compl : b);***
v) ***op E = (L compl a, L real b) bool : a E (L compl : b);***
w) ***op E = (L int a, L compl b) bool : b E a;***
x) ***op E = (L real a, L compl b) bool : b E a;***

10.2.8. Bits Strukturen und zugeordnete Operationen

a) ***struct L bits = ([1 : L bits width] bool L F);*** {siehe 10.1.g}

{Der Feldselektor ist vor dem Anwender verborgen, damit dieser nicht die Struktur aufbrechen kann, insbesondere kann man das Feld nicht indizieren.}

b) ***op = = (L bits a, b) bool : (for i to L bits width do***
((L F of a) [i] ≠ (L F of b) [i] | l); true. l : false);
c) ***op ≠ = (L bits a, b) bool :*** ¬ (a = b);

10.2.6. Operations on character operands

a) ***op R = (char a, b) bool : abs a R abs b;*** {10.1.j}
b) ***op + = (char a, b) string : (a, b);***

10.2.7. Complex structures and associated operations

a) ***struct L compl = (L real re, im);***
b) ***op re = (L compl a) L real : re of a;***
c) ***op im = (L compl a) L real : im of a;***
d) ***op abs = (L compl a) L real : L sqrt (re a ↑ 2 + im a ↑ 2);***
e) ***op conj = (L compl a) L compl : re a ⊥ − im a;***
f) ***op = = (L compl a, b) bool : re a = re b ∧ im a = im b;***
g) ***op ≠ = (L compl a, b) bool : ¬ (a = b);***
h) ***op − = (L compl a, b) L compl : (re a − re b) ⊥ (im a − im b);***
i) ***op − = (L compl a) L compl : − re a ⊥ − im a;***
j) ***op + = (L compl a, b) L compl : (re a + re b) ⊥ (im a + im b);***
k) ***op + = (L compl a) L compl : a;***
l) ***op × = (L compl a, b) L compl :***
(re a × re b − im a × im b) ⊥ (re a × im b + im a × re b);
m) ***op / = (L compl a, b) L compl : (L real d = re (b × conj b);***
L compl n = a × conj b; (re n/d) ⊥ (im n/d));
n) ***op leng = (L compl a) long L compl : leng re a ⊥ leng im a;***
o) ***op short = (long L compl a) L compl : short re a ⊥ short im a;***
p) ***op P = (L compl a, L int b) L compl : a P (L compl : b);***
q) ***op P = (L compl a, L real b) L compl : a P (L compl : b);***
r) ***op P = (L int a, L compl b) L compl : (L compl : a) P b;***
s) ***op P = (L real a, L compl b) L compl : (L compl : a) P b;***
t) ***op ↑ = (L compl a, int b) L compl : (L compl p := L 1;***
to abs b do p := p × a; (b ≥ 0 | p | L 1 / p));
u) ***op E = (L compl a, L int b) bool : a E (L compl : b);***
v) ***op E = (L compl a, L real b) bool : a E (L compl : b);***
w) ***op E = (L int a, L compl b) bool : b E a;***
x) ***op E = (L real a, L compl b) bool : b E a;***

10.2.8. Bits structures and associated operations

a) ***struct L bits = ([1 : L bits width] bool L F);*** {see 10.1.g}

{The field-selector is hidden from the user in order that he may not break open the structure; in particular, he may not subscript the field.}

b) ***op = = (L bits a, b) bool : (for i to L bits width do***
((L F of a) [i] ≠ (L F of b) [i] | l); true. l : false);
c) ***op ≠ = (L bits a, b) bool : ¬ (a = b);***

```
d) op ∨ = (L bits a, b) L bits : (L bits c; for i to L bits width do
   (L F of c) [i] := (L F of a) [i] ∨ (L F of b) [i]; c);
e) op ∧ = (L bits a, b) L bits : (L bits c; for i to L bits width do
   (L F of c) [i] := (L F of a) [i] ∧ (L F of b) [i]; c);
f) op ≤ = (L bits a, b) bool : (a ∨ b) = b;
g) op ≥ = (L bits a, b) bool : b ≤ a;
h) op ↑ = (L bits a, int b) L bits : if abs b ≤ L bits width then L bits c := a;
   to abs b do (b > 0 | for i from 2 to L bits width do
   (L F of c) [i − 1] := (L F of c) [i]; (L F of c) [L bits width] := false |
   for i from L bits width by − 1 to 2 do (L F of c) [i] := (L F of c) [i − 1];
   (L F of c) [1] := false); c fi;
i) op abs = (L bits a) L int : (L int c := L 0; for i to L bits width do
   c := L 2 × c + K abs (L F of a) [i]; c);
j) op bin = (L int a) L bits : if a ≥ L 0 then L int b := a; L bits c;
   for i from L bits width by − 1 to 1 do ((L F of c) [i] := odd b;
   b := b ÷ L 2); c fi;
k) op □ = (int a, L bits b) bool : (L F of b) [a];
l) op L btb = ([1 :] bool a) L bits : (int n = ⌈ a; (n ≤ L bits width | L
   bits c; for i to L bits width do (L F of c) [i] := (i ≤ L bits width − n |
   false | a [i − L bits width + n]); c));
m) op ¬ = (L bits a) L bits : (L bits c; for i to L bits width do
   (L F of c) [i] := ¬ (L F of a) [i]; c);
```

10.2.9. Bytes und zugeordnete Operationen

```
a) struct L bytes = ([1 : L bytes width] char L F); {siehe 10.2.8.a und 10.1.i}
b) op R = (L bytes a, b) bool : (string : a) R (string : b);
c) op □ = (int a, L bytes b) char : (L F of b) [a];
d) op L ctb = (string a) L bytes : (int n = ⌈ a; (n ≤ L bytes width | L
   bytes c; for i to L bytes width do (L F of c) [i] :=
   (i ≤ n | a [i] | null character); c));
```

10.2.10. Zeichenketten und zugeordnete Operationen

```
a) mode string = [1 : 0 flex] char;
b) op < = (string a, b) bool : (int m = ⌈ a, n = ⌈ b;
   int p = (m < n | m | n), int i := 1; bool c;
   (p < 1 | n ≥ 1 | e : (c := a [i] = b [i] | : (i := i + 1) ≤ p | e);
   (c | m < n | a [i] < b [i])));
c) op ≤ = (string a, b) bool : ¬ (b < a);
d) op = = (string a, b) bool : a ≤ b ∧ b ≤ a;
e) op ≠ = (string a, b) bool : ¬ (a = b);
f) op ≥ = (string a, b) bool : b ≤ a;
```

```
d) op ∨ = (L bits a, b) L bits : (L bits c; for i to L bits width do
   (L F of c) [i] := (L F of a) [i] ∨ (L F of b) [i]; c);
e) op ∧ = (L bits a, b) L bits : (L bits c; for i to L bits width do
   (L F of c) [i] := (L F of a) [i] ∧ (L F of b) [i]; c);
f) op ≤ = (L bits a, b) bool : (a ∨ b) = b;
g) op ≥ = (L bits a, b) bool : b ≤ a;
h) op ↑ = (L bits a, int b) L bits : if abs b ≤ L bits width then L bits c := a;
   to abs b do (b > 0 | for i from 2 to L bits width do
   (L F of c) [i − 1] := (L F of c) [i]; (L F of c) [L bits width] := false |
   for i from L bits width by − 1 to 2 do (L F of c) [i] := (L F of c) [i − 1];
   (L F of c) [1] := false); c fi;
i) op abs = (L bits a) L int : (L int c := L 0; for i to L bits width do
   c := L 2 × c + K abs (L F of a) [i];c);
j) op bin = (L int a) L bits : if a ≥ L 0 then L int b := a; L bits c;
   for i from L bits width by − 1 to 1 do ((L F of c) [i] := odd b;
   b := b ÷ L 2); c fi;
k) op □ = (int a, L bits b) bool : (L F of b) [a];
l) op L btb = ([1 :] bool a) L bits : (int n = ⌈ a; (n ≤ L bits width | L
   bits c; for i to L bits width do (L F of c) [i] := (i ≤ L bits width − n |
   false a [i − L bits width + n]); c));
m) op ¬ = (L bits a) L bits : (L bits c; for i to L bits width do
   (L F of c) [i] := ¬ (L F of a) [i]; c);
```

10.2.9. Bytes and associated operations

```
a) struct L bytes = ([1 : L bytes width] char L F); {See 10.2.8.a and 10.1.i}
b) op R = (L bytes a, b) bool : (string : a) R (string : b);
c) op □ = (int a, L bytes b) char : (L F of b) [a];
d) op L ctb = (string a) L bytes : (int n = ⌈ a; (n ≤ L bytes width | L
   bytes c; for i to L bytes width do (L F of c) [i] :=
   (i ≤ n | a [i] | null character); c));
```

10.2.10. Strings and associated operations

```
a) mode string = [1 : 0 flex] char;
b) op < = (string a, b) bool : (int m = ⌈ a, n = ⌈ b;
   int p = (m < n | m | n), int i := 1; bool c;
   (p < 1 | n ≥ 1 | e : (c := a [i] = b [i] |: (i := i + 1) ≤ p | e);
   (c | m < n | a [i] < b [i])));
c) op ≤ = (string a, b) bool : ¬ (b < a);
d) op = = (string a, b) bool : a ≤ b ∧ b ≤ a;
e) op ≠ = (string a, b) bool : ¬ (a = b);
f) op ≥ = (string a, b) bool : b ≤ a;
```

g) ***op*** $>$ = ***(string*** *a, b)* ***bool*** : *b* $<$ *a;*
h) ***op R*** = ***(string*** *a,* ***char*** *b)* ***bool*** : *a* ***R*** ***(string*** : *b);*
i) ***op R*** = ***(char*** *a,* ***string*** *b)* ***bool*** : ***(string*** : *a)* ***R*** *b;*
j) ***op*** + = ***(string*** *a, b)* ***string*** : ***(int*** *m* = ⌈ *a, n* = ⌈ *b;*
[*1* : *m* + *n*] ***char*** *c; c* [*1* : *m*] := *a; c* [*m* + *1* : *m* + *n*] := *b; c);*
k) ***op*** + = ***(string*** *a,* ***char*** *b)* ***string*** : *a* + ***(string*** : *b);*
l) ***op*** + = ***(char*** *a,* ***string*** *b)* ***string*** : ***(string*** : *a)* + *b;*

{Die in b, h und i definierten Operationen enthalten, daß dann, wenn ***abs*** *"a"* $<$ ***abs*** *"b"*, auch *" "* $<$ *"a"*; *"a"* $<$ *"b"*; *"aa"* $<$ *"ab"*; *"aa"* $<$ *"ba"*; *"ab"* $<$ *"b"*.}

10.2.11. Operationen kombiniert mit Zuordnungen

a) ***op*** −:= = ***(ref L int*** *a,* ***L int*** *b)* ***ref L int*** : *a* := *a* − *b;*
b) ***op*** −:= = ***(ref L real*** *a,* ***L real*** *b)* ***ref L real*** : *a* := *a* − *b;*
c) ***op*** −:= = ***(ref L compl*** *a,* ***L compl*** *b)* ***ref L compl*** : *a* := *a* − *b;*
d) ***op*** +:= = ***(ref L int*** *a,* ***L int*** *b)* ***ref L int*** : *a* := *a* + *b;*
e) ***op*** +:= = ***(ref L real*** *a,* ***L real*** *b)* ***ref L real*** : *a* := *a* + *b;*
f) ***op*** +:= = ***(ref L compl*** *a,* ***L compl*** *b)* ***ref L compl*** : *a* := *a* + *b;*
g) ***op*** ×:= = ***(ref L int*** *a,* ***L int*** *b)* ***ref L int*** : *a* := *a* × *b;*
h) ***op*** ×:= = ***(ref L real*** *a,* ***L real*** *b)* ***ref L real*** : *a* := *a* × *b;*
i) ***op*** ×:= = ***(ref L compl*** *a,* ***L compl*** *b)* ***ref L compl*** : *a* := *a* × *b;*
j) ***op*** ÷:= = ***(ref L int*** *a,* ***L int*** *b)* ***ref L int*** : *a* := *a* ÷ *b;*
k) ***op*** ÷::= = ***(ref L int*** *a,* ***L int*** *b)* ***ref L int*** : *a* := *a* ÷: *b;*
l) ***op*** /:= = ***(ref L real*** *a,* ***L real*** *b)* ***ref L real*** : *a* := *a* / *b;*
m) ***op*** /:= = ***(ref L compl*** *a,* ***L compl*** *b)* ***ref L compl*** : *a* := *a* / *b;*
n) ***op Q*** = ***(ref L real*** *a,* ***L int*** *b)* ***ref L real*** : *a* ***Q*** ***(L real*** : *b);*
o) ***op Q*** = ***(ref L compl*** *a,* ***L int*** *b)* ***ref L compl*** : *a* ***Q*** ***(L compl*** : *b);*
p) ***op Q*** = ***(ref L compl*** *a,* ***L real*** *b)* ***ref L compl*** : *a* ***Q*** ***(L compl*** : *b);*
q) ***op*** +:= = ***(ref string*** *a,* ***string*** *b)* ***ref string*** : *a* := *a* + *b;*
r) ***op*** +=: = ***(string*** *a,* ***ref string*** *b)* ***ref string*** : *b* := *a* + *b;*
s) ***op*** +:= = ***(ref string*** *a,* ***char*** *b)* ***ref string*** : *a* := *a* + *b;*
t) ***op*** +=: = ***(char*** *a,* ***ref string*** *b)* ***ref string*** : *b* := *a* + *b;*

10.3. Mathematische Standardkonstanten und -funktionen

a) ***L real*** *L pi* = **c** *ein Realwert, identisch mit π; siehe Math. of Comp. Band 16, 1962, Seiten 80–99* **c**;
b) ***proc*** *L sqrt* = ***(L real*** *x)* ***L real*** : **c** *wenn x* ≥ ***L*** *0, dann ein L Realwert möglichst nahe der Quadratwurzel von 'x'* **c**;
c) ***proc*** *L exp* = ***(L real*** *x)* ***L real*** : **c** *ein L Realwert. wenn einer existiert, möglichst nahe der Exponentialfunktion von 'x'* **c**;

g) ***op*** $>=$ *(**string** a, b)* ***bool*** *: b* $<$ *a;*
h) ***op R*** $=$ *(**string** a, **char** b)* ***bool*** *: a **R** (**string** : b);*
i) ***op R*** $=$ *(**char** a, **string** b)* ***bool*** *: (**string** : a) **R** b;*
j) ***op*** $+=$ *(**string** a, b)* ***string*** *: (**int** m =* $\lceil$ *a, n =* $\lceil$ *b;*
[1 : m + n] ***char*** *c; c [1 : m] := a; c [m + 1 : m + n] := b; c);*
k) ***op*** $+=$ *(**string** a, **char** b)* ***string*** *: a +(**string** : b);*
l) ***op*** $+=$ *(**char** a, **string** b)* ***string*** *: (**string** : a) + b;*

The operations defined in b, h and i imply that if abs "a" < abs "b" then "" < "a"; "a" < "b"; "aa" < "ab"; "aa" < "ba"; "ab" < "b".}

10.2.11. Operations combined with assignations

a) ***op*** $-:==$ *(**ref L int** a, **L int** b)* ***ref L int*** *: a := a − b;*
b) ***op*** $-:==$ *(**ref L real** a, **L real** b)* ***ref L real*** *: a := a − b;*
c) ***op*** $-:==$ *(**ref L compl** a, **L compl** b)* ***ref L compl*** *: a := a − b;*
d) ***op*** $+:==$ *(**ref L int** a, **L int** b)* ***ref L int*** *: a := a + b;*
e) ***op*** $+:==$ *(**ref L real** a, **L real** b)* ***ref L real*** *: a := a + b;*
f) ***op*** $+:==$ *(**ref L compl** a, **L compl** b)* ***ref L compl*** *: a := a + b;*
g) ***op*** $\times:==$ *(**ref L int** a, **L int** b)* ***ref L int*** *: a := a × b;*
h) ***op*** $\times:==$ *(**ref L real** a, **L real** b)* ***ref L real*** *: a := a × b;*
i) ***op*** $\times:==$ *(**ref L compl** a, **L compl** b)* ***ref L compl*** *: a := a × b;*
j) ***op*** $\div:==$ *(**ref L int** a, **L int** b)* ***ref L int*** *: a := a ÷ b;*
k) ***op*** $\div::==$ *(**ref L int** a, **L int** b)* ***ref L int*** *: a := a ÷: b;*
l) ***op*** $/:==$ *(**ref L real** a, **L real** b)* ***ref L real*** *: a := a / b;*
m) ***op*** $/:==$ *(**ref L compl** a, **L compl** b)* ***ref L compl*** *: a := a / b;*
n) ***op** Q* $=$ *(**ref L real** a, **L int** b)* ***ref L real*** *: a Q (**L real** : b);*
o) ***op** Q* $=$ *(**ref L compl** a, **L int** b)* ***ref L compl*** *: a Q (**L compl** : b);*
p) ***op** Q* $=$ *(**ref L compl** a, **L real** b)* ***ref L compl*** *: a Q (**L compl** : b);*
q) ***op*** $+:==$ *(**ref string** a, **string** b)* ***ref string*** *: a := a + b;*
r) ***op*** $+=:=$ *(**string** a, **ref string** b)* ***ref string*** *: b := a + b;*
s) ***op*** $+:==$ *(**ref string** a, **char** b)* ***ref string*** *: a := a + b;*
t) ***op*** $+=:=$ *(**char** a, **ref string** b)* ***ref string*** *: b := a + b;*

10.3. Standard mathematical constants and functions

a) ***L real** L pi* = **c** *a **L real** value close to* π*; see **Math. of Comp. v. 16, 1962, pp. 80−99*** **c**;
b) ***proc** L sqrt* = *(**L real** x)* ***L real*** : **c** *if x* $\geq$ ***L** 0, a **L real** value close to the square root of 'x'* **c**;
c) ***proc** L exp* = *(**L real** x)* ***L real*** : **c** *a **L real** value, if one exists, close to the exponential function of 'x'* **c**;

d) **proc** *L ln* = (*L* **real** *x*) *L* **real** : **c** *ein L Realwert, wenn einer existiert, möglichst nahe dem natürlichen Logarithmus von 'x'* **c**;

e) **proc** *L cos* = (*L* **real** *x*) *L* **real** : **c** *ein L Realwert, möglichst nahe dem Kosinus von 'x'* **c**;

f) **proc** *L arccos* = (*L* **real** *x*) *L* **real** : **c** *wenn* **abs** *x* ≤ *L 1, dann ein L Realwert möglichst nahe dem inversen Kosinus von 'x' mit der Bedingung* *L 0* ≤ *L arccos (x)* ≤ *L pi* **c**;

g) **proc** *L sin* = (*L* **real** *x*) *L* **real** : **c** *ein L Realwert möglichst nahe dem Sinus von 'x'* **c**;

h) **proc** *L arcsin* = (*L* **real** *x*) *L* **real** : **c** *wenn* **abs** *x* ≤ *L 1, ein Realwert möglichst nahe dem inversen Sinus von 'x' mit der Bedingung* **abs** *L arcsin (x)* ≤ *L pi* / *L 2* **c**;

i) **proc** *L tan* = (*L* **real** *x*) *L* **real** : **c** *ein L Realwert, wenn einer existiert, möglichst nahe dem Tangens von 'x'* **c**;

j) **proc** *L arctan* = (*L* **real** *x*) *L* **real** : **c** *ein L Realwert möglichst nahe dem inversen Tangens von 'x' mit der Bedingung* **abs** *L arctan (x)* ≤ *L pi* / *L 2* **c**;

k) **proc** *L* **real** *L random* = *L last random* := **c** *der nächste Pseudozufall L Realwert nach L last random aus einer gleichmäßig verteilten Folge in dem Intervall [L 0, L 1)* **c**;

l) *L* **real** *L last random* := *L .5*;

10.4. Synchronisierungsoperationen

a) **struct** *sema* = (**ref int** *F*);

b) **op** / = (**int** *a*) *sema* : (*sema s*; *F* **of** *s* := **int** := *a*; *s*);

c) **op** ↓ = (*sema edsger*) : (**ref int** *dijkstra*) : (**do** (**if** *dijkstra* ≥ *1* **then** *dijkstra* −:= *1*; *l* **else** **c** *wenn die abgeschlossene-Anweisung, die diese Bemerkung ersetzt, in einer Einzelphrase enthalten ist, die eine Bestandteil bildende Einzelphrase der kleinsten kollateralen Phrase ist, sofern vorhanden, die mit einem Parallelsymbol beginnt und diese abgeschlossene-Anweisung enthält, dann wird die Abarbeitung jener Einzelphrase angehalten* {6.0.2.c}. *Anderenfalls ist die weitere Abarbeitung undefiniert* **c** **fi**); *l* : **skip**);

d) **op** ↑ = (*sema edsger*) : (**ref int** *dijkstra* = *F* **of** *edsger*; *dijkstra* +:= *1*; **c** *die Abarbeitung aller Phrasen wird wieder aufgenommen, deren Abarbeitung angehalten wurde, weil der Name, der von dijkstra besessen wird, zu einem Wert kleiner eins referierte* **c**);

{Siehe 2.2.5; für tiefere Einsicht über den Gebrauch von ↓ und ↑ siehe E. W Dijkstra, Cooperating Sequential Processes, enthalten in Programming Languages, Genuys, F. (Herausgeber), London usw., Academic Press, 1968, siehe auch 11.13.}

d) ***proc** L ln = (L **real** x) L **real** : **c** a L real value, if one exists, close to the natural logarithm of 'x' **c**;*

e) ***proc** L cos = (L **real** x) L **real** : **c** a L real value close to the cosine of 'x' **c**;*

f) ***proc** L arccos = (L **real** x) L **real** : **c** if **abs** x ≤ L 1, a L real value close to the inverse cosine of 'x', L 0 ≤ L arccos (x) ≤ L pi **c**;*

g) ***proc** L sin = (L **real** x) L **real** : **c** a L real value close to the sine of 'x' **c**;*

h) ***proc** L arcsin = (L **real** x) L **real** : **c** if **abs** x ≤ L 1, a L real value close to the inverse sine of 'x', **abs** L arcsin (x) ≤ L pi / L 2 **c**;*

i) ***proc** L tan = (L **real** x) L **real** : **c** a L real value, if one exists, close to the tangent of 'x' **c**;*

j) ***proc** L arctan = (L **real** x) L **real** : **c** a L real value close to the inverse tangent of 'x', **abs** L arctan (x) ≤ L pi / L 2 **c**;*

k) ***proc** L **real** L random = L last random := **c** the next pseudo-random L real value after L last random from a uniformly distributed sequence on the interval [L 0, L 1) **c**;*

l) *L **real** L last random := L .5;*

10.4. Synchronization operations

a) ***struct** **sema** = (**ref** **int** F);*

b) ***op** / = (**int** a) **sema** : (**sema** s; F **of** s := **int** := a; s);*

c) ***op** ↓ = (**sema** edsger) : (**ref** **int** dijkstra = F **of** edsger;*
***do** (**if** dijkstra ≥ 1 **then** dijkstra −:= 1; l **else** **c** if the closed-statement replacing this comment is contained in a unitary-phrase which is a constituent unitary-phrase of the smallest collateral-phrase, if any, beginning with a parallel-symbol and containing this closed-statement, then the elaboration of that unitary-phrase is halted* {6.0.2.c}; *otherwise, the further elaboration is undefined **c** **fi**); l: **skip**);*

d) ***op** ↑ = (**sema** edsger) : (**ref** **int** dijkstra = F **of** edsger;*
*dijkstra +:= 1; **c** the elaboration is resumed of all phrases whose elaboration is halted because the name possessed by dijkstra referred to a value smaller then one **c**);*

{See 2.2.5; for the use of ↓ and ↑, see E. W. Dijkstra, Cooperating Sequential Processes, contained in Programming Languages, Genuys, F. (ed.), London, etc., Academic Press, 1968; see also 11.13.}

10.5. Transgabedeklarationen

{"So geht es!" sagte Pooh. "Es geht hinein!"
"So geht es!" sagte Piglet. "Und es kommt heraus!"
"Warum auch nicht?" sagte Eeyore.
"Es geht hinein und heraus wie alles."
Winnie-the-Pooh, A. A. Milne}

10.5.0. Transgabe Modi und Streckung

10.5.0.1. Transgabe Modi

a) ***union** % **simplout** = (⊀ **L int** ⊁, ⊀ **L real** ⊁, ⊀ **L compl** ⊁, **bool**, **char**, **string**);*

b) ***union** % **outtype** = (⊀ **D L int** ⊁, ⊀ **D L real** ⊁, ⊀ **D bool** ⊁, ⊀ **D char** ⊁, ⊀ **D outstruct** ⊁);*

c) ***mode** % **outstruct** = **c** ein aktueller-Deklarierer, der einen Modus spezifiziert, der aus allen Modi vereinigt* {4.4.3.a} *wird, ausgenommen denen, die durch **tamrof** und **sema** spezifiziert werden, die nur mit Modi strukturiert* {2.2.4.1.d} *sind, aus welchen der Modus, der durch **outtype** spezifiziert wird, vereint ist.* **c**;

d) ***struct** % **tamrof** = (**string** F1);* {Siehe die Anmerkungen unter 5.5.8.};

e) ***union** % **intype** = (⊀ **ref D L int** ⊁, ⊀ **ref D L real** ⊁, ⊀ **ref D bool** ⊁, ⊀ **ref D char** ⊁, ⊀ **ref D outstruct** ⊁);*

10.5.0.2. Streckung

a) ***op** % **straightout** = (**outtype** x) [ ] **simplout**:*
c *das Ergebnis der "Streckung" von 'x'* **c**;

b) ***op** % **straightin** = (**intype** x) [ ] **intype**:*
c *das Ergebnis der Streckung von 'x'* **c**;

Das Ergebnis der Streckung eines gegebenen Wertes V ist ein mehrfacher Wert, der in folgenden Schritten erhalten wird:

Schritt 1: Wenn V ein Wert ist (zu einem Wert referiert), aus dessen Modus jener vereint ist, der durch ***simplout*** spezifiziert wird, dann ist das Ergebnis ein neuer Fall eines mehrfachen Wertes, der zusammengesetzt ist aus einem Deskriptor, bestehend aus einem Anfang 1 und einem Quintupel (1, 1, 1, 1, 1) und V als seinem einzigen Element. Darauf wird Schritt 4 genommen.

Schritt 2: Wenn V ein (referiert zu einem) mehrfacher Wert ist und n für die Zahl der Elemente jenes Wertes und y_i für das Ergebnis der Streckung seines i-ten Elementes steht, dann wird Schritt 3 genommen. Anderenfalls stehe n für die Zahl der Felder von V (des Wertes, zu dem V referiert) und y_i für das Ergebnis der Streckung seines i-ten Feldes, und es wird Schritt 3 genommen.

Schritt 3: Wenn V kein (ein) Name ist und m_i für die Zahl der Elemente von y_i steht, dann ist das Ergebnis ein neuer Fall eines mehrfachen Wertes, der sich zusammensetzt aus einem Deskriptor, bestehend aus einem Anfang 1 und einem Quintupel $(1, m_1 + \cdots + m_n, 1, 1, 1)$, und Elementen, von denen das l-te, wobei $l = m_1 + \cdots + m_{k-1} + j$ ist, das (der Name, der

10.5. Transput declarations

{"So it does!" said Pooh. "It goes in!"
"So it does!" said Piglet. "And it comes out!"
"Doesn't it ?" said Eeyore.
"It goes in and out like anything."
Winnie-the-Pooh, A.A.Milne.}

10.5.0. Transput modes and straightening

10.5.0.1. Transput modes

a) ***union % simplout = (≮ L int≯, ≮L real≯, ≮L compl≯, bool, char, string);***

b) ***union % outtype = (≮D L int≯, ≮D L real≯, ≮D bool≯, ≮D char≯, ≮D outstruct≯);***

c) ***mode % outstruct = c** an actual-declarer specifying a mode united from {4.4.3.a} all modes, except those specified by **tamrof** and by **sema**, which are structured from {2.2.4.1.d} only modes from which the mode specified by **outtype** is united **c;***

d) ***struct % tamrof = (string F1);*** {See the remarks under 5.5.8.}

e) ***union % intype = (≮ref D L int≯, ≮ref D L real≯, ≮ref D bool≯, ≮ref D char≯, ≮ref D outstruct≯);***

10.5.0.2. Straightening

a) ***op % straightout = (outtype x) [ ] simplout:***
c** the result of "straightening" 'x' **c;

b) ***op % straightin = (intype x) [ ] intype:***
c** the result of straightening 'x' **c;

c) The result of straightening a given value V is a multiple value obtained in the following steps:

Step 1: If V is (refers to) a value from whose mode that specified by ***simplout*** is united, then the result is a new instance of a multiple value composed of a descriptor consisting of an offset 1 and one quintuple (1, 1, 1, 1, 1) and V as its only element, and Step 4 is taken;

Step 2: If V is (refers to) a multiple value, then letting n stand for the number of elements of that value, and y_i for the result of straightening its i-th element, Step 3 is taken; otherwise, letting n stand for the number of fields of (of the value referred to by) V, and y_i for the result of straigthening its i-th field, Step 3 is taken;

Step 3: If V is not (is) a name, then, letting m_i stand for the number of elements of y_i, the result is a new instance of a multiple value composed of a descriptor consisting of an offset 1 and one quintuple (1, $m_1 + \cdots + m_n$, 1, 1, 1) and elements, the l-th of which, where $l = m_1 + \cdots + m_{k-1} + j$, referiert zu dem) j-te Element von y_k ist für $k = 1, \ldots, n$ und $j = 1, \ldots, m_k$.

Schritt 4: Wenn V kein (ein) Name ist, dann ist der Modus des Ergebnisses 'Reihe von' gefolgt durch den Modus, der durch ***simplout*** (***intype***) spezifiziert wird.

10.5.1. Kanäle und Dateien

{aa) "Kanäle", "Dateibereiche" und Dateien bilden die Transgabe-Ausrüstungen der physikalischen Maschine ab, die für die Implementation benutzt wird.

bb) Ein Kanal korrespondiert mit einer Ausrüstung, z. B. mit einem Kartenleser oder Stanzer, mit einer Magnettrommel oder Platte, oder korrespondiert mit einem Teil einer Ausrüstung, z. B. einem Stück des Kernspeichers oder der Tastatur eines Fernschreibers, oder korrespondiert mit einer Anzahl von Ausrüstungen, z. B. einer Gruppe von Magnetbandgeräten oder sogar mit einem Überwachungssystem in der Kernphysik, von dem die Ergebnisse in einem Computer gesammelt werden. Ein Kanal hat bestimmte Eigenschaften (10.5.1.1.d bis 10.5.1.1.o, Tabelle I).

Ein Kanal mit "wahlfreiem Zugriff" ist einer, für den *set possible* (10.5.1.1.e) wahr ist und ein Kanal mit "sequentiellem Zugriff" ist einer, für den *set possible* falsch ist.

Die Transgabe-Ausrüstungen einer gewissen physikalischen Maschine können in mehr als einer Weise als Kanäle mit Eigenschaften gesehen werden. Die Auswahl, die in der Implementation getroffen wird, ist eine Sache des individuellen Geschmacks. Einige mögliche Auswahlen sind in Tabelle I gegeben.

cc) Alle Information über einen gegebenen Kanal wird in einer Zahl von Dateibereichen gefunden. Ein Dateibereich (10.5.1.1.b) enthält ein dreidimensionales Feld von ganzen Zahlen (Bytes der Information), das *book* des Dateibereiches; die unteren Grenzen des *book* sind alle 1, die oberen Grenzen sind nichtnegative ganze Zahlen, *maxpage*, *maxline* und *maxchar* des Dateibereiches; weiterhin enthält der Dateibereich die Position des "Endes der Datei", d. h. die Seitenzahl, Zeilenzahl und die Zeichenzahl, bis zu der der Dateibereich mit Information gefüllt ist, die laufende Position und die "Identifikations-Zeichenkette" des Dateibereiches.

dd) Nach der Abarbeitung der **Deklaration** von *chainbfile* (10.5.1.1.c), bilden alle Dateibereiche die Kette der Dateibereiche, zu der *chainbfile* referiert. Jeder Dateibereich ist durch sein Feld *next* an den nächsten gekettet.

Beispiele:

a) In einer gewissen Implementation sei Kanal 6 ein Zeilendrucker. Es gibt keine Eingabeinformation, *chainbfile* [*6*] wird anfänglich so gesetzt (initiiert), daß es auf einen Dateibereich hinweist, dessen *book* ein Ganzzahlenfeld ist mit den oberen Grenzen 2000, 60 und 144 (2000 Seiten im fortlaufenden Druckpapierstapel) — wobei sowohl die laufende Position als auch das Ende der Datei (1, 1, 1) sind und *next* gleich nil ist. Alle Elemente des *book* werden undefiniert gelassen.

is the (is the name referring to the) j-th element of y_k for $k = 1, \ldots, n$ and $j = 1, \ldots, m_k$;

Step 4: If V is not (is) a name, then the mode of the result is 'row of' followed by the mode specified by ***simplout*** (***intype***).

10.5.1. Channels and files

{aa) "Channels", "backfiles" and files model the transput devices of the physical machine used in the implementation.

bb) A channel corresponds to a device, e.g., a card reader or punch, a magnetic drum or disc, to part of a device, e.g., a piece of core store, the keyboard of a teleprinter, or to a number of devices, e.g., a bank of tape units or even a set-up in nuclear physics the results of which are collected by the computer. A channel has certain properties (10.5.1.1.d to 10.5.1.1.o, table I). A "random access" ("sequential access") channel is one for which the value of *set possible* (10.5.1.1.e) is true (false). The transput devices of some physical machine may be seen in more than one way as channels with properties. The choice made in an implementation is a matter for individual taste. Some possible choices are given in table I.

cc) All information on a given channel is to be found in a number of backfiles. A backfile (10.5.1.1.b) comprises a three-dimensional array of integers (bytes of information), the *book* of the backfile; the lower bounds of the *book* are all 1, the upper bounds are nonnegative integers, *maxpage*, *maxline* and *maxchar* of the backfile; furthermore, the backfile comprises the position of the "end of file", i.e., the page number, line number and char number up to which the backfile is filled with information, the current position and the "identification string" of the backfile.

dd) After the elaboration of the **declaration** of *chainbfile* (10.5.1.1.c), all backfiles form the chains of backfiles referenced by *chainbfile*, each backfile chained to the next one by its field *next*.

Examples:

a) In a certain implementation, channel 6 is a line printer. It has no input information, *chainbfile* [*6*] is initialized to refer to a backfile the *book* of which is an integer array with upper bounds 2000, 60 and 144 (2000 pages of continuous stationery), with both the current position and the end of file at (1, 1, 1) and *next* equal to nil. All elements of the *book* are left undefined.

Tabelle I: Eigenschaften einiger möglicher Kanäle

Eigenschaften	Kartenleser	Kartenstanzer	Magnetbandeinheit			Zeilendrucker
reset possible	falsch	falsch	wahr	wahr	wahr	falsch
set possible	falsch	falsch	falsch	falsch	falsch	falsch
get possible	wahr	falsch	wahr	wahr	falsch	falsch
put possible	falsch	wahr	falsch	wahr	wahr	wahr
bin possible	falsch	wahr	falsch	wahr	falsch	falsch
idf possible	falsch	falsch	wahr	wahr	wahr	falsch
reidf possible	falsch	falsch	falsch	wahr	falsch	falsch
max page	1	1	sehr groß	sehr groß	sehr groß	sehr groß
max line	groß	sehr groß	16	groß	60	60
max char	72	80	84	groß	144	144
stand conv	ein 48- oder 64-Zeichen Code		64-Zeichen Code	irgend ein Code	Zeilendrucker-Code	Zeilendrucker-Code
max nmb files	1	1	1	1	1	1

Eigenschaften	Magnetplatte	Magnettrommel		Lochstreifenleser		Streifenstanzer
reset possible	wahr	wahr	wahr	falsch	falsch	falsch
set possible	wahr	falsch	wahr	falsch	falsch	falsch
get possible	wahr	wahr	wahr	wahr	wahr	falsch
put possible	wahr	wahr	wahr	falsch	falsch	wahr
bin possible	wahr	wahr	wahr	falsch	wahr	falsch
idf possible	wahr	wahr	wahr	falsch	falsch	falsch
reidf possible	wahr	wahr	wahr	falsch	falsch	falsch
max page	200	1	1	1	1	1
max line	16	1	256	sehr groß	sehr groß	sehr groß
max char	128	524288	256	80	150	4
stand conv	irgend ein Code	irgend ein Code	irgend ein Code	5-Kanal-Code	7-Kanal-Code	Werkzeugmaschinen-Code
max nmb files	10	4	32	1	1	1

TABLE I: Properties of some possible channels

properties	card reader	card punch	magnetic tape unit			line printer
reset possible	false	false	true	true	true	false
set possible	false	false	false	false	false	false
get possible	true	false	true	true	false	false
put possible	false	true	false	true	true	true
bin possible	false	true	false	true	false	false
idf possible	false	false	true	true	true	false
reidf possible	false	false	false	true	false	false
max page	1	1	very large	very large	very large	very large
max line	large	very large	16	large	60	60
max char	72	80	84	large	144	144
stand conv	a 48- or 64-character code		64-char code	some code	line-pr code	line-pr code
max nmb files	1	1	1	1	1	1

properties	magnetic disc	magnetic drum		paper tape reader		tape punch
reset possible	true	true	true	false	false	false
set possible	true	false	true	false	false	false
get possible	true	true	true	true	true	false
put possible	true	true	true	false	false	true
bin possible	true	true	true	false	true	false
idf possible	true	true	true	false	false	false
reidf possible	true	true	true	false	false	false
max page	200	1	1	1	1	1
max line	16	1	256	very large	very large	very large
max char	128	524288	256	80	150	4
stand conv	some code	some code	some code	5-hole code	7-hole code	lathe code
max nmb files	10	4	32	1	1	1

b) Kanal 4 sei eine Trommel, geteilt in 32 Segmente, wobei jedes eine Seite von 256 Zeilen zu 256 Bytes hat. Er hat 32 Dateibereiche von Eingabeinformation (die vorherigen Inhalte der Trommel); *chainbfile* [*4*] wird so zum Anfang gesetzt, daß es auf den ersten Dateibereich einer Kette von 32 Dateibereichen hinweist, bei dessen letztem *next* gleich nil ist. Jeder dieser Dateibereiche hat ein Ende der Datei mit der Position (2, 1, 1).

c) Kanal 20 sei eine Bandeinheit. Sie kann ein Band zu einer Zeit aufnehmen. Ein Eingabeband wird eingelegt und ein anderes Band wird in Lesebereitschaft gelassen. Hier wird *chainbfile* [*20*] initiiert auf eine Kette von zwei Dateibereichen verweisen.

Da sie ein Teil der Standard-Deklaration ist, ist alle Eingabe ein Teil des **Programms**, nicht des **Teilprogramms**.

ee) Eine Datei (10.5.1.2.a) ist ein strukturierter Wert, der eine Referenz zu einem Dateibereich enthält und ferner die Information, die für die Arbeit der Transgaberoutinen mit diesem Dateibereich notwendig ist. Ein Dateibereich wird mit einer Datei mit Hilfe von *open* (10.5.1.2.b), *create* (10.5.1.2.c) oder *establish* (10.5.1.2.d) verbunden. Ein gegebener Kanal kann eine bestimmte Zahl (10.5.1.1.o) von Dateibereichen bei irgendeinem Stand der Abarbeitung aufnehmen. Die Verbindung wird beendet mit Hilfe von *close* (10.5.1.2.s), *lock* (10.5.1.2.t) oder *scratch* (10.5.1.2.u).

ff) Wenn eine Datei auf einem Kanal, für den der Wert von *idf possible* falsch ist, "eröffnet" wird, dann wird für jenen Kanal der erste Dateibereich aus der Kette der Dateibereiche genommen und zum *bfile* der Datei gemacht, und dabei der vorhergehende Dateibereich der Datei, sofern es einen gab, ausgelöscht.
Wenn eine Datei auf einen Kanal für den Wert *idf possible* wahr ist, eröffnet wird, dann wird, falls die gegebene Identifikationszeichenkette leer ist, der erste Dateibereich, anderenfalls der erste Dateibereich, welcher jene Identifikationszeichenkette hat, aus der Kette der Dateibereiche für den Kanal genommen. Dieser Dateibereich wird zum *bfile* der Datei gemacht.

gg) Wenn eine Datei auf einem Kanal "eingerichtet" wird, dann wird ein Dateibereich erzeugt (8.5) mit einem *book* von gegebenem Umfang, gegebener Identifikationszeichenkette und der laufenden Position sowie dem Ende der Datei mit (1, 1, 1).
Wenn eine Datei auf einem Kanal "gebildet" wird, dann wird eine Datei mit einem Dateibereich eingerichtet, dessen *book* den maximalen Umfang für den Kanal und dessen *idf* eine leere Zeichenkette ist.

hh) Wenn eine Datei "getilgt" wird, dann wird ihr zugeordneter Dateibereich ausgelöscht.

ii) Wenn eine Datei "geschlossen" ("gesperrt") wird, dann wird ihr zugeordneter Dateibereich an eine Kette geknüpft, die durch *chainbfile* (*lockedbfile*) des Kanals referiert wird. Eine (keine) andere Datei kann nun mit diesem Dateibereich durch einen **Aufruf** von *open* eröffnet werden.

b) Channel 4 is a drum, divided into 32 segments each being one page of 256 lines of 256 bytes. It has 32 backfiles of input information (the previous contents of the drum), so *chainbfile* [*4*] is initialized to refer to the first backfile of a chain of 32 backfiles, the last one having *next* equal to nil. Each of those backfiles has an end of file at position (2, 1, 1).

c) Channel 20 is a tape unit. It can accommodate one tape at a time; one input tape is mounted and another tape laid in readiness. Here, *chainbfile* [*20*] is initialized to refer to a chain of two backfiles.

Since it is part of the standard declarations, all input is part of the **program**, though not of the **particular-program**.

ee) A file (10.5.1.2.a) is a structured value which comprises a reference to a backfile, and the information necessary for the transput routines to work with that backfile. A backfile is associated with a file by means of *open* (10.5.1.2.b), *create* (10.5.1.2.c) or *establish* (10.5.1.2.d). A given channel can accomodate a certain number (10.5.1.1.o) of backfiles at any stage of the elaboration. The association is ended by means of *close* (10.5.1.2.s), *lock* (10.5.1.2.t) or *scratch* (10.5.1.2.u).

ff) When a file is "opened" on a channel for which the value of *idf possible* is false, then the first backfile is taken from the chain of backfiles for that channel, and is made the *bfile* of the file, obliterating the previous backfile, if any, of the file. When a file is opened on a channel for which the value of *idf possible* is true, then, if the given identification string is empty, then the first backfile, and, otherwise, the first backfile which has that identification string, is taken from the chain of backfiles for that channel; this backfile is made the *bfile* of the file.

gg) When a file is "established" on a channel, then a backfile is generated (8.5) with a *book* of the given size, the given identification string and both the current position and the end of file at (1, 1, 1); when a file is "created" on a channel, then a file is established with a backfile the *book* of which has the maximum size for the channel and the *idf* of which is an empty string.

hh) When a file is "scratched", then its associated backfile is obliterated.

ii) When a file is "closed" ("locked"), then its associated backfile is attached to the chain referenced by *chainbfile* (*lockedbfile*) of the channel. Another file may (No file can) now be opened with this backfile by a **call** of *open*.

jj) Die Identifikationszeichenkette eines Dateibereiches einer Datei, die auf einem Kanal eröffnet ist, für den der Wert von *reidf possible* **wahr** ist, kann durch einen **Aufruf** von *reidf* geändert werden.

kk) Eine Datei schließt einige Felder vom Modus '**Prozedur boolesch**', '**Prozedur mit Referenz zu Zeichen Parameter boolesch**' oder '**Prozedur mit ganz Parameter boolesch**' ein, Routinen, die aufgerufen werden, wenn in der Transgabe bestimmte Fehlersituationen auftreten. Nach Öffnung oder Bildung einer Datei ergeben die vorgesehenen Routinen, wenn sie aufgerufen werden, den Wert falsch, aber der Programmierer kann andere Routinen jenen Feldern zuweisen. Wenn die Abarbeitung einer solchen Routine beendet wird, dann kann die Transgaberoutine, welche sie aufgerufen hat, nicht weiter wirken; andererseits, wenn sich der Wert wahr ergibt, dann wird vorausgesetzt, daß die Fehlersituation auf bestimmte Weise beseitigt wurde und, wenn möglich, geht die Transgabe weiter. Jedoch wenn sich der Wert falsch ergibt, dann wird *undefined* aufgerufen, d. h., es wird eine gewisse spezifische System-Aktion aufgenommen (rr).

Diese Routinen sind:

a) *logical file end*, welche aufgerufen wird, wenn während der Eingabe aus einer Datei auf einen sequentiellen Kanal das Ende der Datei ihres Dateibereiches überschritten wurde. Wenn die Routine den Wert **wahr** ergibt, dann geht die Transgabe weiter, und wenn sie den Wert **falsch** ergibt, dann wird eine gewisse spezifische Aktion aufgenommen.

Beispiel:

Der Programmierer wünscht die Menge der ganzen Zahlen auf seinem Eingabeband zu zählen. Die Datei *intape* ist in einem umliegenden **Bereich** bereits eröffnet.

Wenn er schreibt

begin **int** *n* := *0; logical file end* **of** *intape* := **go to** *f;*
    do *(get (intape,* **loc int***); n* +:= *1); f: print (n)*
end,

dann verletzt die Zuweisung zu dem Feld von *intape* die Bereichsbeschränkungen. (Der Bereich der Routine *((:* **go to** *f))* ist kleiner als der Bereich von *intape*), deshalb ist zu schreiben

begin **int** *n* := *0;* **file** *auxin* := *intape;*
    logical file end **of** *auxin* := **go to** *f;*
    do *(get (auxin,* **loc int***); n* +:= *1); f : print (n)*
end.

b) *physical file end*, welche aufgerufen wird, wenn *maxpage*, *maxline* oder *maxchar* des Dateibereiches einer Datei überschritten wird.
Wenn die Routine den Wert wahr ergibt, dann geht die Transgabe weiter, wenn sie falsch ergibt, dann wird eine gewisse spezifische Aktion aufgenommen.

jj) The identification string of the backfile of a file opened on a channel for which the value of *reidf possible* is **true** may by changed by a call of *reidf*.

kk) A file comprises some fields of the mode '**procedure boolean**', '**procedure with reference to character parameter boolean**' or '**procedure with integral parameter boolean**', routines which are called when in transput certain error situations arise. After opening or creating a file, the routines provided yield the value **false** when called, but the programmer may assign other routines to those fields. If the elaboration of such a routine is terminated, then the transput routine which called it can take no further action; otherwise, if it yields the value **true**, then it is assumed that the error situation has been remedied in some way, and, if possible, transput goes on, but if it yields the value **false**, then *undefined* is called, i.e., some sensible system action is taken (rr). These routines are:

a) *logical file end*, which is called when during input from a file on a sequential channel the end of file of its backfile is passed. If the routine yields the value **true**, then transput goes on, and if it yields **false**, then some sensible action is taken.

Example:

The programmer wishes to count the number of integers on his input tape. The file *intape* was opened in a surrounding **range**. If he writes

```
begin int n := 0; logical file end of intape := go to f;
      do (get (intape, loc int); n +:= 1); f : print (n)
end,
```

then the assignment to the field of *intape* violates the scope restrictions (; the scope of the routine *((: go to f))* is smaller than the scope of *intape*), so he has to write

```
begin int n := 0; file auxin := intape;
      logical file end of auxin := go to f;
      do (get (auxin, loc int); n +:= 1); f : print (n)
end.
```

b) *physical file end*, which is called when the *max page*, the *max line* or the *max char* of the backfile of a file is exceeded. If the routine yields the value **true**, then transput goes on, and if it yields **false**, then some sensible action is taken.

Beispiel:

Der Programmierer wünscht, am Ende einer Zeile eine neue Zeile und am Ende einer Seite eine neue Seite automatisch für seine Datei *f* zu beginnen:

proc bool *new line page* = ***bool*** :
((line ended (f) | new line (f));
(page ended (f) | new page (f)); ***true****);*

c) *char error*, welche mit einer Referenz zu einem Zeichen, das als ein Ersatz vorgeschlagen wird, aufgerufen wird, wenn während formatierter Eingabe ein Zeichen gelesen wird, welches nicht mit der **Vorlage** übereinstimmt, die es spezifiziert (5.5.1.m), oder wenn während der Eingabe bei der laufenden Position ein nicht interpretierbares Zeichen gegenwärtig ist (10.5.1.ll). Die Routine, die durch den Programmierer bereitgestellt wird, kann ein bestimmtes anderes Zeichen geben anstelle des vorgeschlagenen. Wenn die Routine wahr ergibt, dann wird jenes vorgeschlagene Zeichen, das möglicherweise durch die Routine modifiziert worden ist, benutzt, und wenn sie den Wert falsch ergibt, dann wird eine gewisse spezifische Aktion aufgenommen.

Beispiel:

Der Programmierer wünscht eine Liste aller solcher Nichtübereinstimmungen zu drucken. Er weist dem Feld *char error* seiner Datei *f* folgendes zu

*((****ref char*** *sugg)* ***bool*** :
*(****char*** *k; backspace (f);* ***int*** *p = page number (f),*
l = line number (f), c = char number (f); get (f, k); print ((new line, "bei", p, l, c, "steht. """, k, """,. vorgeschlagen. """, sugg, """.")); ***true****));*

d) *value error*, welche aufgerufen wird, wenn während formatierter Transgabe ein Versuch gemacht wird, einen Wert unter der Steuerung eines **Abbildes**, mit welchem er nicht kompatibel ist, zu transgeben, oder wenn die Zahl der **Vorlagen** nicht ausreicht. Wenn die Routine wahr ergibt, dann werden der laufende Wert und das **Abbild** übersprungen, d. h., die Transgabe geht weiter bei 5.5.1.dd. Schritt 5.
Wenn die Routine falsch ergibt, dann wird zunächst bei der Ausgabe der Wert durch *put* ausgegeben, und dann eine gewisse spezifische Aktion aufgenommen.

e) *format end*, welche aufgerufen wird, wenn während formatierter Transgabe das Format ausgeschöpft ist und noch ein gewisser Wert zur Transgabe übrigbleibt. Wenn die Routine wahr ergibt, dann geht die Transgabe weiter (in diesem Fall muß die Routine für die Datei ein neues Format vorgesehen haben) und, wenn die Routine falsch ergibt, dann wird das laufende Format wiederholt, d. h., das erste **Abbild** wird wieder zum laufenden **Abbild** der Datei gemacht.

f) *other error*, welche mit einem gewissen **aktuellen-ganzzahligen-Parameter** aufgerufen wird, wenn während der Transgabe eine bestimmte andere Fehlersituation auftritt. In dem **Standard-Vorspiel** erscheint explizit kein

Example:

The programmer wishes automatically to give a new line at the end of a line and a new page at the end of a page on his file *f*:

proc bool** new line page* = ***bool :
((line ended (f) | new line (f));
*(page ended (f) | new page (f)); **true**);*

c) ***char error***, **which is called when, during formatted input, a character is read which does not agree with the frame specifying it (5.5.1.m) or when, during input, at the current position an uninterpretable character is present (10.5.1.ll), with a reference to a character, suggested as a replacement. The routine provided by the programmer may give some other character than the suggested one. If the routine yields true, then that suggested character as possibly modified by the routine is used, and, if it yields false, then some sensible action is taken.**

Example:

The programmer wishes to print a list of all such disagreements. He assigns to the field *char error* of his file *f*

*((**ref char** sugg) **bool** :*
*(**char** k; backspace (f); **int** p = page number (f),*
*l = line number (f), c = char number (f); get (f, k); print ((new line, "at", p, l, c, "present. """, k, """,. suggested. """, sugg, """.")); **true**));*

d) ***value error***, **which is called when, during formatted transput, an attempt is made to transput a value under control of a picture with which it is not compatible, or when the number of frames is not sufficient. If the routine yields true, then the current value and picture are skipped, i.e., transput goes on at 5.5.1.dd. Step 5; if the routine yields false, then first, on output, the value is output by *put*, and next some sensible action is taken.**

e) ***format end***, **which is called when, during formatted transput, the format is exhausted while still some value remains to be transput. If the routine yields true, then transput goes on (so the routine must have provided a new format for the file), and, if the routine yields false, then the current format is repeated, i.e., the first picture again is made to be the current picture of the file.**

f) ***other error***, **which is called with some actual-integral-parameter, when during transput some other error situation arises. No call of this routine occurs explicitly in the standard-prelude, and neither the meaning of its actual-**

Aufruf dieser Routine und weder die Bedeutung ihres **aktuellen-Parameters** noch die des sich ergebenden Wertes ist in diesem Bericht definiert. Diese Routine kann in einer bestimmten Implementation aufgerufen werden, wenn unkorrigierbare Maschinenfehler auftreten, die eine Transgabe mit dieser Datei unmöglich machen. (Der Programmierer kann eine Routine vorbereiten, welche dann die Datei schließt und sie auf einem bestimmten anderen Kanal eröffnet.)

ll) Das *conv* einer Datei wird durch Transgabe-Routinen benutzt bei der Konvertierung der Zeichen zu und von den ganzen Zahlen in dem *book* des *bfile* der Datei. Nach Öffnung, Bildung oder Einrichtung einer Datei wird *stand conv* des Kanals benutzt aber der Programmierer kann durch den **Aufruf** von *make conv* (10.5.1.2.z) einen bestimmten anderen Konvertierungsschlüssel herstellen. Bei der Ausgabe wird das gegebene Zeichen in die — sofern es eine gibt — ganze Zahl, gemäß Konvertierungsschlüssel, konvertiert, deren Ordnungszahl das Ganzzahläquivalent jenes Zeichens ist. Was gemacht werden soll, wenn ein Zeichen mit einem Ganzzahläquivalent, welches die obere Grenze des Konvertierungsschlüssels übersteigt, konvertiert werden soll, bleibt undefiniert. Bei der Eingabe wird die gegebene ganze Zahl in jenes Zeichen — sofern es eins gibt — konvertiert, dessen Ganzzahläquivalent gleich der kleinsten Ordnungszahl ist, für die das Element im Konvertierungsschlüssel gleich jener gegebenen ganzen Zahl ist. Wenn kein solches Zeichen existiert, dann wird *char error* mit einem Zwischenraum (Paritätsfehler, nichtvorkommender Code) aufgerufen.

mm) Das *term* einer Datei wird beim Lesen von Zeichenketten einer veränderlichen Anzahl von Zeichen benutzt, wobei jedes beliebige Zeichen von *term* als Begrenzer dient (siehe 5.5.1.jj und 10.5.2.2.dd). Diese Begrenzerzeichenkette kann vom Programmierer vorgegeben werden. Wenn weiterhin außerhalb der Datei gelesen wird, wird *physical file end* der Datei aufgerufen und wenn das die Position nicht in die Datei zurückführt, dient dies ebenfalls als Begrenzer.

nn) Bei einem Kanal, für den *reset possible* wahr ist, kann eine Datei "zurückgesetzt" werden, damit ihre Position (1, 1, 1) wird. Bei einer Datei mit sequentiellem Zugriff bleibt das Ende der Datei an der Stelle, bis zu der der Dateibereich Information enthält, aber wenn nach Zurücksetzung irgendeine Ausgabe stattfindet, wird das Ende der Datei zunächst an die laufende Position gesetzt.

oo) Bei einem Kanal mit wahlfreiem Zugriff kann eine Datei "gesetzt" werden, damit ihre Position die gegebene Position wird.

pp) Bei Dateien, die auf einem Kanal mit sequentiellem Zugriff eröffnet wird, können binäre und nichtbinäre Transgaben nicht abwechseln, d. h., nach Öffnung, Bildung oder Zurücksetzung solch einer Datei ist beides möglich, jedoch wenn eins in der Datei stattgefunden hat, kann das andere nicht eher stattfinden, solange nicht die Datei wieder zurückgesetzt wurde.

qq) Bei Dateien, die auf einen Kanal mit sequentiellem Zugriff eröffnet wurden, für den sowohl *put possible* als auch *get possible* beide den Wert **wahr** besitzen,

parameter nor that of the value yielded, is defined in this Report. This routine may, in some implementation, be called when an incorrigible hardware error occurs which makes transput involving this file impossible. (The programmer may provide a routine which then closes the file and opens it on some other channel.)

ll) The *conv* of a file is used by the transput routines in the conversion of characters to and from integers in the *book* of the *bfile* of the file. After opening, creating or establishing a file, *stand conv* of the channel is used, but some other "conversion key" may be provided by the programmer by a call of *make conv* (10.5.1.2.z).

On output, the given character is converted to that integer, if any, in the conversion key, whose ordinal number is the integral equivalent of that character; what action is taken when an attempt is made to convert a character with an integral equivalent exceeding the upper bound of the conversion key, is left undefined; on input, the given integer is converted to that character, if any, whose integral equivalent is the lowest ordinal number for which the element of the conversion key is equal to that given integer; if no such character exists, then *char error* is called with a space (parity error, nonexistent code).

mm) The *term* of a file is used in reading strings of a variable number of characters, where any of the characters of *term* serves as a terminator (see 5.5.1.jj and 10.5.2.2.dd). This terminator string may be provided by the programmer. Furthermore, when reading outside the file, *physical file end* of the file is called, and if that does not cause the position to be within the file, that also serves as a terminator.

nn) On a channel for which the value of *reset possible* is true, a file may be "reset", causing its position to be (1, 1, 1). On a sequential access file, the end of file remains at the position up to which the backfile contains information, but when after resetting any output is done, then the end of file is first set at the current position.

oo) On a random access channel, a file may be "set", causing its position to be the given position.

pp) On files opened on a sequential access channel, binary and nonbinary transput may not be alternated, i.e., after opening, creating or resetting such a file, either is possible, but, once one has taken place on the file, the other may not until the file has been reset again.

qq) On files opened on a sequential access channel for which *put possible* and *get possible* both possess the value true, nonbinary input and output may be alternated, but it is not allowed to read past the end of file.

können nichtbinäre Eingaben und Ausgaben sich abwechseln, jedoch ist es nicht gestattet, über das Ende der Datei hinauszulesen.

rr) Wenn bei der Transgabe etwas vorkommt, was undefiniert gelassen wurde, d. h. z. B. bei einem expliziten Aufruf von *undefined* (10.5.1.2.y), dann folgt daraus nicht, daß die Abarbeitung katastrophal und sofort beendet wird, sondern nur, daß eine gewisse spezifische Aktion aufgenommen wird, die in diesem Bericht nicht beschrieben wird oder nicht beschrieben werden kann und die im allgemeinen von der Implementation abhängig ist. In einer bestimmten Implementation kann es zum Beispiel möglich sein, daß man eine Bandeinheit, sogar dann, wenn *set possible* falsch ist (oo), in irgendeine Position innerhalb der logischen Datei setzt.

Beispiel:

begin file *f1, f2;* [*1* : *10000*] **int** *x;* **int** *n; open (f1, , channel 2);*
f2 := f1; ¢ *jetzt können f1 und f2 austauschbar benutzt werden* ¢
make conv (f1, flexocode); make conv (f2, telexcode);
¢ *jetzt benutzen f1 und f2 verschiedene Codes; flexocode und telexcode sind in der Bibliotheksdeklaration für diese Implementation definiert worden* ¢
reset (f1); ¢ *folglich wird auch f2 zurückgesetzt* ¢
for *i* **while** ¬ *logical file ended (f1)* **do** *(n := i; get (f1, x [i]));*
¢ *nicht ausreichend, wenn es mehr als 10000 Ganzzahlen bei der Eingabe gibt* ¢
reset (f1); **for** *i* **to** *n* **do** *put (f2, x [i]); reset (f2); close(f2)*
¢ *f1 ist jetzt ebenfalls geschlossen* ¢
end}

10.5.1.1. Kanäle

a) **int** *nmb channels* = **c** *eine ganzzahlige-Klausel, die die Zahl der Transgabekanäle in der Implementation anzeigt* **c**;

b) **struct** % **bfile** = ([*1* : *0* **flex**, *1* : *0* **flex**, *1* : *0* **flex**] **int** *book*, **int** *lpage, lline, lchar, page, line, char, max page, max line, max char*, **string** *idf*, **ref bfile** *next);*

c) [*1* : *nmb channels*] **ref bfile** % *chainbfile* := **c** *irgendeine passende Initiierung* {siehe 10.5.1.dd} **c**;

d) [*1* : *nmb channels*] **bool** *reset possible* = **c** *eine Reihe von-boolesch-Klausel, die anzeigt, welche der physikalischen Ausrüstungen mit den Kanälen korrespondieren, die ein Rücksetzen erlauben* { z. B. Rückspulen eines Magnetbandes} **c**;

e) [*1* : *nmb channels)* **bool** *set possible* = **c** *eine Reihe-von-boolesch-Klausel, die anzeigt, in welchen Ausrüstungen wahlfrei zugegriffen werden kann* **c**;

f) [*1* : *nmb channels*] **bool** *get possible* = **c** *eine Reihe-von-boolesch-Klausel, die anzeigt, welche Ausrüstungen für die Eingabe benutzt werden können* **c**;

g) [*1* : *nmb channels*] **bool** *put possible* = **c** *eine Reihe-von-boolesch-Klausel, die anzeigt, welche Ausrüstungen für die Ausgabe benutzt werden können* **c**;

h) [*1* : *nmb channels*] **bool** *bin possible* = **c** *eine Reihe-von-boolesch-Klausel, die anzeigt, welche Ausrüstungen für binäre Transgabe benutzt werden können* **c**;

rr) When in transput something happens which is left undefined, for instance by an explicit call of *undefined* (10.5.1.2.y), this does not imply that the elaboration is catastrophically and immediately terminated, but only that some sensible action is taken which is not or cannot be described by this Report alone, and is generally implementation dependent. For instance, in some implementation it may be possible to set a tape unit to any position within the logical file, even if the value of *set possible* is **false** (oo).

Example:

begin file *f1, f2;* [*1* : *10000*] ***int*** *x;* ***int*** *n; open (f1, , channel 2); f2 := f1;*
    å now f1 and f2 can be used interchangeably å
    make conv (f1, flexocode); make conv (f2, telexcode);
    å now f1 and f2 use different codes; flexocode and telexcode are defined in the library-declaration for this implementation å
    reset (f1); å consequently, f2 is reset too å
    for *i* ***while*** ¬ *logical file ended (f1)* ***do*** *(n := i; get (f1, x [i]));*
    å too bad if there are more than 10000 integers in the input å
    reset (f1); ***for*** *i* ***to*** *n* ***do*** *put (f2, x [i]); reset (f2); close (f2)*
    å f1 is now closed too å
end}

10.5.1.1. Channels

a) ***int*** *nmb channels* = **c** *an integral-clause indicating the number of transput channels in the implementation* **c**;

b) ***struct*** % ***bfile*** = ([*1* : *0* ***flex***, *1* : *0* ***flex***, *1* : *0* ***flex***] ***int*** *book,* ***int*** *lpage, lline, lchar, page, line, char, max page, max line, max char,* ***string*** *idf,* ***ref bfile*** *next);*

c) [*1* : *nmb channels*] ***ref bfile*** % *chainbfile* := **c** *some appropriate initialization* {see 10.5.1.dd} **c**;

d) [*1* : *nmb channels*] ***bool*** *reset possible* = **c** *a row-of-boolean-clause, indicating which of the physical devices corresponding to the channels allow resetting* {e.g., rewinding of a magnetic tape} **c**;

e) [*1* : *nmb channels*] ***bool*** *set possible* = **c** *a row-of-boolean-clause, indicating which devices can be accessed at random* **c**;

f) [*1* : *nmb channels*] ***bool*** *get possible* = **c** *a row-of-boolean-clause, indicating which devices can be used for input* **c**;

g) [*1* : *nmb channels*] ***bool*** *put possible* = **c** *a row-of-boolean-clause, indicating which devices can be used for output* **c**;

h) [*1* : *nmb channels*] ***bool*** *bin possible* = **c** *a row-of-boolean-clause, indicating which devices can be used for binary transput* **c**;

i) [*1* : *nmb channels*] **bool** *idf possible* = **c** *eine Reihe-von-boolesch-Klausel, die anzeigt, auf welchen Ausrüstungen die Dateibereiche eine Identifizierung haben* **c**;

j) [*1* : *nmb channels*] **bool** *reidf possible* = **c** *eine Reihe-von-boolesch-Klausel, die anzeigt, auf welchen Ausrüstungen die Dateibereiche eine Änderung der Identifizierung erlauben* **c**;

k) [*1* : *nmb channels*] **int** *max page* = **c** *eine Reihe-von-ganzzahlig-Klausel, die die maximale Zahl der Seiten pro Datei für den Kanal angibt* **c**;

l) [*1* : *nmb channels*] **int** *max line* = **c** *eine Reihe-von-ganzzahlig-Klausel, die die maximale Zahl der Zeilen pro Seite angibt* **c**;

m) [*1* : *nmb channels*] **int** *max char* = **c** *eine Reihe-von-ganzzahlig-Klausel, die die maximale Zahl der Zeichen pro Zeile angibt* **c**;

n) [*1* : *nmb channels*] **struct (proc** [ ] **int** *F*) *stand conv* = **c** *eine Klausel, die die Standardkonvertierungsschlüssel für die Kanäle angibt* {; andere Konvertierungsschlüssel können durch das **Bibliotheks-Vorspiel** geliefert werden} **c**;

o) [*1* : *nmb channels*] **int** *max nmb files* = **c** *eine Reihe-von-ganzzahlig-Klausel, die die maximale Zahl von Dateien angibt, welche die Kanäle aufnehmen können* **c**;

p) [*1* : *nmb channels*] **int** % *nmb opened files*; **for** *i* **to** *nmb channels* **do** *nmb opened files* [*i*] := *0*;

q) [*1* : *nmb channels*] **ref bfile** % *lockedfileb*; **for** *i* **to** *nmb channels* **do** *lockedbfile* [*i*] := **nil**;

r) **proc** *file available* = (**int** *channel*) **bool** : *nmb opened files* [*channel*] < *max nmb files* [*channel*];

10.5.1.2. Dateien

a) **struct** *file* = (**ref bfile** % *bfile*, **int** % *chan*, **ref int** % *forp*, **ref bool** % *state def*, % *state get*, % *state bin*, % *opened*, **ref string** % *format*, **string** *term*, (*0* : *0***flex**] **int** % *conv*, **proc bool** *logical file end*, *physical file end*, *format end*, *value error*, **proc (ref char) bool** *char error*, **proc (int) bool** *other error*);

b) **proc** *open* = (**ref file** *file*, **string** *idf*, **int** *ch*) :

```
    if file available (ch)
    then ref ref bfile bf := chainbfile [ch];
      while (ref bfile : bf) :≠: nil do
      (idf of bf = idf ∨ idf = "" ∨ ¬ idf possible [ch] |
      l | bf := next of bf); undefined.
    l : file := (bf, ch, int := 0, bool := false,
      bool,, bool, bool := true, nil, "", F of standcouv [ch],
      false, false, false, false, ((ref char a) bool : false), skip);
      (ref ref bfile : bf) := next of bf;
      nmb opened files [ch] +:= 1
    else undefined fi;
```

i) [*1* : *nmb channels*] **bool** *idf possible* = **c** *a row-of-boolean-clause, indicating on which devices backfiles have an identification* **c**;

j) [*1* : *nmb channels*] **bool** *reidf possible* = **c** *a row-of-boolan-clause, indicating on which devices backfiles allow reidentification* **c**;

k) [*1* : *nmb channels*) **int** *max page* = **c** *a row-of-integral-clause, giving the maximum number of pages per file for the channel* **c**;

l) [*1* : *nmb channels*] **int** *max line* = **c** *a row-of-integral-clause, giving the maximum number of lines per page* **c**;

m) [*1* : *nmb channels*] **int** *max char* = **c** *a row-of-integral-clause, giving the maximum number of characters per line* **c**;

n) [*1* : *nmb channels*] **struct (proc** [ ] **int** *F*) *stand conv* = **c** *a clause giving the standard conversion keys for the channels* { ; other conversion keys may be *provided by the* **library-prelude**} **c**;

o) [*1* : *nmb channles*] **int** *max nmb files* = **c** *a row-of-integral-clause, giving the maximum number of files the channels can accommodate* **c**;

p) [*1* : *nmb channels*] **int** % *nmb opened files*; **for** *i* **to** *nmb channels* **do** *nmb opened files* [*i*] := *0*;

q) [*1* : *nmb channels*] **ref bfile** % *lockedbfile*; **for** *i* **to** *nmb channels* **do** *locked-bfile* [*i*] := **nil**;

r) **proc** *file available* = (**int** *channel*) **bool** : *nmb opened files* [*channel*] < *max nmb files* [*channel*];

10.5.1.2. Files

a) **struct** *file* = (**ref bfile** % *bfile*, **int** % *chan*, **ref int** % *forp*, **ref bool** % *state def*, % *state get*, % *state bin*, % *opened*, **ref string** % *format*, **string** *term*, [*0* : *0* **flex**] **int** % *conv*, **proc bool** *logical file end*, *physical file end*, *format end*, *value error*, **proc (ref char) bool** *char error*, **proc (int) bool** *other error*);

b) **proc** *open* = (**ref file** *file*, **string** *idf*, **int** *ch*) :
  if *file available* (*ch*)
  then ref ref bfile *bf* := *chainbfile* [*ch*];
    while (**ref bfile** : *bf*) :≠: **nil do**
    (*idf* **of** *bf* = *idf* ∨ *idf* = "" ∨ ¬ *idf possible* [*ch*] ¦
    l | *bf* := *next* **of** *bf*); *undefined*.
  l : *file* := (*bf*, *ch*, **int** := *0*., **bool** := **false**,
    bool, **bool**, **bool** := **true**, **nil**, "", *F* **of** *standconv* [*ch*],
    false, **false**, **false**, **false**, ((**ref char** *a*) **bool** : **false**), **skip**);
    (**ref ref bfile** : *bf*) := *next* **of** *bf*;
    nmb opened files [*ch*] +:= *1*
  else *undefined* **fi**;

c) **proc** *create* = (**ref file** *file*, **int** *ch*) :
establish (*file*, *max page* [*ch*], *max line* [*ch*], *max char* [*ch*], *ch*);

d) **proc** *establish* = (**ref file** *file*, **string** *idf*, **int** *mp*, *ml*, *mc*, *ch*) :
if *file available* (*ch*) ∧ *mp* ≤ *max page* [*ch*] ∧ *ml* ≤ *max line* [*ch*] ∧ *mc* ≤ *max char* [*ch*]
then bfile *bf* = ([*1* : *mp*, *1* : *ml*, *1* : *mc*] **int**, 1, 1, 1, 1, 1, 1, *mp*, *ml*, *mc*, *idf*, **nil**);
file := (**bfile** := *bf*, *ch*, **int** := *0*, **bool** := **false**,
bool, **bool**, **bool** := **true**, **nil**, "", *F* **of** *standconv* [*ch*],
false, **false**, **false**, **false**, ((**ref char** *a*) **bool** : **false**), **skip**);
nmb opened files [*ch*] +:= *1*
else *undefined* **fi**;

e) **proc** *set* = (**file** *file*, **int** *p*, *l*, *c*) :
if *set possible* [*chan* **of** *file*] ∧ *opened* **of** *file*
then *page* **of** *bfile* **of** *file* := *p*; *line* **of** *bfile* **of** *file* := *1*; *char* **of** *bfile* **of** *file* := *c*; *check plc* (*file*)
else *undefined* **fi**;

f) **proc** *reset* = (**file** *file*) :
if *reset possible* [*chan* **of** *file*] ∧ *opened* **of** *file*
then *page* **of** *bfile* **of** *file* := *1*; *line* **of** *bfile* **of** *file* := *1*; *char* **of** *bfile* **of** *file* := *1*; *state def* **of** *file* := **false**
else *undefined* **fi**;

g) **proc** % *check plc* = (**file** *file*) : **if** *opened* **of** *file*
then (¬ (*logical file ended* (*file*) | *logical file end* **of** *file* |: *line ended* (*file*) ∨ *page ended* (*file*) ∨ *file ended* (*file*) | *physical file end* **of** *file* | **true**) *undefined*)
else *undefined* **fi**;

h) **proc** *line ended* = (**file** *file*) **bool** : (*opened* **of** *file* |
int *c* = *char* **of** *bfile* **of** *file*; *c* ≤ *0* ∨ *c* > *max char* **of** *bfile* **of** *file*);

i) **proc** *page ended* = (**file** *file*) **bool** : (*openend* **of** *file* |
int *l* = *line* **of** *bfile* **of** *file*; *l* ≤ *0* ∨ *l* > *max line*
of *bfile* **of** *file*);

j) **proc** *file ended* = (**file** *file*) **bool** : (*opened* **of** *file* | **int** *p* = *page* **of** *bfile* **of** *file*; *p* ≤ *0* ∨ *p* > *max page* **of** *bfile* **of** *file*);

k) **proc** *logical file ended* = (**file** *file*) **bool** : (*opened* **of** *file* |: ¬ *set possible* [*chan* **of** *file*] ∧ *state def* **of** *file* ∧ *state get* **of** *file* | **bfile** *b* = *bfile* **of** *file*;
int *p* = *page* **of** *b*, *lp* = *lpage* **of** *b*, *l* = *line* **of** *b*, *ll* = *lline* **of** *b*, *c* = *char* **of** *b*, *lc* = *lchar* **of** *b*;
(*p* < *lp* | **false** |: *p* < *lp* > **true** |: *l* < *ll* | **false** |: *l* > *ll* | **true** | *c* ≥ *lc*) |
false);

l) **proc** % *get string* = (**file** *file*, **ref** [*1* : **either**] **char** *s*): **if** *get possible* [*chan* **of** *file*] ∧ *opened* **of** *file* **then ref int** *p* = *page* **of** *bfile* **of** *file*,

c) ***proc** create = (**ref file** file, **int** ch) :*
establish (file, max page [ch], max line [ch], max char [ch], ch);

d) ***proc** establish = (**ref file** file, **string** idf, **int** mp, ml, mc, ch) :*
***if** file available (ch) ∧ mp ≤ max page [ch] ∧ ml ≤ max line [ch] ∧*
mc ≤ max char [ch]
***then bfile** bf = ([1 : mp, 1 : ml, 1 : mc] **int**, 1, 1, 1, 1, 1, 1, mp, ml, mc,*
*idf, **nil**);*
*file := (**bfile** := bf, ch, **int** := 0, **bool** := **false**,*
***bool, bool, bool** := **true**, **nil**, "", F **of** stand conv [ch],*
***false, false, false, false**, ((**ref char** a) **bool** : **false**), **skip**);*
nmb opened files [ch] +:= 1
***else** undefined **fi**;*

e) ***proc** set = (**file** file, **int** p, l, c) :*
***if** set possible [chan **of** file] ∧ opened **of** file*
then** page **of** bfile **of** file := p; line **of** bfile **of** file := l; char **of** bfile **of
file := c; check plc (file)
***else** undefined **fi**;*

f) ***proc** reset = (**file** file) :*
***if** reset possible [chan **of** file] ∧ opened **of** file*
then** page **of** bfile **of** file := 1; line **of** bfile **of** file := 1; char **of** bfile **of
*file := 1; state def **of** file := **false***
***else** undefined **fi**;*

g) ***proc** % check plc = (**file** file) : **if** opened **of** file*
***then** (¬ (logical file ended (file) | logical file end **of** file |: line ended (file) ∨*
*page ended (file) ∨ file ended (file) | physical file end **of** file | **true**)|*
undefined)
***else** undefined **fi**;*

h) ***proc** line ended = (**file** file) **bool** : (opened **of** file |*
***int** c = char **of** bfile **of** file; c ≤ 0 ∨ c > max char **of** bfile **of** file);*

i) ***proc** page ended = (**file** file) **bool** : (openend **of** file |*
***int** l = line **of** bfile **of** file; l ≤ 0 ∨ l > max line*
***of** bfile **of** file);*

j) ***proc** file ended = (**file** file) **bool** : (opened **of** file |*
***int** p = page **of** bfile **of** file; p ≤ 0 ∨ p > max page **of** bfile **of** file);*

k) ***proc** logical file ended = (**file** file) **bool** : (opened **of** file |: ¬ set possible*
*[chan **of** file] ∧ state def **of** file ∧ state get **of** file | **bfile** b = bfile **of** file;*
***int** p = page **of** b, lp = lpage **of** b, l = line **of** b, ll = lline **of** b, c = char*
***of** b, lc = lchar **of** b;*
*(p < lp | **false** |: p | lp < **true** |: l < ll | **false** |: l > ll | **true** | c ≥ lc) |*
***false**);*

l) ***proc** % get string = (**file** file, **ref** [1 : **either**] **char** s): **if** get possible*
*[chan **of** file] ∧ opened **of** file **then ref int** p = page **of** bfile **of** file,*

```
    l = line of bfile of file, c = char of bfile of file;
    if ¬ set possible [chan of file] thef state def of file
    then (state bin of file | undefined) fi;
    state def of file =: state get of file := true;
    state bin of file =: false;
    for i to ⌈ s do (check plc (file);
    for j from 0 to ⌈ conv of file do ((conv of file) [j] = (book of bfile of file)
    [p, l, c] | s [i] := repr j; e);
    char k := "."; s [i] := ((char error of file) (k) | k | undefined;
    "."); e : c + := 1)
    else undefined fi;

m) proc % put string = (file file, string s) :
    if put possible [chan of file] ∧ opened of file
    then ref int p = page of bfile of file, l = line of bfile of file, c = char
      of bfile of file;
      if ¬ set possible [chan of file] thef state def of file
      then (state bin of file | undefined) fi;
      state get of file := state bin of file := false;
      state def of file := true;
      for i to ⌈ s do
        (check plc (file); (book of bfile of file) [p, l, c] := (conv of file)
        [abs s [i]]; c +:= 1;
        (p = lpage of bfile of file ∧ l = lline of bfile of file |
        (c > lchar of bfile of file | lchar of bfile of file := c) |
        lpage of bfile of file := p; lline of bfile of file := l;
        lchar of bfile of file := c))
      else undefined fi;

n) proc char in string = (char c, ref int i, string s) bool :
    (for k to ⌈ s do (c = s [k] | i := k; l); false. l : true);

o) proc space = (file file) :
    (char of bfile of file +:= 1; check plc (file));

p) proc backspace = (file file) :
    (char of bfile of file -:= 1; check plc (file));

q) proc new line = (file file) : (line of bfile of file +:= 1;
    char of bfile of file := 1; check plc (file));

r) proc new page = (file file) :
    (page of bfile of file +:= 1; line of bfile of file :=
    char of bfile of file := 1; check plc (file));

s) proc close = (file file) :
    (opened of file | int ch = chan of file;
    next of bfile of file := chainbfile [ch];
```

l = *line* **of** *bfile* **of** *file*, *c* = *char* **of** *bfile* **of** *file*;
if ¬ *set possible* [*chan* **of** *file*] **thef** *state def* **of** *file*
then (*state bin* **of** *file* | *undefined*) **fi**;
state def **of** *file* := *state get* **of** *file* := **true**;
state bin **of** *file* := **false**;
for *i* **to** ⌈ *s* **do** (*check plc* (*file*);
for *j* **from** *0* **to** ⌈ *conv* **of** *file* **do** (*conv* **of** *file*) [*j*] = (*book* **of** *bfile* **of** *file*) [*p*, *l*, *c*] | *s* [*i*] := **repr** *j*; *e*);
char *k* := ".": *s* [*i*] := ((*char error* **of** *file*) (*k*) | *k* | *undefined*; "."); *e* : *c* + := 1)
else *undefined* **fi**;

m) **proc** % *put string* = (**file** *file*, **string** *s*) :
if *put possible* [*chan* **of** *file*] ∧ *opened* **of** *file*
then **ref int** *p* = *page* **of** *bfile* **of** *file*, *l* = *line* **of** *bfile* **of** *file*, *c* = *char* **of** *bfile* **of** *file*;
if ¬ *set possible* [*chan* **of** *file*] **thef** *state def* **of** *file*
then (*state bin* **of** *file* | *undefined*) **fi**;
state get **of** *file* := *state bin* **of** *file* := **false**;
state def **of** *file* := **true**;
for *i* **to** ⌈ *s* **do**
(*check plc* (*file*); (*book* **of** *bfile* **of** *file*) [*p*, *l*, *c*] := (*conv* **of** *file*) [**abs** *s* [*i*]]; *c* +:= *1*;
(*p* = *lpage* **of** *bfile* **of** *file* ∧ *l* = *lline* **of** *bfile* **of** *file* |
(*c* > *lchar* **of** *bfile* **of** *file* | *lchar* **of** *bfile* **of** *file* := *c*) |
lpage **of** *bfile* **of** *file* := *p*; *lline* **of** *bfile* **of** *file* := *l*;
lchar **of** *bfile* **of** *file* := *c*))
else *undefined* **fi**;

n) **proc** *char in string* = (**char** *c*, **ref int** *i*, **string** *s*) **bool** :
(**for** *k* **to** ⌈ *s* **do** (*c* = *s* [*k*] | *i* := *k*; *l*); **false**. *l* : **true**);

o) **proc** *space* = (**file** *file*) :
(*char* **of** *bfile* **of** *file* +:= *1*; *check plc* (*file*));

p) **proc** *backspace* = (**file** *file*) :
(*char* **of** *bfile* **of** *file* −:= *1*; *check plc* (*file*));

q) **proc** *new line* = (**file** *file*) : (*line* **of** *bfile* **of** *file* +:= *1*;
char **of** *bfile* **of** *file* := *1*; *check plc* (*file*));

r) **proc** *new page* = (**file** *file*) :
(*page* **of** *bfile* **of** *file* +:= *1*; *line* **of** *bfile* **of** *file* :=
char **of** *bfile* **of** *file* := *1*; *check plc* (*file*));

s) **proc** *close* = (**file** *file*) :
(*opened* **of** *file* | **int** *ch* = *chan* **of** *file*;
next **of** *bfile* **of** *file* := *chainbfile* [*ch*];

chainbfile [*ch*] := *bfile* **of** *file*;
opened **of** *file* := **false**; *nmb opened files* [*ch*] −:= 1);

t) **proc** *lock* = (**file** *file*) :
(*opened* **of** *file* | **int** *ch* = *chan* **of** *file*; **ref bfile**
bf = *bfile* **of** *file*;
page **of** *bf* := *line* **of** *bf* := *char* **of** *bf* := 1;
next **of** *bf* := *lockedbfile* [*ch*];
lockedbfile [*ch*] := *bf*;
opened **of** *file* := **false**; *nmb opened files* [*ch*] −:= 1);

u) **proc** *scratch* = (**file** *file*) :
(*opened* **of** *file* | *opened* **of** *file* := **false**;
nmb opened files [*chan* **of** *file*] −:= 1);

v) **proc** *char number* = (**file** *f*) **int** : (*opened* **of** *f* | *char* **of** *bfile* **of** *f*);

w) **proc** *line number* = (**file** *f*) **int** : (*opened* **of** *f* | *line* **of** *bfile* **of** *f*);

x) **proc** *page number* = (**file** *f*) **int** : (*opened* **of** *f* | *page* **of** *bfile* **of** *f*);

y) **proc** % *undefined* = **c** *irgendeine spezifische Aktion des Systems* {10.5.1.rr} **c**;

z) **proc** *make conv* = (**ref file** *f*, **struct** (**proc** [ ] **int** *F*) *c*) :
conv **of** *f* := *F* **of** *c*;

aa) **proc** *reidf* = (**file** *f*, **string** *idf*) : (*reidf possible* [*chan* **of** *f*] |
idf **of** *bfile* **of** *f* := *idf*);

10.5.1.3. Standard-Kanäle und Dateien

a) **int** *stand in channel* = **c** *eine ganzzahlige-Klausel derart, daß der Wert von get possible* [*stand in channel*] *wahr ist* **c**;

b) **int** *stand out channel* = **c** *eine ganzzahlige-Klausel derart, daß der Wert von put possible* [*stand out channel*] *wahr ist* **c**;

c) **int** *stand back channel* = **c** *eine ganzzahlige-Klausel derart, daß die Werte von reset possible* [*stand back channel*], *set possible* [*stand back channel*], *get possible* [*stand back channel*], *put possible* [*stand back channel*] *und bin possible* [*stand back channel*] *wahr sind* **c**;

d) **file** % *f*; *open* (*f*,, *stand in channel*); **file** *stand in* = *f*;

e) *open* (*f*,, *stand out channel*); **file** *stand out* = *f*;

f) *open* (*f*,, *stand back channel*); **file** *stand back* = *f*;

{Bestimmte "Standarddateien" (d,e,f) brauchen nicht (und können nicht) durch den Programmierer eröffnet zu werden, jedoch werden sie für ihn im **Standardvorspiel** eröffnet;

print (10.5.2.1.a) kann für die Ausgabe auf *stand out* benutzt werden, *read* (10.5.2.2.a) für die Eingabe aus *stand in* und *write bin* (10.5.4.1.a) und *read bin* (10.5.4.2.a) für die Transgabe innerhalb *stand back*. Der Programmierer braucht diese Standarddateien nicht zu schließen, da sie im **Standard-Nachspiel** gesperrt werden.}

*chainbfile [ch] := bfile **of** file;*
*opened **of** file := **false**; nmb opened files [ch] −:= 1);*

t) ***proc** lock = (**file** file) :*
*(opened **of** file | **int** ch = chan **of** file; **ref bfile***
*bf = bfile **of** file;*
*page **of** bf := line **of** bf := char **of** bf := 1;*
*next **of** bf := lockedbfile [ch];*
lockedbfile [ch] := bf;
*opened **of** file := **false**; nmb opened files [ch] −:= 1);*

u) ***proc** scratch = (**file** file) :*
*(opened **of** file | opened **of** file := **false**;*
*nmb opened files [chan **of** file] −:= 1);*

v) ***proc** char number = (**file** f) **int** : (opened **of** f | char **of** bfile **of** f);*

w) ***proc** line number = (**file** f) **int** : (opened **of** f | line **of** bfile **of** f);*

x) ***proc** page number = (**file** f) **int** : (opened **of** f | page **of** bfile **of** f);*

y) ***proc** % undefined = **c** some sensible system action {10.5.1.rr} **c**;*

z) ***proc** make conv = (**ref file** f, **struct (proc** [ ] **int** F) c) :*
*conv **of** f := F **of** c;*

aa) ***proc** reidf = (**file** f, **string** idf) : (reidf possible [chan **of** f] |*
*idf **of** bfile **of** f := idf);*

10.5.1.3. Standard channels and files

a) ***int** stand in channel = **c** an integral-clause such that the value of get possible [stand in channel] is true **c**;*

b) ***int** stand out channel = **c** an integral-clause such that the value of put possible [stand out channel] is true **c**;*

c) ***int** stand back channel = **c** an integral-clause such that the values of reset possible [stand back channel], set possible [stand back channel], get possible [stand back channel], put possible [stand back channel], and bin possible [stand back channel] are true **c**;*

d) ***file** % f; open (f,, stand in channel); **file** stand in = f;*

e) *open (f,, stand out channel); **file** stand out = f;*

f) *open (f,, stand back channel); **file** stand back = f;*

{Certain "standard files" (d, e, f) need not (and cannot) be opened by the programmer, but are opened for him in the **standard-prelude**; *print* (10.5.2.1.a) can be used for output on *stand out*, *read* (10.5.2.2.a) for input from *stand in*, and *write bin* (10.5.4.1.a) and *read bin* (10.5.4.2.a) for transput involving *stand back*. The programmer need not close these standard files, since they are locked in the **standard-postlude**.}

10.5.2. Formatlose Transgabe

10.5.2.1. Formatlose Ausgabe

{Für die formatlose Ausgabe kann *print* und *put* benutzt werden. Die Elemente des gegebenen Wertes von dem Modus, der durch [ ] ***union (outtype, proc (file))*** spezifiziert wird, werden eines nach dem anderen behandelt; wenn ein Element von dem Modus ist, der durch ***proc (file)*** (d. h. eine "Layout Prozedur") spezifiziert ist, dann wird es mit der Datei als seinem Parameter aufgerufen; anderenfalls wird es gestreckt (10.5.0.2) und die sich ergebenden Werte werden nacheinander auf die gegebene Datei wie folgt ausgegeben:

aa) Wenn der Modus des Wertes durch ***L int*** spezifiziert wird, dann wird zunächst, sofern nicht genug Raum auf der Zeile für *L int width + 2* Zeichen ist, dieser Raum durch das Geben einer neuen Zeile erzeugt und wenn die Seite gefüllt ist, durch das Geben einer neuen Seite. Als nächstes, nur nicht am Beginn einer Zeile, wird ein Zwischenraum gegeben und der Wert wird wie unter der Steuerung des **Abbildes** *n (L int width – 1) z + d* ediert.

bb) Wenn der Modus des Wertes durch ***L real*** spezifiziert wird, dann wird zunächst, sofern nicht genug Raum auf der Zeile für *L real width + L expwidth + 5* Zeichen ist, dieser Raum erzeugt; als nächstes wird, nur nicht am Beginn einer Zeile, ein Zwischenraum gegeben und der Wert wie unter der Steuerung des **Abbildes** *+ d.n(L real width – 1)den(L expwidth – 1) z + d* ediert.

cc) Wenn der Modus des Wertes durch ***L compl*** spezifiziert wird, dann wird zunächst, sofern nicht genug Raum auf der Zeile für *2 × (L real width + L expwidth) + 11* Zeichen ist, dieser Raum erzeugt; als nächstes wird, nur nicht am Beginn einer Zeile, ein Zwischenraum gegeben und der Wert wie unter der Steuerung des **Abbildes** *+ d.n(L real width – 1)den (L expwidth – 1)z+d"." i+d.n(L real width – 1)den(L expwidth – 1) z+d* ediert.

dd) Wenn der Modus des Wertes durch [ ] ***char*** spezifiziert wird, dann werden seine Elemente eines nach dem anderen geschrieben.

ee) Wenn der Modus des Wertes durch ***char*** spezifiziert wird, dann wird zunächst, sofern die Zeile gefüllt ist, Raum erzeugt; danach wird das Zeichen geschrieben.

ff) Wenn der Modus des Wertes durch ***bool*** spezifiziert wird, dann wird, sofern der Wert wahr (falsch) ist, das Zeichen, das durch das **Flip-(Flop-)Symbol** besessen wird, wie in ee ausgegeben.}

```
a)  proc print = ([ ] union (outtype, proc (file)) x) :
      put (stand out, x);
b)  proc put = (file file, [1 :] union (outtype, proc (file)) x) :
      begin outtype ot; proc (file) pf;
        for i to ⌈ x do (ot ::= x [i]; pf ::= x [i] | pf (file) |
        [1 :] simplout y = straightout ot;
        for j to ⌈ y do (string s, bool b, char k;
        (≮ (L int i; (i ::= y [j] |
```

10.5.2. Formatless transput

10.5.2.1. Formatless output

{For formatless output, *print* and *put* can be used. The elements of the given value of the mode specified by [ ] ***union (outtype, proc (file))*** are treated one after the other; if an element is of the mode specified by ***proc (file)*** (i.e., a "layout procedure"), then it is called with the file as its parameter; otherwise, it is straightened (10.5.0.2), and the resulting values are output on the given file one after the other, as follows:

aa) If the mode of the value is specified by ***L int***, then first, if there is not enough room on the line for *L int width + 2* characters, then this room is made by giving a new line and, if the page is full, giving a new page; next, when not at the beginning of a line, a space is given and the value is edited as if under control of the **picture** *n (L int width − 1) z + d.*

bb) If the mode of the value is specified by ***L real***, then first, if there is not enough room on the line for *L real width + L expwidth + 5* characters, then this room is made; next, when not at the beginning of a line, a space is given, and the value is edited as if under control of the **picture** *+d.n(L real width − 1)den(L expwidth − 1) z+d.*

cc) If the mode of the value is specified by ***L compl***, then first, if there is not enough room on the line for *2 × (L real width + L expwidth) + 11* characters, then this room is made; next, when not at the beginning of a line, a space is given, and the value is edited as if under control of the **picture** *+d.n(L real width − 1)den(L expwidth − 1)z+d"."i+d.n(L real width − 1) den(L expwidth − 1)z+d.*

dd) If the mode of the value is specified by [ ] ***char***, then its elements are written one after the other.

ee) If the mode of the value is specified by ***char***, then first, if the line is full, then room is made, and next the character is written.

ff) If the mode of the value is specified by ***bool***, then, if the value is true (false), then the character possessed by the **flip-** (**flop-**)**symbol** is output as ee.}

a) ***proc*** *print* = ([ ] ***union (outtype, proc (file))*** *x*) :
put (stand out, x);

b) ***proc*** *put* = (***file*** *file*, [1 :] ***union (outtype, proc (file))*** *x*) :
begin outtype *ot*; ***proc (file)*** *pf*;
for *i* ***to*** ⌈ *x* ***do*** (*ot* ::= *x* [*i*]; *pf* ::= *x* [*i*] | *pf (file)* |
[*1* :] ***simplout*** *y* = ***straightout*** *ot;*
for *j* ***to*** ⌈ *y* ***do*** (***string*** *s*, ***bool*** *b*, ***char*** *k*;
(⊀ (***L int*** *i*; (*i* ::= *y* [*j*] |

```
        s := L int string (i, L int width + 1, 10);
        sign supp zero (s, 1, L int width))) ≯);
      (≮ (L real x; (x ::= y [j] | s := L real conv (x))) ≯);
      (≮ (L compl z; (z ::= y [j] | s := L real conv (re z)
        +".⊥" + L real conv (im z))) ≯);
      (b ::= y [j] | put (file, (b | "1" | "0")); end);
      (k ::= y [j] | nextplc (file); put string (file, k); end);
      (s ::= y [j] | put string (file, s); end);
      ref int c = char of bfile of file; int c1 = c, n = ⌈ s;
      c +:= (c1 = 1 | n | n + 1);
      (line ended (file) | nextplc (file) | c := c1);
      put string (file, (c = 1 | s | "." + s));
  end: skip))
  end;
```

Tabelle II: Darstellung der Werte von
***L int string*, *L dec string* und *L real string* (10.5.2.1.c,e,d)**

```
                          ←———w-1———→
L int string:             +DDDDDDDDDD
                         ←———— w ————→

                         ←--w-d-2--→ ←-- d -→
L dec string:            +DDDDDDD.DDDDD
                        ←—————w—————→

                 ← w-d-e-4 → ←-- d --→    ←e→
L real string:   +DDDDDDD.DDDDD₁₀+DDD
                ←———————— w ————————→
```

Tabelle III: Die Bedeutung der Elemente von *frame* (10.5.3.i)

frame

[*1*] Wert (1 = Ganzzahl, 2 = Real Festpunkt, 3 = Real Gleitpunkt, 4 = Komplex Festpunkt, 5 = Komplex Gleitpunkt, 6 = Zeichenkette, 7 = Ganzzahl Auswahl, 8 = Boolesch, 9 = Zeichen)

[*2*] Radix (2, 4, 8, 10 oder 16)

[*3*] Vorzeichen (0 = keine Vorzeichenvorlage, 1 = Vorzeichenvorlage+, 2 = Vorzeichenvorlage−)

[*4*] Zahl der Ziffern vor dem Punkt; wenn der Wert = 1, dann w − 1, jedoch wenn der Wert = 2 oder 4 ist, dann w − d − 2, sonst, wenn der Wert = 3 oder 5, dann w − d − e − 4 oder wenn der Wert = 6, dann die Zahl der Zeichen in der Zeichenkette, wenn diese konstant ist, oder 0, wenn diese Zahl variabel ist.

[*5*] Zahl der Ziffern nach dem Punkt; wenn der Wert = 2, 3, 4 oder 5 ist, dann d;

[*6*] Vorzeichen des Exponenten; wenn der Wert = 3 oder 5 ist, dann wie [*3*]

[*7*] Zahl der Ziffern des Exponenten; wenn der Wert = 3 oder 5 ist, dann e;

[*8*] , . . . , [*14*] wie [*1*], . . . , [*7*], wenn *frame* [*1*] = 4 oder 5 ist.

```
        s := L int string (i, L int width + 1, 10);
        sign supp zero (s, 1, L int width))) ≯);
      (≮ (L real x; (x ::= y [j] | s := L real conv (x))) ≯);
      (≮ (L compl z; (z ::= y [j] | s := L real conv (re z)
         + ".⊥" + L real conv (im z))) ≯);
      (b ::= y [j] | put (file, (b | "1" | "0")); end);
      (k ::= y [j] | nextplc (file); put string (file, k); end);
      (s ::= y [j] | putstring (file, s); end);
      ref int c = char of bfile of file; int c1 = c, n = ⌈ s;
      c +:= (c1 = 1 | n | n + 1);
      (line ended (file) | next plc (file) | c := c1);
      put string (file, (c = 1 | s | "." + s));
  end: skip))
  end;
```

TABLE II: Display of the values of
***L int string*, *L dec string* and *L real string* (10.5.2.1.c,e,d)**

L int string:

```
  ←——-w-1-——→
 +DDDDDDDDDD
 ←——— w ———→
```

L dec string:

```
  ←-w-d-2-→ ←- d -→
 +DDDDDDD.DDDDD
 ←———— w ————→
```

L real string:

```
  ← w-d-e-4 → ←- d -→    ←e→
 +DDDDDDD.DDDDD₁₀+DDD
 ←————————— w ——————→
```

TABLE III: Significance of the elements of *frame* (10.5.3.i)

frame

[*1*] type (1 = integer, 2 = real fixed, 3 = real floating, 4 = complex fixed, 5 = complex floating, 6 = string, 7 = integer choice, 8 = boolean, 9 = character);

[*2*] radix (2, 4, 8, 10 or 16);

[*3*] sign (0 = no sign frame, 1 = sign frame +, 2 = sign frame −);

[*4*] number of digits before point; if type = 1, then w − 1, else if type = 2 or 4, then w − d − 2, else if type = 3 or 5, then w − d − e − 4, or, if type = 6, then the number of characters in the string if this is constant, or 0, if this number is variable;

[*5*] number of digits after point; if type = 2, 3, 4 of 5 then d;

[*6*] sign of exponent; if type = 3 or 5, then as [*3*];

[*7*] number of digits in exponents; if type = 3 or 5, then e;

[*8*] , . . . , [*14*] as [*1*], . . . , [*7*] when *frame* [*1*] = 4 or 5.

```
c)  proc L int string = (L int x, int w, r) string : (r > 1 ∧ r < 17 |
      string c :=; L int n := abs x; L int lr = K r;
      for i to w − 1 do (dig char (S (n ÷: lr)) +=: c; n ÷:= lr);
      (n = L 0 | (x ≥ L 0 | "+" | "−") + c | "") | "");
d)  proc L real string = (L real x, int w, d, e) string:
        (d ≥ 0 ∧ e > 0 ∧ d + e + 4 ≤ w |
      L real g = L 10 ↑ (w − d − e − 4); L real h = g × L .1;
      L real y := abs x; int p := 0;
      while y ≥ g do (y ×:= L .1; p +:= 1);
      (y > L 0 | while y < h ∧ p − 1 > − (10 ↑ e) do (y ×:= L 10;
      p −:= 1));
      (y + L .5 × L .1 ↑ d ≥ g | y := h; p +:= 1);
      L dec string ((x ≥ 0 | y | −y), w − e − 2, d) +
     "⏨" + int string (p, e + 1, 10));
e)  proc L dec string = (L real x, int w, d) string :
      (abs x < L 10 ↑ (w − d − 2) ∧ d ≥ 0 ∧ d + 2 ≤ w | string s := ;
      L real y := (abs x + L .5 × L .1 ↑ d) × L .1 ↑ (w − d − 2);
      to w − 2 do s +:= dig char ((int c = S ⌊
      (y ×:= L 10); y −:= K c; c));
      (x ≥ 0 | "+" | "−") + s [1 : w − d − 2] + "." + s [w − d − 1 :]);
f)  proc % dig char = (int x) char : ("0123456789abcdef" [x + 1]);
    { In Verbindung mit 10.5.2.1.c,d,e siehe Tabelle II.}
g)  proc % sign supp zero = (ref string c, int l, u):
      for i from l + 1 to u while c [i] = "0" do
      (c [i] := c [i − 1]; c [i − 1] := ".");
h)  int L int width = (int c := 1;
      while L 10 ↑ (c − 1) < L .1 × L max int do c +:= 1; c);
i)  int L real width = 1 − S ⌊ (L ln (L small real) / L ln (L 10));
j)  int L exp width = 1 + S
     ⌊ (L ln (L ln (L max real) / L ln (L 10)) / L ln (L 10));
k)  proc % L real conv = (L real x) string:
      (string s := L real string (x, L real width + L exp width + 4,
      L real width − 1, L exp width); sign supp zero (s, L real width + 4,
      L real width + L exp width + 3); s);
l)  proc % next plc = (file file) : (opened of file |
      (line ended (file) | new line (file));
      (page ended (file) | new page (file)));
```

10.5.2.2. Formatlose Eingabe

{Für die formatlose Eingabe kann *read* und *get* benutzt werden. Die Elemente des gegebenen Wertes von dem Modus, der durch [ ] ***union (intype, proc (file))*** spezifiziert wird, werden eines nach dem anderen behandelt. Wenn ein Element eine Layout-Prozedur ist, dann wird es mit der Datei als seinem

c) ***proc L int string = (L int x, int w, r) string : (r > 1 ∧ r < 17 |***
string c := ; L int n := abs x; L int lr = K r;
for i to w − 1 do (dig char (S (n ÷: lr)) +=: c; n ÷:= lr);
(n = L 0 | (x ≥ L 0 | "+" | "−") + c | "") | "");

d) ***proc L real string = (L real x, int w, d, e) string:***
(d ≥ 0 ∧ e > 0 ∧ d + e + 4 ≤ w |
L real g = L 10 ↑ (w − d − e − 4); L real h = g × L .1;
L real y := abs x; int p := 0;
while y ≥ g do (y ×:= L .1; p +:= 1);
(y > L 0 | while y < h ∧ p − 1 > − (10 ↑ e) do (y ×:= L 10;
p −:= 1));
(y + L .5 × L .1 ↑ d ≥ g | y := h; p +:= 1);
L dec string ((x ≥ 0 | y | −y), w − e − 2, d) +
"$_{10}$" + int string (p, e + 1, 10));

e) ***proc L dec string = (L real x, int w, d) string :***
(abs x < L 10 ↑ (w − d − 2) ∧ d ≥ 0 ∧ d + 2 ≤ w | string s := ;
L real y := (abs x + L .5 × L .1 ↑ d) × L .1 ↑ (w − d − 2);
to w − 2 do s +:= dig char ((int c = S ⌊
(y ×:= L 10); y −:= K c; c));
(x ≥ 0 | "+" | "−") + s [1 : w − d − 2] + "." + s [w − d − 1 :]);

f) ***proc % dig char = (int x) char : ("0123456789abcdef" [x + 1]);***
{In connection with 10.5.2.1.c,d,e, see Table II.}

g) ***proc % sign supp zero = (ref string c, int l, u):***
for i from l + 1 to u while c [i] = "0" do
(c [i] := c [i − 1]; c [i − 1] := ".");

h) ***int L int width = (int c := 1;***
while L 10 ↑ (c − 1) < L .1 × L max int do c +:= 1; c);

i) ***int L real width = 1 − S ⌊ (L ln (L small real) / L ln (L 10));***

j) ***int L exp width = 1 + S***
⌊ (L ln (L ln (L max real) / L ln (L 10)) / L ln (L 10));

k) ***proc % L real conv = (L real x) string:***
(string s := L real string (x, L real width + L exp width + 4,
L real width − 1, L exp width); sign supp zero (s, L real width + 4,
L real width + L exp width + 3); s);

l) ***proc % next plc = (file file) : (opened of file |***
(line ended (file) | new line (file));
(page ended (file) | new page (file)));

10.5.2.2. Formatless input

{For formatless input, *read* and *get* can be used. The elements of the given value of the mode specified by [ ] *union (intype, proc (file))* are treated one after the other; if an element is a layout procedure, then it is called with the file as

Parameter aufgerufen. Anderenfalls wird es gestreckt (10.5.0.2), und den resultierenden Namen werden Werte zugewiesen, die von der gegebenen Datei wie folgt eingegeben werden:

aa) Wenn der Name zu einem Wert referiert, dessen Modus durch ***L int*** spezifiziert wird, dann wird zuerst die Datei nach dem ersten Zeichen durchmustert, das kein Zwischenraum ist (wobei notfalls neue Zeilen oder Seiten genommen werden). Als nächstes wird die größte Zeichenkette von der Datei gelesen, die unter der Steuerung irgendeines **Abbildes** der Form *n(k2)dd* oder *+n(k1)"."n(k2)dd* indiert werden könnte. Diese Zeichenkette wird durch *L string int* in eine ganze Zahl konvertiert.

bb) Wenn der Name zu einem Wert referiert, dessen Modus durch ***L real*** spezifiziert wird, dann wird zuerst die Datei nach dem ersten Zeichen durchmustert, das kein Zwischenraum ist. Als nächstes wird die größte Zeichenkette von der Datei gelesen, die unter der Steuerung eines **Abbildes** der Form *+n(k1)"."n(k2)d* oder *n(k2)d* gefolgt von *.n(k3)dd* oder *ds.*, möglicherweise gefolgt von *en(k4)"."+n(k5)"."n(k6)dd* oder *en(k5)"."n(k6)dd* indiert werden könnte.
Diese Zeichenkette wird durch *L string real* in eine Realzahl konvertiert.

cc) Wenn der Name zu einem Wert referiert, dessen Modus durch ***L compl*** spezifiziert wird, dann wird zuerst eine real-Zahl wie in bb eingegeben und dem Realteil zugeordnet. Als nächstes wird die Datei nach dem ersten Zeichen durchmustert, das kein Zwischenraum ist. Als nächstes wird ein plus i mal erwartet. Schließlich wird eine real-Zahl eingegeben und dem Imaginärteil zugeordnet.

dd) Wenn der Name zu einem Wert referiert, dessen Modus durch [ ] ***char*** spezifiziert wird, und wenn der obere und der untere Status des Wertes beide gleich 1 sind, dann werden so viele Zeichen gelesen wie der Wert Elemente hat. Sind nicht beide Stati gleich 1, dann werden Zeichen von der Zeile unter der Steuerung der Beendiger-Zeichenkette, die von der Datei referiert wird (5.5.1.jj, 10.5.1.mm), eingelesen. Die Zeichenkette mit diesen Zeichen als ihren Elementen ist dann der resultierende Wert.

ee) Wenn der Name zu einem Wert referiert, dessen Modus durch ***char*** spezifiziert wird, dann wird zuerst, falls die Zeile voll ist, eine neue Zeile begonnen und, falls die Seite voll ist, eine neue Seite. Als nächstes wird das Zeichen von der Datei gelesen.

ff) Wenn der Name zu einem Wert referiert, dessen Modus durch ***bool*** spezifiziert wird, dann wird zuerst die Datei nach dem ersten Zeichen durchmustert, das kein Zwischenraum ist. Dann wird ein Zeichen gelesen. Ist dieses Zeichen jenes, das vom **flip-(flop-) Symbol** besessen wird, dann ist der resultierende Wert wahr (falsch). Ist das Zeichen keines von jenen, dann wird *char error* der Datei mit falsch aufgerufen.}

a) ***proc read = ([ ] union (intype, proc (file)) x) :***
get (stand in, x);

its parameter; otherwise, it is straightened (10.5.0.2), and to the resulting names values are assigned, input from the given file as follows:

aa) If the name refers to a value whose mode is specified by *L int*, then first, the file is searched for the first character that is not a space (giving new lines and pages as necessary); next, the largest string is read from the file that could be indited under control of some picture of the form *n(k2)dd* or *+n(k1)"."n(k2)dd*; this string is converted to an integer by *L string int*.

bb) If the name refers to a value whose mode is specified by *L real*, then first, the file is searched for the first character that is not a space; next, the largest string is read from the file that could be indited under control of a picture of the form *+n(k1)"."n(k2)d* or *n(k2)d* followed by *.n(k3)dd* or *ds.*, possibly followed by *en(k4)"."+n(k5)"."n(k6)dd* or *en(k5)"."n(k6)dd*; this string is converted to a real number by *L string real*.

cc) If the name refers to a value whose mode is specified by *L compl*, then first, a real number is input as in bb, and assigned to the real part; next, the file is searched for the first character that is not a space; next, a plus i times is expected; finally, a real number is input and assigned to the imaginary part.

dd) If the name refers to a value whose mode is specified by [ ] *char*, then, if both upper and lower state of the value are 1, then as many characters are read as the value has elements; if not both states are 1, then characters are read from the line under control of the terminator string referenced by the file (5.5.1.jj, 10.5.1.mm); the string with those characters as its elements is then the resulting value.

ee) If the name refers to a value whose mode is specified by *char*, then first, if the line is full, a new line is given, and, if the page is full, a new page is given; next, the character is read from the file.

ff) If the name refers to a value whose mode is specified by *bool*, then first, the file is searched for the first character that is not a space; then a character is read; if this character is that possessed by the flip-(flop-)symbol, then the resulting value is true (false); if the character is neither of those, then *char error* of the file is called with false.}

a) ***proc read* = ([ ] *union (intype, proc (file)) x)* :**
get (stand in, x);

```
b)  proc get = (file file, [1 :] union (intype, proc (file)) x) :
     begin intype it; proc (file) pf; char k; priority ! = 8;
     for i to ⌈ x do (it ::= x [i]; pf ::= x [i] | pf (file) |
       [1 :] intype y = straightin it;
       op ? = (string s) bool :
       (outside (file) | false |: get string (file, k);
       char in string (k, loc int, s) |
       true | backspace (file); false);
       op ? = (char c) bool : ? (string : c);
       op ! = (string s, char c) char;
       (get string (file, k); char in string (k, loc int, s) |
       k | char sugg := c; ((char error of file) (sugg) |
       sugg | undefined; c));
     op ! = (char s, c) char : (string : s) ! c;
     proc skip spaces =: while (next plc(file); ? ".") do skip;
     proc string read dig = string :
       (string t := "0123456789" ! "0"; while ? "0123456789"
       do t +:= k; t);
     proc string read num = string :
       (char t := (skip spaces; ? "+-" | k | "+");
       while ? "." do skip; t + read dig);
     proc string read real = string :
       (string t := read num; (? "." | t +:= "."
       + read dig);
       (? "e10" | t +:= "10" + read num); t);
       for j to ⌈ y do
       (ref bool bb; ref char cc; ref string ss;
       (⊀ (ref L int ii; (ii ::= y [j] |
         (ref L int : ii) := L string int (read num, 10))) ⊁);
       (⊀ (ref L real xx; (xx ::= y [j] |
         (ref L real : xx) := L string real (read real))) ⊁);
       (⊀ (ref L compl zz; (zz ::= y [j] | get (file, re of zz);
       skip spaces; "⊥" ! "⊥"; get (file, im of zz)) ⊁);
       (bb ::= y [j] | skip spaces; (ref bool : bb) :=
       (? "1" | true | "0" ! "0" = "1"));
       (cc ::= y [j] | next plc (file); get string (file, cc));
       (ss ::= y [j] |: ⌊ss ∧ ⌈ss | get string
       (file, ss [& 1]) |
       string t; & while ((outside (file) | physical file end of file);
       outside (file) | false | :
       ? term of file | backspace (file); false | true)
       do t +:= k;
```

```
b)  proc get = (file file, [1 :] union (intype, proc (file)) x) :
      begin intype it; proc (file) pf; char k; priority ! = 8;
      for i to ⌈ x do (it ::= x [i]; pf ::= x [i] | pf (file) |
        [1 :] intype y = straightin it;
        op ? = (string s) bool:
        (outside (file) | false |: get string (file, k);
        char in string (k, loc int, s) |
        true | backspace (file); false);
        op ? = (char c) bool : ? (string : c);
        op ! = (string s, char c) char:
        (get string (file, k); char in string (k, loc int, s) |
        k | char sugg := c; ((char error of file) (sugg) |
        sugg | undefined; c));
      op ! = (char s, c) char : (string : s) ! c;
      proc skip spaces =: while (next plc(file); ? ".") do skip;
      proc string read dig = string :
        (string t := "0123456789" ! "0"; while ? "0123456789"
        do t +:= k; t);
      proc string read num = string :
        (char t := (skip spaces; ? "+−" | k | "+");
        while ? "." do skip; t + read dig);
      proc string read real = string :
        (string t := read num; (? "." | t +:= "."
        + read dig);
        (? "e₁₀" | t +:= "₁₀" + read num); t);
        for j to ⌈ y do
        (ref bool bb; ref char cc; ref string ss;
        (⊀ (ref L int ii; (ii ::= y [j] |
          (ref L int : ii) := L string int (read num, 10))) ⊁);
        (⊀ (ref L real xx; (xx ::= y [j] |
          (ref L real : xx) := L string real (read real))) ⊁);
        (⊀ (ref L compl zz; (zz ::= y [j] | get (file, re of zz);
          skip spaces; "⊥" ! "⊥"; get (file, im of zz)) ⊁);
        (bb ::= y [j] | skip spaces; (ref bool : bb) :=
          (? "1" | true | "0" ! "0" = "1"));
        (cc ::= y [j] | next plc (file); get string (file, cc));
        (ss ::= y [j] |: ⌊ss ∧ ⌈ss | get string
        (file, ss [å 1]) |
        string t; while ((outside (file) | physical file end of file);
        outside (file) | false | :
        ? term of file | backspace (file); false | true)
        do t +:= k;
```

```
        (ref string : ss) :=
          t [å(⌊ ss | ⌊ ss | : ⌈ ss | 1 − ⌈ t + ⌈ ss | 1)])))
        end;
c)  proc L string int = (string x, int r) L int :
        (r > 1 ∧ r < 17 | L int n := L 0; L int lr = K r; int w = ⌈ x;
        for i from 2 to w do n := n × lr + K (int d = char dig (x [i]);
        (d < r | d)); (x [1] = "+" | n | : x [1] = "−" | − n));
d)  proc L string real = (string x) L real :
        (int e; ((char in string ("₁₀", e, x) | true |
        char in string ("e", e, x)) | L string dec (x [1 : e − 1]) ×
        L 10.0 ↑ string int (x [e + 1 :], 10) | L string dec (x)));
e)  proc L string dec = (string x) L real : (int w = ⌈ x;
        L real r := L 0; int p; (char in string (".", p, x) |
        [1 : w − 2] char s = x [2 : p − 1] + x [p + 1 :];
        for i to w − 2 do r := L 10 × r +
        K (int d = char dig (s [i]); (d < 10 | d));
        (x [1] = "+" | r | : x [1] = "−" | − r) × L .1 ↑ (w − p) |
        L string dec (x + ".")));
f)  proc % char dig = (char x) int :
        (int i; (char in string (x, i, "0123456789abcdef") |
          i − 1 | undefined; 0));
g)  proc % outside = (file file) bool : line ended (file) ∨
        page ended (file) ∨ file ended (file);
```

10.5.3. Transgabe mit Formaten

{Über die Bedeutung der Formate siehe **Format-Gestalten** (5.5).}

```
a) proc format = (file file, tamrof tamrof) :
      (forp of file := 1; format of file := collection list pack
      ("(" + F1 of tamrof + ")", loc int := 1));
b) proc % collection list pack = (string s, ref int p) string :
      (string t := collection (s, p);
      while s [p] = "," do t +:= "," + collection (s, p); p +:= 1; t);
c) proc % collection = (string s, ref int p) string :
      (int n, q; string f := (p +:= 1; insertion (s, p));
      q := p; replicator (s, p, n);
      (s [p] = "(" | string t = collection list pack (s, p);
      to n do f +:= t | p := q; f +:= picture (s, p, loc [1 : 14] int));
      f + insertion (s, p));
d) proc % insertion = (string s, ref int p) string :
      (int q = p; skip insertion (s, p); s [q : p − 1]);
e) proc % skip insertion = (string s, ref int p) :
      while (p > ⌈ s | false |: skip align (s, p) | true |
      skip lit (s, p)) do skip;
```

```
    (ref string : ss) :=
      t [å(| ss | ⌊ ss | : ( ss | 1 − ⌈ t + ⌈ ss | 1)])))
    end;
c)  proc L string int = (string x, int r) L int :
    (r > 1 ∧ r < 17 | ⌊ int n := L 0; L int lr = K r; int w = ⌊ x;
    for i from 2 to w do n := n × lr + K (int d = char dig (x [i]);
    (d < r | d)); (x [1] = "+" | n | : x [1] = "−" | − n));
d)  proc L string real = (string x) L real :
    (int e; ((char in string ("₁₀", e, x) | true |
    char in string ("e", e, x)) | L string dec (x [1 : e − 1]) ×
    L 10.0 ↑ string int (x [e + 1 :], 10) | L string dec (x)));
e)  proc L string dec = (string x) L real : (int w = ⌈ x;
    L real r := L 0; int p; (char in string (".", p, x) |
    [1 : w − 2] char s = x [2 : p − 1] + x [p + 1 :];
    for i to w − 2 do r := L 10 × r +
    K (int d = char dig (s [i]); (d < 10 | d));
    (x [1] = "+" | r | : x [1] = "−" | − r) × L .1 ↑ (w − p) |
    L string dec (x + ".")));
f)  proc % char dig = (char x) int :
    (int i; (char in string (x, i, "0123456789abcdef") |
      i − 1 | undefined; 0));
g)  proc % outside = (file file) bool : line ended (file) ∨
    page ended (file) ∨ file ended (file);
```

10.5.3. Formatted transput

{For the significance of formats see **format-denotations** (5.5).}

```
a) proc format = (file file, tamrof tamrof) :
     (forp of file := 1; format of file := collection list pack
     ("(" + F1 of tamrof + ")", loc int := 1));
b) proc % collection list pack = (string s, ref int p) string :
     (string t := collection (s, p);
     while s [p] = "," do t +:= "," + collection (s, p); p +:= 1; t);
c) proc % collection = (string s, ref int p) string :
     (int n, q; string f := (p +:= 1; insertion (s, p));
     q := p; replicator (s, p, n);
     (s [p] = "(" | string t = collection list pack (s, p);
     to n do f +:= t | p := q; f +:= picture (s, p, loc [1 : 14] int));
     f + insertion (s, p));
d) proc % insertion = (string s, ref int p) string :
     (int q = p; skip insertion (s, p); s [q : p − 1]);
e) proc % skip insertion = (string s, ref int p) :
     while (p > ⌈ s | false |: skip align (s, p) | true |
     skip lit (s, p)) do skip;
```

```
f) proc % skip align = (string s, ref int p) bool :
     (int q = p; replicator (s, p, loc int);
     (char in string (s [p], loc int, "xyplk") |
     p + := 1; true | p := q; false));
g) proc % replicator = (string s, ref int p, n) :
     (string t; while char in string (s [p], loc int,
     "0123456789") do (t +:= s [p]; p +:= 1);
     n := (t = "" | 1 | string int ("+" + t, 10)));
h) proc % skip lit = (string s, ref int p) bool :
     (int q = p; replicator (s, p, loc int);
     (s [p] = """" | while (s [p +:= 1] = """" |
     s [p +:= 1] = """" |
     true) do skip; true | p := q; false));
i) proc % picture = (string format, ref int p, ref [ ] int frame) string :
     begin int n; int po = p; bool a;
       op ? = (string s) bool :
         (skip insertion (format, p); p > ⌈ format | false |
         int q = p; replicator (format, p, n); a := q = p;
         (format [p] = "s" | p +:= 1);
         (char in string (format [p], loc int, s)|
         p +:= 1; true | p := q; false));
         op ? = (char c) bool : ? (string : c);
         proc intreal pattern = (ref (1 : 7] int frame) bool :
             ((num mould (frame [2 : 4]) | frame [1] := 1; l);
             (? "." | : num mould (frame [3 : 5]) |
             frame [1] := 2; l);
             (? "e" | : num mould (frame [5 : 7]) |
             frame [1] := 3; l); false. l : true);
         proc num mould = (ref [1 : 3] int frame) bool :
         ((? "r" | frame [1] := n); (? "z" | frame [3] +:= n);
         (? "+" | frame [2] := 1 | : ? "−" | frame [2] := 2);
           while ? "dz" do frame [3] +:= n;
           format [p] = "," ∨ format (p] = "i" ∨ format [p] = ")");
         proc string mould = (ref [ ] int frame) bool :
           (? "t" | true |
           while ? "a" do frame [4] +:= n; format [p] = "," ∨
           format [p] = ")");
           for i to 14 do frame [i] := 0; frame [2] := 10;
           (intreal pattern (frame [1 : 7]) | (? "i" |
           frame [1] +:= 2; intreal pattern (frame [8 : 14])); end);
           (string mould (frame) | frame [1] :=
           (frame [4] = 1 ∧ a | 9 | 6); end);
           (? "b" | frame [1] := 8 | : ? "c" | frame [1] := 7 |
           frame [1] := 0; end);
```

```
f) proc % skip align = (string s, ref int p) bool :
     (int q = p; replicator (s, p, loc int);
     (char in string (s [p], loc int, "xyplk") |
     p +:= 1; true | p := q; false));
g) proc % replicator = (string s, ref int p, n) :
     (string t; while char in string (s [p], loc int,
     "0123456789") do (t +:= s [p]; p +:= 1);
     n := (t = "" | 1 | string int ("+" + t, 10)));
h) proc % skip lit = (string s, ref int p) bool :
     (int q = p; replicator (s, p, loc int);
     (s [p] = """" | while (s [p +:= 1] = """" |
     s [p +:= 1] = """" |
     true) do skip; true | p := q; false));
i) proc % picture = (string format, ref int p, ref [ ] int frame) string :
     begin int n; int po = p; bool a;
       op ? = (string s) bool :
         (skip insertion (format, p); p > ⌈ format | false |
         int q = p; replicator (format, p, n); a := q = p;
         (format [p] = "s" | p +:= 1);
         (char in string (format [p], loc int, s)|
         p +:= 1; true | p := q; false));
         op ? = (char c) bool: ? (string : c);
         proc intreal pattern = (ref (1 : 7] int frame) bool :
               ((num mould (frame [2 : 4]) | frame [1] := 1; l);
               (? "." | : num mould (frame [3 : 5]) |
               frame [1] := 2; l);
               (? "e" | : num mould (frame [5 : 7]) |
               frame [1] := 3; l); false. l : true);
        proc num mould = (ref [1 : 3] int frame) bool :
        ((? "r" | frame [1] := n); (? "z" | frame [3] +:= n);
        (? "+" | frame [2] := 1 | : ? "−" | frame [2] := 2);
           while ? "dz" do frame [3] +:= n;
           format [p] = "," ∨ format [p] = "i" ∨ format [p] = ")");
         proc string mould = (ref [ ] int frame) bool :
           (? "t" | true |
           while ? "a" do frame [4] +:= n; format [p] = "," ∨
           format [p] = ")");
           for i to 14 do frame [i] := 0; frame [2] := 10;
           (intreal pattern (frame [1 : 7]) | (? "i" |
           frame [1] +:= 2; intreal pattern (frame [8 : 14])); end);
           (string mould (frame) | frame [1] :=
           (frame [4] = 1 ∧ a | 9 | 6); end);
           (? "b" | frame [1] := 8 | : ? "c" | frame [1] := 7 |
           frame [1] := 0; end);
```

```
      (format [p] = "(" | while ? "),"
      do skip lit (format, p); p +:= 1);
    end: skip insertion (format, p); format [po : p − 1]
  end;
  {In Verbindung mit 10.5.3.i siehe Tabelle III.}
```

10.5.3.1. Ausgabe mit Formaten

```
a) proc outf = (file file, tamrof tamrof, [ ] outtype x):
     (format (file, tamrof); out (file, x));
b) proc out = (file file, [1 : ] outtype x) :
     begin string format = format of file; ref int p = forp of file;
              for k to ⌈ x do
              ([1 : ] simplout y = straightout x [k]; int q, j := 0;
              [1 : 14] int frame;
     rep:     j +:= 1;
     step:    while (do insertion (file, format, p);
              p > ⌈ format | false |
              format [p] = ",") do p +:= 1; (j > ⌈ y | end);
              (p > ⌈ format | (¬ format end of file | p := 1);
              step);
              q := p; picture (format, q, frame);
              (frame [1] | int, real, real, compl, compl,
              string, intch, bool, char);
     int:     (⪡ (L int i; (i ::= y [j] |
              edit L int (file, i, format, p, frame); rep)) ⪢); incomp;
     real:    (⪡ (L real x; (x ::= y [j] |
              edit L real (file, x, format, p, frame); rep)) ⪢);
              (⪡ (L int i; (i ::= y [j] |
              edit L real (file, i, format, p, frame); rep)) ⪢); incomp;
     compl:   (⪡ (L compl z; (z ::= y [j] |
              edit L compl (file, z, format, p, frame); rep)) ⪢);
              (⪡ (L real x; (x ::= y [j] |
              edit L compl (file, x, format, p, frame); rep)) ⪢ );
              (⪡ (L int i; (i ::= y [j] |
              edit L compl (file, i, format, p, frame); rep)) ⪢); incomp;
     string:  ([1 flex : 0 flex] char s;
              (s ::= y [j] |: frame [4] = 0 | put (file, s) |
              edit string (file, s [å 1], format, p, frame); rep));
     char:    (char c; (c ::= y [j] |
              edit string (file, c, format, p, frame); rep)); incomp;
     intch:   (int i; (i ::= y [j] |
              edit choice (file, i, format, p); rep)); incomp;
     bool:    (bool b; (b ::= y [j] |
              edit bool (file, b, format, p); rep));
```

```
      (format [p] = "(" | while ? "),"
      do skip lit (format, p); p +:= 1);
   end: skip insertion (format, p); format [po : p - 1]
   end;
   {In connection with 10.5.3.i see Table III.}
```

10.5.3.1. Formatted output

```
a) proc outf = (file file, tamrof tamrof, [ ] outtype x):
      (format (file, tamrof); out (file, x));
b) proc out = (file file, [1 : ] outtype x) :
      begin string format = format of file; ref int p = forp of file;
            for k to ⌈ x do
            ([1 : ] simplout y = straightout x [k]; int q, j := 0;
            [1 : 14] int frame;
   rep:     j +:= 1;
   step:    while (do insertion (file, format, p);
            p > ⌈ format | false |
            format [p] = ",") do p +:= 1; (j > ⌈ y | end);
            (p > ⌈ format | (¬ format end of file | p := 1);
            step);
            q := p; picture (format, q, frame);
            (frame [1] | int, real, real, compl, compl,
            string, intch, bool, char);
   int:     (∢ (L int i; (i ::= y [j] |
            edit L int (file, i, format, p, frame); rep)) ≻); incomp;
   real:    (∢ (L real x; (x ::= y [j] |
            edit L real (file, x, format, p, frame); rep)) ≻);
            (∢ (L int i; (i ::= y [j] |
            edit L real (file, i, format, p, frame); rep)) ≻); incomp;
   compl:   (∢ (L compl z; (z ::= y [j] |
            edit L compl (file, z, format, p, frame); rep)) ≻);
            (∢ (L real x; (x ::= y [j] |
            edit L compl (file, x, format, p, frame); rep)) ≻ );
            (∢ (L int i; (i ::= y [j] |
            edit L compl (file, i, format, p, frame); rep)) ≻); incomp;
   string:  ([1 flex : 0 flex] char s;
            (s ::= y [j] |: frame [4] = 0 | put (file, s) |
            edit string (file, s [å 1], format, p, frame); rep));
   char:    (char c; (c ::= y [j] |
            edit string (file, c, format, p, frame); rep)); incomp;
   intch:   (int i; (i ::= y [j] |
            edit choice (file, i, format, p); rep)); incomp;
   bool:    (bool b; (b ::= y [j] |
            edit bool (file, b, format, p); rep));
```

```
   incomp: (value error of file | rep | put (file, y [j]); undefined);
   end:    skip)
   end;
c) proc % edit L int = (file f, L int i, string format,
     ref int p, [ ] int fr) :
     (string s = L int string (i, fr [4] + 1, fr [2]);
       (s = "" | (¬ value error of f | put (f, i); undefined) | edit string (f, s,
       format, p, fr)));
d) proc % edit L real = (file f, L real x, string format, ref int p, [ ] int fr) :
     (string s = stringed L real (x, fr); int t := — 1;
       (¬ char in string ("₁₀", t, s) | char in string ("e", t, s));
       (t = ⌈ s | (¬ value error of f | put (f, i); undefined)|
       edit string (f, s, format, p, fr)));
e) proc % stringed L real = (L real x, [ ] int fr) string :
     (fr [1] = 2 | L dec string (x, fr [4] + fr [5] + 2, fr [5]) |
     L real string (x, fr [4] + fr [5] + fr [7] + 4, fr [5], fr [7]));
f) proc % edit L compl = (file f, L compl z, string format, ref int p, [ ] int fr):
     edit string (f, ([1 : 14] int g := fr; g [1] — := 2; stringed L real
     (re z, g [1 : 7]) + "⊥" + stringed L real(im z, g [8 : 14])), format, p, fr);
g) proc % edit string = (file f, string x, format, ref int p, [ ] int fr) :
     begin int p1 := 1, n; bool supp; string s := x;
       op ? = (char s) bool :
         (do insertion (f, format, p); p > ⌈ format |
         false | int q = p; replicator (format, p, n);
         (supp := format [p] = "s" | p +:= 1);
         (char in string (format [p], loc int, s) |
         p +:= 1; true | p := q; false));
       proc copy =: ((¬ supp | put string (f, s [p1])); p1 +:= 1);
       proc intreal mould =: ( ? "r"; sign mould (fr [3]); int mould;
         ( ? "." | copy; int mould |: s [p1] = "." | p1 +:= 1);
         ( ? "e" | copy; sign mould (fr [6]); int mould));
       proc sign mould = (int sign) : (sign = 0 |
         (s [p1] = "—" |: ¬ value error of file | undefined) |
         s [p1] := (s [p1] = "+" | (sign | "+", ".") | "—");
         ( ? "z" | sign supp zero (s, p1, p1 + n) | n := 0);
         to n + 1 do copy; p +:= 1);
       proc int mould =: (l : ( ? "z" | bool zs := true; to n do
         (s [p1] = "0" ∧ zs | put string (file, ".");
         p1 +:= 1 | zs := false; copy); l); ( ? "d" | to n do copy; l));
       proc string mould =: while ? "a" do to n do copy;
         (fr [1] = 6 ∨ fr [1] = 9 | string mould |: intreal mould;
         fr [1] > 3 | p +:= 1; copy; intreal mould)
     end;
```

```
incomp: (value error of file | rep | put (file, y [j]); undefined);
end:    skip)
end;
c) proc % edit L int = (file f, L int i, string format,
     ref int p, [ ] int fr) :
   (string s = L int string (i, fr [4] + 1, fr [2]);
     (s = "" | (¬ value error of f | put (f, i); undefined) | edit string (f, s,
     format, p, fr)));
d) proc % edit L real = (file f, L real x, string format, ref int p, [] int fr) :
   (string s = stringed L real (x, fr); int t := − 1;
     (¬ char in string ("₁₀", t, s) | char in string ("e", t, s));
     (t = ⌈ s | (¬ value error of f | put (f, i); undefined) |
     edit string (f, s, format, p, fr)));
e) proc % stringed L real = (L real x, [ ] int fr) string :
   (fr [1] = 2 | L dec string (x, fr [4] + fr [5] + 2, fr [5]) |
   L real string (x, fr [4] + fr [5] + fr [7] + 4, fr [5], fr [7]));
f) proc % edit L compl = (file f, L compl z, string format, ref int p, [] int fr):
   edit string (f, ([1 : 14] int g := fr; g [1] −:= 2; stringed L real
   (re z, g [1 : 7]) + "⊥" + stringed L real (im z, g [8 : 14])), format, p, fr);
g) proc % edit string = (file f, string x, format, ref int p, [ ] int fr) :
   begin int p1 := 1, n; bool supp; string s := x;
     op ? = (char s) bool :
       (do insertion (f, format, p); p > ⌈ format |
       false | int q = p; replicator (format, p, n);
       (supp := format [p] = "s" | p +:= 1);
       (char in string (format [p], loc int, s) |
       p +:= 1; true | p := q; false));
     proc copy = : ((¬ supp | put string (f, s [p1])); p1 +:= 1);
     proc intreal mould = : (? "r"; sign mould (fr [3]); int mould;
       (? "." | copy; int mould |: s [p1] = "." | p1 +:= 1);
       (? "e" | copy; sign mould (fr [6]); int mould));
     proc sign mould = (int sign) : (sign = 0 |
       (s [p1] = "−" |: ¬ value error of file | undefined) |
       s [p1] := (s [p1] = "+" | (sign | "+", ".") | "−");
       (? "z" | sign supp zero (s, p1, p1 + n) | n := 0);
       to n + 1 do copy; p +:= 1);
     proc int mould = : (l : (? "z" | bool zs := true; to n do
       (s [p1] = "0" ∧ zs | put string (file, ".");
       p1 +:= 1 | zs := false; copy); l); (? "d" | to n do copy; l));
     proc string mould = : while ? "a" do to n do copy;
       (fr [1] = 6 ∨ fr [1] = 9 | string mould |: intreal mould;
       fr [1] > 3 | p +:= 1; copy; intreal mould)
   end;
```

```
h) proc % edit choice = (file f, int c, string format, ref int p) :
      (c > 0 | do insertion (f, format, p); p +:= 2;
      to c - 1 do (skip lit (format, p); format [p] = "," |
      p +:= 1 | undefined); do lit (f, format, p);
      while format [p] ≠ ")" do (p +:= 1; skip lit (format, p));
      p +:= 1 | undefined);
i) proc % edit bool = (file f, bool b, string format, ref int p) :
      (do insertion (f, format, p); (format [p + 1] = "(" |
      p +:= 2; (b | do lit (f, format, p); p +:= 1;
      skip lit (format, p) | skip lit (format, p); p +:= 1;
      do lit (f, format, p)) |
      put string (f, (b | "1" | "0"))); p +:= 1);
j) proc % do insertion = (file f, string s, ref int p) :
      while (p > ⌈ s | false |: do align (f, s, p) | true |
      do lit (f, s, p)) do skip;
k) proc % do align = (file f, string s, ref int p) bool :
      (int q = p; int n; replicator (s, p, n);
        (s [p] = "x" | to n do space (f); l |:
         s [p] = "y" | to n do backspace (f); l |:
         s [p] = "p" | to n do new page (f); l |:
         s [p] = "l" | to n do new line (f); l |:
         s [p] = "k" | char of bfile of f := n; l); p := q; false .
        l : p +:= 1; true);
l) proc % do lit = (file f, string s, ref int p) bool :
      (int q = p; int n; replicator (s, p, n); (s [p] = """" |
      while (s [p +:= 1] = """" | s [p +:= 1] = """" | true) do
      put string (f, s [p]); true | p := q; false));
```

10.5.3.2. Eingabe mit Formaten

```
a) proc inf = (file file, tamrof tamrof, [ ] intype x) :
      (format (file, tamrof); in (file, x));
b) proc in = (file file, [1 : ] intype x) :
      begin string format = format of file; ref int p = forp of file;
        for k to ⌈ x do
        ([1 : ] intype y = straightin x [k]; int q, j := 0;
        [1 : 14] int frame;
   rep:      j +:= 1;
   step:     while (exp insertion (file, format, p);
             p > ⌈ format | false | format [p] = ",")
             do p +:= 1; (j > ⌈ y | end);
             (p > ⌈ format | (¬ format end of file | p := 1); step);
             q := p; picture (format, q, frame);
             (frame [1] | int, real, real, compl, compl, string, intch, bool, char);
```

```
h) proc % edit choice = (file f, int c, string format, ref int p) :
     (c > 0 | do insertion (f, format, p); p +:= 2;
     to c − 1 do (skip lit (format, p); format [p] = "," |
     p +:= 1 | undefined); do lit (f, format, p);
     while format [p] ≠ ")" do (p +:= 1; skip lit (format, p));
     p +:= 1 | undefined);
i)  proc % edit bool = (file f, bool b, string format, ref int p) :
     (do insertion (f, format, p); (format [p + 1] = "(" |
     p +:= 2; (b | do lit (f, format, p); p +:= 1;
     skip lit (format, p) | skip lit (format, p); p +:= 1;
     do lit (f, format, p)) |
     put string (f, (b | "1" | "0"))); p +:= 1);
j) proc % do insertion = (file f, string s, ref int p) :
     while (p > ⌈ s | false |: do align (f, s, p) | true |
     do lit (f, s, p)) do skip;
k) proc % do align = (file f, string s, ref int p) bool :
     (int q = p; int n; replicator (s, p, n);
       (s [p] = "x" | to n do space (f); l |:
        s [p] = "y" | to n do backspace (f); l |:
        s [p] = "p" | to n do new page (f); l |:
        s [p] = "l" | to n do new line (f); l |:
        s [p] = "k" | char of bfile of f := n; l); p := q; false .
       l : p +:= 1; true);
l) proc % do lit = (file f, string s, ref int p) bool :
     (int q = p; int n; replicator (s, p, n); (s [p] = """" |
     while (s [p +:= 1] = """" | s [p +:= 1] = """" | true) do
     put string (f, s [p]); true | p := q; false));
```

10.5.3.2. Formatted input

```
a) proc inf = (file file, tamrof tamrof, [ ] intype x) :
     (format (file, tamrof); in (file, x));
b) proc in = (file file, [1 : ] intype x) :
     begin string format = format of file; ref int p = forp of file;
       for k to ⌈ x do
       ([1 : ] intype y = straightin x [k]; int q, j := 0;
       [1 : 14] int frame;
  rep:      j +:= 1;
  step:     while (exp insertion (file, format, p);
            p > ⌈ format | false | format [p] = ",")
            do p +:= 1; (j > ⌈ y | end);
            (p > ⌈ format | (¬ format end of file | p := 1); step);
            q := p; picture (format, q, frame);
            (frame [1] | int, real, real, compl, compl, string, intch, bool, char);
```

```
int:      (⊀ (ref L int ii; (ii ::= y [j] |
          indit L int (file, ii, format, p, frame); rep)) ⊁ ); incomp;
real:     (⊀ (ref L real xx; (xx ::= y [j] |
          indit L real (file, xx, format, p, frame); rep)) ⊁ ); incomp;
compl:    (⊀ (ref L compl zz; (zz ::= y [j] |
          indit L compl (file, zz, format, p, frame); rep)) ⊁ ); incomp;
string:   (ref string ss; string t; (ss ::= y [j] |
          (frame [4] = 0 | get (file, ss) |
          indit string (file, t, format, p, frame);
          ss [å 1] := t); rep));
char:     (ref char cc; string t; (cc ::= y [j] |
          indit string (file, t, format, p, frame);
          (ref char : cc) := t [1]; rep) | incomp);
intch:    (ref int ii; (ii ::= y [j] |
          indit choice (file, ii, format, p); rep)); incomp;
bool:     (ref bool bb; (bb ::= y [j] |
          indit bool (file, bb, format, p); rep));
incomp:   (value error of file | rep | undefined);
end:      skip)
end;

c) proc % indit L int =
     (file f, ref L int i, string format, ref int p, [ ] int fr) :
     (string t; indit string (f, t, format, p, fr);
     i := L string int (t, fr [2]));

d) proc % indit L real =
     (file f, ref L real x, string format, ref int p, [ ] int fr) :
     (string t; indit string (f, t, format, p, fr);
     x := L string real (t));

e) proc % indit L compl =
     (file f, ref L compl z, string format, ref int p, [ ] int fr) :
     (string t; int i; indit string (f, t, format, p, fr);
     z := (char in string ("⊥", i, t) |
     (L string real (t [1 : i - 1] ⊥ L string real (t [i + 1 :]))));

f) proc % indit string =
     (file f, ref string t, string format, ref int p, [ ] int fr) :
     begin int n; bool supp; char k; string x; priority ! = 8;
     op ? = (char s) bool :
       (exp insertion (f, format, p); p > ⌈ format |
       false | int q = p; replicator (format, p, n);
       (supp := format [p] = "s" | p +:= 1);
       (char in string (format [p], loc int, s) |
       p +:= 1; true | p := q; false));
```

```
int:      (≮ (ref L int ii; (ii ::= y [j] |
          indit L int (file, ii, format, p, frame); rep)) ≯ ); incomp;
real:     (≮ (ref L real xx; (xx ::= y [j] |
          indit L real (file, xx, format, p, frame); rep)) ≯ ); incomp;
compl:    (≮ (ref L compl zz; (zz ::= y [j] |
          indit L compl (file, zz, format, p, frame); rep)) ≯ ); incomp;
string:   (ref string ss; string t; (ss ::= y [j] |
          (frame [4] = 0 | get (file, ss) |
          indit string (file, t, format, p, frame);
          ss [å 1] := t); rep));
char:     (ref char cc; string t; (cc ::= y [j] |
          indit string (file, t, format, p, frame);
          (ref char : cc) := t [1]; rep) | incomp);
intch:    (ref int ii; (ii ::= y [j] |
          indit choice (file, ii, format, p); rep)); incomp;
bool:     (ref bool bb; (bb ::= y [j] |
          indit bool (file, bb, format, p); rep));
incomp:   (value error of file | rep | undefined);
end:      skip)
end;
```

c) **proc** % *indit L int* =

```
    (file f, ref L int i, string format, ref int p, [ ] int fr) :
    (string t; indit string (f, t, format, p, fr);
    i := L string int (t, fr [2]));
```

d) **proc** % *indit L real* =

```
    (file f, ref L real x, string format, ref int p, [ ] int fr) :
    (string t; indit string (f, t, format, p, fr);
    x := L string real (t));
```

e) **proc** % *indit L compl* =

```
    (file f, ref L compl z, string format, ref int p, [ ] int fr) :
    (string t; int i; indit string (f, t, format, p, fr);
    z := (char in string ("⊥", i, t) |
    (L string real (t [1 : i − 1]) ⊥ L string real (t [i + 1 :]))));
```

f) **proc** % *indit string* =

```
    (file f, ref string t, string format, ref int p, [ ] int fr) :
    begin int n; bool supp; char k; string x; priority ! = 8;
    op ? = (char s) bool :
      (exp insertion (f, format, p); p > ⌈ format |
      false | int q = p; replicator (format, p, n);
      (supp := format [p] = "s" | p +:= 1);
      (char in string (format [p], loc int, s) |
      p +:= 1; true | p := q; false));
```

```
        op ! = (string s, char c) char :
          (char in string (next, loc int, s) | (supp | "" | k) |
          char sugg := c; ((char error of f) (sugg) | sugg |  undefined; c));
        op ! = (char s, c) char : (string : s) ! c;
        proc char next = char : (get string (f, k); k);
        proc intreal mould =:
          (? "r"; sign mould (fr [3]); int mould;
          (? "." | x +:= "." ! "."; int mould);
          (? "e" | x +:= "e10" ! "10"; sign mould (fr [6]); int mould));
        proc sign mould = (int sign) : (sign = 0 | x +:= "+" |
          int j := 0; (¬ ? "z" | n := 0); for i to n + 1
          while next = "." do j := i;
          x +:= (k = "−" ∨ k = "+" ∧ sign = 1 | k |
            (k ≠ "+" | j −:= 1; backspace (f)); "" ! "+" );
          for i from j + 1 to n + 1 do x +:= "0123456789" ! "0");
        proc int mould =: (l :
          (? "z" | int j; for i to n while next = "."
          do j := i; backspace (f);
          from j to n do x +:= "0123456789" ! "0"; l);
          (? "d" | to n do x +:= "0123456789" ! "0"; l));
        proc string mould =: while ? "a" do to n do x +:= (supp | "." | next);
          (fr [1] = 6 ∨ fr [1] = 9 | string mould |: intreal mould;
          fr [1] > 3 | "⊥" ! "⊥"; intreal mould); t := x
      end;
g) proc % indit choice =
        (file f, ref int c, string format, ref int p) :
        (exp insertion (f, format, p); p +:= 2; c := 1;
        while ask lit (f, format, p) do
        (c +:= 1; format [p] = "," | p +:= 1 | undefined);
        while format [p] ≠ ")" do (p +:= 1; skip lit (format, p));
        p +:= 1; exp insertion (f, format, p));
h) proc % indit bool =
        (file f, ref bool b, string format, ref int p) :
        (exp insertion (f, format, p); (format [p + 1] = "(" |
        p + :=2; (b := ask lit (f, format, p)|
        p +:= 1; skip lit (format, p) |: p +:= 1;
        ask lit (f, format, p) | undefined) | char k;
        get string (f, k); b := (k = "1" | true |: k = "0" | false));
        p +:= 1; exp insertion (f, format, p));
i) proc % exp insertion = (file f, string s, ref int p) :
        while (p > ⌈ s | false |: do align (f, s, p) | true |
        exp lit (f, s, p)) do skip;
j) proc % exp lit = (file f, string s, ref int p) bool :
        (int q = p; int n; replicator (s, p, n);
```

```
    op ! = (string s, char c) char :
      (char in string (next, loc int, s) | (supp | "" | k) |
      char sugg := c; ((char error of f) (sugg) | sugg | undefined; c));
    op ! = (char s, c) char : (string : s) ! c;
    proc char next = char : (get string (f, k); k);
    proc intreal mould =:
      (? "r"; sign mould (fr [3]); int mould;
      (? "." | x +:= "." ! "."; int mould);
      (? "e" | x +:= "e10" ! "10"; sign mould (fr [6]); int mould));
    proc sign mould = (int sign) : (sign = 0 | x +:= "+" |
      int j := 0; (¬ ? "z" | n := 0); for i to n + 1
      while next = "." do j := i;
      x +:= (k = "−" ∨ k = "+" ∧ sign = 1 | k |
        (k ≠ "+" | j −:= 1; backspace (f)); "" ! "+" );
      for i from j + 1 to n + 1 do x +:= "0123456789" ! "0");
    proc int mould =: (l :
      (? "z" | int j; for i to n while next = "."
      do j := i; backspace (f);
      from j to n do x +:= "0123456789" ! "0"; l);
      (? "d" | to n do x +:= "0123456789" ! "0"; l));
    proc string mould =: while ? "a" do to n do x +:= (supp | "." | next);
      (fr [1] = 6 ∨ fr [1] = 9 | string mould |: intreal mould;
      fr [1] > 3 | "⊥" ! "⊥"; intreal mould); t := x
  end;
g) proc % indit choice =
    (file f, ref int c, string format, ref int p) :
    (exp insertion (f, format, p); p +:= 2; c := 1;
    while ask lit (f, format, p) do
    (c +:= 1; format [p] = "," | p +:= 1 | undefined);
    while format [p] ≠ ")" do (p +:= 1; skip lit (format, p));
    p +:= 1; exp insertion (f, format, p));
h) proc % indit bool =
    (file f, ref bool b, string format, ref int p) :
    (exp insertion (f, format, p); (format [p + 1] = "(" |
    p+ := 2 (b := ask lit (f, format p) |
     p +:= 1; skip lit (format, p) |: p +:= 1;
    ask lit (f, format, p) | undefined) | char k;
    get string (f, k); b := (k = "1" | true |: k = "0" | false));
    p +:= 1; exp insertion (f, format, p));
i) proc % exp insertion = (file f, string s, ref int p) :
    while (p > ⌈ s | false |: do align (f, s, p) | true |
    exp lit (f, s, p)) do skip;
j) proc % exp lit = (file f, string s, ref int p) bool :
    (int q = p; int n; replicator (s, p, n);
```

*(s [p] = """" | **int** r = p; **to** n **do** (p := r;*
*while (s [p +:= 1] = """" | s [p +:= 1] = """" | **true**) **do***
*(**char** k; get string (f, k); k ≠ s [p] | undefined)); **true** |*
*p := q; **false**));*

k) ***proc** % ask lit = (**file** f, **string** s, **ref int** p) **bool** :*
*(**int** c = char **of** bfile **of** f; **int** n; replicator (s, p, n);*
*(s [p] = """" | **int** r = p; **to** n **do** (p := r;*
*while (s [p +:= 1] = """" | s [p +:= 1] = """" | **true**) **do***
*(**char** k; get string (f, k); k ≠ s [p] | l)); **true**.*
l : while (s [p +:= 1] = """" | s [p +:= 1] = """" |
***true**) **do skip**;*
*char **of** bfile **of** f := c; **false**));*

10.5.4. Binäre Transgabe

a) ***proc** % to bin = (**file** f, **simplout** x) [ ] **int**;*
c *ein Wert vom Modus 'Reihe von ganzzahlig', dessen untere Grenze eins ist, und dessen obere Grenze von dem Wert von f und von dem Modus des Wertes von 'x' abhängt; weiterhin ist x = from bin (f, x, to bin (f, x))* **c**;

b) ***proc** % from bin = (**file** f, **simplout** v, [ ] **int** y) **simplout**;*
c *ein Wert, wenn ein solcher existiert, vom Modus des aktuellen-Parameters, der zu v korrespondiert, so daß y = to bin (f, from bin (f, v, y))* **c**;

{Auf einigen Kanälen ist ein direkter Weg der Transgabe verfügbar. Einige Eigenschaften dieser binären Transgabe hängen von der jeweiligen Implementation ab, andere Eigenschaften können aus 10.5.4. abgeleitet werden.}

10.5.4.1. Binäre Ausgabe

a) ***proc** write bin = ([ ] **outtype** x) : put bin (stand back, x);*

b) ***proc** put bin = (**file** file, [1 :] **outtype** x) :*
***if** bin possible [chan **of** file] ∧ opened **of** file ∧*
*put possible [chan **of** file]*
***then if** ¬ set possible [chan **of** file] **thef** state def **of** file*
***then** (state get **of** file ∨¬ state bin **of** file | undefined)*
***else** state def **of** file := state bin **of** file := **true**;*
*state get **of** file := **false***
***fi**;*
***for** k **to** ⌈ x **do** ([1 :] **simplout** y = **straightout** x [k];*
***for** j **to** ⌈ y **do** ([1 :] **int** bin = to bin (file, y [j]); **ref bfile** b = bfile **of** file;*
***ref int** p = page **of** b, l = line **of** b, c = char **of** b;*
***for** i **to** ⌈ bin **do** (next plc (file); check plc (file);*
*(book **of** b) [p, l, c] := bin [i]; c + := 1;*
*(p = lpage **of** b ∧ l = lline **of** b |*

```
(s [p] = """" | int r = p; to n do (p := r;
while (s [p +:= 1] = """" | s [p +:= 1] = """" | true) do
(char k; get string (f, k); k ≠ s [p] | undefined)); true |
p := q; false));
```

```
k) proc % ask lit = (file f, string s, ref int p) bool :
   (int c = char of bfile of f; int n; replicator (s, p, n);
   (s [p] = """" | int r = p; to n do (p := r;
   while (s [p +:= 1] = """" | s [p +:= 1] = """" | true) do
   (char k; get string (f, k); k ≠ s [p] | l)); true.
   l : while (s [p +:= 1] = """" | s [p +:= 1] = """" |
   true) do skip;
   char of bfile of f := c; false));
```

10.5.4. Binary transput

a) ***proc** % to bin* = (***file*** *f*, ***simplout*** *x*) [ ] ***int*** :
   c *a value of mode 'row of integral' whose lower bound is one, and whose upper bound depends on the value of 'f' and on the mode of the value of 'x'; furthermore, x = from bin (f, x, to bin (f, x))* **c;**

b) ***proc** % from bin* = (***file*** *f*, ***simplout*** *v*, [ ] ***int*** *y*) ***simplout*** :
   c *a value, if one exists, of the mode of the actual-parameter corresponding to v, such that y = to bin (f, from bin (f, v, y))* **c;**

{On some channels a more straightforward way of transput is available. Some properties of this binary transput depend on the particular implementation, others can be deduced from 10.5.4.}

10.5.4.1. Binary output

```
a) proc write bin = ([ ] outtype x) : put bin (stand back, x);
b) proc put bin = (file file, [1 :] outtype x) :
   if bin possible [chan of file] ∧ opened of file ∧
   put possible [chan of file]
   then if ¬ set possible [chan of file] thef state def of file
     then (state get of file  ∨ ¬ state bin of file | undefined)
     else state def of file := state bin of file := true;
       state get of file := false
     fi;
     for k to ⌈ x do ([1 :] simplout y = straightout x [k];
     for j to ⌈ y do ([1 :] int bin = to bin (file, y [j]); ref bfile b = bfile of
     file;
     ref int p = page of b, l = line of b, c = char of b;
     for i to ⌈ bin do (next plc (file); check plc (file);
     (book of b) [p, l, c] := bin [i]; c +:= 1;
     (p = lpage of b ∧ l = lline of b |
```

```
        (c > lchar of b | lchar of b := c) |
        lpage of b := p; lline of b := l; lchar of b := c))))
    else undefined
    fi;
```

10.5.4.2. **Binäre Eingabe**

```
a) proc read bin = ([ ] intype x) : get bin (stand back, x);
b) proc get bin = (file file, [1 :] intype x) :
      if bin possible [chan of file] ∧ opened of file ∧
      get possible [chan of file]
      then if ¬ set possible [chan of file] thef state def of file
        then (¬ state get of file ∨ ¬ state bin of file | undefined)
        else state def of file := state bin of file :=
              state get of file := true
        fi; simplout y 1;
        for k to ⌈ x do ([1 :] intype y = straightin x [k];
        for j to ⌈ y do (y1 ::= y [j];
        ([1 : 0 flex] int bin := to bin (file, y1); ref bfile b = bfile of file;
        for i to ⌈ bin do (next plc (file); check plc (file);
        bin [i] := (book of b) [page of b, line of b, char of b];
          char of b +: 1);
        (⊀ (ref L int ii; (ii ::= y [j] |
          (ref L int : ii) ::= from bin (file, ii, bin))) ⊁ );
        (⊀ (ref L real xx; (xx ::= y [j] |
          (ref L real : xx) ::= from bin (file, xx, bin))) ⊁);
        (⊀ (ref L compl zz; (zz ::= y [j] |
          (ref L compl : zz) ::= from bin (file, zz, bin))) ⊁);
        (ref string ss; (ss ::= y [j] |
          (ref string : ss) ::= from bin (file, ss, bin)));
        (ref char cc; (cc ::= y [j] |
          (ref char : cc) ::= from bin (file, cc, bin)));
        (ref bool bb; (bb ::= y [j] |
          (ref bool : bb) ::= from bin (file, bb, bin)))))
    else undefined
    fi;
```

{*Aber Eeyore hörte nicht.*
Er nahm den Ballon heraus und legte ihn wieder zurück,
so gut es ging....
Winnie-the-Pooh, *A.A. Milne.*}

10.6. Standard-Nachspiel

```
a) lock (stand in); lock (stand out); lock (stand back)
```

```
      (c > lchar of b | lchar of b := c) |
      lpage of b := p; lline of b := l; lchar of b := c))))
  else undefined
  fi;
```

10.5.4.2. Binary input

```
a) proc read bin = ([ ] intype x) : get bin (stand back, x);
b) proc get bin = (file file, [1 :] intype x) :
     if bin possible [chan of file] ∧ opened of file ∧
     get possible [chan of file]
     then if ¬ set poxxssible [chan of file] thef state def of file
       then (¬ state get of file ∨ ¬ state bin of file | undefined)
       else state def of file := state bin of file :=
            state get of file := true
       fi; simplout y1;
       for k to ⌈ x do ([1 :] intype y = straightin x [k];
       for j to ⌈ y do (y1 ::= y [j];
       ([1 : 0 flex] int bin := to bin (file, y1); ref bfile b = bfile of file;
       for i to ⌈ bin do (next plc (file); check plc (file);
       bin [i] := (book of b) [page of b, line of b, char of b];
         char of b +: = 1);
       (⊀ (ref L int ii; (ii ::= y [j] |
         (ref L int : ii) ::= from bin (file, ii, bin))) ⊁ );
       (⊀ (ref L real xx; (xx ::= y [j] |
         (ref L real : xx) ::= from bin (file, xx, bin))) ⊁);
       (⊀ (ref L compl zz; (zz ::= y [j] |
         (ref L compl : zz) ::= from bin (file, zz, bin))) ⊁);
       (ref string ss; (ss ::= y [j] |
         (ref string : ss) ::= from bin (file, ss, bin)));
       (ref char cc; (cc ::= y [j] |
         (ref char : cc) ::= from bin (file, cc, bin)));
       (ref bool bb; (bb ::= y [j] |
         (ref bool : bb) ::= from bin (file, bb, bin)))))
  else undefined
  fi;
```

{*But Eeyore wasn't listening.*
He was taking the balloon out, and putting it back again,
as happy as could be.
Winnie-the-Pooh, *A. A. Milne*}

10.6. Standard postlude

a) *lock (stand in); lock (stand out); lock (stand back)*

11. Beispiele

11.1. Komplexe Quadratwurzel

Eine Deklaration in der *compsqrt* ein **Prozedur-mit-[komplex]-Parameter-[komplex]-Modus-Identifikator** ist (hier steht **[komplex]** an Stelle von **strukturiert-mit-Real-Feld-Buchstabe-r-Buchstabe-e-und-Real-Feld-Buchstabe-i-Buchstabe-m.**):

a) ***proc*** *compsqrt* = *(**compl** z)* **c** *Die Quadratwurzel der komplexen Zahl z, deren Realteil nicht negativ ist.* **c compl**:

b) ***begin real*** *x* = ***re*** *z, y* = ***im*** *z;*

c) ***real*** *rp* = *sqrt ((**abs** x + sqrt (x ↑ 2 + y ↑ 2)) / 2);*

d) ***real*** *ip* = *(rp = 0 | 0 | y / (2 × rp));*

e) *(x ≥ 0 | rp ⊥ ip | **abs** ip ⊥ (y ≥ 0 | rp | − rp))*

f) ***end***

[komplex]-Aufrufe {8.6.2.}, die *compsqrt* verwenden:

g) *compsqrt (w)*

h) *compsqrt (− 3.14)*

i) *compsqrt (− 1)*

11.2. Innerproduct 1

Eine Deklaration, in der *innerproduct 1* ein **Prozedur-mit-Ganz-Parameter-und-Prozedur-mit-Ganz-Parameter-Real-Parameter-und-Prozedur-mit-Ganz-Parameter-Real-Parameter-Real-Modus-Identifikator** ist:

a) ***proc*** *innerproduct 1* = *(**int** n, **proc** (**int**) **real** x, y) **real*** :
comment *Das Skalarprodukt zweier Vektoren mit je n Komponenten, x(i), y(i), i = 1, . . . , n, wobei x und y beliebige Abbildungen ganzer Zahlen auf Realzahlen sind* ***comment***

b) ***begin long real*** *s* := ***long*** *0;*

c) ***for*** *i* ***to*** *n* ***do*** *s* ***plus leng*** *x(i)* × ***leng*** *y(i);*

d) ***short*** *s*

e) ***end***

Real-Aufrufe {8.6.2}, die *innerproduct 1* benutzen:

f) *innerproduct 1 (m, (**int** j) **real** : x1 [j], (**int** j) **real** : y1 [j])*

g) *innerproduct 1 (n, nsin, ncos)*

11.3. Innerproduct 2

Eine Deklaration, in der *innerproduct 2* ein **Prozedur-mit-Referenz-zu-Reihe-von-Real-Parameter-und-Referenz-zu-Reihe-von-Real-Parameter-Real-Modus-Identifikator** ist:

11. Examples

11.1. Complex square root

A declaration in which *compsqrt* is a **procedure-with-[complex]-parameter-[complex]-mode-identifier** (here **[complex]** stands for **structured-with-real-field-letter-r-letter-e-and-real-field-letter-i-letter-m.**):

a) ***proc** compsqrt = (**compl** z) **c** the square root whose real part is nonnegative of the complex number z **c compl** :*
b) ***begin real** x = **re** z, y = **im** z;*
c) ***real** rp = sqrt ((**abs** x + sqrt (x ↑ 2 + y ↑ 2)) / 2);*
d) ***real** ip = (rp = 0 | 0 | y / (2 × rp));*
e) *(x ≥ 0 | rp ⊥ ip | **abs** ip ⊥ (y ≥ 0 | rp | − rp))*
f) ***end***
[complex]-calls {8.6.2} using *compsqrt*:
g) *compsqrt (w)*
h) *compsqrt (− 3.14)*
i) *compsqrt (− 1)*

11.2. Innerproduct 1

A declaration in which *innerproduct 1* is a **procedure-with-integral-parameter-and-procedure-with-integral-parameter-real-parameter-and-procedure-with-integral-parameter-real-parameter-real-mode-identifier**:

a) ***proc** innerproduct 1 = (**int** n, **proc** (**int**) **real** x, y) **real** :*
comment *the innerproduct of two vectors, each with n components, x(i), y(i), i = 1, . . . , n, where x and y are arbitrary mappings from integer to real number* **comment**
b) ***begin long real** s := **long** 0;*
c) ***for** i **to** n **do** s **plus leng** x(i) × **leng** y(i);*
d) ***short** s*
e) ***end***
Real-calls {8.6.2} using *innerproduct 1*:
f) *innerproduct 1 (m, (**int** j) **real** : x1 [j], (**int** j) **real** : y1 [j])*
g) *innerproduct 1 (n, nsin, ncos)*

11.3. Innerproduct 2

A declaration in which *innerproduct 2* is a **procedure-with-reference-to-row-of-real-parameter-and-reference-to-row-of-real-parameter-real-mode-identifier**:

a) ***proc*** *innerproduct 2* = (***ref*** [*1* :] ***real*** *a*; ***ref*** [*1* : ⌈ *a*] ***real*** *b*) ***real*** :
 c *Das Skalarprodukt zweier Vektoren a und b mit der gleichen Anzahl von Elementen* **c**
b) ***begin long real*** *s* := ***long*** *0*;
c) ***for*** *i* ***to*** ⌈ *a* ***do*** *s* +:= ***leng*** *a* [*i*] × ***leng*** *b* [*i*];
d) ***short*** *s*
e) ***end***
 Real-Aufrufe, die *innerproduct 2* benutzen:
f) *innerproduct 2* (*x1*, *y1*)
g) *innerproduct 2* (*y2* [*2*], *y2* [, *3*])

11.4. Innerproduct 3

Eine **Deklaration**, in der *innerproduct 3* ein **Prozedur-mit-Referenz-zu-Ganz-Parameter-und-Ganz-Parameter-und-Prozedur-Real-Parameter-und-Prozedur-Real-Parameter-Real-Modus-Identifikator** ist:

a) ***proc*** *innerproduct 3* = (***ref int*** *i*, ***int*** *n*, ***proc real*** *xi*, *yi*) ***real*** :
 c *Das Skalarprodukt zweier Vektoren, deren n Elemente die Werte der Ausdrücke xi und yi sind und im allgemeinen vom Wert des i abhängen* **c**
b) ***begin long real*** *s* := ***long*** *0*;
c) ***for*** *k* ***to*** *n* ***do*** (*i* := *k*; *s* +:= ***leng*** *xi* × ***leng*** *yi*);
d) ***short*** *s*
e) ***end***
 Ein **Real-Aufruf**, der *innerproduct 3 benutzt*:
f) *innerproduct 3* (*j*, *8*, *x1* [*j*], *y1* [*j* + *1*])

11.5. Das größte Element

Eine **Deklaration**, in der *absmax* ein **Prozedur-mit-Referenz-zu-Reihe-von-Reihe-von-Real-Parameter-und-Referenz-zu-Real-Parameter-und-Referenz-zu-Ganz-Parameter-und-Referenz-zu-Ganz-Parameter-Lösch-Modus-Identifikator** ist:

a) ***proc*** *absmax* = (***ref*** [*1*:, *1*:] ***real*** *a*, **c** Ergebnis **c** ***ref real*** *y*,
b) **c** Indizes **c** ***ref int*** *i*, *k*) :
 c *Der absolute Wert des Elementes der Matrix a mit dem größten Absolutwert wird y und die Indizes dieses Elementes werden i und k zugeordnet* **c**
c) ***begin*** *y* := − *1*;
d) ***for*** *p* ***to*** *1* ***upb*** *a* ***do for*** *q* ***to*** *2* ***upb*** *a* ***do***
e) ***if abs*** *a* [*p*, *q*] > *y* ***then*** *y* := ***abs*** *a* [(*i* := *p*), (*k* := *q*)] ***fi***
f) ***end***
 Lösch-Aufrufe {8.6.2.}, die *absmax* benutzen:
g) *absmax* (*x2*, *x*, *i*, *j*)
h) *absmax* (*x2*, *x*, ***loc int***, ***loc int***)

a) ***proc** innerproduct 2 = (**ref** [1 :] **real** a; **ref** [1 : ⌈ a] **real** b) **real** :*
c the innerproduct of two vectors a and b with equal number of elements c
b) ***begin long real** s := **long** 0;*
c) ***for** i **to** ⌈ a **do** s +:= **leng** a [i] × **leng** b [i];*
d) ***short** s*
e) ***end***
Real-calls using *innerproduct* **2:**
f) *innerproduct 2 (x1, y1)*
g) *innerproduct 2 (y2 [2], y2 [, 3])*

11.4. Innerproduct 3

A declaration in which *innerproduct 3* **is a procedure-with-reference-to-integral-parameter-and-integral-parameter-and-procedure-real-paramoter-and-procedure-real-parameter-real-mode-identifier:**

a) ***proc** innerproduct 3 = (**ref int** i, **int** n, **proc real** xi, yi) **real** :*
c the innerproduct of two vectors whose n elements are the values of the expressions xi and yi and which depend, in general, on the value of i c
b) ***begin long real** s := **long** 0;*
c) ***for** k **to** n **do** (i := k; s +:= **leng** xi × **leng** yi);*
d) ***short** s*
e) ***end***
A real-call using *innerproduct 3*:
f) *innerproduct 3 (j, 8, x1 [j], y1 [j + 1])*

11.5. Largest element

A declaration in which *absmax* **is a procedure-with-reference-to-row-of-row-of-real-parameter-and-reference-to-real-parameter-and-reference-to-integral-parameter-and-reference-to-integral-parameter-void-mode-identifier:**

a) ***proc** absmax = (**ref** [1:, 1:] **real** a, c result c **ref real** y,*
b) *c subscripts c **ref int** i, k):*
c the absolute value of the element of greatest absolute value of the matrix a is assigned to y, and the subscripts of this element to i and k c
c) ***begin** y := − 1;*
d) ***for** p **to** 1 **upb** a **do for** q **to** 2 **upb** a **do***
e) ***if abs** a [p, q] > y **then** y := **abs** a [(i := p), (k := q)] **fi***
f) ***end***
Void-calls using *absmax*:
g) *absmax (x2, x, i, j,)*
h) *absmax (x2, x, **loc int**, **loc int**)*

11.6. Eulersche Summation

```
a) proc euler = (proc (int) real f, real eps, int tim) real :
      c Die Summe von f(i), wobei i von 1 bis unendlich läuft, wird durch eine ge
      eignete verfeinerte Eulertransformation errechnet. Die Summation wird be-
      endet, wenn tim mal hintereinander die Absolutwerte der Glieder der transfor-
      mierten Reihe kleiner als eps sind. Die Transformation ist besonders effektiv
      im Falle langsam konvergierender oder divergenter alternierender Reihen c
b) begin int n := 1, t; real mn, ds := eps; [1 : 16] real m;
c)       real sum := (m [1] := f(1)) / 2;
d)    for i from 2 while (t := (abs ds < eps | t + 1 | 1)) ≤ tim do
e)       begin mn := f(i);
f)          for k to n do begin mn := ((ds := mn) + m [k]) / 2;
g)                                  m [k] := ds end;
h)          sum plus (ds := (abs mn < abs m [n] ∧ n < 16 |
i)                            n plus 1; m [n] := mn; mn / 2 | mn))
j)          end;
k)    sum
l) end
```

Ein **Aufruf**, der *euler* benutzt:

```
m) euler ((int i) real : (odd i | − 1 / i | 1 / i), 1_10 − 5, 2)
```

11.7. Die Norm eines Vektors

```
a) proc norm = (ref [1 :] real a) real :
      c die euklidische Norm des Vektors a c
b) (long real s := long 0;
c) for k to upb a do s plus leng a [k] ↑ 2;
d) short long sqrt (s))
```

Über die Benutzung von *norm* als **Aufruf** siehe 11.8.e.

11.8. Die Determinante einer Matrix

```
a) proc det = (ref [1 :, 1 :] real a; ref [1 : upb a] int p) real :
b) if upb a = 2 upb a
c) then int n = upb a;
         c Die Determinante der quadratischen Matrix a n-ter Ordnung durch die
         Crout'sche Methode mit Reihenvertauschung : a wird durch ihre Dreiecks-
         zerlegung l × u ersetzt, wobei alle u [k, k] = 1 sind. Der Vektor p gibt
         als Ausgabe die Indizes der Pivot-Reihen; das k-te Pivot wird in der k-ten
         Spalte von l so gewählt, daß abs l [i, k] / Reihennorm maximal ist. c
d)       [1 : n] real v; real d := 1, s, pivot;
```

11.6. Euler summation

```
a) proc euler = (proc (int) real f, real eps, int tim) real :
      c the sum for i from 1 to infinity of f(i), computed by means of a suitably
        refined Euler transformation. The summation is terminated when the
        absolute values of the terms of the transformed series are found to be less
        than eps tim times in succession. This transformation is particularly effi-
        cient in the case of a slowly convergent or divergent alternating series c
b) begin int n := 1, t; real mn, ds := eps; [1 : 16] real m;
c)       real sum := (m [1] := f(1)) / 2;
d)    for i from 2 while (t := (abs ds < eps | t + 1 | 1)) ≤ tim do
e)       begin mn := f(i);
f)         for k to n do begin mn := ((ds := mn) + m [k]) / 2;
g)                             m [k] := ds end;
h)         sum plus (ds := (abs mn < abs m [n] ∧ n < 16 |
i)                         n plus 1; m [n] := mn; mn / 2 | mn))
j)         end;
k)    sum
l) end
```

A call using *euler*:

```
m) euler ((int i) real : (odd i | − 1 / i | 1 / i), 1₁₀ − 5, 2)
```

11.7. The norm of a vector

```
a) proc norm = (ref [1 :] real a) real :
      c the euclidean norm of the vector a c
b) (long real s := long 0;
c) for k to upb a do s plus leng a [k] ↑ 2;
d) short long sqrt (s))
```

For a use of *norm* as a call, see 11.8.e.

11.8. Determinant of a matrix

```
a) proc det = (ref [1 :, 1 :] real a; ref [1 : upba ] int p) real :
b) if upb a = 2 upb a
c) then int n = upb a;
      c the determinant of the square matrix a of order n by the method of Crout
        with row interchanges: a is replaced by its triangular decomposition l × u
        with all u [k, k] = 1. The vector p gives as output the pivotal row indices;
        the k-th pivot is chosen in the k-th column of l such that abs l [i, k] / row
        norm is maximal. c
d)      [1 : n] real v; real d := 1, s, pivot;
```

```
e)          for i to n do v [i] := norm (a [i]);
f)          for k to n do
g)          begin int k1 = k - 1; ref int pk = p [k]; real r := -1;
h)          ref [,] real al = a [, 1 : k1], au = a [1 : k1];
i)             ref [ ] real ak = a [k], ka = a [, k],
j)                alk = al [k], kau = au [, k];
k)             for i from k to n do
l)                begin ref real aik = ka [i];
m)                if (s := abs (aik -:= innerproduct 2
                     (al [i], kau)) / v [i]) > r
n)                   then r := s; pk := i fi
o)                end;
p)          v [pk] := v [k]; pivot := ka [pk]; ref [ ] real apk = a [pk];
q)          for j to n do
r)             begin ref real akj = ak [j], apkj = apk [j];
s)             r := akj; akj := if j ≤ k then apkj
t)             else (apkj - innerproduct 2 (alk, au [, j])) / pivot fi;
u)             if pk ≠ k then apkj := - r fi
v)             end;
w)          d ×:= pivot
x)        end;
y)      d
z)   fi
```

Ein **Aufruf**, der *det* benutzt:

aa) *det (y2, i1)*

11.9. Der größte gemeinsame Teiler

```
a) proc gcd = (int a, b) int :
      c Der größte gemeinsame Teiler zweier ganzer Zahlen c
b)    (b = 0 | abs a | gcd (b, a ÷: b))
```

Ein **Aufruf**, der *gcd* benutzt:

c) *gcd (n, 124)*

11.10. Kettenbrüche

```
a) op / = ([1 : ] real a; [1 : upb a] real b) real :
      comment der Wert von a/b ist der Wert des Kettenbruches
      a₁ / (b₁ + a₂ / (b₂ + ··· aₙ/bₙ) ···) comment
b)       (upb a = 0 | 0 | a [1] / (b [1] + a [2 :] / b [2 :]))
```

Eine **Formel**, die / benutzt:

c) *x1 / y1*

```
e)        for i to n do v [i] := norm (a [i]);
f)        for k to n do
g)        begin int k1 = k - 1; ref int pk = p [k]; real r := -1;
h)        ref [,] real al = a [, 1 : k1], au = a [1 : k1];
i)           ref [ ] real ak = a [k], ka = a [, k],
j)              alk = al [k], kau = au [, k];
k)           for i from k to n do
l)              begin ref real aik = ka [i];
m)              if (s := abs (aik -:= innerproduct 2
                    (al [i], kau)) / v [i]) > r
n)                  then r := s; pk := i fi
o)              end;
p)        v [pk] := v [k]; pivot := ka [pk]; ref [ ] real apk = a [pk];
q)        for j to n do
r)           begin ref real akj = ak [j], apkj = apk [j];
s)           r := akj; akj := if j ≤ k then apkj
t)           else (apkj - innerproduct 2 (alk, au [, j])) / pivot fi;
u)           if pk ≠ k then apkj := - r fi
v)           end;
w)        d ×:= pivot
x)      end;
y)      d
z)    fi
```

A call using *det*:

aa) *det (y2, i1)*

11.9. Greatest common divisor

```
a) proc gcd = (int a, b) int :
     c the greatest common divisor of two integers c
b)   (b = 0 | abs a | gcd (b, a ÷: b))
```

A call using *gcd*:

c) *gcd (n, 124)*

11.10. Continued fraction

```
a) op / = ([1 : ] real a; [1 : upb a] real b) real :
     comment the value of a / b is that of the continued fraction
     a1 / (b1 + a2 / (b2 + ··· an / bn) ··· ) comment
b)     (upb a = 0 | 0 | a [1] / (b [1] + a [2 :] / b [2 :]))
```

A formula using /:

c) *x1 / y1*

{Die Benutzung der Rekursion kann oft eher elegant als effektiv sein wie in der rekursiven Prozedur 11.9 und in der rekursiven Operation 11.10. Siehe jedoch 11.11 und 11.14. Dort sind Beispiele, in denen die Rekursion wesentlich ist.}

11.11. Formelmanipulation

```
a)   begin union form = (ref const, ref var, ref triple, ref call);
b)   struct const = (real value);
c)   struct var = (string name, real value);
d)   struct triple = (form left operand, int operator, form right operand);
e)   struct function = (ref var bound var, form body);
f)   struct call = (ref function function name, form parameter);
g)   int plus = 1, minus = 2, times = 3, by = 4, to = 5;
h)   heap const zero, one; value of zero := 0; value of one := 1;
i)   op = = (form a, ref const b) bool :
        (ref const ec; (ec ::= a | ec :=: b | false));
j)   op + = (form a, b) form :
        (a = zero | b | : b = zero | a | triple := (a, plus, b));
k)   op − = (form a, b) form : (b = zero | a | triple := (a, minus, b));
l)   op × = (form a, b) form : (a = zero ∨ b = zero | zero |:
        a = one | b |: b = one | a | triple := (a, times, b));
m)   op / = (form a, b) form : (a = zero ∧ ¬ (b = zero) | zero
        |: b = one | a | triple := (a, by, b));
n)   op ↑ = (form a, ref const b) form : (a = one ∨ (b :=: zero) | one
        |: b :=: one | a | triple := (a, to, b));
o)   proc derivative of = (form e, c im Hinblick auf c ref var x) form :
p)   begin ref const ec; ref var ev; ref triple et; ref call ef;
q)      case ev, et, ef ::= e in
r)         c ev c (ev :=: x | one | zero),
s)         c et c begin form u = left operand of et, v = right operand of et;
t)   form udash = derivative of (u, c im Hinblick auf c x),
u)         vdash = derivative of (v, c im Hinblick auf c x);
v)         case operator of et in
w)            udash + vdash, udash − vdash,
x)            u × vdash + udash × v, (udash − et × vdash) / v,
y)            (ec ::= v | v × u ↑
              (heap const c; value of c := value of ec − 1; c) × udash)
           esac
        end,
z)    c ef c begin ref function f = function name of ef;
aa)             form g = parameter of ef;
ab)             ref var y = bound var of f;
```

{The use of recursion may often be elegant rather than efficient as in the recursive procedure 11.9 and the recursive operation 11.10. See, however, 11.11 and 11.14 for examples in which recursion is of the essence.}

11.11. Formula manipulation

```
a)  begin union form = (ref const, ref var, ref triple, ref call);
b)  struct const = (real value);
c)  struct var = (string name, real value);
d)  struct triple = (form left operand, int operator, form right operand);
e)  struct function = (ref var bound var, form body);
f)  struct call = (ref function function name, form parameter);
g)  int plus = 1, minus = 2, times = 3, by = 4, to = 5;
h)  heap const zero, one; value of zero := 0; value of one := 1;
i)  op = = (form a, ref const b) bool :
      (ref const ec; (ec ::= a | ec :=: b | false));
j)  op + = (form a, b) form :
      (a = zero | b | : b = zero | a | triple := (a, plus, b));
k)  op − = (form a, b) form : (b = zero | a | triple := (a, minus, b));
l)  op × = (form a, b) form : (a = zero ∨ b = zero | zero |:
      a = one | b |: b = one | a | triple := (a, times, b));
m)  op / = (form a, b) form : (a = zero ∧ ¬ (b = zero) | zero
      |: b = one | a | triple := (a, by, b));
n)  op ↑ = (form a, ref const b) form : (a = one ∨ (b :=: zero) | one
      |: b :=: one | a | triple := (a, to, b));
o)  proc derivative of = (form e, c with respect to c ref var x) form :
p)  begin ref const ec; ref var ev; ref triple et; ref call ef;
q)    case ev, et, ef ::= e in
r)      c ev c (ev :=: x | one | zero),
s)      c et c begin form u = left operand of et, v = right operand of et;
t)        form udash = derivative of (u, c with respect to c x),
u)          vdash = derivative of (v, c with respect to c x);
v)      case operator of et in
w)        udash + vdash, udash − vdash,
x)        u × vdash + udash × v, (udash − et × vdash) / v,
y)        (ec ::= v | v × u ↑
          (heap const c; value of c := value of ec − 1; c) × udash)
        esac
      end,
z)  c ef c begin ref function f = function name of ef;
aa)           form g = parameter of ef;
ab)           ref var y = bound var of f;
```

```
ac)             heap function fdash := (y, derivative of (body of f, y));
ad)             (call := (fdash, g)) × derivative of (g, x)
              end
ae)         out c ec c zero
            esac c ev, et, ef, ec c
          end c derivative c;
af)       proc value of = (form e) real :
ag)       begin ref const ec; ref var ev; ref triple et; ref call ef;
ah)         case ec, ev, et, ef ::= e in
ai)           c ec c value of ec,
aj)           c ev c value of ev,
ak)           c et c begin real u = value of (left operand of et),
                                v = value of (right operand of et);
am)                case operator of et in
an)                  u + v, u − v, u × v, u/v, exp (v × ln (u)) esac
                 end,
ao)           c ef c begin ref function f = function name of ef;
ap)                value of bound var of f := value of (parameter of ef);
aq)                value of (body of f)
                 end
            esac c ec, ev, et, ef c
          end c value of c;
ar)    heap form f, g;
       heap var a := ("a", ~), b := ("b", ~), x := ("x", ~);
as)    start here : read ((value of a, value of b, value of x));
at)    f := a + x / (b + x); g := (f + one) / (f − one);
au)    print ((value of a, value of b, value of x,
               value of (derivative of (g, c im Hinblick auf c x))))
       end c Beispiel zur Formelmanipulation c
```

11.12. Informationswiederauffindung

```
  a) begin mode ra = ref auth, rb = ref book,
              struct auth = (string name, ra next, rb book),
                     book = (string title, rb next);
b)            ra auth, first auth := nil, last auth; rb book;
c)            string name, title; int i; file input, output;
d)            open (input,, remote in); open (output,, remote out);
e)            outf (output, $ p
f)                 "to.enter.a.new.author,. type." "author" ",
                   .a.space, .and.his.name. "l
g)                 "to.enter.a.new.book,.type. " "book" ", .a.space,. the.name.of.
                   the.author, .a.new.line, .and.the.title."l
h)                 "for.a.listing.of.the.books.by.an.author,.type." "list" ",.
                   a.space,.and.his.name."l
```

```
ac)             heap function fdash := (y, derivative of (body of f, y));
ad)             (call := (fdash, g)) × derivative of (g, x)
              end
ae)         out c ec c zero
            esac c ev, et, ef, ec c
        end c derivative c;
af)     proc value of = (form e) real :
ag)     begin ref const ec; ref var ev; ref triple et; ref call ef;
ah)         case ec, ev, et, ef ::= e in
ai)             c ec c value of ec,
aj)             c ev c value of ev,
ak)             c et c begin real u = value of (left operand of et),
                                  v = value of (right operand of et);
am)                    case operator of et in
an)                       u + v, u − v, u × v, u/v, exp (v × ln (u)) esac
                   end,
ao)             c ef c begin ref function f = function name of ef;
ap)                    value of bound var of f := value of (parameter of ef);
aq)                    value of (body of f)
                   end
            esac c ec, ev, et, ef c
        end c value of c;
ar)  heap form f, g;
     heap var a := ("a", ~), b := ("b", ~), x := ("x", ~);
as)  start here : read ((value of a, value of b, value of x));
at)  f := a + x / (b + x); g := (f + one) / (f − one);
au)  print ((value of a, value of b, value of x,
           value of (derivative of (g, c with respect to c x))))
   end c example of formula manipulation c
```

11.12. Information retrieval

```
a)    begin mode ra = ref auth, rb = ref book,
                struct auth = (string name, ra next, rb book),
                       book = (string title, rb next);
b)              ra auth, first auth := nil, last auth; rb book;
c)              string name, title; int i; file input, output;
d)              open (input,, remote in); open (output,, remote out);
e)              outf (output, $ p
f)                    "to.enter.a.new.author,. type.""author"",
                      .a.space, .and.his.name. "l
g)                    "to.enter.a.new.book,.type.""book"",.a.space, .the.name.of.
                      the.author,.a.new.line,.and.the.title."l
h)                    "for.a.listing.of.the.books.by.an.author,.type.""list"",
                      a.space, .and.his.name."l
```

```
i)                 "to.find.the.author.of.a.book,.type.""find"", .a.new.line,.
                   and.the.title."l
j)                 "to.end,.type.""end"""al $, ".");
k)            proc update =
l)              : if (ra : first auth) :=: nil
m)              then auth := first auth := last auth := auth := (name, ○, ○)
n)              else auth := first auth; while (ra : auth) :≠: nil do
o)                  (name = name of auth | known | auth := next of auth);
p)                  last auth := next of last auth := auth := auth :=
q)                        (name, ○, ○); known : skip
                fi c Ende des Deklarationsvorspiels c;
r)   client:  inf (input, $ c ("author", "book", "list", "find", "end", ""), x30al,
              80al$, i);
s)            case i in author, publ, list, find, end, error esac;
t)   author:  in (input, name); update; client;
u)   publ:    in (input, (name, title)); update;
v)              if (rb : book of auth) :=: nil
w)            then book of auth := book := (title, ○)
x)            else book := book of auth; while (rb : next of book) :≠: nil do
y)                 (title = title of book | client | book := next of book);
z)                 (title ≠ title of book | next of book := book := (title, ○))
aa)             fi; client;
ab)  list:    in (input, name); update;
ac)           outf (output, $ p"author:."30all $, name);
ad)             if (rb : book of auth) :=: nil
ae)           then put (output, "no.publications")
af)           else while (rb : book) :≠: nil do
ag)                begin if line number (output) = max line [remote out]
ah)                      then outf (output, $41k"continued.on.next.page"p
                              "author:. "30a41k"continued"ll$, name)
ai)                         fi; outf (output, $80al$, title of book);
aj)                       book := next of book
                   end
ak)           fi; client;
al)  find:    in (input, (loc string, title)); auth := first auth;
am)           while (ra : auth) :≠: nil do
an)           begin book := book of auth;
ao)                while (rb : book) :≠: nil do
ap)                  if title = title of book
aq)                then outf (output, $l"author:."30a$, name of auth); client
ar)                else book := next of book
as)                  fi; auth := next of auth
at)           end;
au)           outf (output, $l"unknown"l$,); client;
```

```
i)                  "to.find.the.author.of.a.book,.type.""find"",.a.new.line,.
                    and.the.title."l
j)                  "to.end,.type.""end"""al $, ".");
k)            proc update =
l)               : if (ra : first auth) :=: nil
m)              then auth := first auth := last auth := auth := (name, ○, ○)
n)              else auth := first auth; while (ra : auth) :≠: nil do
o)                  (name = name of auth | known | auth := next of auth);
p)                  last auth := next of last auth := auth := auth :=
q)                      (name, ○, ○); known : skip
               fi c end declaration prelude sequence c;
r)   client:  inf (input, $ c ("author", "book", "list", "find", "end", ""), x30al,
              80al$, i);
s)            case i in author, publ, list, find, end, error esac;
t)   author:  in (input, name); update; client;
u)   publ:    in (input, (name, title)); update;
v)               if (rb : book of auth) :=: nil
w)            then book of auth := book := (title, ○)
x)            else book := book of auth; while (rb : next of book) :≠: nil do
y)                (title = title of book | client | book := next of book);
z)                (title ≠ title of book | next of book := book := (title, ○))
aa)             fi; client;
ab)  list:    in (input, name); update;
ac)           outf (output, $ p"author :."30all $, name);
ad)              if (rb : book of auth) :=: nil
ae)           then put (output, "no.publications")
af)           else while (rb : book) :≠: nil do
ag)                 begin if line number (output) = max line [remote out]
ah)                     then outf (output, $41k"continued.on.next.page"p
                              "author:. "30a41k"continued"ll$, name)
ai)                       fi; outf (output, $80al$, title of book);
aj)                     book := next of book
                    end
ak)           fi; client;
al)  find:    in (input, (loc string, title)); auth := first auth;
am)           while (ra : auth) :≠: nil do
an)           begin book := book of auth;
ao)                 while (rb : book) :≠: nil do
ap)                     if title = title of book
aq)                 then outf (output, $l"author:."30a$, name of auth); client
ar)                 else book := next of book
as)                     fi; auth := next of auth
at)           end;
au)           outf (output, $l"unknown"l$,); client;
```

```
av) end:    put (output, (new page, "signed.off", close));
aw)         close (input).
ax) error:  put (output, new line, "mistake,.try.again."));
ay)         new line (input); client
    end
```

11.13. Parallelarbeit sequentieller Prozesse

```
a) begin int nmb magazine slots, nmb producers, nmb consumers;
b)  read (nmb magazine slots, nmb producers, nmb consumers));
c)  [1 : nmb producers] file infile, [1 : nmb consumers] file outfile;
d)  for i to nmb producers do open (infile [i],, inchannel [i]);
       c Ein- und Ausgangskanal werden in einem umgebenden Bereich definiert c
e)  for i to nmb consumers do open (outfile [i],, outchannel [i]);
f) mode page = [1 : 60, 1 : 132] char;
g)  [1 : nmb magazine slots] ref page magazine;
h)   int c Zeiger eines zyklischen Magazins c index := 1, exdex := 1;
i)   sema full slots = | 0, free slots = | nmb magazine slots,
j)   in buffer busy = | 1, out buffer busy = | 1;
k)   proc par call = (proc (int) p, int n) c ruft n Realisierungen von p par-
       allel auf c
l)   : (n > 0 | par (p (n), par call (p, n - 1)));
m)   proc producer = (int i) : do (heap page page; get (infile [i], page);
n) ↓ free slots; ↓ in buffer busy;
o)   magazine [index] := page; index ÷::= nmb magazine slots +:= 1;
p)     ↑ full slots; ↑ in buffer busy);
q)   proc consumer = (int i) : do (page page;
r)     ↓ full slots; ↓ out buffer busy;
s)     page := magazine [exdex]; exdex ÷::= nmb magazine slots +:= 1;
t)     ↑ free slots; ↑ out buffer busy; put (outfile [i], page));
u)   par (par call (producer, nmb producers),
          par call (consumer, nmb consumers))
   end
```

11.14. Türme von Hanoi

```
a) begin proc p = (int me, de, ma) :
b)                 (ma > 0 | p (me, 6 - me - de, ma - 1);
c)                 out (stand out, (me, de, ma));
                   c Transport des Stückes 'ma' von Platz 'me' zu Platz 'de' c
d)                 p (6 - me - de, de, ma - 1));
e)       for k to 8 do (outf (stand out, $l"k.=."dl,
                   n ((2 ↑ k + 15) ÷ 16)(2(2(4(3(d)x)x)x)l)$, k);
f)                 p (1, 2, k))
   end
```

```
av) end:    put (output, (new page, "signed.off", close));
aw)         close (input).
ax) error:  put (output, new line, "mistake, .try.again."));
ay)         new line (input); client
    end
```

11.13. Cooperating sequential processes

```
a) begin int nmb magazine slots, nmb producers, nmb consumers;
b)   read (nmb magazine slots, nmb producers, nmb consumers));
c)   [1 : nmb producers] file infile, [1 : nmb consumers] file outfile;
d)   for i to nmb producers do open (infile [i],, inchannel [i]);
         c inchannel and outchannel are defined in a surrounding range c
e)   for i to nmb consumers do open (outfile [i],, outchannel [i]);
f) mode page = [1 : 60, 1 : 132] char;
g)   [1 : nmb magazine slots] ref page magazine;
h)   int c pointers of a cyclic magazine c index := 1, exdex := 1;
i)   sema full slots = | 0, free slots = | nmb magazine slots,
j)   in buffer busy = | 1, out buffer busy = | 1;
k)   proc par call = (proc (int) p, int n) c calls n incarnations of p in
l)   parallel c : (n > 0 | par (p (n), par call (p, n − 1)));
m)   proc producer = (int i) : do (heap page page; get (infile [i], page);
n)   ↓ free slots; ↓ in buffer busy;
o)     magazine [index] := page; index ÷::= nmb magazine slots +:= 1;
p)       ↑ full slots; ↑ in buffer busy);
q)   proc consumer = (int i) : do (page page;
r)     ↓ full slots; ↓ out buffer busy;
s)     page := magazine [exdex]; exdex ÷::= nmb magazine slots +:= 1;
t)     ↑ free slots; ↑ out buffer busy; put (outfile [i], page));
u)   par (par call (producer, nmb producers),
           par call (consumer, nmb consumers))
   end
```

11.14. Towers of Hanoi

```
a) begin proc p = (int me, de, ma) :
b)                    (ma > 0 | p (me, 6 − me − de, ma − 1);
c)                    out (stand out, (me, de, ma));
                      c move from peg 'me' to peg 'de' piece 'ma' c
d)                    p (6 − me − de, de, ma − 1));
e)       for k to 8 do (outf (stand out, $l"k.=."dl,
                      n ((2 ↑ k + 15) ÷ 16) (2(2(4(3(d)x)x)x)l)$, k);
f)                    p (1, 2, k))
   end
```

12. Wörterverzeichnis

Für den deutschen Leser sind zur Erleichterung des Rückgriffes auf das englische Original die Verzeichnisse der Technischen Termini und der Parabegriffe in englisch-deutsch und deutsch-englisch gegeben. Manchmal sind zusätzlich deutsche Begriffe aufgeführt, die entweder durch Komma oder durch Einschluß in Klammern von dem Begriff getrennt sind, der vorwiegend in dieser deutschen Fassung verwendet wird.

12.1. Technische Termini

Das erste Auftreten (und manchmal weitere von besonderer Bedeutung) einer Anzahl von Wörtern, die in den Kapiteln 1 bis 10 dieses Berichtes einen spezifischen technischen Inhalt haben, wird unten angegeben. Ein Wort, das in unterschiedlichen grammatischen Formen auftritt (z. B. "contain = enthalten", "contains = enthält", "containing = enthaltend"), wird nur einmal gewöhnlich als Infinitiv (z. B. "contain = enthalten") angegeben.

Englisch-deutsch

action	Aktion 2.2, 2.2.5
ALGOL 68 program	ALGOL 68-Programm 4.4
apostrophe	Apostroph 1.1.6.c
applied occurrence	angewandtes Auftreten 4.1.2.a
appoint	bestimmen 6.0.2.a
a priori value	a-priori-Wert 5.1.0.2.b
arithmetic value	arithmetischer Wert 2.2.3.1.a
assign	zuweisen 2.2.2.l, 8.3.1.2.c
asterisk	Sternchen 1.1.2.a
automaton	Automaton, (Automat) 1.1.1.a
backfile	Dateibereich 10.5.1.aa, cc
balance	Balance 6.6.4.1
blind alley	Sackgasse 1.1.2.d
bold-face shift	Fettdruckumschaltung 3.1.2.b
case clause	Fallklausel, (Fallausdruck) 9.4.c, d
channel	Kanal 10.5.1.aa, bb
character	Zeichen 2.2.3.1.a, f
close a file	eine Datei abschließen 10.5.1.ii
collateral	kollateral 2.2.5.a, 6.2.2.a
colon	Doppelpunkt 1.1.2.a

comma	Komma 1.1.2.a
compatible	kompatibel 5.5.1.dd, nn
compile	kompilieren 2.3.c
component of	Komponente von 2.2.2.h
composite	zusammensetzen 3.1.2.d
complete	komplettieren, (abschließen) 6.0.2.a
computer	Rechner, Datenverarbeitungsanlage 1.1.1.a
conformity case clause	Konformitätsfallklausel, (Konformitäts-ausdruck) 9.4.g
constant	Konstante 5
constituent	Bestandteil, Bestandteil bildend, (als Bestandteil auftretend) 1.1.6.e, f
contain	enthalten 1.1.6.b
conversion key	Konvertierungsschlüssel 5.5.1.ff
copy	Kopie 2.2.4.1.a
create a file	eine Datei bilden, (eine Datei aufmachen) 10.5.1.gg
defining occurrence	definierendes Auftreten 2.2.2.c, 4.1.2.a
denote	bezeichnen 1.1.6.c
deproceduring	Entprozedurieren, Deprozedurieren 8.2, 8.2.2
dereferencing	Entreferenzieren, Dereferenzieren 8.2, 8.2.1
descendent	Nachkomme, (Nachfolger) 1.1.6.e, f
describe	beschreiben 2.2.3.3.b
descriptor	Deskriptor 2.2.3.3.a
develop	entwickeln 7.1.2.b
direct constituent	direkter Bestandteil 1.1.6.e, f
direct descendent	direkter Nachkomme, (direkter Nachfolger) 1.1.6.e
direct production	direkte Erzeugung, direkte Produktion 1.1.2.c
divided by	dividiert durch 2.2.3.1.c
edit	edieren (zur Ausgabe aufbereiten) 5.5.1.ll
elaborate collaterally	kollateral abarbeiten, (kollateral durcharbeiten) 6.2.2.a
elaboration	Abarbeitung, (Durcharbeitung) 1.1.6.h, 6.0.2.a
element	Element 2.2.2.k
end of file	Ende der Datei, Dateiende 10.5.1.cc
English language	englische Sprache 1.1.1.b
envelope	umfassen 1.1.6.j
environment enquiry	Gerätekenngröße, (Rahmenbedarf) 10.1

equivalent to	äquivalent 2.2.2.h
establish a file	eine Datei einrichten 10.5.1.gg
expect	erwarten 5.5.1.gg
extended language	erweiterte Sprache 1.1.1.a
extension	Erweiterung 1.1.7
external object	externes Objekt 2.2.1
false	falsch 2.2.3.1.e
field	Feld, (Komponente) 2.2.2.k
file	Datei 5.5.1.aa, 10.5.1., 10.5.1.ee
firmly coerced from	fest angepaßt von, fest angepaßt aus 4.4.3.a
firm position	feste Stellung, feste Position 8.2
follow	folgen 1.1.6.a
formal language	formale Sprache 1.1.1.b
format	Format 2.2.3, 2.2.3.4, 5.5
halt	anhalten 6.0.2.a
hardware language	Maschinensprache 1.1.8.b
heap	Haufen, Halde 8.5.1.
hipping	Angleichen 8.2, 8.2.7
hold	gelten 2.2
home	Haus, (Momentanbereich) 4.1.2.b
human being	menschliches Wesen 1.1.1.a
hypernotion	Hyperbegriff 1.3
hyphen	Bindestrich 1.1.6.c.iv
identification string	Identifikationszeichenkette, (Identifikationszeichenreihe) 10.5.1.cc
identify	identifizieren 2.2.2.b, c
implementation	Implementation, Implementierung 2.3.c
index	Index 2.2.3.3.a
indication-applied occurrence	indikationsangewandtes Auftreten 4.2.2.a
indication-defining occurrence	indikationsdefinierendes Auftreten 2.2.2.c, 4.2.2.a
indit	indieren, (zur Eingabe aufbereiten) 5.5.1.mm
initiate	initiieren 2.2.2.g, 6.0.2.a
input	Eingabe, eingeben 5.5.1.aa, 10.5
inseparable	nicht separierbar 2.2.5.a
instance	Fall, (Exemplar) 2.2.1
integer	Ganzzahl, ganze Zahl, ganzzahlig2.2.3.1.a, b, c, d
integral equivalent	ganzzahliges Äquivalent 2.2.3.1.f
internal object	internes Objekt 2.2.1
interrupt	unterbrechen 6.0.2.a

in the reach of	im Hauptbereich von, (im Bereich von) 4.4.2.c
in the sense of numerical analysis	im Sinne der numerischen Analysis 2.2.3.1.c
large syntactic marks	große syntaktische Lettern, (große Alphabetelemente) 1.1.2.a
layout procedure	Layout-Prozedur 10.5.2.1.
length number	Längenzahl 2.2.3.1.b
light-face shift	Normaldruckumschaltung 3.1.2.b
list of metanotions	Liste von Metabegriffen 1.1.3.c
list of notions	Liste von Begriffen 1.1.2.c
literal	Literal 5
lock a file	eine Datei verriegeln, (eine Datei sperren) 10.5.1.ii
loosely related	schwach verwandt, (lose abhängig) 4.4.3.c
lower bound	untere Grenze 2.2.3.3.b
lower state	unterer Status 2.2.3.3.b
meaningful (**program**)	sinnvoll (es **Programm**) 4.4
member	Glied 1.1.2.d
metalanguage	Metasprache 1.1.3.a
metamember	Metaglied 1.1.3.d
metanotion	Metabegriff 1.1.3.a
minus	minus 2.2.3.1.c
mode	Modus, (Art) 1.1.6.i, 2.2.4.1.a
multiple value	mehrfacher Wert, (Feld) 2.2.3, 2.2.3.3
name	Name 2.2.2.1, 2.2.3.5
nil	nil 2.2.2.1, 2.2.3.5.a
notion	Begriff 1.1.2.a
object	Objekt 2.2, 2.2.1
object program	Objektprogramm 2.3.c
occurrence	Auftreten 1.1.6.d, 2.2.1
offset	Anfang 2.2.3.3.b
offspring	Abkomme, (Nachkomme) 1.1.6.e
of the same mode as	vom selben Modus wie, (von derselben Art) 2.2.2.h
open a file	eine Datei eröffnen 10.5.1.ff
operator-applied occurrence	operatorangewandtes Auftreten 4.3.2.a
operator-defining occurrence	operatordefinierendes Auftreten 2.2.2.c, 4.3.2.a
original	Original 1.1.6.c
other syntactic marks	andere syntaktische Lettern, (andere Alphabetelemente) 1.1.2.a
output	Ausgabe, ausgeben 5.5.1.aa, 10.5
overflow	Überlauf 6.0.2.b

paranotion	Parabegriff 1.1.6.c
pass on	fortwirken, (durchziehen) 6
permanent	permanent 2.2.2.a
plain value	einfacher Wert 2.2.3, 2.2.3.1
point	Punkt 1.1.2.a
portrayal	Porträt, ((Verbund-) Komponentenangabe) 2.2.4.1.d
position of the file	Position der Datei 5.5.1.ff
possess	besitzen 2.2.2.d
possibly intended (**program**)	möglicherweise beabsichtigt (es **Programm**) 2.3.c
pragmatic remark	pragmatische Anmerkung, (pragmatisch) 1.3
precede	vorangehen 1.1.6.a
preelaboration	Vorabarbeitung, (Vorverarbeitung) 1.1.6.i
premode	Vormodus, (vorläufige Art) 1.1.6.i
prescope	Vorgültigkeitsbereich, (vorläufiger Gültigkeitsbereich) 1.1.6.i
present	gegenwärtig 5.5.1.ff
prevalue	Vorwert, (vorläufiger Wert) 1.1.6.i
proceduring	Prozedurieren 8.2, 8.2.3
production	Erzeugung, Produktion 1.1.2.e
production rule	Erzeugungsregel, Produktionsregel 1.1.2.a
production tree	Erzeugungsbaum, Syntaxbaum, Produktionsbaum 1.1.6.e
productive	erzeugend, produktiv 1.1.2.d
proper (**programm**)	eigentlich (es **Programm**) 4.4
protect	schützen 6.0.2.d, 7.1.2.b
protonotion	Protobegriff 1.1.2.b
publication language	Veröffentlichungssprache 1.1.8.b
quintuple	Quintupel 2.2.3.3.b
random access	wahlfreier Zugriff, (Random-Zugriff) 10.5.1.bb
reach	Hauptbereich, (Bereich) 4.4.2.a, 4.4.2.c
read	lesen 5.5.1.jj
real number	Realzahl, reelle Zahl 2.2.3.1.a, b, c, d
refer to	referieren zu, verweisen auf 2.2.2.h
related	verwandt, (abhängig) 4.4.3.b
relationship	Beziehung 2.2, 2.2.2
repetitive statement	Laufanweisung 9.3
representation	Darstellung 1.1.8.a
representation language	Darstellungssprache 1.1.1.a
reset a file	eine Datei zurücksetzen 10.5.1.nn

resume	wiederaufnehmen, (fortsetzen) 6.0.2.a
routine	Routine, (Rechenvorschrift) 2.2.2.f, 2.2.3.4
rowing	Reihen, (Dimensionieren) 8.2, 8.2.6
scope	Gültigkeitsbereich 1.1.6.i, 2.2.3.5.a, 2.2.4.2
scratch a file	eine Datei tilgen 10.5.1.hh
select	selektieren 2.2.3.2, 2.2.3.3.a
semantics	Semantik 1.1.2.a, 2.3
semicolon	Semikolon, (Strichpunkt) 1.1.2.a
sequential access	sequentieller Zugriff 10.5.1.bb
serial	seriell 2.2.5.a
set a file	eine Datei positionieren 10.5.1.oo
shield	abschirmen 4.4.4.a
show	zeigen, (vorweisen) 4.4.4.b
smaller than	kleiner als 2.2.2.h
small syntactic marks	kleine syntaktische Lettern, (kleine Alphabetelemente) 1.1.2.a
soft position	sanfte Position, (schwache Position) 8.2
sort	Sorte 6
standard declaration	Standarddeklaration 10.a
standard file	Standarddatei 10.5.1.3
standard mathematical constant	mathematische Standardkonstante 10.3
standard mathematical function	mathematische Standardfunktion 10.3
standard operation	Standardoperation 10.2
standard priority	Standardpriorität 10.2.0
straightening	Streckung, (Auflösung, Aufreihung) 5.5.1.dd, 10.5.0.2
strict language	Grundsprache 1.1.1.a
stride	Weite, Schrittweite 2.2.3.3.b
string	Zeichenkette, (Zeichenreihe) 5.3.2
strongly coerced from	stark angepaßt von, (stark angepaßt aus) 4.4.3.a
strong position	starke Position 8.2
structured value	strukturierter Wert, (Verbund) 2.2.3, 2.2.3.2
structured from	strukturiert aus 2.2.4.1.d
subvalue	Unterwert, (Teilfeld) 2.2.2.k
successor	Nachfolger 6.0.2.a
supersede	ersetzen 8.3.1.2.a
suppress	unterdrücken 5.5.1.ll
symbol	Symbol 1.1.2.b
synchronization operation	Synchronisierungsoperation 10.4
syntactic position	syntaktische Position 8.2

syntax	Syntax 1.1.2.a
terminal production	Enderzeugung, Endproduktion 1.1.2.f
terminate	beenden 6.0.2.a
terminator-string	Beendiger-Zeichenkette, (Ende-Zeichenreihe) 5.5.1.jj
textual order	textliche Reihenfolge, (Reihenfolge der Aufschreibung) 1.1.6.a
times	mal 2.2.3.1.c
transput	Transgabe, transgeben, (Übergabe, übergeben) 5.5.1.aa, 10.5
transput declaration	Transgabedeklaration, (Übergabedeklaration) 10.5
true	wahr 2.2.3.1.e
truth value	Wahrheitswert 2.2.3.1.a, e
undefined	undefiniert 1.1.6.k
united from	vereint aus, vereinigt aus 4.4.3.a
uniting	Vereinigen 8.2, 8.2.4
upper bound	obere Grenze 2.2.3.3.b
upper state	oberer Status 2.2.3.3.b
value	Wert 1.1.6.i, 2.2.3
voiding	Löschen, Entwerten 8.2, 8.2.8
weak position	weiche Position 8.2
widening	Erweitern, (Ausweiten) 2.2.3.1.d, 8.2, 8.2.5
write	schreiben 5.5.1.gg

Deutsch-englisch

Die eingeklammerten Begriffe werden in der vorliegenden Übersetzung selten oder nicht verwendet. Sie sind jedoch im Sprachgebrauch möglich und z. T. auch üblich.

Abarbeitung	elaboration 1.1.6.h, 6.0.2.a
(abhängig)	related 4.4.3.b
Abkomme	offspring 1.1.6.e
abschirmen	shield 4.4.4.a
(abschließen)	complete 6.0.2.a
Aktion	action 2.2, 2.2.5
ALGOL 68-Programm	ALGOL 68 program 4.4
andere syntaktische Lettern, (andere Alphabetelemente)	other syntactic marks 1.1.2.a
Anfang	offset 2.2.3.3.b
angewandtes Auftreten	applied occurrence 4.1.2.a
Angleichen	hipping 8.2, 8.2.7

anhalten	halt 6.0.2.a
Apostroph	apostrophe 1.1.6.c
a-priori-Wert	a priori value 5.1.0.2.b
äquivalent	equivalent to 2.2.2.h
arithmetischer Wert	arithmetic value 2.2.3.1.a
(Art)	mode 1.1.6.i, 2.2.4.1.a
Auftreten	occurrence 1.1.6.d, 2.2.1
(Auflösung, Aufreihung)	straightening 5.5.1.dd, 10.5.0.2
Ausgabe, ausgeben	output 5.5.1.aa, 10.5
(Ausweiten)	widening 2.2.3.1.d, 8.2, 8.2.5
Automaton, (Automat)	automaton 1.1.1.a
Balance	balance 6, 6.4.1
beenden	terminate 6.0.2.a
Beendiger-Zeichenkette	terminator-string 5.5.1.jj
Begriff	notion 1.1.2.a
(Bereich)	reach 4.4.2.a, 4.4.2.c
beschreiben	describe 2.2.3.3.b
besitzen	possess 2.2.2.d
Bestandteil, Bestandteil bildend, (als Bestandteil auftretend)	constituent 1.1.6.f
bestimmen	appoint 6.0.2.a
bezeichnen	denote 1.1.6.c
Beziehung	relationship 2.2, 2.2.2
Bindestrich	hyphen 1.1.6.c.iv
Datei	file 5.5.1.aa, 10.5.1, 10.5.1.ee
Datei abschließen	close a file 10.5.1.ii
Dateibereich	backfile 10.5.1.aa, cc
Datei bilden, (Datei aufmachen)	create a file 10.5.1.gg
Datei einrichten	establish a file 10.5.1.gg
Dateiende	end of file 10.5.1.cc
Datei eröffnen,	open a file 10.5.1.ff
Datei positionieren	set a file 10.5.1.oo
Datei tilgen	scratch a file 10.5.1.hh
Datei verriegeln, Datei sperren	lock a file 10.5.1.ii
Datei zurücksetzen	reset a file 10.5.1.nn
Darstellung	representation 1.1.8.a
Darstellungssprache	representation language 1.1.1.a
definierendes Auftreten	defining occurrence 2.2.2.c, 4.1.2.a
Deskriptor	descriptor 2.2.3.3.a
Deprozedurieren	deproceduring 8.2, 8.2.2
Dereferenzieren	dereferencing 8.2, 8.2.1
(Dimensionieren)	rowing 8.2, 8.2.6
direkte Erzeugung, direkte Produktion	direct production 1.1.2.c

direkter Bestandteil	direct constituent 1.1.6.e, f
direkter Nachkomme, (direkter Nachfolger)	direct descendent 1.1.6.e
dividiert durch	divided by 2.2.3.1.c
Doppelpunkt	colon 1.1.2.a
(Durcharbeitung)	elaboration 1.1.6.h, 6.0.2.a
(durchziehen)	pass on 6
edieren	edit 5.5.1.ll
eigentlich (es **Programm**)	proper (**program**) 4.4
einfacher Wert	plain value 2.2.3, 2.2.3.1
Eingabe, eingeben	input 5.5.1.aa, 10.5
Element	element 2.2.2.k
Ende der Datei	end of file 10.5.1.cc
Enderzeugung, Endproduktion	terminal production 1.1.2.f
(Ende-Zeichenreihe)	terminator-string 5.5.1.jj
englische Sprache	English language 1.1.1.b
enthalten	contain 1.1.6.b
Entprozedurieren	deproceduring 8.2, 8.2.2
Entreferenzieren	dereferencing 8.2, 8.2.1
Entwerten	voiding 8.2, 8.2.8
entwickeln	develop 7.1.2.b
ersetzen	superside 8.3.1.2.a
erwarten	expect 5.5.1.gg
Erweitern	widening 2.2.3.1.d, 8.2, 8.2.5
erweiterte Sprache	extended language 1.1.1.a
Erweiterung	extension 1.1.7
erzeugend	productive 1.1.2.d
Erzeugung	production 1.1.2.c
Erzeugungsbaum	production tree 1.1.6.e
Erzeugungsregel	production rule 1.1.2.a
externes Objekt	external object 2.2.1
(Exemplar)	instance 2.2.1
Fall	instance 2.2.1
Fallklausel, (Fallausdruck)	case clause 9.4.c, d
falsch	**false** 2.2.3.1.e
Feld	field 2.2.2.k
(Feld)	multiple value 2.2.3, 2.2.3.3
fest angepaßt von, fest angepaßt aus	firmly coerced from 4.4.3.a
feste Stellung, feste Position	firm position 8.2
Fettdruckumschaltung	bold-face shift 3.1.2.b
folgen	follow 1.1.6.a
formale Sprache	formal language 1.1.1.b
Format	format 2.2.3, 2.2.3.4, 5.5

(fortsetzen)	resume 6.0.2.a
fortwirken	pass on 6
ganzzahliges Äquivalent	integral equivalent 2.2.3.1.f
Ganzzahl, ganze Zahl, ganzzahlig	integer 2.2.3.1.a, b, c, d
gegenwärtig	present 5.5.1.ff
gelten	hold 2.2
Gerätekenngröße	environment enquiry 10.1
Glied	member 1.1.2.d
große syntaktische Lettern, (große Alphabetelemente)	large syntactic marks 1.1.2.a
Grundsprache	strict language 1.1.1.a
Gültigkeitsbereich	scope 1.1.6.i, 2.2.3.5.a, 2.2.4.2
Haufen, Halde	heap 8.5.1
Hauptbereich	reach 4.4.2.a, 4.4.2.c
Haus	home 4.1.2.b
Hyperbegriff	hypernotion 1.3
Identifikationszeichenkette, (Identifikationszeichenreihe)	identification string 10.5.1.cc
identifizieren	identify 2.2.2.b, c
im Hauptbereich von, (im Bereich von)	in the reach of 4.4.2.c
Implementation, Implementierung	implementation 2.3.c
im Sinne der numerischen Analysis	in the sense of numerical analysis 2.2.3.1.c
Index	index 2.2.3.3.a
indieren	indit 5.5.1.mm
indikationsangewandtes Auftreten	indication-applied occurrence 4.2.2.a
indikationsdefinierendes Auftreten	indication-defining occurrence 2.2.2.c, 4.2.2.a
initiieren	initiate 2.2.2.g, 6.0.2.a
internes Objekt	internal object 2.2.1
Kanal	channel 10.5.1.aa, bb
kleiner als	smaller than 2.2.2.h
kleine syntaktische Lettern, (kleine Alphabetelemente)	small syntactic marks 1.1.2.a
kollateral	collateral 2.2.5.a, 6.2.2.a
kollateral abarbeiten, (kollateral durcharbeiten)	elaborate collaterally 6.2.2.a
Komma	comma 1.1.2.a
kompatibel	compatible 5.5.1.dd, nn
komplettieren	complete 6.0.2.a
kompilieren	compile 2.3.c
(Komponente)	field 2.2.2.k
Komponente von	component of 2.2.2.h

Konformitätsfallklausel, (Konformitätsausdruck)	conformity case clause 9.4.g
Konstante	constant 5
Konvertierungsschlüssel	conversion key 5.5.1.ff
Kopie	copy 2.2.4.1.a
Layout-Prozedur	layout procedure 10.5.2.1
Längenzahl	length number 2.2.3.1.b
Laufanweisung	repetitive statement 9.3
lesen	read 5.5.1.jj
Liste von Begriffen	list of notions 1.1.2.c
Liste von Metabegriffen	list of metanotions 1.1.3.c
Literal	literal 5
Löschen	voiding 8.2, 8.2.8
(lose abhängig)	loosely related 4.4.3.c
mal	times 2.2.3.1.c
Maschinensprache	hardware language 1.1.8.b
mathematische Standardfunktion	standard mathematical function 10.3
mathematische Standardkonstante	standard mathematical constant 10.3
mehrfacher Wert	multiple value 2.2.3, 2.2.3.3
menschliches Wesen	human being 1.1.1.a
Metabegriff	metanotion 1.1.3.a
Metaglied	metamember 1.1.3.d
Metasprache	metalanguage 1.1.3.a
minus	minus 2.2.3.1.c
Modus	mode 1.1.6.i, 2.2.4.1.a
möglicherweise beabsichtigt (es **Programm**)	possible intended (**program**) 2.3.c
(Momentanbereich)	home 4.1.2.b
Nachfolger	successor 6.0.2.a
Nachkomme, (Nachfolger)	descendent 1.1.6.e, f
(Nachkomme)	offspring 1.1.6.e
Name	name 2.2.2.1, 2.2.3.5
nicht separierbar	inseparable 2.2.5.a
nil	nil 2.2.2.1, 2.2.3.5.a
Normaldruckumschaltung	light-face shift 3.1.2.b
obere Grenze	upper bound 2.2.3.3.b
oberer Status	upper state 2.2.3.3.b
Objekt	object 2.2, 2.2.1
Objektprogramm	object program 2.3.c
operatorangewandtes Auftreten	operator-applied occurrence 4.3.2.a
operatordefinierendes Auftreten	operator-defining occurrence 2.2.2.c, 4.3.2.a
Original	original 1.1.6.c
Parabegriff	paranotion 1.1.6.c

permanent	**permanent 2.2.2.a**
Porträt	**portrayal 2.2.4.1.d**
Position der Datei	**position of the file 5.5.1.ff**
pragmatische Anmerkung, (pragmatisch)	**pragmatic remark 1.3**
Produktion	**production 1.1.2.e**
Produktionsregel	**production rule 1.1.2.a**
Produktionsbaum	**production tree 1.1.6.e**
produktiv	**productive 1.1.2.d**
Protobegriff	**protonotion 1.1.2.b**
Prozedurieren	**proceduring 8.2, 8.2.3**
Punkt	**point 1.1.2.a**
Quintupel	**quintuple 2.2.3.3.b**
(Rahmenbedarf)	**environment enquiry 10.1**
(Random-Zugriff)	**random access 10.5.1.bb**
Realzahl, reelle Zahl	**real number 2.2.3.1a, b, c, d**
(Rechenvorschrift)	**routine 2.2.2.f, 2.2.3.4**
Rechner	**computer 1.1.1.a**
referieren zu	**refer to 2.2.2.h**
Reihen	**rowing 8.2, 8.2.6**
(Reihenfolge der Aufschreibung)	**textual order 1.1.6.a**
Routine	**routine 2.2.2.f, 2.2.3.4**
Sackgasse	**blind alley 1.1.2.d**
sanfte Position	**soft position 8.2**
schreiben	**write 5.5.1.gg**
Schrittweite	**stride 2.2.3.3.b**
schützen	**protect 6.0.2.d, 7.1.2.b**
schwach verwandt	**loosely related 4.4.3.c**
(schwache Position)	**soft position 8.2**
selektieren	**select 2.2.3.2, 2.2.3.3.a**
Semantik	**semantics 1.1.2.a, 2.3**
Semikolon	**semicolon 1.1.2.a**
sequentieller Zugriff	**sequential access 10.5.1.bb**
seriell	**serial 2.2.5.a**
sinnvoll (es Programm)	**meaningful (program) 4.4**
Sorte	**sort 6**
Standarddatei	**standard file 10.5.1.3**
Standarddeklaration	**standard declaration 10.a**
Standardoperation	**standard operation 10.2**
Standardpriorität	**standard priority 10.2.0**
stark angepaßt von, stark angepaßt aus	**strongly coerced from 4.4.3.a**
starke Position	**strong position 8.2**
Sternchen	**asterisk 1.1.2.a**

strecken	straightening 5.5.1.dd, 10.5.0.2
(Strichpunkt)	semicolon 1.1.2.a
strukturiert aus	structured from 2.2.4.1.d
strukturierter Wert	structured value 2.2.3, 2.2.3.2
Symbol	symbol 1.1.2.b
Synchronisierungsoperation	synchronization operation 10.4
syntaktische Position	syntactic position 8.2
Syntax	syntax 1.1.2.a
Syntaxbaum	production tree 1.1.6.e
textliche Reihenfolge	textual order 1.1.6.a
(Teilfeld)	subvalue 2.2.2.k
Transgabe, transgeben	transput 5.5.1.aa, 10.5
Transgabedeklaration, (Übergabedeklaration)	transput declaration 10.5
(Übergabe, übergeben)	transput 5.5.1.aa, 10.5
Überlauf	overflow 6.0.2.b
umfassen	envelope 1.1.6.j
undefiniert	undefined 1.1.6.k
unterbrechen	interrupt 6.0.2.a
unterdrücken	suppress 5.5.1.ll
untere Grenze	lower bound 2.2.3.3.b
unterer Status	lower state 2.2.3.3.b
Unterwert	subvalue 2.2.2.k
(Verbund)	structured value 2.2.3, 2.2.3.2
((Verbund-) Komponentenangabe)	portrayal 2.2.4.1.d
Vereinigen	uniting 8.2, 8.2.4
vereint aus, vereinigt aus	united from 4.4.3.a
Veröffentlichungssprache	publication language 1.1.8.b
verwandt	related 4.4.3.b
verweisen auf, verweisen zu	refer to 2.2.2.h
vom selben Modus wie, (von derselben Art)	of the same mode as 2.2.2.h
Vorabarbeitung, (Vorverarbeitung)	preelaboration 1.1.6.i
vorangehen	precede 1.1.6.a
Vorgültigkeitsbereich, (vorläufiger Gültigkeitsbereich)	prescope 1.1.6.i
Vormodus, (vorläufige Art)	premode 1.1.6.i
(vorweisen)	show 4.4.4.b
Vorwert, (vorläufiger Wert)	prevalue 1.1.6.i
wahlfreier Zugriff	random access 10.5.1.bb
wahr	true 2.2.3.1.c
Wahrheitswert	truth value 2.2.3.1.a, e
weiche Position	weak position 8.2
Weite	stride 2.2.3.3.b

Wert	value 1.1.6.i, 2.2.3
wiederaufnehmen	resume 6.0.2.a
Zeichen	character 2.2.3.1.a, f
Zeichenkette, (Zeichenreihe)	string 5.3.2
zeigen	show 4.4.4.b
zusammensetzen	composite 3.1.2.d
zur Ausgabe aufbereiten	edit 5.5.1.ll
zur Eingabe aufbereiten	indit 5.5.1.mm
zuweisen	assign 2.2.2.l, 8.3.1.2.c

{*Denn eben, wo Begriffe fehlen,*
Da stellt ein Wort zur rechten Zeit sich ein.
Faust, *J. W. von Goethe.*}

12.2. Parabegriffe

Unten werden Hinweise auf die Regeln angegeben, die auf Erzeugungsregeln für die Originale der angegebenen Parabegriffe und anderen Protobegriffe führen. Ferner sind Hinweise auf instruktive Vorkommen dieser Begriffe und auf die Darstellungen der gegebenen Symbole enthalten. Die Parabegriffe selbst stehen hier in gewöhnlichem Typensatz.

Englisch-deutsch

absolute value of symbol	Absolutwertsymbol, Betragssymbol 3.1.1.c
action token	Aktionstype, (Aktionszeichen) 3.0.4.a
actual declarator	aktueller Deklarator, (aktueller Vereinbarer) 7.1.1.c, d, e, l, o, p, w, cc
actual declarer	aktueller Deklarierer, (aktueller Grundvereinbarer) 7.1.1.b
actual lower bound	aktuelle untere Grenze 7.1.1.t
actual parameter	aktueller Parameter 7.4.1.b
actual row of rower	aktueller Reihe-von Anreiher, (aktuelle 1-dimensionale Grenzenliste) 7.1.1.r
actual upper bound	aktuelle obere Grenze 7.1.1.t
adic indication	adische Indikation 4.2.1.g
alignment	Ausrichtung, Anordnung 5.5.1.ı
and symbol	und-Symbol 3.1.1.c
assignation	Zuordnung, Zuweisung 8.3.1.1.a
at symbol	bei-Symbol, (at-Symbol) 3.1.1.e
balance	Balance 6.2.1.e
base	Basis, Primitivausdruck 8.6.0.1.a, b
basic token	Basistype, (Grundzeichen) 3.0.1.a

begin symbol	Beginnsymbol 3.1.1.e
binal symbol	Binalsymbol 3.1.1.c
bits denotation	Bitsgestalt, (Bitsnotierung) 5.2.1.a
bits symbol	Bitssymbol 3.1.1.d, 10.2.8.a
boolean choice mould	boolesche Auswahlschablone, (boolesche Auswahlform) 5.5.4.b
boolean denotation	boolesche Gestalt, (boolesche Notierung) 5.1.3.1.a
boolean pattern	boolesches Muster, (boolesche Schablone) 5.5.4.a
booleans to bits symbol	Boolesche-zu-Bits-Symbol 3.1.1.c
boolean symbol	Booleschsymbol 3.1.1.d,
boundscript	Grendex, Grenzen-Index-Ausdruck, Grenzen-Index-Alternative 8.6.1.1.l
bus symbol	Fietsymbol, (J-Symbol) 3.1.1.e
by symbol	mit-Symbol, (by-Symbol) 3.1.1.h
bytes symbol	Bytessymbol 3.1.1.d, 10.2.9.a
call	Aufruf 8.6.2.1.a
caption	Titel 7.5.1.b
cast	Zuschnitt, (zugeschnittener Ausdruck) 8.3.4.1.a
cast of symbol	Zuschnittssymbol 3.1.1.c
chain	Kette 3.0.1.c
character denotation	Zeichengestalt, (Zeichennotierung) 5.1.4.1.a
character frame	Zeichenvorlage (Zeichenmuster) 5.5.5.b
character pattern	Zeichenmuster, (Zeichenschablone) 5.5.5.a
character to bytes symbol	Zeichen-zu-Bytes-Symbol 3.1.1.c
character symbol	Zeichensymbol, (Elementarzeichen) 3.1.1.d
character token	Zeichentype, (Elementarzeichen) 3.0.9.d
choice clause	Auswahlklausel, (Auswahlausdruck) 6.4.1.c,d
clause	Klausel, (Ausdruck) 6.1.1.a, 6.2.1.b,c,d,f, 6.3.1.a, 6.4.1.a, 8.1.1.a
clause train	Klauselzug, (Ausdrucksfolge) 6.1.1.h
closed clause	abgeschlossene Klausel, (geklammerter Ausdruck, Klammerausdruck) 6.3.1.a
close symbol	Abschließungssymbol, Schlußsymbol 3.1.1.e
coercend	Anzupassendes, (Artträger) 8.2.0.1.a
cohesion	Bindung, (Kohäsion) 8.5.0.1.a
collateral clause	kollaterale Klausel, (kollateraler Ausdruck) 6.2.1.b,c,d,f

collateral declaration	kollaterale Deklaration 6.2.1.a
collection	Sammlung, Kollektion 5.5.1.b
comma symbol	Kommasymbol 3.1.1.b
comment	Bemerkung, Kommentar 3.0.9.b
comment item	Bemerkungsposten, (Kommentarelement) 3.0.9.c
comment symbol	Bemerkungssymbol, Kommentarsymbol 3.1.1.i
completer	Komplettierer 6.1.1.l
completion symbol	Komplettierungssymbol 3.1.1.f
complex frame	Komplexvorlage (Komplexmuster) 5.5.6.c
complex pattern	Komplexmuster (Komplexschablone) 5.5.6.a
complex symbol	Komplexsymbol 3.1.1.d, 10.2.7.a
condition	Bedingung 6.4.1.b
conditional clause	bedingte Klausel (bedingter Ausdruck) 6.4.1.a
conformity relation	Konformitätsvergleich, Konformitäts-relation 8.3.2.1.a
conformity relator	Konformitätsvergleicher, (Konformitäts-zeichen) 8.3.2.1.b
conforms to and becomes symbol	konform-zu-und-wird-Symbol, Konformi-tätszuweisungssymbol 3.1.1.c
conforms to symbol	konform-zu-Symbol, Konformitätssymbol 3.1.1.c
confrontation	Konfrontation 8.3.0.1.a
confrontation token	Konfrontationstype, (Konfontationszei-chen) 3.0.4.d
conjugate of symbol	Konjugiertsymbol 3.1.1.c
constant	Konstante 6.0.1.d
declaration	Deklaration 6.2.1.a, 7.0.1.a
declaration prelude	Deklarationsvorspiel, Deklarationsvor-spann 6.1.1.b
declaration token	Deklarationstype (Deklarationszeichen) 3.0.5.a
declarer	Deklarierer (Grundvereinbarer) 7.1.1.a
denotation	Gestalt (Notierung) 5.0.1.a
denotation token	Gestalttype (Notierungszeichen) 3.0.3.a
destination	Bestimmung, Ziel 8.3.1.1.b
differs from symbol	Ungleichheitssymbol 3.1.1.c
digit eight	Ziffer acht 3.0.3.d
digit eight symbol	Ziffer-acht-Symbol 3.1.1.b
digit five	Ziffer fünf 3.0.3.d
digit five symbol	Ziffer-fünf-Symbol 3.1.1.b

digit four	Ziffer vier 3.0.3.d
digit four symbol	Ziffer-vier-Symbol 3.1.1.b
digit frame	Ziffernvorlage (Ziffernmuster) 5.5.2.e
digit nine	Ziffer neun 3.0.3.d
digit nine symbol	Ziffer-neun-Symbol 3.1.1.b
digit one	Ziffer eins 3.0.3.d
digit one symbol	Ziffer-eins-Symbol 3.1.1.b
digit seven	Ziffer sieben 3.0.3.d
digit seven symbol	Ziffer-sieben-Symbol 3.1.1.b
digit six	Ziffer sechs 3.0.3.d
digit six symbol	Ziffer-sechs-Symbol 3.1.1.b
digit three	Ziffer drei 3.0.3.d
digit three symbol	Ziffer-drei-Symbol 3.1.1.b
digit token	Zifferntype (Ziffernzeichen) 3.0.3.c
digit two	Ziffer zwei 3.0.3.d
digit two symbol	Ziffer-zwei-Symbol 3.1.1.b
digit zero	Ziffer null 3.0.3.d
digit zero symbol	Ziffer-null-Symbol 3.1.1.b
divided by and becomes symbol	dividiert-durch-und-wird-Symbol (Quotientenzuweisungssymbol) 3.1.1.c
divided by symbol	dividiert-durch-Symbol (Divisionssymbol) 3.1.1.c
do symbol	tue-Symbol (do-Symbol) 3.1.1.h
down symbol	nieder-Symbol (down-Symbol) 3.1.1.c
dyadic formula	dyadische Formel 8.4.1.h
dyadic indicant	dyadischer Indikant 1.1.5.b
dyadic indication	dyadische Indikation 4.2.1.d
dyadic operator	dyadischer Operator 4.3.1.d
dynamic replication	dynamische Wiederholung, dynamische Replikation, dynamische Wiederholungsangabe 5.5.1.h
either symbol	entweder-Symbol (either-Symbol) 3.1.1.d
else clause	sonst-Klausel (Nein-Ausdruck), zweite Alternative 6.4.1.e
else if symbol	sonst-wenn-Symbol (else-if-Symbol) 3.1.1.h
else symbol	sonst-Symbol (else-Symbol) 3.1.1.e, 9.4
end symbol	Ende-Symbol 3.1.1.e
equals symbol	Gleichheits-Symbol 3.1.1.c
exit	Ausgang 2.1.e
exponent frame	Exponentenvorlage (Exponentenmuster) 5.5.3.f
exponent part	Exponententeil 5.1.2.1.g
expression	Ausdruck 6.0.1.b

extra token	Sondertype (Sonderzeichen) 3.0.9.a
false symbol	falsch-Symbol 3.1.1.b
field declarator	Felddeklarator (Komponentenvereinbarer) 7.1.1.g
field selector	Feldselektor (Komponentenselektor) 7.1.1.i
file symbol	Dateisymbol 3.1.1.d, 10.5.1.2
fi symbol	new-Symbol (fi-Symbol) 3.1.1.e, 9.4
flexible symbol	flexibel-Symbol (flexible-Symbol) 3.1.1.d
flipflop	Flipflop 3.0.3.e
flip symbol	flip-Symbol 3.1.1.b
floating point mould	Gleitpunktschablone (Gleitpunktform) 5.5.3.d
floating point numeral	Gleitpunktnumeral (Gleitpunktzahl) 5.1.2.1.e
flop symbol	flop-Symbol 3.1.1.b
formal declarator	formaler Deklarator (formaler Vereinbarer) 7.1.1.c,d,e,m,n,o,p,w,cc
formal declarer	formaler Deklarierer (formaler Grundvereinbarer) 7.1.1.b
formal lower bound	formale untere Grenze 7.1.1.v
formal parameter	formaler Parameter 5.4.1.e
formal row of rower	formaler Reihe-von Anreiher (formale 1-dimensionale Grenzenliste) 7.1.1.r
formal upper bound	formale obere Grenze 7.1.1.v
format denotation	Formatgestalt (Formatnotierung) 5.5.1.a
format symbol	Formatsymbol 3.1.1.d
formatter symbol	Formatbegrenzungssymbol 3.1.1.b
formula	Formel 8.4.1.a
for symbol	für-Symbol (for-Symbol) 3.1.1.h
fractional part	gebrochener Teil 5.1.2.1.d
frame	Vorlage (Muster) 5.5.1.r
from symbol	von-Symbol (from-Symbol) 3.1.1.h
generator	Generator 8.5.1.1.a
global generator	globaler Generator 8.5.1.1.c
gomma	weima (Komma- oder Fortsetzungssymbol) 5.4.1.d
go on symbol	weiter-Symbol (Fortsetzungssymbol) 3.1.1.f
go to symbol	Sprungsymbol 3.1.1.f
heap symbol	Haufensymbol (heap-Symbol) 3.1.1.d
hip token	Auslassungstype (Auslassungszeichen) 3.0.8.a
identifier	Identifikator 4.1.1.a

identity declaration	Identitätsdeklaration 7.4.1.a
identity relation	Identitätsvergleich, Identitätsrelation 8.3.3.1.a
identy relator	Identitätsvergleicher (Identitätszeichen) 8.3.3.1.b
if symbol	wenn-Symbol (if-Symbol) 3.1.1.e, 9.4
imaginary part of symbol	Imaginärteilsymbol 3.1.1.c
indexer	Indizierer (Index) 8.6.1.1.k
indicant	Indikant 1.1.5.b
indication	Indikation 4.2.1.a
insert	Einsatz 5.5.1.e
insertion	Einsetzung 5.5.1.d
integral choice pattern	ganzzahliges Auswahl-Muster (ganzzahlige Auswahlschablone) 5.5.2.f
integral denotation	Ganzzahl-Gestalt (ganzzahlige Notierung) 5.1.1.1.a
integral mould	Ganzzahl-Schablone (ganzzahlige Form) 5.5.2.d
integral part	ganzzahliger Teil 5.1.2.1.c
integral pattern	Ganzzahl-Muster (ganzzahlige Schablone) 5.5.2.a
integral symbol	Ganzzahl-Symbol, Ganzsymbol 3.1.1.d
is at least symbol	größer-gleich-Symbol 3.1.1.c
is at most symbol	kleiner-gleich-Symbol 3.1.1.c
is greater than symbol	größer-als-Symbol, größer Symbol 3.1.1.c
is less than symbol	kleiner-als-Symbol, kleiner-Symbol 3.1.1.c
is not symbol	ungleich-Symbol 3.1.1.c
is symbol	gleich-Symbol 3.1.1.c
label	Marke 6.1.1.k
label identifier	Markenidentifikator 4.1.1.b
label symbol	Markierungssymbol (Markensymbol) 3.1.1.c
lengthen symbol	länger-Symbol, Verlängerungssymbol 3.1.1.c
letter a	Buchstabe a 3.0.2.b
letter aleph	Buchstabe aleph 3.0.2.b
letter a symbol	Buchstabe-a-Symbol 3.1.1.a
letter b	Buchstabe b 3.0.2.b
letter b symbol	Buchstabe-b-Symbol 3.1.1.a
letter c	Buchstabe c 3.0.2.b
letter c symbol	Buchstabe-c-Symbol 3.1.1.a
letter d	Buchstabe d 3.0.2.b
letter d symbol	Buchstabe-d-Symbol 3.1.1.a

letter z	Buchstabe z 3.0.2.b
letter z symbol	Buchstabe-z-Symbol 3.1.1.a
library postlude	Bibliotheksnachspiel, Bibliotheksanhang 2.1.f
library prelude	Bibliotheksvorspiel, Bibliotheksvorspann 2.1.c
list	Liste 3.0.1.d
list proper	echte Liste 3.0.1.g
list separator	Listentrenner (Listentrennzeichen) 3.0.1.e
literal	Literal 5.5.1.j
local generator	lokaler Generator 8.5.1.1.b
local symbol	lokal-Symbol (local-Symbol) 3.1.1.d
long denotation	lang Gestalt (Notierung von höherer Genauigkeit) 5.1.0.1.b
long symbol	lang-Symbol (long-Symbol) 3.1.1.d
loose replicatable suppressible character frame	lockere wiederholbare unterdrückbare Zeichenvorlage (erweiterbares wiederholbares unterdrückbares Zeichenmuster) 5.5.1.m
loose replicatable suppressible digit frame	lockere wiederholbare unterdrückbare Ziffernvorlage (erweiterbares wiederholbares unterdrückbares Ziffernmuster) 5.5.1.m
loose replicatable zero frame	lockere wiederholbare Nullenvorlage (erweiterbares wiederholbares Nullenmuster) 5.5.1.m
loose suppressible character frame	lockere unterdrückbare Zeichenvorlage (erweiterbares unterdrückbares Zeichenmuster) 5.5.1.m
loose suppressible complex frame	lockere unterdrückbare Komplexvorlage (erweiterbares unterdrückbares Komplexmuster) 5.5.1.m
loose suppressible exponent frame	lockere unterdrückbare Exponentenvorlage (erweiterbares unterdrückbares Exponentenmuster) 5.5.1.m
loose suppressible point frame	lockere unterdrückbare Punktvorlage (erweiterbares unterdrückbares Punktmuster) 5.5.1.m
lower bound of symbol	untere-Grenze-von-Symbol (lwb-Symbol) 3.1.1.c
lower state of symbol	unterer-Status-von-Symbol (lws-Symbol) 3.1.1.c

minus and becomes symbol	**minus-und-wird-Symbol, Differenzenzuweisungssymbol 3.1.1.c**
minus symbol	**minus-Symbol, Subtraktionssymbol 3.1.1.c**
mode declaration	**Modusdeklaration (Artdeklaration) 7.2.1.a**
mode identifier	**Modusidentifikator (Artidentifikator, Artbezeichner) 4.1.1.b**
mode indication	**Modusindikation (Artindikation) 4.2.1.b**
mode standard	**Standardmodus (Artstandardbezeichnung) 4.2.1.c**
mode symbol	**Modussymbol (Artsymbol) 3.1.1.d**
modulo and becomes symbol	**modulo-und-wird-Symbol, Restzuweisungssymbol 3.1.1.c**
modulo symbol	**modulo-Symbol, Restsymbol 3.1.1.c**
monadic formula	**monadische Formel 8.4.1.g**
monadic indicant	**monadischer Indikant 1.1.5.b**
monadic indication	**monadische Indikation 4.2.1.f**
monadic operand	**monadischer Operand 8.4.1.f**
monadic operator	**monadischer Operator 4.3.1.e**
new lower bound	**neue untere Grenze 8.6.1.1.h**
new lower bound part	**neuer unterer Grenzteil 8.6.1.1.g**
nil symbol	**nil-Symbol 3.1.1.g**
not symbol	**Negationssymbol 3.1.1.c**
number token	**Zahltype (Zahlzeichen) 3.0.3.b**
odd symbol	**Ungeradesymbol 3.1.1.c**
of symbol	**des-Symbol (of-Symbol, Selektionssymbol) 3.1.1.e**
one token	**eins-Type (eins-Zeichen) 7.3.1.b**
one plus one token	**eins-plus-eins-Type (eins-plus-eins-Zeichen) 7.3.1.c**
one plus one plus one token	**eins-plus-eins-plus-eins-Type (eins-plus-eins-plus-eins-Zeichen) 7.3.1.d**
one plus one plus one plus one token	**eins-plus-eins-plus-eins-plus-eins-Type (eins-plus-eins-plus-eins-plus-eins-Zeichen) 7.3.1.e**
one plus one plus one plus one plus one token	**eins-plus-eins-plus-eins-plus-eins-plus-eins-Type (eins-plus-eins-plus-eins-plus-eins-plus-eins-Zeichen) 7.3.1.f**
one plus one plus one plus one plus one plus one token	**eins-plus-eins-plus-eins-plus-eins-plus-eins-plus-eins-Type (eins-plus-eins-plus-eins-plus-eins-plus-eins-plus-eins-Zeichen) 7.3.1.g**

one plus one plus one plus one plus one plus one plus one token	eins-plus-eins-plus-eins-plus-eins-plus-eins-plus-eins-plus-eins-Type (eins-plus-eins-plus-eins-plus-eins-plus-eins-plus-eins-plus-eins-Zeichen) 7.3.1.h
one plus one plus one plus one plus one plus one plus one plus one token	eins-plus-eins-plus-eins-plus-eins-plus-eins-plus-eins-plus-eins-plus-eins-Type (eins-plus-eins-plus-eins-plus-eins-plus-eins-plus-eins-plus-eins-plus-eins-Zeichen) 7.3.1.i
one plus one plus one plus one plus one plus one plus one plus one plus one token	eins-plus-eins-plus-eins-plus-eins-plus-eins-plus-eins-plus-eins-plus-eins-plus-eins-Type (eins-plus-eins-plus-eins-plus-eins-plus-eins-plus-eins-plus-eins-plus-eins-plus-eins-Zeichen) 7.3.1.j
open symbol	Öffnungssymbol, Anfangssymbol 3.1.1.e
operand	Operand 8.4.1.c
operation declaration	Operationsdeklaration 7.5.1.a
operation symbol	Operationssymbol 3.1.1.d
operator	Operator 4.3.1.a,b,c
operator token	Operatorentype (Operatorzeichen) 3.0.4.b
option	Möglichkeit (nach Belieben) 3.0.1.b
or symbol	oder-Symbol (Disjunktionssymbol) 3.1.1.c
over and becomes symbol	durch-und-wird-Symbol (ganzzahliges Quotientenzuweisungssymbol) 3.1.1.c
over symbol	durch-Symbol (ganzzahliges Divisionssymbol) 3.1.1.c
pack	Packen (in runden Klammern) 3.0.1.h
package	Packung (in allgemeinen Klammern) 3.0.1.i
parallel symbol	parallel-Symbol 3.1.1.e
parameters pack	Parameterpacken (Parameter in runden Klammern) 7.1.1.bb
particular program	Teilprogramm (Hauptprogramm) 2.1.d
phrase	Phrase, Satz 6.0.1.a
picture	Abbild (Bild) 5.5.1.c
plain denotation	einfache Gestalt (einfache Notierung) 5.1.0.1.a
plus and becomes symbol	plus-und-wird-Symbol (L-Summenzuweisungssymbol) 3.1.1.c
plus i times symbol	plus-i-mal-Symbol 3.1.1.c
plusminus	plusminus 3.0.4.c

plus symbol	plus-Symbol 3.1.1.c
point frame	Punktvorlage (Punktmuster) 5.5.3.c
point symbol	Punktsymbol 3.1.1.b
power of ten	zehn-hoch (Exponent) 5.1.2.1.i
primary	Primäres (Primärausdruck) 8.1.1.d
priority declaration	Prioritätsdeklaration 7.3.1.a
priority one indication	Priorität-eins-Indikation 4.2.1.e
priority one plus one indication	Priorität-eins-plus-eins-Indikation 4.2.1.e
priority one plus one plus one indication	Priorität-eins-plus-eins-plus-eins-Indikation 4.2.1.e
priority one plus one plus one plus one indication	Priorität-eins-plus-eins-plus-eins-plus-eins-Indikation 4.2.1.e
priority one plus one plus one plus one plus one indication	Priorität-eins-plus-eins-plus-eins-plus-eins-plus-eins-Indikation 4.2.1.e
priority one plus one plus one plus one plus one plus one indication	Priorität-eins-plus-eins-plus-eins-plus-eins-plus-eins-plus-eins-Indikation 4.2.1.e
priority one plus one plus one plus one plus one plus one plus one indication	Priorität-eins-plus-eins-plus-eins-plus-eins-plus-eins-plus-eins-plus-eins-Indikation 4.2.1.e
priority one plus one plus one plus one plus one plus one plus one plus one indication	Priorität-eins-plus-eins-plus-eins-plus-eins-plus-eins-plus-eins-plus-eins-plus-eins-Indikation 4.2.1.e
priority one plus one plus one plus one plus one plus one plus one plus one plus one indication	Priorität-eins-plus-eins-plus-eins-plus-eins-plus-eins-plus-eins-plus-eins-plus-eins-plus-eins-Indikation 4.2.1.e
priority one operator	Priorität-eins-Operator 4.3.1.b
priority one plus one operator	Priorität-eins-plus-eins-Operator 4.3.1.b
priority one plus one plus one operator	Priorität-eins-plus-eins-plus-eins-Operator 4.3.1.b
priority one plus one plus one plus one operator	Priorität-eins-plus-eins-plus-eins-plus-eins-Operator 4.3.1.b
priority one plus one plus one plus one plus one operator	Priorität-eins-plus-eins-plus-eins-plus-eins-plus-eins-Operator 4.3.1.b
priority one plus one plus one plus one plus one plus one operator	Priorität-eins-plus-eins-plus-eins-plus-eins-plus-eins-plus-eins-Operator 4.3.1.b
priority one plus one plus one plus one plus one plus one plus one operator	Priorität-eins-plus-eins-plus-eins-plus-eins-plus-eins-plus-eins-plus-eins-Operator 4.3.1.b
priority one plus one plus one plus one plus one plus one plus one plus one operator	Priorität-eins-plus-eins-plus-eins-plus-eins-plus-eins-plus-eins-plus-eins-plus-eins-Operator 4.3.1.b
priority one plus one plus one plus one plus one plus one plus one plus one plus one operator	Priorität-eins-plus-eins-plus-eins-plus-eins-plus-eins-plus-eins-plus-eins-plus-eins-plus-eins-Operator 4.3.1.b

priority symbol	Prioritätssymbol 3.1.1.d
procedure	Prozedur 6.0.1.f
procedure symbol	Prozedursymbol 3.1.1.d
program	Programm 2.1.a
prus and becomes symbol	prus-und-wird-Symbol (R-Summenzuweisungssymbol) 3.1.1.c
quote image	Anführungsstrichbild (Apostrophierung) 5.1.4.1.c
quote symbol	Anführungsstrichsymbol (Zeichenreihenbegrenzungssymbol) 3.1.1.i
radix	Radix 5.5.2.c
radix mould	Radixschablone (Radixform) 5.5.2.b
range	Bereich (Block) 4.1.1.e
real detonation	Realgestalt (reelle Notierung) 5.1.2.1a
real mould	Realschablone (reelle Form) 5.5.3.b
real part of symbol	Realteilsymbol 3.1.1.c
real pattern	Realmuster (reelle Schablone) 5.5.3.a
real symbol	Realsymbol (Reellsymbol) 3.1.1.d
reference to symbol	Referenzsymbol 3.1.1.d
replicatable suppressible character frame	wiederholbare unterdrückbare Zeichenvorlage (wiederholbares unterdrückbares Zeichenmuster) 5.5.1.n
replicatable suppressible digit frame	wiederholbare unterdrückbare Ziffernvorlage (wiederholbares unterdrückbares Ziffernmuster) 5.5.1.n
replicatable zero frame	wiederholbare Nullenvorlage (wiederholbares Nullenmuster) 5.5.1.n
replicated literal	wiederholtes Literal 5.5.1.k
replication	Wiederholung, Wiederholungsangabe, Replikation 5.5.1.g
replicator	Wiederholer (Wiederholung), Replikator 5.5.1.f
representation of symbol	Darstellungssymbol, Repräsentationssymbol 3.1.1.c
round symbol	Rundungssymbol 3.1.1.c
routine denotation	Routinegestalt (Notierung einer (der) Rechenvorschrift) 5.4.1.a
row of character denotation	Reihe-von-Zeichengestalt (Zeichenfeldnotierung) 5.3.1.b
row of character pattern	Reihe-von-Zeichenmuster (Zeichenfeldnotierungsschablone) 5.5.7.b
row display	Reihenanzeige (Feld-Display) 6.0.1.h
secondary	Sekundäres (Sekundärausdruck) 8.1.1.c

selection	Selektion 8.5.2.1.a
sema symbol	Signalsymbol (sema-Symbol) 3.1.1.d, 10.4.a,b,c,d
sequence	Folge, Sequenz 3.0.1.d
sequence proper	echte Folge, echte Sequenz 3.0.1.g
sequencer	Folger (Trennteil) 6.1.1.j
sequence separator	Folgentrenner (Sequenztrennzeichen) 3.0.1.f
sequencing token	Folgetype (Sequenzzeichen) 3.0.7.a
serial clause	serielle Klausel (Abschnitt) 6.1.1.a
shorten symbol	Kürzungssymbol 3.1.1.c
sign frame	Vorzeichenvorlage (Vorzeichenmuster) 5.5.1.p
sign mould	Vorzeichenschablone (Vorzeichenform) 5.5.1.l
sign symbol	Vorzeichensymbol 3.1.1.c
single declaration	Deklarationseinheit 6.1.1.d
skip symbol	Lücke-Symbol (skip-Symbol) 3.1.1.g
slice	Schnitt (indizierter Ausdruck) 8.6.1.1.a
source	Quelle 8.3.1.1.c
space symbol	Zwischenraumsymbol 3.1.1.b
special token	Spezialtype (Spezialzeichen) 3.0.10.a
stagnant mould	Mantissenschablone (Mantissenform) 5.5.3.e
stagnant part	Mantissenteil 5.1.2.1.f
standard postlude	Standardnachspiel, Standardanhang 2.1.g
standard prelude	Standardvorspiel, Standardvorspann 2.1.b
statement	Anweisung 6.0.1.c
statement interlude	Anweisungszwischenspiel, Anweisungseinschub 6.1.1.i
statement prelude	Anweisungsvorspiel, Anweisungsvorspann 6.1.1.c
strict lower bound	strenge untere Grenze 7.1.1.u
strict upper bound	strenge obere Grenze 7.1.1.u
string denotation	Zeichenkettengestalt (Zeichenreihennotierung) 5.3.1.a
string frame	Zeichenkettenvorlage (Zeichenkettenmuster) 5.5.7.c
string item	Zeichenkettenposten (Zeichenkettenelement) 5.1.4.1.b
string pattern	Zeichenkettenmuster (Zeichenkettenschablone) 5.5.7.a

string symbol	Zeichenkettensymbol (Zeichenreihensymbol) 3.1.1.d, 10.2.10.a
structure	Struktur 6.2.1.g,h
structure display	Strukturanzeige (Verbund-Display) 6.0.1.g
structure symbol	Struktur-Symbol (Verbundsymbol) 3.1.1.d
subscript	Index (einfacher Index) 8.6.1.1.i
sub symbol	tief-Symbol ([-Symbol) 3.1.1.e
suite of clause trains	Gefolge von Klauselzügen (Reihe von Ausdrucksfolgen) 6.1.1.f,g
suppressible character frame	unterdrückbare Zeichenvorlage (unterdrückbares Zeichenmuster) 5.5.1.q
suppressible complex frame	unterdrückbare Komplexvorlage (unterdrückbares Komplexmuster) 5.5.1.q
suppressible digit frame	unterdrückbare Ziffernvorlage (unterdrückbares Ziffernmuster) 5.5.1.q
suppressible exponent frame	unterdrückbare Exponentenvorlage (unterdrückbares Exponentenmuster) 5.5.1.q
suppressible point frame	unterdrückbare Punktvorlage (unterdrückbares Punktmuster) 5.5.1.q
syntactic token	syntaktische Type (syntaktisches Zeichen) 3.0.6.a
tertiary	Tertiäres (Tertiärausdruck) 8.1.1.b
th element of symbol	Elementnumerierungssymbol, Elementsymbol 3.1.1.c
then clause	dann-Klausel, erste Alternative, (ja-Ausdruck) 6.4.1.e
then if symbol	dann-wenn-Symbol (then-if-Symbol) 3.1.1.h
then symbol	dann-Symbol (then-Symbol) 3.1.1.e, 9.4
times and becomes symbol	mal-und-wird-Symbol, Produktzuweisungssymbol 3.1.1.c
times and becomes symbol	mal-und-wird-Symbol, Produktzuweisungssymbol 3.1.1.c
times ten to the power choice	Basisauswahl (Basisangabe) 5.1.2.1.h
times ten to the power symbol	Basissymbol 3.1.1.b
times symbol	mal-Symbol, Multiplikationssymbol 3.1.1.c
to symbol	bis-Symbol (to-Symbol) 3.1.1.h
transformat	Transformat 5.5.8.1.a
trimmer	Trimmer 8.6.1.1.f
trimscript	Trimex, Trimmer-Index-Alternative (Trimmer-Index-Ausdruck) 8.6.1.1.j

true symbol	wahr-Symbol 3.1.1.b
union of symbol	Vereinigungssymbol 3.1.1.d
unit	Einheit 6.1.1.e
unitary clause	Einzelklausel (einfacher Ausdruck) 8.1.1.a
unitary declaration	Einzeldeklaration (einfache Deklaration) 7.0.1.a
upper bound of symbol	obere-Grenze-Symbol (upb-Symbol) 3.1.1.c
upper state of symbol	oberer-Status-Symbol (ups-Symbol) 3.1.1.c
up symbol	auf-Symbol (up-Symbol) 3.1.1.c
up to symbol	bis-zu-Symbol (up-to-Symbol) 3.1.1.e
variable	Variable 6.0.1.e
variable point numeral	Festpunktnumeral (Festpunktzahl) 5.1.2.1.b
virtual declarator	virtueller Deklarator (virtueller Vereinbarer) 7.1.1.c,d,e,l,o,p,w,cc
virtual declarer	virtueller Deklarierer (virtueller Grundvereinbarer) 7.1.1.b
virtual lower bound	virtuelle untere Grenze 7.1.1.s
virtual parameter	virtueller Parameter 7.1.1.y
virtual row of rower	virtueller Reihe-von-Anreiher (virtuelle 1-dimensionale Grenzenliste) 7.1.1.r
virtual upper bound	virtuelle obere Grenze 7.1.1.s
virtual void declarer	virtueller Löschdeklarierer (virtueller Leervereinbarer) 7.1.1.z
while symbol	solange-Symbol (while-Symbol) 3.1.1.h
zero frame	Nullenvorlage (Nullmuster) 5.5.1.0

Deutsch-englisch

In der nun folgenden deutsch-englischen Liste der Parabegriffe sind die in der vorliegenden deutschen Fassung selten oder nicht verwendeten deutschen Wörter (letztere sind eingeklammert) nur näherungsweise alphabetisch eingeordnet, d. h., wenn der hier verwendete deutsche Ausdruck mit derselben Buchstabenfolge beginnt, stehen sie unmittelbar dahinter, nur durch Komma von ihm getrennt. Dadurch wurde die Liste kürzer, und man erhält einen anderen Überblick über die deutschen Wortwahlen.

Abbild	picture 5.5.1.c
abgeschlossene Klausel	closed clause 6.3.1.a
Abschließungssymbol	close symbol 3.1.1.e
(Abschnitt)	serial clause 6.1.1.a
Absolutwertsymbol	absolute value of symbol 3.1.1.c
adische Indikation	adic indication 4.2.1.g

Aktionstype, (Aktionszeichen)	action token 3.0.4.a
aktueller Reihe -von Anreiher, (aktuelle 1-dimensionale Grenzenliste)	actual row of rower 7.1.1.r
aktueller Deklarator, (aktueller Vereinbarer)	actual declarator 7.1.1.c,,d,e,l,o,p,w,cc
aktueller Deklarierer, (aktueller Grundvereinbarer)	actual declarer 7.1.1.b
aktueller Parameter	actual parameter 7.4.1.b
aktuelle obere Grenze	actual upper bound 7.1.1.t
aktuelle untere Grenze	actual lower bound 7.1.1.t
Anfangssymbol	open symbol 3.1.1.e
Anführungsstrichbild	quote image 5.1.4.1.c
Anführungsstrichsymbol	quote symbol 3.1.1.i
Anordnung	alignment 5.5.1.i
Anweisung	statement 6.0.1.c
Anweisungsvorspiel, Anweisungsvorspann	statement prelude 6.1.1.c
Anweisungszwischenspiel, Anweisungseinschub	statement interlude 6.1.1.i
Anzupassendes, (Artträger)	coercend 8.2.0.1.a
(Apostrophierung)	quote image 5.1.4.1.c
(Artdeklaration)	mode declaration 7.2.1.a
(Artidentifikator, Artbezeichnung)	mode identifier 4.1.1.b
(Artindikation)	mode indication 4.2.1.b
(Artstandardbezeichnung)	mode standard 4.2.1.c
(Artsymbol)	mode symbol 3.1.1.d
(at-Symbol)	at symbol 3.1.1.e
Aufruf	call 8.6.2.1.a
auf-Symbol	up Symbol 3.1.1.c
Ausdruck	expression 6.0.1.b
(Ausdruck)	clause 6.1.1.a, 6.2.1.b,c,d,f, 6.3.1.a, 6.4.1.a, 8.1.1.a
(Ausdrucksfolge)	clause train 6.1.1.d
Ausgang	exit 2.1.e
Auslassungstype, (Auslassungszeichen)	hip token 3.0.8.a
Ausrichtung	alignment 5.5.1.i
Auswahlklausel, (Auswahlausdruck)	choice clause 6.4.1.c,d
Balance	balance 6.2.1.e
Basis	base 8.6.0.1.a,b
Basisauswahl, (Basisangabe)	times ten to the power choice 5.1.2.1.h
Basissymbol	times ten to the power symbol 3.1.1.b
Basistype	basic token 3.0.1.a

bedingte Klausel, (bedingter Ausdruck)	conditional clause 6.4.1.a
Bedingung	condition 6.4.1.b
Beginnsymbol	begin symbol 3.1.1.e
Beisymbol	at Symbol 3.1.1.e
Bemerkung	comment 3.0.9.b
Bemerkungsposten	comment item 3.0.9.c
Bemerkungssymbol	comment symbol 3.1.1.i
Bereich	range 4.1.1.e
Bestimmung	destination 8.3.1.1.b
Betragssymbol	absolute value of symbol 3.1.1.c
Bibliotheksnachspiel, Bibliotheksanhang	library postlude 2.1.f
Bibliotheksvorspiel, Bibliotheksvorspann	library prelude 2.1.c
(Bild)	picture 5.5.1.c
Bindung	cohesion 8.5.0.1.a
Binalsymbol	binal symbol 3.1.1.c
bis-Symbol	to symbol 3.1.1.h
bis-zu-Symbol	up to symbol 3.1.1.e
Bitsgestalt, (Bitsnotierung)	bits denotation 5.2.1.a
Bitssymbol	bits symbol 3.1.1.d, 10.2.8.a
(Block)	range 4.1.1.e
boolesche Auswahlschablone, (boolesche Auswahlform)	boolean choice mould 5.5.4.b
Boolesche-zu-Bits-Symbol	booleans to bits symbol 3.1.1.c
boolesche Gestalt, (boolesche Notierung)	boolean denotation 5.1.3.1.a
boolesches Muster, (boolesche Schablone)	boolean pattern 5.5.4.a
Booleschsymbol	boolean symbol 3.1.1.d
Buchstabe a	letter a 3.0.2.b
Buchstabe-a-Symbol	letter a symbol 3.1.1.b
Buchstabe aleph	letter aleph 3.0.2.b
Buchstabe b	letter b 3.0.2.b
Buchstabe-b-Symbol	letter b symbol 3.1.1.b
Buchstabe c	letter c 3.0.2.b
Buchstabe-c-Symbol	letter c symbol 3.1.1.b
Buchstabe d	letter d 3.0.2.b
Buchstabe-d-Symbol	letter d symbol 3.1.1.b
Buchstabe e	letter e 3.0.2.b
Buchstabe-e-Symbol	letter e symbol 3.1.1.b
Buchstabe f	letter f 3.0.2.b
Buchstabe-f-Symbol	letter f symbol 3.1.1.b

Buchstabe g	letter g 3.0.2.b
Buchstabe-g-Symbol	letter g symbol 3.1.1.b
Buchstabe h	letter h 3.0.2.b
Buchstabe-h-Symbol	letter h symbol 3.1.1.b
Buchstabe i	letter i 3.0.2.b
Buchstabe-i-Symbol	letter i symbol 3.1.1.b
Buchstabe j	letter j 3.0.2.b
Buchstabe-j-Symbol	letter j symbol 3.1.1.b
Buchstabe k	letter k 3.0.2.b
Buchstabe-k-Symbol	letter k symbol 3.1.1.b
Buchstabe l	letter l 3.0.2.b
Buchstabe-l-Symbol	letterlsymbol 3.1.1.b
Buchstabe m	letter m 3.0.2.b
Buchstabe-m-Symbol	lettermsymbol 3.1.1.b
Buchstabe n	letter n 3.0.2.b
Buchstabe-n-Symbol	letter n symbol 3.1.1.b
Buchstabe o	letter o 3.0.2.b
Buchstabe-o-Symbol	letter o symbol 3.1.1.b
Buchstabe p	letter p 3.0.2.b
Buchstabe-p-Symbol	letter p symbol 3.1.1.b
Buchstabe q	letter q 3.0.2.b
Buchstabe-q-Symbol	letter q symbol 3.1.1.b
Buchstabe r	letter r 3.0.2.b
Buchstabe-r-Symbol	letter r symbol 3.1.1.b
Buchstabe s	letter s 3.0.2.b
Buchstabe-s-Symbol	letter s symbol 3.1.1.b
Buchstabe t	letter t 3.0.2.b
Buchstabe-t-Symbol	letter t symbol 3.1.1.b
Buchstabentype, (Buchstabenzeichen)	letter token 3.0.2.a
Buchstabe u	letter u 3.0.2.b
Buchstabe-u-Symbol	letter u symbol 3.1.1.b
Buchstabe v	letter v 3.0.2.b
Buchstabe-v-Symbol	letter v symbol 3.1.1.b
Buchstabe w	letter w 3.0.2.b
Buchstabe-w-Symbol	letter w symbol 3.1.1.b
Buchstabe x	letter x 3.0.2.b
Buchstabe-x-Symbol	letter x symbol 3.1.1.b
Buchstabe y	letter y 3.0.2.b
Buchstabe-y-Symbol	letter y symbol 3.1.1.b
Buchstabe z	letter z 3.0.2.b
Buchstabe-z-Symbol	letter z symbol 3.1.1.b
(by-Symbol)	by symbol 3.1.1.h

Bytessymbol	**bytes symbol 3.1.1.d, 10.2.9.a**
dann-Klausel	**then clause 6.4.1.e**
dann-Symbol	**then symbol 3.1.1.c**
dann-wenn-Symbol	**then if symbol 3.1.1.h**
Darstellungssymbol	**representation of symbol 3.1.1.h**
Dateisymbol	**file symbol 3.1.1.d, 10.5.1.2**
Deklaration	**declaration 6.2.1.a, 7.0.1.a**
Deklarationseinheit	**single declaration 6.1.1.d**
Deklarationstype, (Deklarationszeichen)	**declaration token 3.0.5.a**
Deklarationsvorspiel, Deklarationsvorspann	**declaration prelude 6.1.1.b**
Deklarierer	**declarer 7.1.1.a**
des-Symbol	**of symbol 3.1.1.e**
Differenzenzuweisungssymbol	**minus and becomes symbol 3.1.1.c**
Disjunktionssymbol	**or symbol 3.1.1.c**
dividiert-durch-Symbol, Divisionssymbol	**divided by symbol 3.1.1.c**
dividiert-durch-und-wird-Symbol	**divided by and besomes symbol 3.1.1.c**
(do-Symbol)	**do symbol 3.1.h**
(down-Symbol)	**down symbol 3.1.1.c**
durch-Symbol	**over symbol 3.1.1.c**
durch-und-wird-Symbol	**over and becomes symbol 3.1.1.c**
dyadische Formel	**dyadic formula 8.4.1.h**
dyadische Indikation	**dyadic indication 4.2.1.d**
dyadischer Indikant	**dyadic indicant 1.1.5.b**
dyadischer Operator	**dyadic operator 4.3.1.d**
dynamische Wiederholung, dynamische Wiederholungsangabe, (dynamische Replikation)	**dynamic replication 5.5.1.h**
echte Folge, echte Sequenz	**sequence proper 3.0.1.g**
echte Liste	**list proper 3.0.1.g**
(einfache Deklaration)	**unitary declaration 7.0.1.a**
einfache Gestalt, (einfache Notierung)	**plain denotation 5.1.0.1.a**
(einfacher Ausdruck)	**unitary clause 8.1.1.a**
(einfacher Index)	**subscript 8.6.1.1.i**
Einheit	**unit 6.1.1.e**
Einsatz	**insert 5.5.1.e**
Einsetzung	**insertion 5.5.1.d**
eins-Type, (eins-Zeichen)	**one token 7.3.1.b**
eins-plus-eins-Type, (eins-plus-eins-Zeichen)	**one plus one token 7.3.1.c**

eins-plus-eins-plus-eins-Type, (eins-plus-eins-plus-eins-Zeichen)	one plus one plus one token 7.3.1.d
eins-plus-eins-plus-eins-plus-eins-Type, (eins-plus-eins-plus-eins-plus-eins-Zeichen)	one plus one plus one plus one token 7.3.1.e
eins-plus-eins-plus-eins-plus-eins-plus-eins-Type, (eins-plus-eins-plus-eins-plus-eins-plus-eins-Zeichen)	one plus one plus one plus one plus one token 7.3.1.f
eins-plus-eins-plus-eins-plus-eins-plus-eins-plus-eins-Type, (eins-plus-eins-plus-eins-plus-eins-plus-eins-plus-eins-Zeichen)	one plus one plus one plus one plus one plus one token 7.3.1.g
eins-plus-eins-plus-eins-plus-eins-plus-eins-plus-eins-plus-eins-Type, (eins-plus-eins-plus-eins-plus-eins-plus-eins-plus-eins-plus-eins-Zeichen)	one plus one plus one plus one plus one plus one plus one token 7.3.1.h
eins-plus-eins-plus-eins-plus-eins-plus-eins-plus-eins-plus-eins-plus-eins-Type, (eins-plus-eins-plus-eins-plus-eins-plus-eins-plus-eins-plus-eins-plus-eins-Zeichen)	one plus one plus one plus one plus one plus one plus one plus one token 7.3.1.i
eins-plus-eins-plus-eins-plus-eins-plus-eins-plus-eins-plus-eins-plus-eins-plus-eins-Type, (eins-plus-eins-plus-eins-plus-eins-plus-eins-plus-eins-plus-eins-plus-eins-plus-eins-Zeichen)	one plus one plus one plus one plus one plus one plus one plus one plus one token 7.3.1.j
Einzeldeklaration	unitary declaration 7.0.1.a
Einzelklausel	unitary clause 8.1.1.a
(either-Symbol)	either symbol 3.1.1.d
(Elementarzeichen)	character token 3.0.9.d
Elementnumerierungssymbol, Elementsymbol	th element of symbol 3.1.1.c
(else-if-Symbol)	else if symbol 3.1.1.h
(else-Symbol)	else symbol 3.1.1.e, 9.4
Endesymbol	end symbol 3.1.1.e
entweder-Symbol	either symbol 3.1.1.d
erste Alternative	then clause 6.4.1.e
(erweiterbares unterdrückbares Exponentenmuster)	loose suppressible exponent frame 5.5.1.m

(erweiterbares unterdrückbares Komplexmuster)	loose suppressible complex frame 5.5.1.m
(erweiterbares unterdrückbares Punktmuster)	loose suppressible point frame 5.5.1.m
(erweiterbares unterdrückbares Zeichenmuster)	loose suppressible character frame 5.5.1.m
(erweiterbares wiederholbares Nullenmuster)	loose replicatable zero frame 5.5.1.m
(erweiterbares wiederholbares unterdrückbares Zeichenmuster)	loose replicatable suppressible character frame 5.5.1.m
(erweiterbares wiederholbares unterdrückbares Ziffernmuster)	loose replicatable suppressible digit frame 5.5.1.m
(Exponent)	power of ten 5.1.2.1.i
Exponententeil	exponent part 5.1.2.1.g
Exponentenvorlage, (Exponentenmuster)	exponent frame 5.5.3.f
falsch-Symbol	false symbol 3.1.1.b
Felddeklarator	field declarator 7.1.1.g
(Feld-Display)	row display 6.0.1.h
Feldselektor	field selector 7.1.1.c
Festpunktnumeral, (Festpunktzahl)	variable point numeral 5.1.2.1.b
Fietsymbol, (]-Symbol)	bus symbol 3.1.1.e
(fi-Symbol)	fi symbol 3.1.1.e, 9.4
flexibel-Symbol, (flexible-Symbol)	flexible symbol 3.1.1.d
Flipflop	flipflop 3.0.3.e
flip-Symbol	flip symbol 3.1.1.b
flop-Symbol	flop symbol 3.1.1.b
Folge	sequence 3.0.1.d
Folgentrenner	sequence separator 3.0.1.f
Folger	sequencer 6.1.1.j
Folgetype	sequencing token 3.0.7.a
formaler Deklarator, (formaler Vereinbarer)	formal declarator 7.1.1.c, d, e, m, n, o, p, w, cc
formaler Deklarierer, (formaler Grundvereinbarer)	formal declarer 7.1.1.b
formale obere Grenze	formal upper bound 7.1.1.v
formaler Parameter	formal parameter 5.4.1.e
formaler Reihe-von Anreiher, (formale 1-dimensionale Grenzenliste)	formal row of rower 7.1.1.r
formale untere Grenze	formal lower bound 7.1.1.v
Formatbegrenzungssymbol	formatter symbol 3.1.1.b
Formatgestalt, (Formatnotierung)	format denotation 5.5.1
Formatsymbol	format symbol 3.1.1.d
Formel	formula 8.4.1.a

(Fortsetzungssymbol)	go on symbol 3.1.1.f
(from-Symbol)	from symbol 3.1.1.l
für-Symbol, (for-Symbol)	for symbol 3.1.1.h
ganzzahliges Auswahlmuster, (ganzzahlige Auswahlschablone)	integral choice pattern 5.5.2.f
Ganzzahl-Gestalt, (ganzzahlige Notierung)	integral denotation 5.1.1.1.a
(ganzzahliges Divisionssymbol)	over symbol 3.1.1.c
Ganzzahl-Muster, (ganzzahlige Schablone)	integral pattern 5.5.2.a
(ganzzahliges Quotientenzuweisungssymbol)	over and becomes symbol 3.1.1.c
Ganzzahl-Schablone, (ganzzahlige Form)	integral mould 5.5.2.d
Ganzzahl-Symbol, Ganzsymbol	integral symbol 3.1.1.d
ganzzahliger Teil	integral part 5.1.2.1.c
gebrochener Teil	fractional part 5.1.2.1.d
Gefolge von Klauselzügen	suite of clause trains 6.1.1.f, g
(geklammerter Ausdruck)	closed clause 6.3.1.a
Generator	generator 8.5.1.1.a
Gestalt	denotation 5.0.1.a
Gestalttype	denotation token 3.0.3.a
Gleichheitssymbol	equals symbol 3.1.1.c
gleich-Symbol	is symbol 3.1.1.c
Gleitpunktnumeral, (Gleitpunktzahl)	floating point numeral 5.1.2.1.e
Gleitpunktschablone, (Gleitpunktform)	floating point mould 5.5.3.d
globaler Generator	global generator 8.5.1.1.c
global-Symbol	global symbol 3.1.1.h
Grenzen-Index-Ausdruck, Grendex Grenzen-Index-Alternative	boundscript 8.6.1.1.l
größer-als-Symbol, größer-Symbol	is greater than symbol 3.1.1.c
größer-gleich-Symbol	is at least symbol 3.1.1.c
(Grundvereinbarer)	declarer 7.1.1.a
(Grundzeichen)	basic token 3.0.1.a
Haufensymbol, (heap-Symbol)	heap symbol 3.1.1.d
(Hauptprogramm)	particular program 2.1.d
Identifikator	identifier 4.1.1.a
Identitätsdeklaration	identity declaration 7.4.1.a
Identitätsvergleich, Identitätsrelation	identity relation 8.3.3.1.a
Identitätsvergleicher, (Identitätszeichen)	identity relator 8.3.3.1.b

(if-Symbol)	if symbol 3.1.1.e, 9.4
Imaginärteilsymbol	imaginary part of symbol 3.1.1.c
(in allgemeinen Klammern)	package 3.0.1.i
Index	subscript 8.6.1.1.i
(Index)	indexer 8.6.1.1.k
Indikant	indicant 1.1.5.b
Indikation	indication 4.2.1.a
Indizierer	indexer 8.6.1.1.k
(indizierter Ausdruck)	slice 8.6.1.1.a
(in runden Klammern)	pack 3.0.1.h
(ja-Ausdruck)	then clause 6.4.1.e
Kette	chain 3.0.1.c
(Klammerausdruck)	closed clause 6.3.1.e
Klausel	clause 6.1.1.a, 6.2.1.b, c, d, f, 6.3.1.a, 6.4.1.a, 8.1.1.a
Klauselzug	clause train 6.1.1.h
kleiner-als-Symbol, kleiner-Symbol	is less than symbol 3.1.1.c
kleiner-gleich-Symbol	is at most symbol 3.1.1.c
(Kohäsion)	cohesion 8.5.0.1.a
kollaterale Deklaration	collateral declaration 6.2.1.a
kollaterale Klausel, (kollateraler Ausdruck)	collateral clause 6.2.1.b, c, d, f
Kollektion	collection 5.5.1.b
Kommasymbol	comma symbol 3.1.1.b
(Komma- oder Fortsetzungssymbol)	gomma 5.4.1.d
Kommentar	comment 3.0.9.b
(Kommentarelement)	comment item 3.0.9.c
Kommentarsymbol	comment symbol 3.1.1.i
Komplettierungssymbol	completion symbol 3.1.1.f
Komplettierer	completer 6.1.1.l
Komplexmuster, (Komplexschablone)	complex pattern 5.5.6.a
Komplexsymbol	complex symbol 3.1.1.d, 10.2.7.a
Komplexvorlage, (Komplexmuster)	complex frame 5.5.6.c
(Komponentenselektor)	field selector 7.1.1.g
(Komponentenvereinbarer)	field declarator 7.1.1.i
konform-zu-Symbol, Konformitätssymbol	conforms to symbol 3.1.1.c
konform-zu-und-wird-Symbol, Konformitätszuweisungssymbol	conforms to and becomes symbol 5.1.1.c
Konformitätsvergleich, Konformitätsrelation	conformity relation 8.3.2.1.a
Konformitätsvergleicher, (Konformitätszeichen)	conformity relator 8.3.2.1.b

Konfrontation	confrontation 8.3.0.1.a
Konfrontationstype, (Konfrontationszeichen)	confrontation token 3.0.4.d
Konjugiertsymbol	conjugate of symbol 3.1.1.c
Konstante	constant 6.0.1.d
Kürzungssymbol	shorten symbol 3.1.1.c
lang Gestalt	long denotation 5.1.0.1.b
lang-Symbol, (long-Symbol)	long symbol 3.1.1.d
länger-Symbol	lengthen symbol 3.1.1.c
Liste	list 3.0.1.d
Listentrenner, (Listentrennzeichen)	list separator 3.0.1.e
Literal	literal 5.5.1.j
lockere unterdrückbare Exponentenvorlage	loose suppressible exponent frame 5.5.1.m
lockere unterdrückbare Komplexvorlage	loose suppressible complex frame 5.5.1.m
lockere unterdrückbare Punktvorlage	loose suppressible point frame 5.5.1.m
lockere unterdrückbare Zeichenvorlage	loose suppressible character frame 5.5.1.m
lockere wiederholbare Nullenvorlage	loose replicatable zero frame 5.5.1.m
lockere wiederholbare unterdrückbare Zeichenvorlage	loose replicatable suppressible character frame 5.5.1.m
lockere wiederholbare unterdrückbare Ziffernvorlage	loose replicatable suppressible digit frame 5.5.1.m
lokaler Generator	local generator 8.5.1.1.b
lokal-Symbol, (local-Symbol)	local symbol 3.1.1.d
(L-Summenzuweisungssymbol)	plus and becomes symbol 3.1.1.c
Lücke-Symbol	skip symbol 3.1.1.g
(lwb-Symbol)	lower bound of symbol 3.1.1.c
(lws-Symbol)	lower state of symbol 3.1.1.c
mal-Symbol	times symbol 3.1.1.c
mal-und-wird-Symbol	times and becomes symbol 3.1.1.c
Mantissenschablone, (Mantissenform)	stagnant mould 5.5.3.e
Mantissenteil	stagnant part 5.1.2.1.f
Marke	label 6.1.1.k
Markenidentifikator	label identifier 4.1.1.b
Markierungssymbol, (Markensymbol)	label symbol 3.1.1.e
minus-Symbol	minus symbol 3.1.1.c
minus-und-wird-Symbol	minus and becomes symbol 3.1.1.c
mit-Symbol	by symbol 3.1.1.h
modulo-Symbol	modulo symbol 3.1.1.c

modulo-und-wird-Symbol	modulo and becomes symbol 3.1.1.c
Modusdeklaration	mode declaration 7.2.1.a
Modusidentifikator	mode identifier 4.1.1.b
Modusindikation	mode indication 4.2.1.b
Modussymbol	mode symbol 3.1.1.d
Möglichkeit	option 3.0.1.b
monadische Formel	monadic formula 8.4.1.g
monadische Indikation	monadic indication 4.2.1.f
monadischer Indikant	monadic indicant 1.1.5.b
monadischer Operand	monadic operand 8.4.1.f
monadischer Operator	monadic operator 4.3.1.e
Multiplikationssymbol	times symbol 3.1.1.c
(Muster)	frame 5.5.1.r
(nach Belieben)	option 3.0.1.b
Negationssymbol	not symbol 3.1.1.c
(Nein-Ausdruck)	else clause 6.4.1.e
neuer unterer Grenzteil	new lower bound part 8.6.1.1.g
neue untere Grenze	new lower bound 8.6.1.1.h
new-Symbol	fi symbol 3.1.1.e, 9.4
nieder-Symbol	down symbol 3.1.1.c
nil-Symbol	nil symbol 3.1.1.g
(Notierung)	denotation 5.0.1.a
(Notierung einer (der) Rechenvorschrift)	routine denotation 5.4.1.a
(Notierungszeichen)	denotation token 3.0.3.a
(Notierung von höherer Genauigkeit)	long denotation 5.1.0.1.b
Nullenvorlage, (Nullmuster)	zero frame 5.5.1.o
obere-Grenze-Symbol	upper bound of symbol 3.1.1.c
oberer-Status-Symbol	upper state of symbol 3.1.1.c
oder-Symbol	or symbol 3.1.1.c
Öffnungssymbol	open symbol 3.1.1.e
(of-Symbol)	of symbol 3.1.1.e
Operand	operand 8.4.1.c
Operationsdeklaration	operation declaration 7.5.1.a
Operationssymbol	operation symbol 3.1.1.d
Operator	operator 4.3.1.a, b, c
Operatorentype, (Operatorenzeichen)	operator token 3.0.4.b
Packen	pack 3.0.1.h
Packung	package 3.0.1.i
parallel-Symbol	parallel symbol 3.1.1.e
Parameterpacken, (Parameter in runden Klammern)	parameters pack 7.1.1.bb
Phrase	phrase 6.0.1.a

plus-i-mal-Symbol	plus i times symbol 3.1.1.c
plus minus	plus minus 3.0.4.c
plus-Symbol	plus symbol 3.1.1.c
plus-und-wird-Symbol	plus and becomes symbol 3.1.1.c
Primäres, (Primärausdruck)	primary 8.1.1.d
(Primitivausdruck)	base 8.6.0.1.a, b
Priorität-eins-Indikation	priority one indication 4.2.1.e
Priorität-eins-Operator, (Operator von Priorität eins)	priority one operator 4.3.1.b
Priorität-eins-plus-eins-Indikation	priority one plus one indication 4.2.1.e
Priorität-eins-plus-eins-Operator, (Operator von Priorität eins plus eins)	priority one plus one operator 4.3.1.b
Priorität-eins-plus-eins-plus-eins-Indikation	priority one plus one plus one indication 4.2.1.e
Priorität-eins-plus-eins-plus-eins-Operator, (Operator von Priorität eins plus eins plus eins)	priority one plus one plus one operator 4.3.1.b
Priorität-eins-plus-eins-plus-eins-plus-eins-Indikation	priority one plus one plus one plus one indication 4.2.1.e
Priorität-eins-plus-eins-plus-eins-plus-eins-Operator (Operator von Priorität eins plus eins plus eins plus eins)	priority one plus one plus one plus one operator 4.3.1.b
Priorität-eins-plus-eins-plus-eins-plus-eins-plus-eins-Indikation	priority one plus one plus one plus one plus one indication 4.2.1.e
Priorität-eins-plus-eins-plus-eins-plus-eins-plus-eins-Operator, (Operator von Priorität eins plus eins plus eins plus eins plus eins)	priority one plus one plus one plus one plus one operator 4.3.1.b
Priorität-eins-plus-eins-plus-eins-plus-eins-plus-eins-plus-eins-Indikation	priority one plus one plus one plus one plus one plus one indication 4.2.1.e
Priorität-eins-plus-eins-plus-eins-plus-eins-plus-eins-plus-eins-Operator, (Operator von Priorität eins plus eins plus eins plus eins plus eins plus eins)	priority one plus one plus one plus one plus one plus one operator 4.3.1.b
Priorität-eins-plus-eins-plus-eins-plus-eins-plus-eins-plus-eins-plus-eins-Indikation	priority one plus one plus one plus one plus one plus one plus one indication 4.2.1.e
Priorität-eins-plus-eins-plus-eins-	priority one plus one plus one plus one

plus-eins-plus-eins-plus-eins-plus-eins-Operator, (Operator von Priorität eins plus eins plus eins plus eins plus eins plus eins plus eins)	plus one plus one plus one operator 4.3.1.b
Priorität-eins-plus-eins-plus-eins-plus-eins-plus-eins-plus-eins-plus-eins-plus-eins-Indikation	priority one plus one plus one plus one plus one plus one plus one plus one indication 4.2.1.e
Priorität-eins-plus-eins-plus-eins-plus-eins-plus-eins-plus-eins-plus-eins-plus-eins-Operator, (Operator von Priorität eins plus eins plus eins plus eins plus eins plus eins plus eins plus eins)	priority one plus one plus one plus one plus one plus one plus one plus one operator 4.3.1.b
Priorität-eins-plus-eins-plus-eins-plus-eins-plus-eins-plus-eins-plus-eins-plus-eins-plus-eins-Indikation	priority one plus one plus one plus one plus one plus one plus one plus one plus one indication 4.2.1.e
Priorität-eins-plus-eins-plus-eins-plus-eins-plus-eins-plus-eins-plus-eins-plus-eins-plus-eins-plus-eins-Operator, (Operator von Priorität eins plus eins plus eins plus eins plus eins plus eins plus eins plus eins plus eins plus eins)	priority one plus one plus one plus one plus one plus one plus one plus one plus one operator 4.3.1.b
Prioritätsdeklaration	priority declaration 7.3.1.a
Prioritätssymbol	priority symbol 3.1.1.d
Produktzuweisungssymbol	times and becomes symbol 3.1.1.c
Programm	program 2.1.a
Prozedur	procedure 6.0.1.f
Prozedursymbol	procedure symbol 3.1.1.d
prus-und-wird-Symbol	prus and becomes symbol 3.1.1.c
Punktsymbol	point symbol 3.1.1.b
Punktvorlage, (Punktmuster)	point frame 5.5.3.c
Quelle	source 8.3.1.1.c
Quotientenzuweisungssymbol	divided by and becomes symbol 3.1.1.c
Radix	radix 5.5.2.c
Radixschablone, (Radixform)	radix mould 5.5.2.b
Realgestalt, (reelle Notierung)	real denotation 5.1.2.1.a
Realmuster, (reelle Schablone)	real pattern 5.5.3.a
Realschablone, (reelle Form)	real mould 5.5.3.b
Realsymbol, (Reellsymbol)	real symbol 3.1.1.d
Realteilsymbol	real part of symbol 3.1.1.c
Referenzsymbol	reference to symbol 3.1.1.d
Reihenanzeige	row of display 6.0.1.h
(Reihe von Ausdrucksfolgen)	suite of clause trains 6.1.1.f, g

Reihe-von-Zeichen-Gestalt	row of character denotation 5.3.1 b
Reihe von Zeichenmuster	row of character pattern 5.5.7.b
Restsymbol	modulo symbol 3.1.1.c
Restzuweisungssymbol	modulo and becomes symbol 3.1.1.c
Replikation	replication 5.5.1.g
Replikator	replicator 5.5.1.f
Repräsentationssymbol	representation of symbol 3.1.1.c
Routinegestalt	routine denotation 5.4.1.a
(R-Summenzuweisungssymbol)	prus and becomes symbol 3.1.1.c
Rundungssymbol	round symbol 3.1.1.c
Sammlung	collection 5.5.1.b
(Satz)	phrase 6.0.1.a
Schlußsymbol	close symbol 3.1.1.e
Schnitt	slice 8.6.1.1.a
Sekundäres, (Sekundärausdruck)	secondary 8.1.1.c
Selektion	selection 8.5.2.1.a
(Selektionssymbol)	of symbol 3.1.1.e
(sema-Symbol)	sema symbol 3.1.1.d, 10.4.a, b, c, d
Sequenz	sequence 3.0.1.d
(Sequenztrennzeichen)	sequence separator 3.0.1.f
(Sequenzzeichen)	sequence token 3.0.7.a
serielle Klausel	serial clause 6.1.1.a
Signalsymbol	sema symbol 3.1.1.d, 10.4.a, b, c, d
(skip-Symbol)	skip symbol 3.1.1.g
solange-Symbol	while symbol 3.1.1.h
Sondertype, (Sonderzeichen)	extra token 3.0.9.a
sonst Klausel	else clause 6.4.1.e
sonst-Symbol	else symbol 3.1.1.e
sonst-wenn-Symbol	else if symbol 3.1.1.h
Spezialtype, (Spezialzeichen)	special token 3.0.10.a
Sprungsymbol	go to symbol 3.1.1.f
Standardmodus	mode standard 4.2.1.c
Standardnachspiel, Standardanhang	standard postlude 2.1.g
Standardvorspiel, Standardvorspann	standard prelude 2.1.b
strenge obere Grenze	strict upper bound 7.1.1.u
strenge untere Grenze	strict lower bound 7.1.1.u
Struktur	structure 6.2.1.g, h
Strukturanzeige	structure display 6.0.1.g
Struktursymbol	structure symbol 3.1.1.d
Subtraktionssymbol	minus symbol 3.1.1.c
syntaktische Type, (syntaktisches Zeichen)	syntactic token 3.0.6.a
Teilprogramm	particular program 2.1.d

Tertiäres, (Tertiärausdruck)	tertiary 8.1.1.b
(then-if-Symbol)	then if symbol 3.1.1.h
(then-Symbol)	then symbol 3.1.1.e, 9.4
tief-Symbol, ([-Symbol)	sub symbol 3.1.1.e
Titel	caption 7.5.1.b
(to-Symbol)	to symbol 3.1.1.h
Transformat	transformat 5.5.8.1.a
(Trennteil)	sequencer 6.1.1.j
Trimex, Trimmer-Index-Alternative, (Trimmer-Index-Ausdruck)	trimscript 8.6.1.1.j
Trimmer	trimmer 8.6.1.1.f
tue-Symbol	do symbol 3.1.1.h
und-Symbol	and symbol 3.1.1.c
Ungeradesymbol	odd symbol 3.1.1.c
ungleich-Symbol	is not symbol 3.1.1.c
Ungleichheitssymbol	differs from symbol 3.1.1.c
unterdrückbare Exponentenvorlage, (unterdrückbares Exponentenmuster)	suppressible exponent frame 5.5.1.q
unterdrückbare Komplexvorlage, (unterdrückbares Komplexmuster)	suppressible complex frame 5.5.1.q
unterdrückbare Punktvorlage, (unterdrückbares Punktmuster)	suppressible point frame 5.5.1.q
unterdrückbare Zeichenvorlage, (unterdrückbares Zeichenmuster)	suppressible character frame 5.5.1.q
unterdrückbare Ziffernvorlage, (unterdrückbares Ziffernmuster)	suppressible digit frame 5.5.1.q
untere-Grenze-von-Symbol	lower bound of symbol 3.1.1.c
unterer-Status-von-Symbol	lower state of symbol 3.1.1.c
(upb-Symbol)	upper bound of symbol 3.1.1.c
(ups-Symbol)	upper state of symbol 3.1.1.
(up-Symbol)	up symbol 3.1.1.c
(up-to-Symbol)	up to symbol 3.1.1.c
(Verbund-Display)	structure display 6.0.1.g
(Verbundsymbol)	structure symbol 3.1.1.d
Vereinigungssymbol	union of symbol 3.1.1.d
Verlängerungssymbol	lengthen symbol 3.1.1.c
virtuelle obere Grenze	virtual upper bound 7.1.1.s
virtueller Reihe-von Anreiher, (virtuelle 1-dimensionale Grenzenliste)	virtual row of rower 7.1.1.r
virtuelle untere Grenze	virtual lower bound 7.1.1.s
virtueller Deklarator, (virtueller Vereinbarer)	virtual declarator 7.1.1.c, d, e, l, o, p, w, cc

virtueller Deklarierer, (virtueller Grundvereinbarer)	virtual declarer 7.1.1.b
virtueller Löschdeklarierer, (virtueller Leervereinbarer)	virtual void declarer 7.1.1.z
virtueller Parameter	virtual parameter 7.1.1.y
von-Symbol	from symbol 3.1.1.h
Vorlage	frame 5.5.1.r
Vorzeichenschablone, (Vorzeichenform)	sign mould 5.5.1.l
Vorzeichensymbol	sign symbol 3.1.1.c
Vorzeichenvorlage, (Vorzeichenmuster)	sign frame 5.5.1.p
wahr-Symbol	true symbol 3.1.1.b
weima	gomma 5.4.1.d
weiter-Symbol	go on symbol 3.1.1.f
wenn-Symbol	if symbol 3.1.1.e, 9.4
(while-Symbol)	while symbol 3.1.1.h
wiederholbare Nullenvorlage, (wiederholbares Nullenmuster)	replicatable zero frame 5.5.1.n
wiederholbare unterdrückbare Zeichenvorlage, (wiederholbares unterdrückbares Zeichenmuster)	replicatable suppressible character frame 5.5.1.n
wiederholbare unterdrückbare Ziffernvorlage, (wiederholbares unterdrückbares Ziffernmuster)	replicatable suppressible digit frame 5.5.1.n
Wiederholer, (Wiederholung)	replicator 5.5.1.f
wiederholtes Literal	replicated literal 5.5.1.k
Wiederholung, Wiederholungsangabe	replication 5.5.1.g
Zahltype, (Zahlzeichen)	number token 3.0.3.b
zehn-hoch	power of then 5.1.2.1.i
(Zeichenfeldnotierung)	row of character denotation 5.3.1.b
(Zeichenfeldnotierungsschablone)	row of character pattern 5.5.7.b
Zeichengestalt, (Zeichennotierung)	character denotation 5.1.4.1.a
Zeichen-in-Bytes-Symbol	character to bytes symbol 3.1.1.d
Zeichenkettengestalt, (Zeichenreihennotierung)	string denotation 5.3.1.a
Zeichenkettenmuster, (Zeichenreihenschablone)	string pattern 5.5.7.a
Zeichenkettenposten, (Zeichenreihenelement)	string item 5.1.4.1.b
Zeichenkettensymbol, (Zeichenreihensymbol)	string symbol 3.1.1.d, 10.2.10.a
Zeichenkettenvorlage, (Zeichenreihenmuster)	string frame 5.5.7.c

Zeichenmuster, (Zeichenschablone)	character pattern 5.5.5.a
(Zeichenreihenbegrenzungssymbol)	quote symbol 3.1.1.i
Zeichensymbol	character symbol 3.1.1.d
Zeichentype	character token 3.0.9.d
Zeichenvorlage, (Zeichenmuster)	character frame 5.5.5.b
Zeichen-zu-Bytes-Symbol	character to bytes symbol3.1.1.c
Ziel	destination 8.3.1.1.b
Zifferntype, (Ziffernzeichen)	digit token 3.0.3.c
Ziffernvorlage, (Ziffernmuster)	digit frame 5.5.2.e
Ziffer null	digit zero 3.0.3.d
Ziffer-null-Symbol	digit zero symbol 3.1.1.b
Ziffer eins	digit one 3.0.3.d
Ziffer-eins-Symbol	digit one symbol 3.1.1.b
Ziffer zwei	digit two 3.0.3.d
Ziffer-zwei-Symbol	digit two symbol 3.1.1.b
Ziffer drei	digit three 3.0.3.d
Ziffer-drei-Symbol	digit three symbol 3.1.1.b
Ziffer vier	digit four 3.0.3.d
Ziffer-vier-Symbol	digit four symbol 3.1.1.b
Ziffer fünf	digit five 3.0.3.d
Ziffer-fünf-Symbol	digit five symbol 3.1.1.b
Ziffer sechs	digit six 3.0.3.d
Ziffer-sechs-Symbol	digit six symbol 3.1.1.b
Ziffer sieben	digit seven 3.0.3.d
Ziffer-sieben-Symbol	digit seven symbol 3.1.1.b
Ziffer acht	digit eight 3.0.3.d
Ziffer-acht-Symbol	digit eight symbol 3.1.1.b
Ziffer neun	digit nine 3.0.3.d
Ziffer-neun-Symbol	digit nine symbol 3.1.1.b
Zuordnung, (Zuweisung)	assignation 8.3.1.1.a
Zuschnitt, (zugeschnittener Ausdruck)	cast 8.3.4.1.a
Zuschnittssymbol	cast of symbol 3.1.1.c
(zweite Alternative)	else clause 6.4.1.e
Zwischenraumsymbol	space symbol 3.1.1.b

ADAPTED: ADJUSTED; widened; rowed; hipped; voided.
ADIC: PRIORITY; monadic.
ADJUSTED: FITTED; procedured; united.
ALPHA: a; b; c; d; e; f; g; h; i; j; k; l; m; n; o; p; q; r; s; t; u; v; w; x; y; z.
ANY: KIND; suppressible KIND; replicatable KIND; replicatable suppressible KIND.
BITS: structured with row of boolean field LENGTHETY letter aleph.
BOX: LMOODSETY box.
BYTES: structured with row of character field LENGTHETY letter aleph.
CLAUSE: MOID clause.
CLOSED: closed; collateral; conditional.
COERCEND: MOID FORM.
COMPLEX: structured with real field letter r letter e and real field letter i letter m.
DIGIT: digit FIGURE.
EIGHT: SEVEN plus one.
EMPTY: .
FEAT: firm; weak; soft.
FIELD: MODE field TAG.
FIELDS: FIELD; FIELDS and FIELD.
FIGURE: zero; one; two; three; four; five; six; seven; eight; nine.
FITTED: dereferenced; deprocedured.
FIVE: FOUR plus one.
FORESE: ADIC formula; cohesion; base.
FORM: confrontation; FORESE.
FOUR: THREE plus one.
INTEGRAL: LONGSETY integral.
INTREAL: INTEGRAL; REAL.
KIND: sign; zero; digit; point; exponent; complex; string; character.
LENGTH: letter l letter o letter n letter g.
LENGTHETY: LENGTH LENGTHETY; EMPTY.
LETTER: letter ALPHA; letter aleph.
LFIELDSETY: FIELDS and; EMPTY.
LIST: list; sequence.
LMODE: MODE.
LMOOD: MOOD and.
LMOODS: LMOOD; LMOODS LMOOD.
LMOODSETY: MOOD and LMOODSETY; EMPTY.
LMOOT: MOOD and.
LONGSETY: long LONGSETY; EMPTY.
LOSETY: LMOODSETY.
LOWPER: lower; upper.
MABEL: MODE mode; label.
MODE: MOOD; UNITED.
MOID: MODE; void.
MOOD: TYPE; STOWED.
NINE: EIGHT plus one.
NONPROC: PLAIN; format; procedure with PARAMETERS MOID; reference to NONPROC; structured with FIELDS; row of NONPROC; UNITED.
NONROW: NONSTOWED; structured with FIELDS.
NONSTOWED: TYPE; UNITED.
NOTION: ALPHA; NOTION ALPHA.
NUMBER: one; TWO; THREE; FOUR; FIVE; SIX; SEVEN; EIGHT; NINE.
PACK: pack; package.
PARAMETER: MODE parameter.
PARAMETERS: PARAMETER; PARAMETERS and PARAMETER.
PARAMETY: with PARAMETERS; EMPTY.
PHRASE: declaration; CLAUSE.
PLAIN: INTREAL; boolean; character.
PRAM: procedure with LMODE parameter and RMODE parameter MOID; procedure with RMODE parameter MOID.
PRIMITIVE: integral; real; boolean; character; format.
PRIORITY: priority NUMBER.
PROCEDURE: procedure PARAMETY MOID.
REAL: LONGSETY real.
REFETY: reference to; EMPTY.
RFIELDSETY: and FIELDS; EMPTY.
RMODE: MODE.
RMOODSETY: RMOODSETY and MOOD; EMPTY.
ROWS: row of; ROWS row of.
ROWSETY: ROWS; EMPTY.
ROWWSETY: ROWSETY.
SEPARATOR: LIST separator; go on symbol; completer; sequencer.
SEVEN: SIX plus one.
SIX: FIVE plus one.
SOME: serial; unitary; CLOSED; choice; THELSE.
SORT: strong; FEAT.
SORTETY: SORT; EMPTY.
STIRM: strong; firm.
STOWED: structured with FIELDS; row of MODE.
STRING: row of character; character.
STRONGETY: strong; EMPTY.
TAG: LETTER; TAG LETTER; TAG DIGIT.
THELSE: then; else.
THREE: TWO plus one.
TWO: one plus one.
TYPE: PLAIN; format; PROCEDURE; reference to MODE.
UNITED: union of LMOODS MOOD mode.
VICTAL: VIRACT; formal.
VIRACT: virtual; actual.

ABGESCHLOSSEN: abgeschlossen; kollateral; bedingt.
ACHT: SIEBEN plus eins.
ADAPTIERT: ADJUSTIERT; erweitert; gereiht; ausgelassen; gelöscht.
ADISCH: PRIORITÄT; monadisch.
ADJUSTIERT: ANGEGLICHEN; prozeduriert; vereint.
ALPHA: a; b; c; d; e; f; g; h; i; j; k; l; m; n; o; p; q; r; s; t; u; v; w; x; y; z; ä; ö; ü; ß.
ANGEGLICHEN: entreferenziert; entprozeduriert.
ANHANG: BUCHSTABE; ANHANG BUCHSTABE; ANHANG ZIFFER.
ANZUPASSENDES: MOSCH FORM.
ART: Vorzeichen; Null; Ziffer; Punkt; Exponent; komplex; Zeichenkette; Zeichen.
BEGRIFF: ALPHA; BEGRIFF ALPHA.
BITS: strukturiert mit Reihe von boolesches Feld LÄNGELE Buchstabe aleph.
BOX: LMOODELE Box.
BUCHSTABE: Buchstabe ALPHA; Buchstabe aleph.
BYTES: strukturiert mit Reihe von Zeichen Feld LÄNGELE Buchstabe aleph.
DONST: dann; sonst.
DREI: ZWEI plus eins.
EINFACH: GANZREAL; boolesch; Zeichen.
EINIGE: seriell; Einzel; ABGESCHLOSSEN; Auswahl; DONST.
FEIT: fest; weich; sanft.
FELD: MODUS Feld ANHANG.
FELDER: FELD; FELDER und FELD.
FIGUR: null; eins; zwei; drei; vier; fünf; sechs; sieben; acht; neun.
FORBINSIS: ADISCH Formel; Bindung; Basis.
FORM: Konfrontation; FORBINSIS.
FÜNF: VIER plus eins.
GANZZAHLIG: LANGELE ganzzahlig.
GANZREAL: GANZZAHLIG; REAL.
JEDE: ART; unterdrückbare ART; wiederholbare ART; wiederholbare unterdrückbare ART.
KLAUSEL: MOSCH Klausel.
KOMPLEX: strukturiert mit real Feld Buchstabe r Buchstabe e und real Feld Buchstabe i Buchstabe m.
LÄNGE: Buchstabe l Buchstabe a Buchstabe n Buchstabe g.
LANGELE: lang LANGELE; LEER.
LEER: .
LÄNGELE: LÄNGE LÄNGELE; LEER.
LFELDERELE: FELDER und; LEER.
LISTE: Liste; Folge.
LMODUS: MODUS.
LMOOD: MOOD und.
LMOODELE: MOOD und LMOODELE; LEER.
LMOODS: LMOOD; LMOODS LMOOD.
LMOOT: MOOD und.
LODELE: LMOODELE.
MODUS: MOOD; VEREINT.
MOOD: TYP; STEID.
MORKE: MODUS Modus; Marke.
MOSCH: MODUS; Lösch.
NEUN: ACHT plus eins.
NICHTPROZ; EINFACH; Format; Prozedur mit PARAMETERS MOSCH; Referenz zu NICHTPROZ: strukturiert mit FELDER; Reihe von NICHTPROZ; VEREINT.
NICHTREIHE: NICHTSTEID; strukturiert mit FELDER.
NICHTSTEID: TYP; VEREINT.
PACKEN: Packen; Packung.
PARAMETELE: mit PARAMETERS; LEER.
PARAMETER: MODUS Parameter.
PARAMETERS: PARAMETER; PARAMETERS und PARAMETER.
PHRASE: Deklaration; KLAUSEL.
PRAM: Prozedur mit LMODUS Parameter und RMODUS Parameter MOSCH; Prozedur mit RMODUS Parameter MOSCH.
PRIMITIV: ganzzahlig; real; boolesch; Zeichen; Format.
PRIORITÄT: Priorität ZAHL.
PROZEDUR: Prozedur PARAMETELE MOSCH.
REAL: LANGELE real.
REFELE: Referenz zu; LEER.
REIHEHELE: REIHELE.
REIHELE: REIHEN; LEER.
REIHEN: Reihe von; REIHEN Reihe von.
RFELDERELE: und FELDER; LEER.
RMODUS: MODUS.
RMOODELE: RMOODELE und MOOD; LEER.
SECHS: FÜNF plus eins.
SIEBEN: SECHS plus eins.
SORTE: stark; FEIT.
SORTELE: SORTE; LEER.
STARKELE: stark; LEER.
STEID: strukturiert mit FELDER; Reihe von MODUS.
STEST: stark; fest.
TRENNER: LISTE Trenner; weiter Symbol; Komplettierer; Folger.
TYP: EINFACH; Format; PROZEDUR; Referenz zu MODUS.
UNBERE: untere; obere.
VEREINT: Vereinigung von LMOODS MOOD Modus.
VIER: DREI plus eins.
VIKTAL: VIRAKT; formal.
VIRAKT: virtuell; aktuell.
ZAHL: eins; ZWEI; DREI; VIER; FÜNF; SECHS; SIEBEN; ACHT; NEUN.
ZEICHENKETTE: Reihe von Zeichen; Zeichen.
ZIFFER: Ziffer FIGUR.
ZWEI: eins plus eins.

Bei Fragen zur Produktsicherheit wenden Sie sich bitte an:
If you have any questions regarding product safety,
please contact:

Walter de Gruyter GmbH
Genthiner Straße 13
10785 Berlin
productsafety@degruyterbrill.com